[redacted]

[redacted]

# ENTDECKEN UND VERSTEHEN

Herausgegeben von
Dr. Thomas Berger,
Karl-Heinz Müller,
Prof. Dr. Hans-Gert Oomen

**BAND 2**

Herausgegeben von
Karl-Heinz Müller

Bearbeitet von
Dr. Thomas Berger,
Anne Drell,
Heidrun von der Heide,
Karl-Heinz Müller,
Dr. Dieter Potente,
Rolf Puller
und Hans-Otto Regenhardt

Cornelsen

Redaktion: Dr. Uwe Andrae
Umschlaggestaltung: Volker Noth, Berlin
Gestaltung: Matthias Mantey
Technische Umsetzung: Reinhild Hafner

1. Auflage Druck 4 3 2 1 Jahr 98 97 96 95

Alle Drucke dieser Auflage können im Unterricht nebeneinander verwendet werden.



Druck: Cornelsen Druck, Berlin

ISBN 3-464-64102-3

Bestellnummer 641023

gedruckt auf säurefreiem Papier, umweltschonend hergestellt aus chlorfrei gebleichten Faserstoffen

## Liebe Schülerinnen und Schüler,

sicher kennen die meisten von euch „Entdecken und Verstehen" noch von der Arbeit mit dem ersten Band im vorigen Schuljahr. Wir wollen euch das Buch aber doch noch einmal vorstellen, denn manches könnte im zweiten Band neu sein. Einige von euch lernen das Lehrwerk vielleicht sogar jetzt erst kennen.

**Einführung in das Thema**

Jedes Kapitel beginnt mit Einführungs- und Auftaktseiten. Die Materialien der Auftaktseiten sollen neugierig machen und laden dazu ein, selbst Fragen zum Thema des Kapitels zu formulieren.
Die Einführungsseiten sind blau unterlegt. Sie erläutern die thematischen Schwerpunkte und nennen die Leitfragen der Kapitel. Zu Beginn der Unterkapitel findet ihr kürzere, ebenfalls blau unterlegte Einführungen mit gleicher Funktion.

**Arbeitsangebote der Doppelseiten**

Jede Doppelseite bietet ein vielfältiges Angebot, einen historischen Sachverhalt zu erarbeiten. Die Überschriften der Doppelseiten benennen das jeweilige Teilthema, um das es geht. Großbuchstaben in der Überschrift einer Seite zeigen an, daß ein neues Unterkapitel beginn.
Die Texte und Materialien der Doppelseiten sind durch Zwischenüberschriften gegliedert. Auf jeder Doppelseite findet ihr Texte der Autorinnen und Autoren, die einen Sachverhalt erläutern, erklären und Zusammenhänge herstellen. Sie haben haben dabei versucht, die oft komplizierten Aussagen der Forschung so zu vereinfachen, daß ihr sie verstehen könnt. Manchmal sind sich die Forscherinnen und Forscher nicht einig. Wenn es möglich war, haben die Autoren auf diesen Umstand hingewiesen.

**Schriftliche Quellen**

Die sogenannten Quellen – Berichte und Zeugnisse der damals lebenden Menschen – sind mit „**Q**" gekennzeichnet und mit einem Randstrich versehen.
Texte, die aus heutiger Sicht einen Sachverhalt darstellen, sind ebenfalls mit einem Randstrich versehen, aber mit „**M**" gekennzeichnet.

**Bilder, Grafiken und Karikaturen**

sind ebenfalls Materialien, denen ihr Informationen entnehmen könnt.

**Aufgaben**

*In den Arbeitsaufgaben werdet ihr dazu angeleitet, aus den Texten und den Quellen Informationen zu entnehmen und mit ihrer Hilfe einen Sachverhalt zu erarbeiten. Ziel der Aufgaben ist es vor allem, euch bei eurer eigenen Meinungsbildung zu helfen.*

**Zum Weiterlesen**

Die Seiten „Zum Weiterlesen" enthalten Auszüge aus spannenden Jugendbüchern.

**Werkstatt Geschichte**

Auf den Seiten „Werkstatt Geschichte" findet ihr Vorschläge für eigene Nachforschungen.

**Methodenseite**

Diese Seiten stellen euch für den Geschichtsunterricht wichtige Arbeitsmethoden vor.

**Früher und heute**

Die Seiten „Früher und heute" stellen Verbindungen zwischen Vergangenheit und Geggenwart her. Sie zeigen, wie historische Ereignisse bis heute fortwirken.

**Rückblick und Ausblick**

Am Ende des Kapitels steht eine Zusammenfassung, die mit einem Ausblick auf das kommende Kapitel endet.

**Bücher und Zeitschriften**

Im Anhang des Buches findet ihr Hinweise auf Jugendbücher und Zeitschriften zu den Themen dieses Buches.

**Schwierige Begriffe***

Ein Verzeichnis der schwierigen Begriffe und ein Register stehen ebenfalls am Ende des Buches.

Wenn ihr zu diesem Buch Fragen habt, schreibt uns: Cornelsen Verlag, Mecklenburgische Straße 53, 14197 Berlin

## Inhaltsverzeichnis

# Inhaltsverzeichnis

# 1. Wanderungen in der Geschichte

Kriegsflüchtlinge sind unerwünscht
taz, 7.8.93

**Eine Welt auf Wanderschaft**
Frankfurter Allgemeine Zeitung, 7.5.1992

**Abwehrpolitik gegenüber Flüchtlingen aufgeben**
Süddeutsche Zeitung, 22.9.94

**Obwohl Zustrom der Asylbewerber deutlich zurückgegangen ist – das Schlupfloch soll noch kleiner werden.**
Süddeutsche Zeitung, 15.9.94

**„Wut gegen Übersiedler"**
Gleich zweimal im Übersiedlerheim Feuer gelegt
taz, 5.6.92

**Später Streit um einen kleinen Jungen – Lehrer wollte Abschiebung verhindern**
Neue Rhein-Zeitung, 11.8.94

**Wanderungen damals und heute**

In den Nachrichten hören wir fast täglich Berichte über die Vertreibung von Menschen, über die Flucht vor Hunger und Krieg. Auch sind in den vergangenen Jahrzehnten viele Zuwanderer aus anderen Ländern nach Deutschland gekommen. Die hier Lebenden reagieren darauf sehr unterschiedlich. Für die einen ist es selbstverständlich, daß die reiche Bundesrepublik Flüchtlinge aufnimmt; manche sind über diese Einwanderungen beunruhigt; andere sind sogar der Meinung, daß „Ausländer" hier nichts zu suchen hätten. Ein Blick zurück in die Geschichte stellt klar: Auswanderungen und Einwanderungen hat es immer gegeben.

**Warum verlassen Menschen ihre Heimat?**

Immer wieder hatten und haben Völker und Gruppen schwerwiegende Gründe, ihre Heimat zu verlassen und in der Fremde eine neue Bleibe zu suchen. Auch war und ist der Neuanfang in den Zielländern häufig für alle Beteiligten sehr schwierig.

Im folgenden Kapitel werden rückblickend einige Wanderungsbewegungen der Geschichte dargestellt und mit der heutigen Situation verglichen.

Bei der Auswahl ging es darum, unterschiedliche Wanderungsgründe und verschiedene Reaktionen in den Aufnahmeländern zu zeigen.

Ihr könnt erarbeiten:
- Warum wandern Menschen?
- Wie verläuft ihre Wanderung?
- Welche Folgen hat die Wanderung für alle Beteiligten?
- Wie werden die Schwierigkeiten bewältigt?

Der historische Vergleich hilft euch dabei, die politischen Lösungen, die heute in der Diskussion sind, angemessen zu bewerten.

**Eine irakische Familie auf der Flucht nach Iran.** Foto 1991.

– *Betrachtet das Bild und sprecht über eure Eindrücke.*
– *Stellt Vermutungen darüber an, warum Menschen ihre Heimatländer verlassen und wie sie in den aufnehmenden Ländern behandelt werden.*
– *Ermittelt die Orte, in denen eure Eltern und Großeltern geboren sind und tragt sie in eine stumme Europa-Karte ein.*
– *Diskutiert darüber, wie ihr das Zusammenleben mit Zugewanderten in eurer Nachbarschaft erlebt.*
– *Sammelt Fragen für den weiteren Unterricht.*

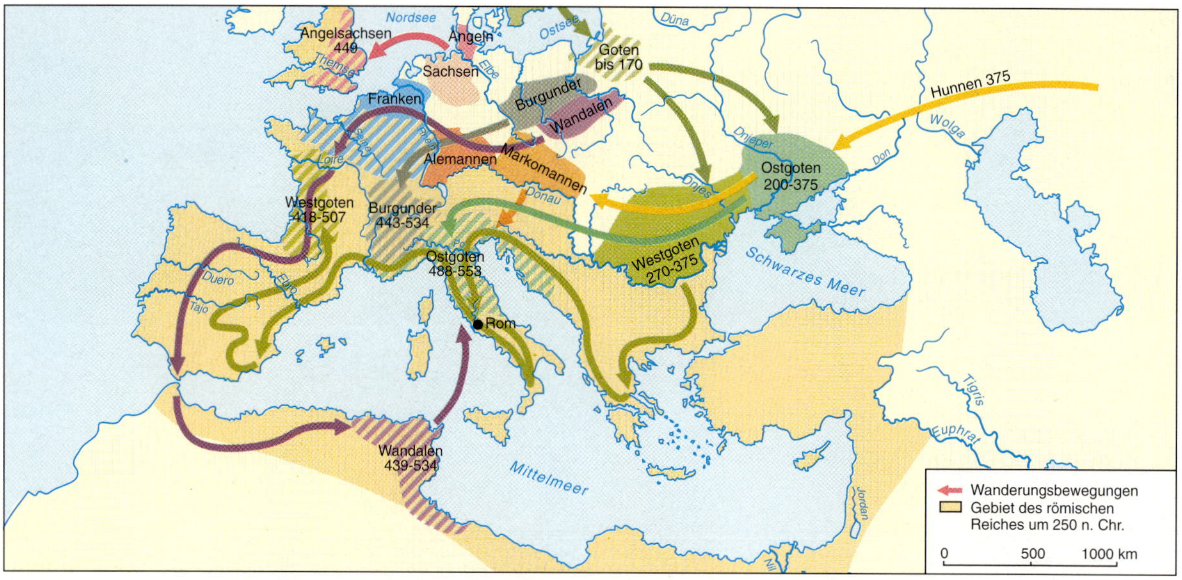


**Wanderungsbewegungen in Europa im 3. bis 6. Jahrhundert.**

In den ersten Jahrhunderten nach Christi Geburt verließen in Europa viele germanische Stämme ihre Heimat. Diese Völkerwanderung gestaltete die Landkarte Europas völlig neu. Im folgenden Abschnitt könnt ihr am Beispiel der Goten herausfinden, aus welchen verschiedenen Gründen Völker von ihren bisherigen Siedlungsplätzen loszogen. Auch könnt ihr untersuchen, welche Folgen ihre Wanderung für andere hatte und wie Wandernde und bisherige Siedler miteinander umgingen.

## Germanische Stämme brechen auf

**1** *Erfaßt mit Hilfe der Karte in einer Tabelle die Wege und die Entfernungen, die die germanischen Stämme im 3. bis 6. Jahrhundert zurücklegten.*

Seit dem Ende des 2. Jahrhunderts n. Chr. brachen in Europa verschiedene germanische Stämme aus ihrer Heimat auf. Mehrere tausend Männer, Frauen und Kinder zogen mit ihrer ganzen Habe los, um sich neue Lebensgrundlagen zu suchen.
Der Ostgote Jordanes, der sich auf den Römer Cassiodorus bezieht, schreibt um 550 über den Aufbruch der Goten aus Pommern nach Süden:

**Q** Als nun die Zahl des Volkes immer mehr zunahm und ungefähr der fünfte König nach Berig herrschte, nämlich Filimer ..., faßte dieser den Entschluß, daß das Heer der Goten mit Weib und Kind auswandern solle. Als er nach geeigneten Wohnsitzen und passenden Gegenden suchte, kam er in die Lande von Scythien* ... Die fruchtbaren Gegenden gefielen dem Heer ...

**2** *Erläutert, aus welchen Gründen die Goten ihre Siedlungsgebiete verließen.*

**3** *Versetzt Euch in die Lage der Goten. Überlegt, was ihr beim Aufbruch alles zurücklassen müßt.*

**4** *Versetzt Euch in die Lage der Stämme, auf die die Goten treffen. Wie mögen sie die sich niederlassenden Goten empfunden haben?*

Naturkatastrophen und Mißernten könnten weitere Gründe für den Aufbruch gewesen sein. Das mildere Klima im Süden lockte vielleicht genauso wie die Berichte über das vermeintlich angenehme römische Leben.
Die Landnahme der germanischen Stämme geschah nicht immer friedlich, sondern auch kriegerisch. An den römischen Grenzen gab es häufige Auseinandersetzungen zwischen Römern und Germanen. Oft zogen wandernde Gruppen andere lawinenartig mit sich, vor allem nach dem Eindringen der Hunnen in Mitteleuropa im Jahr 375 (vgl. Karte).

**5** *Prüft, welche Zusammenhänge es zwischen den verschiedenen Wanderungsbewegungen gab.*

**Die Mühen der Wanderung**

Eine heutige Geschichtserzählung gibt ein Bild vom Alltag während der Völkerwanderung:

**M** Unendlich mühsam quälen sich die Ochsenkarren mit ihren schweren, massiven Scheibenrädern aus Holz über den weichen Untergrund. Seit Tagen regnet es ununterbrochen ... Sehnsüchtig denken alle an die reichen Nahrungsvorräte, die ihnen ... bei ihren Überfällen ... in die Hände gefallen waren. Jetzt ... ist die Stimmung auf einem Tiefpunkt. Die Kinder weinen vor Hunger und Kälte, Männer und Frauen sind am Ende ihrer Kraft. Seit einer Woche ernähren sie sich von dem, was der Wald an wilden Beeren und Wild hergibt. Die letzten Getreidevorräte sind längst aufgebraucht.

Seit dem frühen Morgengrauen sind sie unterwegs. Jede Steigung wird zur Qual: Greise, Frauen und Kinder schieben mit letzter Kraft die schweren Wagen. Die Ochsen allein schaffen es nicht mehr. ... Der Wagenzug kommt zum Stehen. Der erste Wagen ist in den Graben gerutscht, er wird für Stunden den Weg blockieren. Scheibenrad und Achse sind zerbrochen, einer der wertvollen Ochsen hat sich ein Bein gebrochen, er muß geschlachtet werden. Jetzt bewährt sich der Zusammenhalt der Sippe: der Wagen wird entladen, gemeinsam gehen sie an die mühsame Reparatur.

Im hinteren Teil des Zuges hört man vereinzeltes Murren. Einige sprechen von Umkehr, andere davon, sich einen anderen Heerführer zu wählen. Haben sie in der letzten Zeit nicht genügend durchgemacht? 40 Männer und 3 Wagen haben sie beim letzten Überfall der Einheimischen auf ihren Zug verloren! 15 Kinder sind allein in den letzten vier Wochen gestorben! Nur 7 Kilometer sind sie am letzten Tag vorangekommen und heute erst 3! Aber umkehren, wohin? Viel zu weit sind sie schon von der Heimat entfernt, zwei Jahre und drei Monate dauert nun ihre Wanderung schon. Es ist Abend geworden. Die Frauen bereiten auf vielen Feuern die Abendmahlzeit aus Beeren und Wurzeln, die sie während des Tages nebenher gesammelt haben. So hart sie der Verlust des Ochsens auch trifft, endlich gibt es wieder einmal Fleisch! Die Wagen sind zu einer Wagenburg zusammengeschoben. Langsam zieht die Nachtkälte herauf. Die Fellmäntel werden enger um den Körper gezogen. Müdigkeit und Erschöpfung lassen die Gespräche verstummen.

Plötzlich kommt Bewegung in die Menschen. Die Kundschafter sind zurück! Zwei Tagesreisen weiter eröffnet sich ein weites, fruchtbares Tal! Kleine Dörfer, reiche Viehherden, Getreide, Wein. Die Müdigkeit ist wie weggeblasen, überall reden die Männer von Kampf und Beute.

**Wandernde Germanen.** Rekonstruktionszeichnung 1995.

**1** *Schildert mit eigenen Worten, welche Schwierigkeiten die Stämme auf ihren Zügen bewältigen mußten.*

**2** *Spielt ein Gespräch, in dem sich mehrere Männer und Frauen darüber streiten, ob sie mit den Anführern weiterziehen sollen.*

**Germanen vor einem römischen Lager.** Relief aus dem 2. Jahrhundert n. Chr.

### Auseinandersetzungen an den Grenzen des Römischen Reichs

**1** *Beschreibt die Abbildung und schildert, wie sich Germanen und Römer begegneten.*

**2** *Vermutet Gründe für das Vorgehen der Germanen und der Römer.*

Der Ruf „Die Hunnen kommen!" versetzte im 4. Jahrhundert ganze Völkerstämme in Schrecken. Die Hunnen waren ein nichtseßhaftes Reitervolk, das seit 375 aus Zentralasien kommend nach Westen vordrang. Sie stießen auf die Goten, die nördlich des Schwarzen Meeres siedelten (vgl. Karte S. 8). Niemand wußte, wie man sich gegen diese unbekannten und fremdartig aussehenden Krieger wehren sollte. Angst brach aus, und die Flucht zu den Römern schien die einzige Rettung zu sein.
Jedoch stießen Römer und Germanen an den Grenzen des Römischen Reiches aufeinander und bekämpften sich. Die Furcht der Goten, von den Hunnen überrannt zu werden, und ihr Drang, deshalb nach Westen zu ziehen, rief bei den Römern in den Grenzgebieten Abwehr hervor.
Erst der römische Kaiser Valens (375–378) erlaubte den Goten, die Donau zu überschreiten und sich auf römischem Boden niederzulassen.

### Siedlungspolitik der Römer

Kaiser Valens kamen die Goten sehr gelegen. Er hoffte, sie als Soldaten zur Sicherung der östlichen Reichsgrenzen einsetzen zu können. Einer der Anführer der Goten wurde zum römischen General ernannt.
Die Versorgung der Goten mit Lebensmitteln funktionierte nur mangelhaft, weil man sie auf dürren Böden siedeln ließ. Die Ausbeutung der gotischen Siedler durch hohe römische Beamte führte zur Verarmung. Nicht selten mußten Goten sich und ihre Kinder in die Sklaverei verkaufen, weil ihnen die Lebensgrundlagen fehlten.

**3** *Vergleicht das Ziel der Siedlungspolitik Kaiser Valens mit der Wirklichkeit, die die Goten auf römischem Boden erlebten.*

### Aufstand der Westgoten

Hungersnöte und die Behandlung durch die römischen Beamten trieben die Goten bald zum Aufstand. Aufgestauter Haß und die Angst ums Überleben entluden sich 378 in der Schlacht von Adrianopel, in der die römische Armee unter Kaiser Valens geschlagen wurde. Später ließen die beiden Nachfolger des Kaisers, Gratian und Theodosius, West- und Ostgoten westlich der Donau siedeln und sich selbst verwalten.

**4** *Faßt zusammen, warum sich die Politik der Römer gegenüber den Goten änderte.*

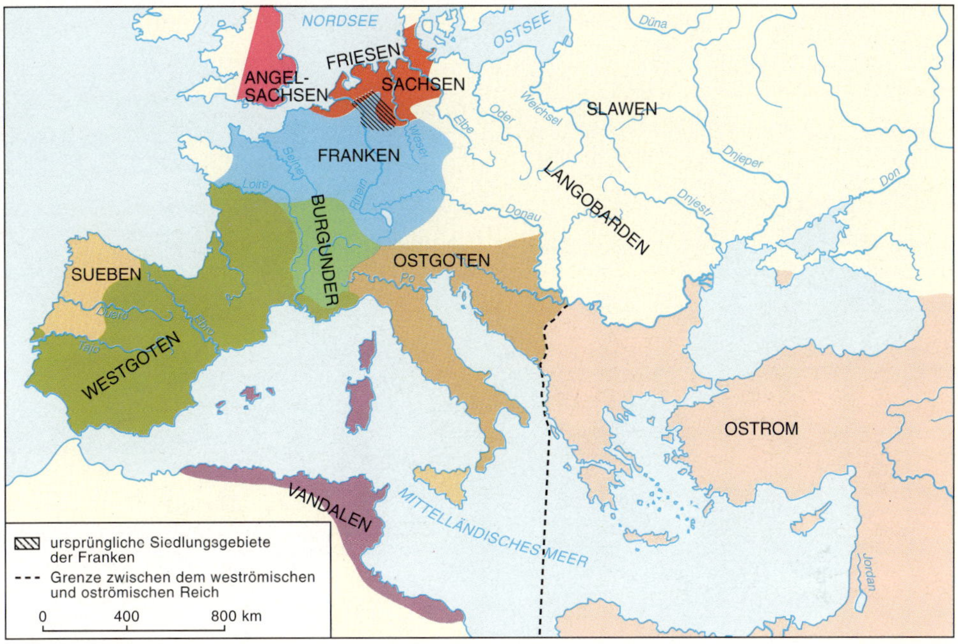


**Neue Reichsbildungen in Europa um 500 n. Chr.**

## Eroberung und friedliches Zusammenleben

Die Eroberungszüge der Hunnen westlich der Donau um 400 (vgl. S. 8) zwangen sowohl die Westgoten wie die Ostgoten dazu, neue Siedlungsplätze zu suchen. Verstärkt durch hunnische Flüchtlinge und durch entlaufene Sklaven germanischer Herkunft, eroberten sie im Laufe ihrer Wanderung Italien. Über das Verhalten der Westgoten in Italien schreibt der Ostgote Jordanes (vgl. S. 8) im 6. Jahrhundert:

**Q1** Was rechts und links an ihrem Weg lag, raubten sie aus. Zuletzt zogen sie in Rom ein. Doch auf Befehl Alarichs* plünderten sie hier bloß. Sie legten aber nicht, wie Barbaren* sonst zu tun pflegen, Feuer an die Stadt. Von Rom wendeten sie sich unter ähnlichen Verheerungen über Mittelitalien bis nach Sizilien ...

Nahezu 100 Jahre später eroberten die Ostgoten unter ihrem König Theoderich Italien. Theoderich herrschte dort 30 Jahre lang über eine römische Mehrheit und eine ostgotische Minderheit.
Ein unbekannter Zeitgenosse schreibt über seine Herrschaft:

**Q2** ... In seiner Zeit war Italien 30 Jahre vom Glück begleitet, denn er tat nichts verkehrt. Er regierte die beiden Völker wie eines, die Römer und die Goten. Den Staatsdienst der Römer über ließ er, wie in der römischen Kaiserzeit, weiter den Römern selbst. Er war ein Freund von Bauten und ein Erneuerer der Städte ...

Der ostgotische König Theoderich wollte die römische Kultur nicht zerstören. Während seiner Regierungszeit schien es, als habe er den richtigen Weg gefunden, beide Völker zu regieren. Goten und Römer durften jeweils ihren Glauben ausüben. Jede Bevölkerungsgruppe behielt ihr eigenes Recht. Die gotischen Krieger erhielten nur ein Drittel des Ackerlandes, die Römer durften zwei Drittel für sich behalten. Die Goten übernahmen den gesamten Kriegsdienst. Um eine Vermischung der Völker zu verhindern, durften Goten und Römer nicht heiraten.
Nicht nur Goten und Römer, sondern auch andere Stämme begegneten einander nicht immer friedlich. Auseinandersetzungen zwischen den verschiedenen Stämmen führten zur fortgesetzten Wanderung dieser Völker (vgl. Karte S. 8). Bis zum 6. Jahrhundert n. Chr. entstanden überall in Europa neue Reiche.

**1** *Vergleicht das Verhalten der Westgoten in Italien mit dem der Ostgoten.*

**2** *Beschreibt, mit welchen Maßnahmen Theoderich versuchte, ein friedliches Zusammenleben zwischen Römern und Goten zu erreichen.*

**3** *Listet mit Hilfe der Karte auf, welche neuen Reiche in Europa entstanden waren.*

**Hugenotten flüchten aus Frankreich,1696.** Ausschnitt aus dem Kupferstich von Jan Leuyken.

**Flucht vor Verfolgung**
Eine andere Art der Wanderung war die der Hugenotten, einer Glaubensgemeinschaft in Frankreich. Die Hugenotten wurden im 17. Jahrhundert wegen ihrer religiösen Überzeugung vom französischen König verfolgt.
Auf den folgenden Seiten könnt ihr Flucht und Wanderung der Hugenotten verfolgen. Weiterhin könnt ihr herausfinden, aus welchen Gründen Brandenburg-Preußen die Hugenotten ins Land holte.

## Die Hugenotten

In Frankreich gab es zwei christliche Konfessionen, die katholische und die reformierte. Die Reformierten wurden Hugenotten genannt. Sie lebten in der Überzeugung, daß ein fleißiges, erfolgreiches Leben vor Gott großen Gefallen finden würde. Auch aus diesem Grund waren die Hugenotten sehr fähige Handwerker und Kaufleute. Viele von Ihnen waren aber auch Adlige oder Bauern.

Von Anfang an mußten die Hugenotten darum kämpfen, ihren Glauben ausüben zu dürfen.
Aber 1598 wurden von König Heinrich IV. den Hugenotten folgende Zusicherungen gegeben:
– Sie durften sich in allen Gebieten Frankreichs aufhalten,
– ungehindert ihren Gottesdienst feiern,
– an den Universitäten, Schulen und Hospitälern durften sie wegen ihres Glaubens nicht benachteiligt werden und
– den Hugenotten wurde erlaubt, alle Ämter zu bekleiden.

## Ludwig XIV. und die Hugenotten

Ludwig XIV. (1643–1715) duldete die freie Religionsausübung seiner Untertanen nicht. Schließlich verbot er die reformierte Religion ganz. Ein Zehntel der französischen Bevölkerung war von dieser Maßnahme betroffen. Er verkündete am 18. Oktober 1685:

**Q** 1. ... gefällt es Uns, daß alle Kirchen der angeblich reformierten Religion, die in unserem Königreich ... liegen, unverzüglich zerstört werden ...

2. Wir verbieten Unseren ... Untertanen von der ... reformierten Religion, sich noch ferner zu versammeln, um Gottesdienst ... zu halten ...
3. Wir befehlen allen reformierten Predigern, die sich nicht bekehren wollen, ... Unser Königsreich zu verlassen bei Strafe der Galeeren ...
9. Wir verbieten ganz ausdrücklich ... allen Unseren Untertanen von der ... reformierten ... Religion aus unserem Königreich auszuwandern bei Strafe der Galeeren für die Männer und Einziehung von Leib und Gut für die Frauen. ...

**1** *Schreibt die Kernpunkte des Verbotsedikts mit eigenen Worten auf.*
**2** *Beurteilt die Vorgehensweise des Königs.*
**3** *Vermutet, wie die Reformierten darauf reagiert haben könnten.*

### Die Flucht der Hugenotten

Aus religiösen Gründen wanderten in den Jahren von 1685 bis 1719 zirka 200 000 bis 300 000 Hugenotten aus Frankreich aus. Sie flohen ins benachbarte Ausland, vor allem in die Schweiz, die Niederlande und in etliche deutsche Fürstentümer. 15 000 wanderten nach Brandenburg-Preußen ein, davon allein 6000 nach Berlin. Bereits um 1700 soll jeder fünfte Einwohner Berlins französischer Herkunft gewesen sein.

### Stationen der Flucht

Trotz des Verbots durch Ludwig XIV, flohen Hunderttausende von Hugenotten aus Frankreich, 1500 wurden dabei gefaßt und auf Galeeren geschickt.
Was die Flüchtlinge durchmachen mußten, notierten Glaubensgenossen bei ihrer Ankunft in Frankfurt:

**Q1** Aus gewissen Dörfern, die ganz oder zum Teil reformiert waren, zog die Bevölkerung teilweise oder ganz ab. Am 6. Oktober 1686 leistete die Gemeinde drei Männern Beistand, sie wurden verfolgt und gezwungen, die Messe zu besuchen, doch da sie den Götzendienst nicht ertragen konnten, haben sie alles verlassen, Häuser, Verwandte und alle ihre Habe. Hugues C. war mit seiner Schwester Anne seit dem 25. Oktober 1686 in Frankfurt, sehr krank und mit Fieber, er blieb zehn Wochen, bevor er nach Kassel weiterzog.

Mehr als 63 000 hugenottische Flüchtlinge zogen von 1685 bis 1695 durch Frankfurt am Main. Hier wurden sie von den reformierten Gemeinden aufgenommen, bis sie weiterwandern konnten.

**4** *Verfaßt einen Spendenaufruf. Er soll sich an die Frankfurter Gemeindemitglieder richten und die Fluchtumstände der Hugenotten beschreiben.*
**5** *Vergleicht die Informationen über die Flucht mit dem Bild auf S. 12.*

### Anwerbung für Brandenburg

Der Kurfürst von Brandenburg schickte Leute aus, die möglichst viele Glaubensflüchtlinge nach Brandenburg holen sollten. Ihnen wurden Pässe gegeben und Geld für die Reise. Im Edikt von Potsdam verkündete der brandenburgische Kurfürst 1685:

**Q2** Wir, Friedrich Wilhelm, von Gottes Gnaden Markgraf zu Brandenburg, ... Kurfürst, tun kund und zu wissen, ... daß wir aus gerechtem Mitleiden, ... welches wir mit unseren wegen des heiligen Evangeliums ... bedrängten Glaubensgenossen ... haben müssen, werden mit diesem Edikt, ihnen eine sichere und freie Zuflucht in allen unseren Landen ... anbieten und ihnen hiermit kundtun, welche Rechte, Freiheiten und Vorrechte wir ihnen gnädigst zuzugestehn gesonnen sind, um dadurch die große Not und Trübsal ... auf einige Weise erträglicher zu machen ...
3. ... Wir stellen denen, die sich in unseren Landen niederlassen wollen frei, sich denjenigen Ort, welchen sie für ihren Beruf und für ihre Lebensart am bequemsten finden, zu wählen ...
4. Diejenigen Möbel, auch Kaufmanns- und andere Waren, welche sie ... mit sich bringen..., sollen von allen Auflagen, von Zoll und Gebühren ... gänzlich befreit sein ...

**6** *Entnehmt aus dem Text, welche Gründe den Kurfürsten zur Anwerbung der Hugenotten bewogen.*
**7** *Überlegt, ob er auch andere als religiöse Motive gehabt haben könnte.*

### Siedlungsgebiete

Folgende Siedlungsgebiete werden im Edikt den Hugenotten angeboten: Herzogtum Kleve, Grafschaft Mark und Ravensberg, Fürstentümer Halberstadt und Minden, Herzogtum Magdeburg, Kurmark Brandenburg, Herzogtümer Pommern und Preußen.

**8** *Sucht im Geschichtsatlas aus einer thematischen Karte über die Ansiedlung Glaubensvertriebener die Siedlungsgebiete der Hugenotten in Deutschland und Europa heraus.*

**Ankunft der Franzosen in Deutschland.** Englischer Stich von W. Fox, um 1757.

### Staatliche Vorrechte für hugenottische Flüchtlinge

**1** *Stellt mit Hilfe des Bildes Vermutungen darüber an, wie die Hugenotten in Brandenburg-Preußen aufgenommen wurden.*

Der Dreißigjährige Krieg* (1618–1648) hatte das Land Brandenburg-Preußen besonders mitgenommen. Teile des Ackerlands waren verwüstet. Durch Hunger- und Pestkatastrohpen waren viele Menschen ums Leben gekommen. Manche Gegenden waren völlig entvölkert. Dabei brauchte der Staat hohe Steuereinnahmen, weil er große Ausgaben für das Militär und für die Hofhaltung hatte.

Kurfürst Friedrich Wilhelm erhoffte sich von der Ansiedlung der Hugenotten langfristig Vorteile. Im Edikt von Potsdam gewährte er den französischen Flüchtlingen umfangreiche Hilfen bei der Niederlassung: Sie bekamen Zuschüsse zum Umbau oder Neubau von Wohnhäusern und Manufakturen* und erhielten das Baumaterial kostenlos. Bei der Gründung von Unternehmen wurde Unterstützung zugesichert. Bis auf die Verbrauchssteuern waren die französischen Flüchtlinge für mehrere Jahre von Steuern und anderen Abgaben befreit. Außerdem unterstanden sie einer eigenen Rechtsprechung. Der französische Adel war dem deutschen gleichgestellt.

Dem Kaufmann Pierre Bonnel gewährte der Kurfürst zusätzliche Vorrechte für die Errichtung einer Wollmanufaktur. Dafür mußte jener deutsche Lehrjungen einstellen. In einer kurfürstlichen Resolution* von 1686 hieß es:

**Q** … werden ihm … folgende Privilegien* in Gnaden konzediert [gewährt]:

1. Eine Wohnung von 800 Talern Wert.
2. Bürgerrecht und Gleichheit mit allen Magdeburger Bürgern.
3. 600 Taler zur Anschaffung der benötigten Werkzeuge und Arbeiter.
4. Ein Jahr lang sollen ihm 50 Kinder, sowohl Knaben als auch Mädchen, gegen 1 Groschen des Tages gehalten werden, welches Geld ihm quartaliter [vierteljährlich] vorschußweise gezahlt werden soll, unter der Bedingung, daß er obgedachte Kinder in allem, was zur Verfertigung der Couvertes, Cadri und Serges [= Wollstoffarten] nötig ist, unterweisen soll.
5. 10 Jahre lang sollen ihm alle erforderlichen Waren und Zubehör zollfrei ein- und ausgelassen werden von und in andere Länder. …
7. Was von Couverts feiner und gröberer Art am kurfürstlichen Hofe gebraucht wird, soll allezeit vor anderen bei ihm gesucht und dem Gutbefinden nach gekauft werden.

(8. hatte Pierre Bonnel um einen Vorschuß von 4000 Talern gebeten; der wurde ihm abgeschlagen) …

**2** *Listet auf, was den nach Brandenburg-Preußen kommenden Glaubensflüchtlingen geboten wird.*

**3** *Faßt zusammen, welche Gründe den Kurfürsten Friedrich Wilhelm dazu bewogen haben, den Hugenotten solche Vorrechte zu gewähren.*

**4** *Spielt ein Gespräch, wie die bisherigen Bewohner Brandenburgs auf die im Potsdamer Edikt festgeschriebenen Vorrechte reagiert haben könnten.*

**Leben unter ihresgleichen**
Die ersten Glaubensflüchtlinge lebten meistens unter ihresgleichen. Der französische Schneider konnte beim französischen Bäcker sein Weißbrot kaufen, und umgekehrt ließ der Bäcker seinen Anzug vom französischen Schneider anfertigen oder flicken. Sie besuchten den französischen Gottesdienst, gingen in die französische Schule und heirateten bevorzugt untereinander.

**Berufe der Hugenotten**
Die Flüchtlinge übten vielfältige Berufe aus. Es war fast jeder Beruf vertreten, den eine Stadt zum Ende des 17. Jahrhunderts benötigte. Ein großer Teil war im Handwerk tätig, die meisten Menschen waren im Textil- und Bekleidungsgewerbe beschäftigt. Wichtige Anstöße gingen von da aus: Aus Frankreich war ein Strumpfwirkstuhl mitgebracht worden, der die Herstellung der Strümpfe vereinfachte und deren Qualität verbesserte. Für die Seidenherstellung züchtete man die Seidenraupen selbst und brauchte Seide nicht mehr einzuführen. Die Hugenotten brachten auch 46 neue Berufe mit, wie Seidenstoffmacher, Seifenhersteller und Pastetenbäcker.

**1** *Erklärt, welche Bedeutung die französischen Flüchtlinge für die Wirtschaft Brandenburg-Preußens hatten.*

**Die Flüchtlinge und die Einheimischen**
Ein Teil der einheimischen Handwerker fürchtete zunächst die Konkurrenz der Franzosen, die Privilegien erhalten hatten. Deswegen stellte der Magdeburger Magistrat 1709 die Ausgaben für die Flüchtlinge den Einnahmen aus ihren Steuern gegenüber. Er ließ dabei bekanntmachen:

> **Q** Frage: Ob es denn einem Lande nützlich oder den alten Einwohnern schädlich sei, wenn die Herrschaften durch gewisse ... Freiheiten Fremde in das Land ziehen?
> Antwort: Daß solches einem Lande nütz sei, wird ... auch aus der Erfahrung genügsam erwiesen, zumal der klare Augenschein erweist, daß wo viel Leute seien, auch viel Nahrung sei. ... (Der König hat) in Annehmung Fremder dem Lande Nutzen geschafft ..., daher werden bisher Übelgesinnte den armen Fremden nicht mehr so zuwider sein, sondern ihnen das durch fleißige Arbeit ohne derselbigen Schaden suchende Stücklein Brot aus christlicher Liebe gern gönnen ...

**2** *Beschreibt, welche Haltung die Einheimischen den Flüchtlingen gegenüber zunächst einnahmen.*
**3** *Erklärt, warum und wie der Staat darauf reagierte.*

Es gab aber auch Flüchtlinge, die in Brandenburg-Preußen nicht Fuß fassen konnten und in Armut lebten. Sie wurden durch eine Armenfürsorge unterstützt. Eine staatliche Zwangsabgabe der Einwohner Brandenburgs finanzierte diese. Dennoch wanderten die Armen häufig in andere Länder weiter.

**Von der Ablehnung zur Annäherung**
Zunächst wurden die Flüchtlinge von einem Teil der Bevölkerung abgelehnt. Diese Haltung änderte sich jedoch bald; die Franzosen wurden zunehmend akzeptiert. In den dreißiger und vierziger Jahren nahmen die Eheschließungen zwischen Franzosen und Einheimischen zu. Auch die Sprache der Hugenotten wies um diese Zeit schon Einflüsse des Deutschen auf. Im Siebenjährigen Krieg* (1756–1763) kämpften die in Brandenburg eingewanderten Hugenotten auf preußischer Seite gegen Frankreich. Die französische Kirchengemeinde und der eigene Unterricht blieben aber bis zum Ende des 18. Jahrhunderts bestehen.

**4** *Erläutert, warum die Hugenotten rückblickend als relativ früh eingegliederte Zuwanderergruppe bezeichnet werden.*

**„Die Woche des ausländischen Mitbürgers“.** Karikatur von Marie Marcks um 1987.

**5** *„Entschlüsselt“ die Karikatur. Benutzt dazu die Fragen von S. 23.*

**Deutsche Auswanderer im Hamburger Hafen.** Stahlstich 1872.

Vor allem im 19. Jahrhundert wanderten Menschen aus Europa in andere Länder aus. Die „Neue Welt", besonders die Vereinigten Staaten von Amerika, wurde zu einem Anziehungspunkt für Auswanderungswillige, darunter viele Deutsche. An ihrem Beispiel könnt ihr untersuchen, welche wirtschaftlichen und politischen Gründe die Menschen dazu veranlaßten, aus ihrer Heimat auszuwandern. Ihr könnt erarbeiten, wie es den Auswanderern in Amerika erging. Schließlich könnt ihr herausfinden, ob und wie sich Traum und Wirklichkeit in der neuen Heimat voneinander unterschieden.

**Aufbruch in die „Neue Welt"**

**1** *Beschreibt die Abbildung und überlegt, welche Anstrengungen und Gefahren es bei einer solchen Reise gegeben haben könnte.*

**2** *Stellt Vermutungen darüber an, warum die Menschen gerade nach Amerika auswanderten.*

In den meisten europäischen Ländern wuchs die Bevölkerungszahl im 19. Jahrhundert stark an. Seit Beginn des Jahrhunderts wanderten Menschen nach Übersee aus. Sehr viele Menschen suchten ihre neuen Lebensgrundlagen in Amerika, weil sie sich in dem großen Land ein wirtschaftlich gesichertes Dasein in Freiheit erhofften.

Es gab mehrere Auswanderungswellen in die Vereinigten Staaten, die zwei bedeutendsten in den 50er und den 80er Jahren des vergangenen Jahrhunderts. Insgesamt wanderten in den Jahren zwischen 1815 und 1920 etwa 5 Millionen Deutsche aus.

**Ursachen und Motive der Auswanderung**

Friedrich List*, der 1822 selbst aus politischen Gründen nach Amerika auswanderte, befragte 1817 im Auftrag des württembergischen Königs Auswanderer aus Südwestdeutschland nach ihren Gründen:

**Q1** ... Michael Munz, ... , verheiratet, und hat 6 Kinder, ist ohne alles Vermögen:
Ich weiß weiter keine Ursache anzugeben, weswegen ich auswandere, als daß ich bei dem gegenwärtigen schlechten Verdienst und bei der großen Teuerung meine Familie nicht erhalten kann. Ich habe Nachricht von Verwandten in Amerika, welche es dort gut haben. Ein Vetter, der mit mir zieht, versorgt mich mit Geld.

... Carl Minner, Schneider, ..., 34 Jahre alt, hat 1 Kind und ungefähr 1000 Gulden Vermögen: man kann sich eben nicht mehr nähren, weil das Handwerk nicht mehr geht, und die Teuerung zu groß ist.

... Johannes Schäufele, ...

... Wenn in Schorndorf nicht bald eine Änderung gemacht wird, so wandert die halbe Stadt aus. Vom Oberamtmann an bis auf den Bettelvogt drückt alles auf den Bürger, und der Bürger darf nicht sprechen. Wenn man vor den Beamten kommt, so gibt es ein Donnerwetter über das andere ...

**1** *Findet heraus, welche Ursachen und Motive es für die Auswanderung gab.*

**2** *Überlegt, warum in Lists Bericht Frauen nicht erwähnt werden. Wanderten nur Männer aus?*

**3** *Formuliert Erwartungen, die die Auswanderer gehabt haben könnten.*

**4** *Befragt die ausländischen Mitschüler in eurer Klasse, warum ihre Eltern oder Großeltern nach Deutschland gekommen sind.*

**5** *Vergleicht die in eurer Befragung herausgefundenen Gründe mit euren Arbeitsergebnissen zu Aufgabe 1.*

**An Deck eines Auswandererschiffes.** Foto 1905.

**Amerikanische Einwandererwerbung in Deutschland**

Auswanderungsinteressierte wurden bereits in Deutschland durch Zeitungsanzeigen angesprochen. Dafür sorgten Einwandereragenten, die von einzelnen amerikanischen Staaten beauftragt waren, wie etwa F. Melchiors vom Staat Süd-Carolina.

Am 14. November 1867 war in der Allgemeinen Auswanderungs-Zeitung zu lesen:

**Q** *Wichtig für Auswanderer*

Der Staat Süd-Carolina hat ein liberales Gesetz zum Schutze der Einwanderer erlassen, und die Bürger des Staates haben über eine Million Acker Land zu sehr niedrigen Preisen bei dem Agenten des Staates zum Verkauf registriert. Ländereien, die früher 40 bis 50 Dollar pro Acker kosteten, sollen jetzt zu 3 bis 6 Dollar pro Acker verkauft werden. Auch werden ein paar tausend Acker unkultiviertes Land unter der Bedingung, daß der Ansiedler sich ein Haus darauf baut, unentgeltlich abgetreten. Für Landsleute mit einem kleinen Kapital bietet sich dort eine außerordentlich günstige Gelegenheit dar. Auch sind tüchtige Handwerker sowie Knechte und Mägde sehr in Nachfrage.

Auf portofreie Anfragen ist der unterzeichnete Agent des Staates Süd-Carolina gern bereit, jeden Aufschluß über die Hilfsquellen des Staates unentgeltlich zu erteilen. Eine Broschüre mit Karte über Süd-Carolina ist bereits erschienen und in allen Buchhandlungen zu haben.

F. Melchior in Oldenburg
im Großherzogtum

**6** *Beschreibt, welches Angebot einem Auswanderungsinteressierten gemacht wird.*

**7** *Stellt Vermutungen an, welche Absichten und Wirkungen ein solches Inserat gehabt haben könnte.*

### Ankunft in Amerika

**1** *Stellt anhand des Plakates Vermutungen darüber an, welche Gefahren einem auswandernden Mädchen drohten.*

Zwischen 1870 und 1920 wanderten 5 Millionen Deutsche in die Neue Welt aus. Ein Drittel von ihnen waren Frauen. Die meisten reisten im Familienverband mit Mann, Kindern und anderen Verwandten. Mehrere Hunderttausend waren aber alleinstehend und Stellung suchend.
Die 28jährige Anna Maria Klinger schrieb nach kurzem Aufenthalt in den USA an ihre Eltern und Geschwister in Deutschland. Sie war das erste von sieben Kindern einer armen Weinbauernfamilie. Alle ihre Geschwister wanderten nach ihr in die USA aus.

**Q** New York, den 18. März 1849
Am selben Tag, als ich in New York ankam, kam ich noch in Dienst zu einer deutschen Familie, gegenwärtig bin ich zufrieden mit meinem Lohn gegenüber Deutschland: ich habe im Monat 4 Dollar, nach unserem Geld 10 Gulden. Wenn man einmal Englisch sprechen kann, dann geht es bedeutend besser, denn die Englischen geben guten Lohn, da hat die Magd 7 bis 10 Dollar den Monat, denn wer das Englisch nicht kann und nicht versteht, kann auch nicht den Lohn verlangen. Nun bin ich aber in der Hoffnung, daß es bald besser gehen wird, denn es ist immer so, im Anfange gefällt es keinem so, und besonders wenn man so allein und verlassen in einem fremden Lande dasteht wie ich, keinen Freund und Verwandten um mich her …

**2** *Stellt zusammen, wie Anna Maria Klinger ihre Situation nach ihrer Ankunft beurteilt.*

### Lebensverhältnisse der deutschen Einwanderer

Heinrich Krohn beschrieb 1992 in einem Buch über die deutsche Amerika-Auswanderung die Lebensverhältnisse der Deutschen in New York um 1910:

**M** Zu einem bevorzugten Ziel war … New York selbst geworden, wo es schon früh ganze Straßenzüge, ja Stadtviertel mit überwiegend deutscher Bevölkerung gab. Sich hier nach den Strapazen der Überfahrt, zumindest vorübergehend erst einmal niederzulassen, das mußte für viele verlockend gewesen sein. So entstand im Herzen Manhattans … ein Wohnquartier, in dem der deutsche Anteil der Bewohner bei über 30 % lag. Hier … war man fürs erste einmal in selbstgebauten Hütten oder heruntergewirtschafteten Mietskasernen untergekommen. Viele der Einwanderer verschafften sich ihren bescheidenen Unterhalt mit dem Sammeln von Lumpen, so daß ein vom Staate New York eingesetzter Untersuchungsausschuß den Distrikt als „German Ragpickers Paradise" bezeichnete.

**Plakat.** Um 1910.

**3** *Der deutsche Wohnbezirk wurde „Lumpensammler-Paradies“ genannt. Spielt ein Gespräch, in dem sich zwei deutsche Einwanderer über ihre Situation in New York unterhalten, und überlegt, ob ihr die Lebensverhältnisse dort auch als Paradies empfunden hättet.*

## Der Traum vom Aufstieg

Amerika galt als Land der unbegrenzten Möglichkeiten. Viele träumten vom Aufstieg. Sie glaubten, mit Fleiß könne jeder vom Tellerwäscher zum Millionär aufsteigen. Wie sah die Wirklichkeit aus?

Louis Dilger wanderte 1880 nach Amerika aus, weil er als Bäcker im Ruhrgebiet keine Arbeit fand. In St. Louis mußte er auch bald seinen erlernten Beruf wechseln.

1885–86 war er Fuhrmann, 1888–1897 Arbeiter im Maschinenbau, der Metallindustrie und an anderen Arbeitsplätzen, 1898–1904 selbständiger Krämer, 1907 Rohrleger, 1909–11 Waggonbauer, 1912–17 Reparateur, 1918–19 Arbeiter, 1922 Tester, 1925–29 Angestellter, 1930 Packer, 1931 Parkarbeiter, 1932–33 städtischer Arbeiter.

Seine Tochter Clara arbeitete 1910 in einer Fabrik, die 16jährige Tochter Florence in einer Wäscherei. Ein Schwiegersohn schaffte den Aufstieg zum Topmanager.

Ein Auszug aus Dilgers Briefen nach Deutschland beleuchtet seine Situation:

> **Q** 28. Januar 1894
> Lieber Wilhelm, hier sind die Zeiten so schlecht, wie ich sie noch nicht gesehen habe in den 13 Jahren, die ich hier bin. Alle Arbeit und Gewerbe stocken, Hunderttausende ohne Verdienst, dabei die Lebensmittel sehr teuer mit Ausnahme von Mehl. Doch bin ich bis jetzt noch immer glücklich, indem ich noch immer Arbeit habe. Wir haben uns einen Lohnabzug von 10% gefallen lassen müssen ...

**1** *Beurteilt den Werdegang von Louis Dilger und seiner Familie. Hat sich der Traum vom Aufstieg erfüllt?*

## Traum und Wirklichkeit

Viele Einwanderer haben auf der Suche nach dem Glück und einem besseren Auskommen häufig Beruf und Wohnort gewechselt und sind in den USA von den Hafenstädten aus weitergewandert. Etliche entschieden sich auch zur Rückwanderung nach Deutschland. Schätzungen über die Anzahl der Rückwanderer schwanken zwischen 10 und 25%.

**2** *Stellt euch vor, ihr wäret in die USA ausgewandert. Würdet ihr die Auswanderung jetzt anderen Deutschen empfehlen? Schreibt dazu einen Brief in die deutsche Heimat. Denkt dabei auch an Q von S. 16.*

**Immigrantenkinder lernen, die amerikanische Nationalflagge zu grüßen.** Foto.

## Sprache und Bildung

Menschen verschiedener Nationalitäten wanderten in die USA ein. In den Städten lebten sie häufig in eigenen Wohnvierteln und unterhielten auch eigene Privatschulen. Seit 1870 bemühten sich die amerikanischen Behörden verstärkt darum, daß alle Einwandererkinder gemeinsam dieselben Schulen besuchen. In einem amerikanischen Geschichtsbuch befindet sich das oben abgebildete Foto. Es wird so kommentiert:

„Public education helped many immigrants rise out of poverty. They learned English and developed strong patriotism for their new country."

**3** *Übersetzt diese Aussage. Welche Behauptung wird aufgestellt?*

**4** *Vergleicht die Aussagen mit den Äußerungen Anna Maria Klingers in Q auf S. 18*

**5** *Beschreibt das Foto. Welchen Eindruck macht es auf euch?*

**6** *Sprecht darüber, ob sich die Kinder auf dem Foto wie Amerikanerinnen und Amerikaner fühlen?*

**7** *Überlegt, was Patriotismus bedeutet.*

**Zurückgekommen nach Deutschland**
Ebenso wie nach Amerika wanderten viele Deutsche seit Mitte des 18. Jahrhunderts in den Osten aus. Heute kehren viele dieser Familien und ihrer Nachfahren nach Deutschland zurück. Die Menschen, die heute als Aussiedler aus den Ländern der ehemaligen Sowjetunion, aus Polen und Rumänien nach Deutschland zurückkehren, haben harte und wechselhafte Schicksale hinter sich. Die Entspannungspolitik zwischen Ost und West ermöglichte es diesen Deutschstämmigen, aus dem ehemaligen Ostblock in die Bundesrepublik überzusiedeln. Hier gelten sie rechtlich als Deutsche und sind politisch mit den hier lebenden Bundesbürgern gleichberechtigt.
Auf den folgenden Seiten könnt ihr erarbeiten, warum es für die Aussiedler so wichtig ist, als Deutsche behandelt zu werden, und wie die Bundesrepublik mit ihnen umgeht.

**Ankunft in Friedland.** Foto 1989.

**Die Rußlanddeutschen**
Die erste Einwanderungswelle nach Rußland erfolgte 1763 infolge des Einladungsmanifestes der deutschstämmigen Zarin Katharina II. Sie gewährte den Deutschen Land, Steuerfreiheit, Selbstverwaltung und Religionsfreiheit. Etwa 30000 Deutsche ließen sich daraufhin in der Nähe von Petersburg und an der Wolga nieder und wurden meist freie Bauern. Im 19. Jahrhundert grenzten sich aber dann die Staaten zunehmend gegeneinander ab. So gab es auch in Rußland eine Politik der Russifizierung und Ausgrenzung von Volksgruppen nichtrussischer Herkunft. Die Deutschen in Rußland verloren zum Teil ihren Grundbesitz und einen Teil ihrer Rechte. Zum Teil wurden sie sogar ausgesiedelt. Im Zweiten Weltkrieg, nachdem deutsche Truppen die Sowjetunion überfallen hatten, wurden 900000 Deutschstämmige aus ihren Siedlungsgebieten in Arbeitslager nach Zentralasien und Sibirien geschickt. Sie durften keine eigenen Schulen haben, mußten Russisch lernen, und Deutsch als Amtssprache wurde abgeschafft. Erst heute gibt es Bemühungen, sie in ihre früheren Wohngebiete an der Wolga und am Schwarzen Meer zurückzuführen. Von 1988–1993 reisten 779000 von ihnen als Aussiedler nach Deutschland ein.

**1** *Nehmt einen Geschichtsatlas zur Hand, und sucht die genannten Gebiete auf eine Karte.*

**Deutsche und Polen**
Ein anderes Schicksal hatten die Deutschen aus dem heutigen Polen. Immer wieder wechselten Zeiten der guten Nachbarschaft und der Spannung zwischen Deutschen und Polen. Der Zweite Weltkrieg traf Polen besonders hart. Erst wurde es von den deutschen Truppen besetzt und dem Deutschen Reich unterstellt. Nachdem Deutschland den Krieg verloren hatte, kamen deutsche Gebiete (Ostpreußen, Pommern und Schlesien) unter polnische Verwaltung. Die meisten dort lebenden Deutschen wurden vertrieben und flohen. Allein aus Schlesien waren es 3,3 Millionen. Die Deutschen, die in den nun polnischen Gebieten blieben, mußten die polnische Staatsbürgerschaft annehmen und erlitten zahlreiche Diskriminierungen*. Viele Polen haben die Deutschen in Polen für die nationalsozialistischen Verbrechen verantwortlich gemacht. Die Pflege ihrer Sprache und Kultur wurde ihnen verboten.
Erst seit den 70er Jahren konnten die Deutschstämmigen ausreisen. Der Zusammenbruch des Ostblocks löste 1989/90 eine große Aussiedlungsbewegung aus. Von 1988–1993 kamen mehr als 580000 Aussiedler aus Polen nach Deutschland.

**2** *Schreibt mit eigenen Worten auf, wie sich das Zusammenleben zwischen Deutschen und Polen bzw. Russen gestaltete.*

### Auf der Suche nach der Heimat ihrer Vorfahren

In einer Untersuchung über „Die Deutschen im Osten“ aus dem Jahre 1989 kommen die beiden Rußlanddeutschen Florian und Rosa Dobler zu Wort:

**M1** ... Deutschland, da wo die Deutschen sind, das ist unsere Heimat. Denn in Rußland ist sie uns geraubt worden.

Die Wochenzeitung „DIE ZEIT“ zitiert in einem Artikel vom 4. November 1988 einen deutschstämmigen Aussiedler aus Polen. Dieser berichtet von einem Freund namens Schmilinski:

**M2** Schmilinski will auch in die Bundesrepublik, obwohl er in Masuren (Polen) einen großen Bauernhof mit Pferden, Kühen und Schweinen besitzt. Er meint: die Gräber meiner Vorfahren verfallen, und ich will auch, daß meine Kinder Deutsch sprechen!

Im Begleitheft zum Schülerwettbewerb „Wir Deutschen und unsere östlichen Nachbarn“ von 1991 erzählt ein polnischer Aussiedler:

**M3** Ich bin in Oberschlesien geboren. Es gab schwere Zeiten nach dem Krieg. Besonders schlimm war, daß man nur noch polnisch reden durfte. Dadurch hat sich alles gewandelt und verändert. 30 Jahre lang habe ich täglich im Radio die Deutsche Welle gehört. 30 Jahre lang habe ich den Wunsch nach deutschen Büchern und Zeitungen mit mir herumgetragen. Jetzt beginnt noch einmal ein neues Leben für mich.

**1** *Sucht aus M1 bis 3 heraus, welche Hoffnungen die Aussiedler an ihre Rückkehr nach Deutschland knüpfen.*

### Aufnahme in Deutschland

Aussiedlerinnen und Aussiedler werden in der Bundesrepublik in acht „Durchgangsstellen für Aussiedler“ untergebracht. Dort können sie einen Aufnahmeantrag stellen.

In der Öffentlichkeit werben Politiker für eine freundliche Aufnahme der Aussiedler, denn das Grundgesetz stuft sie als deutsche Volkszugehörige ein. Der Anspruch auf die deutsche Staatsbürgerschaft kann dadurch nachgewiesen werden, daß jemand durch Geburt oder Heirat mit einem Deutschen verbunden ist. Wer sich in den östlichen Siedlungsgebieten zum deutschen Volkstum bekannt hat, wird als deutscher Volkszugehöriger betrachtet.

Die Ankommenden müssen ihre deutschstämmige Herkunft gegenüber den deutschen Behörden beweisen. Bis alle Formalitäten erledigt sind, haben sie dann 16 Stationen durchlaufen.

Ein Aussiedler berichtet:

**M4** Unna-Maassen, den 28, Mai 1986.
Seit einigen Tagen wandern wir wieder von einer Amtsstube zur anderen; Beratungs- und Vermittlungsstelle des Arbeitsamtes. Mutterschaftsversorgungsschein für meine schwangere Frau, Rentenversicherung für Angestellte für mich, beglaubigte Übersetzungen aus dem Polnischen von unseren Urkunden, Zeugnissen usw., Anträge auf den Vertriebenenausweis, Wohnberechtigungsbescheinigung usw. ist es ein Wunder, wenn Aussiedler wie ich von diesem Einbürgerungskarussell schwindelig werden? Noch dazu die fehlenden oder mangelnden Kenntnisse der deutschen Sprache bei vielen ...

**2** *Vergleicht den Anspruch auf freundliche Aufnahme mit dem Ablauf in der Durchgangsstelle für Aussiedler.*

### Argwohn gegenüber den neuen Nachbarn

Am Ende des Einbürgerungsverfahrens unterliegen die Aussiedler keinen Arbeits- und Aufenthaltsbeschränkungen und gelten als Deutsche. Die meisten reisen dann in ein Übergangswohnheim weiter und beginnen damit, sich ein neues Leben aufzubauen. Der Staat bemüht sich, Aussiedlerkinder in besonderen Förderklassen zu unterstützen. In vielen Schulen ist die Integration der neuen Mitbürgerinnen und Mitbürger gelungen. Auf der anderen Seite begegnen die hier lebenden Deutschen oder auch Zugewanderte anderer Herkunft den Aussiedlern mit Vorbehalten.

In einem Leserbrief in der Rheinischen Post vom 3. November 1988 heißt es:

**M5** Was ist an Aussiedlern, die in der 4. oder 5. Generation im Osten lebten und vor langer Zeit freiwillig dorthingezogen sind, eigentlich noch „deutsch“? ... Warum also entdecken diese Menschen auf einmal ihr Deutschtum wieder und strömen in Scharen in das „Wohlstandsland“ Bundesrepublik? Allein aus wirtschaftlichen Gründen!

**3** *Vergleicht die Gründe, die der Leserbriefschreiber den Aussiedlern unterstellt, mit ihren eigenen Äußerungen in M1–3.*

**4** *Befragt Aussiedlerkinder in eurer Klasse oder Schule, wie es ihnen nach der Ankunft ergangen ist.*

**Wo ist Kristinas Heimat?**
„Sie werden dich doch wieder abwimmeln, Großmutter", sagte Kristina.
„Abweisen." Großmutter achtete streng darauf, daß keine Abweichungen von der Hochsprache vorkamen. Sie liebte überhaupt keinerlei Abweichungen. Sorgfältig breitete sie die Antragsformulare auf dem Tisch aus. Viele Bögen hatte sie mit ihrer kleinen, zierlichen Schrift bedeckt.
„Lies die Anträge, Kristina", sagte die Großmutter. „Es darf kein Fehler darin sein."
Das Mädchen hockte sich auf die Bank hinter den Tisch. Schon wieder dieser Mist, dachte sie.
„Du weißt genau, daß du keine Fehler schreibst, Großmutter."
„Ich bin alt, Kristina. Eine fremde Sprache bleibt fremd."
„Fremde Sprache! Seit dreißig Jahren hörst du polnisch, liest du polnisch, schreibst polnisch an die Behörden und sprichst oft genug polnisch."
„Es bleibt polnisch", beharrte die Großmutter.
„Für mich ist polnisch keine fremde Sprache. Es ist meine Sprache."
„Rede nicht dumm, Kind. Dein erstes Wort, daß du vor fünfzehn Jahren gesprochen hast, war: Mama. Und das ist deutsch!"
„Und die Nachbarn, die Schule, meine Freundinnen!"
Die Großmutter preßte die Lippen gegeneinander und und schwieg. Kristina wußte, wo die Großmutter verwundbar war. „Und Janec?" fügte sie hinzu.
„Du sollst ihn nicht Janec nennen! Es sind die Umstände in diesem Land, die den Jungen so machen. Hans wird schon gutes Deutsch sprechen, wenn wir erst drüben sind."
Kristina wußte, daß sie nicht daran vorbeikam, die Formulare wieder einmal zu lesen. Sie kannte die Fragen und Antworten längst auswendig. Achtmal schon waren Großmutters Anträge auf eine Ausreisegenehmigung aus Polen abgelehnt worden. Allein im vergangenen Jahr 1969 hatte sie all die Formulare dreimal abgeschickt, und dreimal hatte es „nein" geheißen. Warum sollte es 1970 gelingen? Sinnlose Arbeit.
Kristinas ganze Kindheit hatte unter der Überschrift gestanden: Wenn wir erst drüben sind. Alles war vorläufig. „Vorläufig mußt du eben hier in die Schule gehen." – „Vorläufig fragen wir die Jablonska, ob sie dir Flötenunterricht gibt." – „Vorläufig werden wir diese Wohnung beziehen." ...
Diese zermürbende Vorläufigkeit.
Nichts war endgültig, nichts sicher.
Blatt um Blatt des Antrags sah Kristina durch.
Keinen Fehler fand sie. ...
(*Die Großmutter erzählte Kristina von früher:*)
„... Unser Haus ist zerschossen worden, damals, 1944. Wenn dein Großvater nicht so dickköpfig gewesen wäre, hätten wir den elenden Trümmerhaufen nie wiedergesehen. Ich wollte früh genug in den Westen. Wir hätten es machen sollen wie unsere Verwandten, die Bienmanns aus Ostpreußen, wie Johannes und Agnes. Aber dein Großvater war störrisch wie ein Schafbock. Er konnte seine Werkstatt, sein Haus nicht aufgeben. Bis uns dann die deutschen Soldaten zwangen, den Ort zu verlassen. Es war zu spät. Die Front überrollte uns wenige Stunden später. Wir wurden von den Russen zurückgetrieben. Ins Elend wurden wir zurückgetrieben. Bekamen heimgezahlt, was dieser Hitler, was dieser Krieg angerichtet hat. Wir konnten froh sein, daß wir das nackte Leben retteten ..."
Großmutter suchte aus dem Stapel der Formulare den Umschlag mit den Paßfotos heraus. Jedes einzelne maß sie mit der Schieblehre nach. ...
(Nach einer halben Stunde) war sie immer noch dabei, mit Großvaters altem Rasiermesser winzige, sich ringelnde Millimeterstreifen von den Fotos abzuschneiden.
„Warum tust du das?" fragte Kristina.
„Sie haben die Donatkas vor ein paar Tagen aus dem Amt weggeschickt. Alles sei in Ordnung, haben sie gesagt. Nur die Paßbilder hätten nicht das vorgeschriebene Maß."
Ein schriller Pfiff gellte von der Straße herauf. Wolf blaffte kurz. Kristina stand auf. „Warum willst du nicht begreifen, daß es zwecklos ist? Sie werden deine Anträge nicht genehmigen."
„Sie müssen! Es ist unser Recht."
„Kein Mensch muß müssen", orakelte Kristina.
„Und der Staat erst recht nicht."

Wie es Kristina und ihrer Großmutter als Aussiedlern in der Bundesrepublik ergeht, erfahrt ihr in dem Buch von Willi Fährmann: Kristina vergiß nicht. Arena Verlag, Würzburg.

**Karikaturen – Ausdruck politischer Ansichten**

Karikaturen sind euch aus Zeitungen und Zeitschriften geläufig. Der Name geht auf das italienische Wort „caricatura" zurück, was soviel wie Zerrbild oder Spottbild bedeutet. Karikaturen sind wie andere Abbildungen auch eine historische Quellengattung: Seit über 500 Jahren drücken Karikaturisten politische Ansichten aus, indem sie Menschen oder Gegenstände verzerrt darstellen – mit zumeist komischer Wirkung.

Der Karikaturist will die dargestellten Menschen häufig jedoch nicht einfach lächerlich machen. Ein Beispiel: Bestimmte Politiker werden in Karikaturen oft mit extrem großen oder kleinen Körperteilen dargestellt. Diese Verzerrung weist oft symbolisch auf bestimmte Eigenschaften hin, die an der wirklichen Person gar nicht so offensichtlich sind: Ein Politiker mit großen Ohren hat vielleicht auch in Wirklichkeit große Ohren – vielleicht hört er aber auch „das Gras wachsen". Ein Politiker mit besonders kurzen Beinen ist vielleicht tatsächlich kleinwüchsig, vielleicht aber auch etwas langsam – oder nicht ganz ehrlich, denn „Lügen haben kurze Beine".

Wenn man Karikaturen richtig „entschlüsseln" will, muß man über die Darstellung also gründlicher nachdenken. Dazu sollen die folgenden Arbeitsschritte eine Hilfe anbieten. Ihr könnt mit ihrer Hilfe zunächst die Karikatur auf dieser Seite „entschlüsseln" – am besten in Gruppenarbeit, deren Ergebnis ihr anschließend diskutiert.

**Karikatur auf dem Titelblatt der Zeitschrift „Titanic" vom 11. November 1991.**

**1. „Der erste Eindruck":** Notiert, was euch zuerst ins Auge fällt, was eure erste Reaktion ist.

**2. „Brainstorming":** Sammelt und notiert Ideen und Gedanken, die euch beim Betrachten der Karikatur kommen. Beachtet besonders den Text. Welche Redensarten fallen euch ein?

**3. Beschreibung:** Beschreibt möglichst genau, was abgebildet ist, welche Texte ihr erkennen könnt.

**4. Bedeutungsklärung:** Welche Bedeutung haben die abgebildeten Gegenstände und Personen? Am besten legt ihr eine Tabelle an, in der ihr links Gegenstände und Personen und rechts ihre Bedeutung notiert. Beachtet dazu auch eure Notizen zu Punkt 2.

**5. Einordnung:** Auf welche Situation oder welchen Sachverhalt bezieht sich die Karikatur, was ist das Thema?

**6. Aussage:** Was sagt die Karikatur über das Thema aus? Welche Positon bezieht der Karikaturist zum Thema? Faßt die Hauptaussage in ein oder zwei Sätzen zusammen.

**1** *Wendet die Arbeitsschritte auf weitere Karikaturen an.*

**1 Begrüßung des 1 000 000. Gastarbeiters mit einem Moped als Geschenk.** Foto 1964.

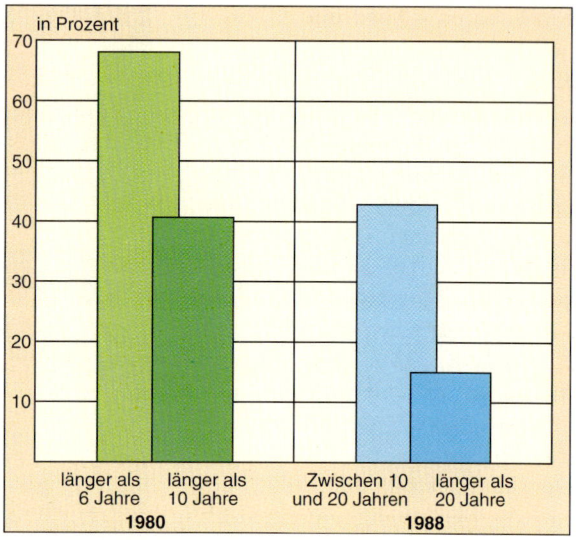


**2 Verweildauer der Ausländer in Deutschland 1980 und 1988.**

In Deutschland lebten 1994 ca. 6,9 Mio. Ausländerinnen und Ausländer. Es sind zu einem überwiegenden Teil ausländische Arbeitnehmer und deren Familienangehörige, die in den 50er und 60er Jahren in die Bundesrepublik kamen. Deren Nachkommen sind häufig hier geboren und aufgewachsen. Auf den folgenden Seiten könnt ihr erarbeiten, aus welchen wirtschaftlichen Gründen die Ausländer hierher geholt wurden. Auch könnt ihr der Frage nachgehen, inwieweit sie „Gastarbeiter“ oder „Deutsche mit einem fremden Paß“ sind, und untersuchen, wie unsere Gesellschaft heute mit dieser Zuwanderergruppe umgeht.

**Neue Arbeitskräfte aus anderen Ländern**

**1** *Beschreibt das Foto. Überlegt, warum der Mann ein Moped geschenkt bekommt.*

**2** *Notiert, was Euch zum Stichwort „Gastarbeiter“ einfällt.*

In den 50er Jahren gab es in Deutschland einen Wirtschaftsaufschwung. Deswegen brauchten viele Unternehmen mehr Arbeitskräfte, als vorhanden waren. Dazu kam, daß nach dem Zweiten Weltkrieg weniger Kinder geboren wurden und diese Jahrgänge nun in das Berufsleben eintraten. Gleichzeitig entzog der Aufbau der Bundeswehr dem Arbeitsmarkt Arbeitskräfte. Der Bau der Berliner Mauer* 1961 stoppte den Zuzug von Arbeitskräften aus dem Osten.
So wurden seit 1955 in Italien, später auch in anderen Mittelmeerländern und der Türkei, vor allem junge Männer angeworben und als „Gastarbeiter“ in Deutschland beschäftigt. Das Interesse in den südlichen Ländern war groß, weil es dort häufig nicht genügend Arbeitsplätze gab. Wirschaftskrisen verschärften die Situation. Bis die damalige Bundesregierung 1973 wegen der schlechter werdenden Wirtschaftslage einen „Anwerbestop“ verhängte, waren 2,6 Millionen ausländische Arbeitnehmer in die Fabriken und in den Bergbau geholt worden.

**Vom „Gastarbeiter“ zum ausländischen Mitbürger**

Das in Deutschland verdiente Geld konnten die Angeworbenen nach Hause schicken. Diese Ersparnisse sollten ihnen später ein sorgenfreies Leben ermöglichen. Die meisten blieben jedoch länger, als sie zunächst vorhatten. Allmählich haben sie ihre Familien nach Deutschland geholt. Der Lebensmittelpunkt sehr vieler ausländischer Menschen liegt nun in Deutschland. Oft sind ausländische Kinder hier geboren, zum Teil bereits die zweite Generation.

**3** *Faßt die Gründe zusammen, warum ausländische Menschen nach Deutschland kamen.*

**4** *Wertet das Diagramm aus. Überprüft die Aussage: „Aus Gastarbeitern wurden Zuwanderer.“*

### Herkunftsländer der Zuwanderer

Das Statistische Bundesamt zählt jährlich, wie viele ausländische Menschen der verschiedenen Nationalitäten in Deutschland leben, darunter auch die zunächst als „Gastarbeiter" zugewanderten Ausländer und ihre Nachkommen (vgl. nebenstehendes Diagramm).

**1** *Macht an eurer Schule eine Umfrage, wie viele Schüler und Schülerinnen eine andere als die deutsche Staatsangehörigkeit haben und welcher Nationalität sie angehören.*

**2** *Stellt euer Erkundungsergebnis in einem eigenen Diagramm dar.*

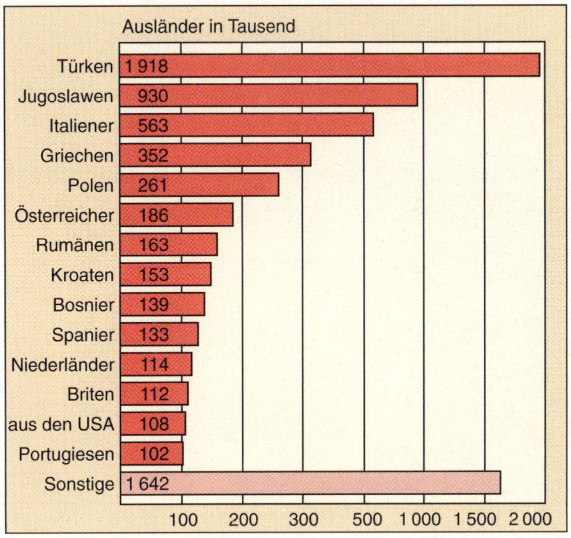


**Ausländer in Deutschland (1994).**

### Rechtsstellung im alltäglichen Leben

Die in Deutschland lebenden Ausländer und ihre Familien haben als Arbeitnehmer die gleichen Rechte und Pflichten wie deutsche Staatsangehörige. Sie müssen Lohn- und Einkommensteuer zahlen und Beiträge zur Kranken-, Renten- und Arbeitslosenversicherung abführen. Am Arbeitsplatz sind sie unfallversichert. Die Familien haben Anspruch auf Erziehungsgeld und Kindergeld.

An politischen Wahlen in der Bundesrepublik können Ausländer und Ausländerinnen weder teilnehmen noch dürfen sie gewählt werden. Politische Parteien dürfen sie nicht gründen. Doppelstaatsbürgerschaften sind nicht möglich.

### Lebensgeschichten von Zuwandererfamilien

Ein Schulbuch berichtet 1994 über das italienische Mädchen Fabiana und seine Familie:

**M1** ... Fabiana ... ist Italienerin, aber in Düsseldorf geboren. Ihr Bruder und ihre Eltern sind in Lecce geboren, das ist eine Stadt in der Nähe von Bari. 1971 fuhr ihr Vater mit dem Zug nach Deutschland, weil er in Düsseldorf eine Anstellung in einer Chemiefirma bekam. Er teilte sich in einem Wohnheim der Firma ein Zimmer mit sieben anderen Gastarbeitern. Als er nach Jahren eine Wohnung erhielt, holte er seine Frau und seinen Sohn nach Düsseldorf.

Fabianas Eltern glauben, daß sie und ihre Kinder hier bessere Chancen in der Schule und für ihren Beruf haben. Manchmal träumt Fabiana von dem schönen Haus in Italien, das die Eltern von dem in Deutschland verdienten Geld gebaut haben. Dennoch möchte Fabiana in Deutschland bleiben, weil sie hier ihre Freundinnen hat.

In einem Interview erzählte der türkische Junge Selçuk 1993:

**M2** ... Ich bin in Düsseldorf geboren, bin aber trotzdem Türke ...

Mein Vater hat als junger Mann seine Heimat verlassen. Er ist nach Düsseldorf gekommen und wohnte zuerst bei einer Tante. Mit 19 Jahren heiratete er in Antakja. Nach der Hochzeitsfeier ging er mit seiner Frau sofort wieder nach Deutschland und hat für ein Jahr in einem Restaurant gearbeitet. Danach montierte er in einer Autofabrik Spurstangen.

Als mein Vater 21 Jahre alt war, kam ich zur Welt. In der Türkei war ich bisher nur in den Ferien. Hier bei uns zu Hause wird aber noch Türkisch gesprochen ... .

Ich fühle mich wirklich wohl in Deutschland, weil ich hier geboren bin.

**3** *Stellt die Lebenswege von Fabiana und Selçuk in einen Zusammenhang zu den allgemeinen Informationen des Textes auf S. 24.*

**4** *Faßt zusammen, was ihr aus den Lebensgeschichten der beiden über die Art der Erwerbstätigkeit der Eltern erfahren könnt.*

**5** *Führt in eurer Klasse Interviews mit ausländischen Mitschülern und Mitschülerinnen durch.*

**Türkisches Mädchen mit ihren Eltern.** Zeitungsfoto 1993.

**Jugendliche zwischen zwei Welten**

**1** *Betrachtet das Foto genau und schreibt eine Geschichte dazu.*

Eine sechzehnjährige Schülerin schrieb 1990:

**M1** Ich wurde 1974 in Jugoslawien (Kosovo) geboren. Ich war noch nicht einmal ein Jahr alt, als mein Vater mich und meine Mutter nach Deutschland holte.

Ich blieb dann sechs Jahre hier und fuhr 1980 in den Winterferien in meine Heimat. Nun sollte ich eingeschult werden. Meine Mutter wollte, daß ich in Jugoslawien zur Schule gehe. Das geschah auch so. Die Sprache lernte ich schnell wieder. Nach einer Zeit war ich sogar Klassenbeste. Ich war erst ein halbes Jahr in der Schule, als mein Vater mich und meine Mutter wieder nach Deutschland holte. Nun sollte ich hier zur Schule gehen. Da ich die deutsche Sprache wieder verlernt hatte, mußte ich in die Vorklasse, statt in die erste Klasse.

Ich fühle mich als Albanerin, obwohl wir nur über die Sommerferien in den Kosovo fahren. Wenn man in die Heimat zurückfährt, kennt man aber die meisten Verwandten nicht mehr, und auch viele Bräuche sind einem unbekannt. Und erst wenn man dort ist, merkt man, wie schnell man seine Muttersprache verlernt. Für die Verwandten bist du dann die Deutsche, „das Mädchen aus Germany". ...

Ich würde gerne wieder zurückgehen, andererseits auch wieder nicht. Ich kann mich nicht entscheiden.

Der türkische Jugendliche Mechmet Yeslilogoz schrieb in der Frankfurter Allgemeinen Zeitung vom 5. Januar 1991:

**M2** ... Ich bin in der Bundesrepublik Deutschland geboren und aufgewachsen ... Ich gehe in die Schule und ich habe dort und danach in der Freizeit fast nur Kontakt mit Deutschen und mit Deutschem. Ich bin mit meinem Freund Martin zusammen und höre von ihm, daß seine Eltern nicht in sein Leben eingreifen dürfen, daß er den Bildungsweg wählen darf, den er will, daß er mit dem Mädchen zusammensein wird, das ihm und nicht zuallererst seinen Eltern gefällt. Ich finde diese Art der Selbstverwirklichung schön, und diese Idee begeistert mich ... Für mich wäre es völlig unmöglich, ein deutsches Mädchen mit nach Hause zu bringen. Der Familiensegen würde dann für immer schief hängen.

**2** *Schildert mit euren Worten, welche verschiedenen Einflüsse die beiden Jugendlichen prägen, und wie sie darauf reagieren.*

**Deutsche und Ausländer**

Fast täglich begegnen sich Deutsche und Ausländer bei der Arbeit, beim Einkauf, in der Schule und in der Freizeit. Ihre Beziehungen zueinander gestalten sich überwiegend spannungsfrei. Persönliche Kontakte haben sie jedoch nicht so häufig. Die Anwesenheit ausländischer Arbeitnehmer und ihrer Familien ist in den letzten dreißig Jahren zu einem festen Bestandteil unserer Wirklichkeit geworden, den es zu gestalten gilt. Seit 1993 gibt es eine öffentliche Diskussion dar-über, ob und in welcher Weise lange hier lebenden Ausländern und ihren Familien mehr Rechte eingeräumt werden sollen. Die Vorschläge hierzu reichen von der Möglichkeit der Einbürgerung bis hin zu einer doppelten Staatsbürgerschaft.

**1** *Bewertet die unterschiedlichen Möglichkeiten, lange hier lebenden Zuwanderern mehr Rechte einzuräumen.*

**Wachsende Fremdenfeindlichkeit**

Bei einem Teil der Bevölkerung hat sich die Einstellung gegenüber Ausländerinnen und Ausländern in Deutschland in den letzten Jahren verschlechtert. Wirtschaftskrisen und soziale Probleme im Zusammenhang mit der Einigung Deutschlands haben bei einem Teil der Bevölkerung zu Neid- und Angstgefühlen geführt. Diese Angst wurde vor allem von den Rechtsradikalen* dazu benutzt, ausländerfeindliche Propaganda zu betreiben. Von dort wurden Forderungen an ausländische Mitbürger gestellt, in ihre Herkunftsländer zurückzukehren. Vermehrt haben ausländische Familien unter Ausschreitungen und Gewalttaten leiden müssen. Bei den Brandanschlägen in Mölln und Solingen kamen im Jahr 1993 Menschen zu Tode, deren Familien schon lange in Deutschland lebten.

**1** **Gewerkschaftsfest mit ausländischer Tanzgruppe in Düsseldorf.** Foto um 1993.

**2** **Fremdenfeindliche Schmiererei.** Foto um 1990.

**2** *Verfaßt einen Brief, den der Mann auf Bild 1 auf S. 24 nach den fremdenfeindlichen Anschlägen nach Portugal schreiben könnte.*

**3** *Diskutiert, welche Auswirkungen es für die ausländischen Zuwanderer hätte, wenn sie nach langer Aufenthaltsdauer in ihre Herkunftsländer zurückkehren müßten. Beachtet dazu eure Arbeitsergebnisse zu den Aussiedlern (S. 20f.).*

**1** **Krisenkontinent Afrika 1993**

Heute befinden sich weltweit viele Millionen Menschen auf der Flucht. Diese Fluchtbewegungen finden zu einem großen Teil auf anderen Kontinenten statt. Vielfältige Ursachen führen dazu, daß Menschen sich auf die Suche nach neuen Lebensgrundlagen machen müssen. Diese könnt ihr hier erarbeiten. Dabei könnt ihr herausfinden, was es heute für Menschen bedeutet, auf der Flucht zu sein. Schließlich könnt ihr untersuchen und bewerten, inwieweit unsere Gesellschaft sich Flüchtlingen gegenüber abgrenzend oder aufnehmend verhält.

## Menschen weltweit auf der Flucht

Die Vereinten Nationen zählten in der Weltflüchtlingsstatistik 1993 diejenigen, die ihr eigenes Land verlassen haben: in Afrika sind das 5,1 Millionen, in Asien und Ozeanien 1,1, in Europa 4,4, in Amerika 1,9 und in Südwestasien und im Mittleren Osten 6,4 Millionen Menschen. Zu diesen Flüchtlingen hinzu kommen mindestens 25 Millionen, die innerhalb ihrer eigenen Länder vertrieben sind. Schätzungen gehen davon aus, daß Armut, Arbeitssuche und eine zerstörte Umwelt mehrere hundert Millionen Menschen in die Flucht treiben. Experten vermuten, daß sich die Zahl der Flüchtenden in Zukunft noch deutlich vergrößern wird.

Unter den Flüchtlingen sind immer mehr Frauen. Sie stellen weltweit die Mehrheit der Wandernden dar. In manchen Gebieten beträgt der Anteil flüchtender Frauen und Kinder sogar 80 bis 90%.

**1** *Berechnet, wie viele Menschen in der Welt insgesamt flüchten. Vergleicht die ermittelte Zahl mit der Einwohnerzahl eures Wohnortes.*

**2** *Untersucht mit Hilfe der Karte, welche Fluchtgründe es 1993 in Afrika gab. Zieht dazu auch die Karte auf S. 144 heran.*

## Flucht – wohin?

Nur ein geringer Teil der Flüchtenden erreicht die Industrieländer. Die Vereinten Nationen haben herausgefunden, daß fast 90 % der Flüchtlinge in der „Dritten Welt"* bleiben. Diese Statistik zeigt, wieviel Flüchtlinge in einigen ausgewählten Ländern auf 1000 Einwohner aufgenommen werden.

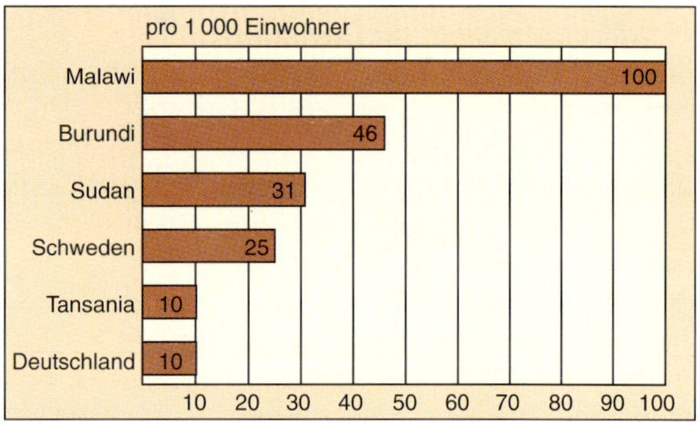


**2** **Flüchtlinge auf 1000 Einwohner (1992)**

**3** *Vergleicht, wie viele Flüchtlinge die genannten Staaten aufnehmen. Beschafft euch aus einem Lexikon Informationen über diese Staaten.*

**4** *Tragt aus Zeitungen und Illustrierten Material zusammen und gestaltet eine Wandzeitung zum Thema „Flüchtlinge heute".*

**Flüchtlingslager in der Westsahara.** Foto 1991.

**Neue Fluchtgründe treffen besonders Frauen**
Fast täglich berichten die Medien von Kriegen und Bürgerkriegen in der ganzen Welt. Wir können beobachten, wie insbesondere die Zivilbevölkerung zur Zielscheibe der heutigen Kriegsführung geworden ist. Vor allem Frauen und Kinder sind Opfer dieser Strategie. Jeglicher Lebensgrundlagen beraubt, bleibt ihnen oft nur die Flucht.
Auch Hunger und Umweltzerstörungen, besonders in der Dritten Welt, treffen Frauen besonders hart, weil sie dort für das Überleben ihrer Familien verantwortlich sind. Wenn der Boden wegen Dürre, Versalzung, Gewässerverschmutzung die Ernährung nicht mehr sichert, begeben sich die Frauen auf die Suche nach einer neuen Existenz. Aber häufig kommen sie mit ihren Kindern nicht weit.

**Frauen auf der Flucht**
Eine Frau aus Somalia, die auf der Flucht ein Flüchtlingslager in Äthiopien erreichte, berichtet:

**M** Männer können sich frei bewegen. Gibt es irgendwelche Probleme im Lager, können sie sich davonmachen, aber wir Frauen können mit den Kindern nicht rennen, wir können uns nicht so leicht bewegen wie Männer.

Um im Lager überleben zu können, müssen die Frauen um die nötigen Lebensmittelrationen, Wasser und Brennmaterial kämpfen. Körperliche und sexuelle Gewalt sind nicht selten der Preis dafür.

**1** *Versetzt euch in die Frau hinein, die oben auf dem Bild im Mittelpunkt steht, und beschreibt ihre Gedanken und Gefühle.*

**Gewalt gegen Frauen**
Flüchtende Frauen haben oft furchtbare Erfahrungen mit Gewalt in ihrem Heimatland machen müssen. Dazu gehören Geiselnahme, Folter und Vergewaltigung. Diese Gewalttaten verursachen großen körperlichen Schmerz, vor allem aber tiefe seelische Schäden.
Die Gewalterfahrungen verschärfen den Leidensdruck von Frauen. Auch aus diesem Grunde sehen sie in der Flucht einen Weg, solchen Mißhandlungen zu entgehen.

**2** *Stellt die besonderen Probleme zusammen, die Flüchtlingsfrauen zu bewältigen haben.*

**Asylsuchende vor Wohncontainern.** Foto 1991.

## Aufnahme oder Abschottung

Seit den 80er Jahren nahm in der Bundesrepublik – wie überall in der Welt – die Anzahl der Asylsuchenden zu. Dies löste Probleme und Ängste aus. Es gab nicht genug Unterkünfte, nicht genug Personal zur Aufnahme und zur Bearbeitung der Asylanträge. Schließlich gab es auch Stimmen, keine Flüchtlinge mehr ins Land zu lassen, weil sie „zu viel Geld kosteten“. Die „Asyldebatte“ entwickelte sich zu Beginn der 90er Jahre zu einem zentralen Thema der politischen Diskussion.

Dabei gab es zwei gegensätzliche Positionen. Die einen plädierten dafür, den Asylsuchenden zu helfen und ihnen in jedem Falle Aufnahme zu gewähren. Sie beriefen sich dabei auf die Menschenrechte.

Aus der „Allgemeinen Erklärung der Menschenrechte“ von 1948*

**M1** Art. 3 Jeder Mensch hat das Recht auf Leben, Freiheit und Sicherheit der Person.
Art. 14(1) Jeder Mensch hat das Recht, in anderen Ländern vor Verfolgung Asyl zu suchen.

Die Vertreter der anderen politischen Position wollten nur politisch Verfolgten ein Asylrecht einräumen. Dies wurde u. a. damit begründet, daß das Asylrecht „mißbraucht“ würde von Menschen, die lediglich ihre wirtschaftliche Lage in der Bundesrepublik verbessern wollten. Maßstab für die Anerkennung als Asylbewerber sollte einzig und allein der Tatbestand der politischen Verfolgung im Heimatland sein. Diese Position stützte sich auf Artikel 16 des Grundgesetzes: „Politisch Verfolgte genießen Asylrecht.“

## Der Asylrechtskompromiß

Vor dem Hintergrund dieser Diskussion kam es zu einem Kompromiß. Der Artikel 16 wurde im Sommer 1993 ergänzt. Kernpunkt der Änderung ist, daß politisch Verfolgte nicht anerkannt werden, die aus einem „sicheren Drittland“ einreisen.

**1** *Informiert euch auf S. 228 über den Artikel 16 und gebt ihn mit eigenen Worten wieder.*

**2** *Überlegt, was „sicheres Drittland“ bedeutet.*

## Abschottung durch Drittlandsregelung

Die Journalisten Buchsteiner und Klingst beurteilen in einem Artikel vom 1.7.1994 in der Wochenzeitung „Die Zeit“ die „Drittstaaten-Regelung“ so:

**M2** „Der Pfeiler der Abschottungspolitik ist die sogenannte „Drittstaaten-Regelung“.
... Da jeder Nachbarstaat ... zu einem Drittstaat erklärt wurde, hätte theoretisch niemand, der über den Landweg nach Deutschland flieht, ins deutsche Asylverfahren kommen dürfen. Offiziell asylberechtigt ist seit dem 1. Juli nur noch, wer mit dem Flugzeug einreist und das auch nur manchmal: Der Asylbewerber darf nicht in einem sicheren Drittstaat zwischengelandet sein. Kritiker bemängeln zu Recht, daß nach den Buchstaben des Gesetzes nur noch dem Asylrecht zusteht, der mit dem Fallschirm abspringt.“

## Widerspruch zum Grundgesetz?

Zur Zeit prüft das Bundesverfassungsgericht, ob die Drittstaatenregelung verfassungswidrig ist. Ausgelöst wurde dies durch folgenden Fall: Im August 1993 landeten zwei Iraner auf dem Frankfurter Flughafen und baten um Asyl. Sie gehörten der Religionsgemeinschaft Bahai an, die von der iranischen Regierung seit Jahren verfolgt wird. Da ihre Flucht aber über die Drittstaaten Türkei und Griechenland erfolgt war, wurden sie gemäß § 16a zurückgewiesen. Einer Abschiebung konnten die Iraner zunächst nur entgehen, weil sie das Bundesverfassungsgericht einschalteten.

**3** *Überlegt, wie ihr über den Antrag der Iraner entschieden hättet.*

**1** *Tragt zusammen, welche Argumente für die Abschottung der Bundesrepublik gegenüber Asylsuchenden genannt werden. Wägt sie ab gegen die Artikel der Menschrechtserklärung und gegen Artikel 16 des Grundgesetzes.*
**2** *Interviewt Politiker und Politikerinnen in eurer Gemeinde und fragt sie nach ihrem Standpunkt.*

**Lebensbedingungen von Flüchtlingen am Wohnort**
Flüchtlinge und Asylsuchende werden nach dem Asylverfahrensgesetz von 1993 bis zu drei Monate in sogenannten Sammellagern untergebracht.
Eva König schildert die Wohnsituation der von ihr betreuten Flüchtlinge:

**M1** ... Ich ... kümmere mich um einen Wohncontainer in Kirchhundem mit etwa achtzig Personen. Auf zwei Stockwerken sind je Zimmer (etwa 15 Quadratmeter kleine) vier Personen oder eine Familie untergebracht. Jeder Stock hat zwei Duschen und zwei WC mit Waschbecken, je eins für Frauen und Männer ...

Den Lebensunterhalt erhalten die Asylsuchenden in vielen Städten in Form von Lebensmittelgutscheinen. Diese können sie nur in bestimmten Geschäften einlösen.
Die Erzieherin Yasemin Öztürk und die Sozialarbeiterin Annette Lindemann beschreiben die Probleme der Frauen bei der Versorgung ihre Familien:

**M2** ... [es] herrscht ständiger Mangel an Bargeld. So sind die Frauen dafür zuständig, Nebeneinnahmen zu organisieren, um über die Runden zu kommen: sie durchsuchen Sperrmüll und Altkleidersammlungen, schicken ihre Kinder auf den Kinderflohmarkt, in die Fußgängerzone usw.

**1** *Lest den Text und die Quellen durch und sprecht über die Eindrücke, die sie auf euch machen.*
**2** *Sammelt weitere Informationen über die Lebensbedingungen der Asylsuchenden in eurem Wohnort:*
*Besucht dazu eine Flüchtlingsunterkunft, sprecht mit den Sozialarbeitern dort und protokolliert eure Beobachtungen. Ihr könnt auch das Schicksal einer Flüchtlingsgruppe (z. B. elternlose Kinder) erkunden.*
**3** *Vergleicht eure Erkundungsergebnisse mit dem, was ihr aus dem vorangegangen Unterricht über die Lebensbedingungen der verschiedenen wandernden Gruppen erfahren habt.*
**4** *Gestaltet eine Ausstellung.*

**Plakat des UNHCR.** 1994.

**Engagement für Flüchtlinge**
Die Vereinten Nationen* haben ein Flüchtlingskommissariat gegründet (UNHCR). Diese Organisation kümmert sich darum, international die Rechte von Flüchtlingen zu schützen. Sie informiert über die Ursachen der Wanderungen und wirbt in den Zielländern für Verständnis. Sie kontrolliert, ob in den Ländern der Erde Menschenrechte eingehalten werden. Am wichtigsten ist die praktische Hilfe, die der UNHCR Flüchtenden leiste, indem er z. B. Nahrungsmittel, Wasser, Unterkünfte und medizinische Versorgung organisiert. In der Bundesrepublik kümmern sich vor allem die Wohlfahrtsverbände und die Kirchen um die Unterstützung der Asylsuchenden. Zahlreiche Kirchengemeinden gewähren „Kirchenasyl". Das bedeutet, daß sie abgelehnte Asylbewerber in ihren Räumen Unterkunft geben, um die Betroffenen vor einer Abschiebung in ihre Herkunftsländer zu schützen, wo ihr Leben bedroht wäre.
**5** *Informiert euch über Flüchtlingshilfeorganisationen (z. B. amnesty international, Caritas, Asylberatung.) am Wohnort.*
**6** *Sammelt Zeitungsausschnitte über die Anzahl der Asylsuchenden und ihr Schicksal bei uns.*

# 2. Eine neue Zeit

**Der amerikanische Astronaut Edwin Aldrin am 21. Juli 1969 auf dem Mond. In seinem Visier spiegelt sich der Schatten des zweiten Astronauten Neill Armstrong und die Mondlandefähre.** Foto 1969.

### Beginn einer neuen Zeit

„Es ist nur in kleiner Schritt für einen Menschen, aber ein großer Schritt für die Menschheit." Mit diesen Worten betrat Neill Armstrong als erster Mensch am 21. Juli 1969 den Mond. Das Ereignis, das die Menschen rund um den Globus an den Fernsehschirmen verfolgten, war der krönende Abschluß einer Vorbereitung, die ein ganzes Jahrzehnt intensiver Arbeit vieler tausend Menschen umfaßte.

Nachdem in den zwanziger Jahren unseres Jahrhunderts aus wissenschaftlichem Interesse die ersten Raketen gebaut worden waren, beschleunigten militärische Interessen den Raketenbau. Im 2. Weltkrieg entwickelten und bauten deutsche Ingenieure die ersten Großraketen vom Typ V 2, die als Waffe eingesetzt wurden. Nach dem Ende des Krieges bauten die Sowjetunion und die USA auf den deutschen Entwicklungen auf und konstruierten neue Raketen zur Erforschung des Weltraums, zur Verbesserung der Nachrichtentechnik und für militärische Zwecke.

Heute werden keine Mondflüge mehr durchgeführt. Die Raumfahrt konzentriert sich seit zwanzig Jahren darauf, ständige Raumstationen in der Erdumlaufbahn zu errichten. Vielleicht erfolgt in einigen Jahrzehnten von dort aus ein neuer Aufbruch zum Mond oder ins Planetensystem. Vorläufig wird unser Leben jedoch schon von den Neuerungen mitgeprägt, die im Zusammenhang mit der Raumfahrt entwickelt wurden. Dazu gehören nicht nur die Mikroelektronik und neue Werkstoffe. Satellitenantennen auf jedem Dach, Telefonleitungen über Kontinente und Ozeane, Erdbeobachtungen für Wettervorhersagen und Umweltforschung sind bereits selbstverständlich. Orientierungshilfen im Straßenverkehr über Satellitennavigation sind ein Thema der kommenden Jahre – kaum eine Naturwissenschaft, die nicht im Weltall Untersuchungen durchführen liesse. Auch wenn wir heute noch keine Kolonien auf dem Mond haben: Neill Armstrongs Schritt hat immer noch weitreichende Folgen.

### Vom Mittelalter zur Neuzeit

Bereits 1492 hat es einen Schritt gegeben, der mit dem von 1969 vergleichbar war: Kolumbus betrat Amerika. Auch hier vergingen Jahrzehnte, in denen die Voraussetzungen für die Reise gelegt wurden: In Europa waren die antiken Wissenschaften während des Mittelalters fast in Vergessenheit geraten. Das änderte sich seit der Mitte des 15. Jahrhunderts. Dabei kamen verschiedene Faktoren zusammen. Eine wichtige Voraussetzung war beispielsweise die Erfindung des Buchdrucks.

Die Eroberung des östlichen Mittelmeeres durch die Türken hatte große Auswirkungen, denn sie erschwerten den europäischen Ostasienhandel und verteuerten dadurch die so sehr begehrten Güter aus dem fernen Osten. Deshalb haben die Portugiesen schon in der ersten Hälfte des 15. Jahrhunderts einen Seeweg nach Indien gesucht, um Afrika herum. Kolumbus ahnte überhaupt nichts von Amerika: Auf der Suche nach Indien fuhr er für Spanien westwärts über den Atlantik. Er fand 1492 also etwas ganz anderes, als er gesucht hatte, und er veränderte dennoch die Welt: Die Entdeckungen führten zur Eroberung großer Gebiete der Welt und zu ihrer Beherrschung durch Europäer.

In diesem Kapitel könnt ihr untersuchen,
– wie sich das Denken in Europa wandelte und die Voraussetzungen für die Entdeckungsreisen schuf,
– aus welchen Gründen die Entdecker auf ihre Reisen gingen,
– wie die Europäer ihre Herrschaft in den entdeckten Gebieten errichteten
– und wie die Menschen in den eroberten Gebieten das Eindringen der Europäer erlebten.

**1 Die Welt nach der Beschreibung des Pomponius Mela aus den Jahren 43/44 n. Chr.** Buchmalerei, angefertigt im Jahre 1321 für die einzige seinerzeit bekannte Abschrift des antiken Textes, Codex Reims.

**2 Weltkarte des Battista Agnese,** Venedig 1536.

- *Vergleicht die Weltkarten und beschreibt die Unterschiede. Welche Küsten sind genau dargestellt, welche Kontinente sind zu den verschiedenen Zeiten bekannt?*
- *Stellt Vermutungen an, wie es zu den neuen Kenntnissen von der Erde in den 215 Jahren kam, die zwischen den beiden Karten lagen.*

**Verkündigung.** Kölner Meister um 1310.

## Umwälzung in Kunst und Wissenschaft

Künstler und Wissenschaftler brachen im 15. Jahrhundert mit den Traditionen des Mittelalters. In der Malerei wird es am deutlichsten: Nicht mehr die Verherrlichung Gottes steht im Mittelpunkt, sondern die Darstellung von Mensch und Natur, wie sie mit den Augen zu sehen sind. Auch Mensch und Natur waren Gottes Schöpfung, bei deren Betrachtung die Menschen nun zunächst den Glauben auf ganz neue Weise vertieften. Im Menschen erkannten viele den von Gott geschaffenen Maßstab, an dem man sich orientieren wollte. Diese Denkweise bezeichnet man als Humanismus*.

Im folgenden Abschnitt könnt ihr erarbeiten,

- welche Mittel Künstler und Wissenschaftler anwandten, um Mensch und Natur besser zu erkennen,
- welche neuen Erfindungen sie machten,
- und wie ihnen diese Hilfsmittel bei der Entdeckung der Welt halfen.

## Wiederentdeckung der Antike

Der italienische Schriftsteller Cyriacus von Ancona schrieb im 15. Jahrhundert:

> **Q** ... in unserer Zeit sind Kunst und Wissenschaft wieder auf dem Wege, sich aus der Finsternis zu erheben. Gelehrte Männer bringen sie zu neuer Blüte, ... die vor mehr als 800 Jahren verloren gegangen war. ... Die Menschen unserer Tage sollten Gott danken, daß sie in dieser Zeit voller Hoffnungen und Versprechungen (leben)... Ich sehe den Tag kommen, an dem Philosophie, Wissenschaft und Kunst sich erneuern, und zwar aus der Weisheit der Griechen und Römer...

**1** *Stellt fest, wie der italienische Schriftsteller seine Zeit empfand und woher die Anstöße zu den Neuerungen kamen.*

Schon seit dem 14. Jahrhundert war in Italien das Interesse an Schriften antiker Autoren erwacht. Gelehrte suchten in den Bibliotheken und Klöstern nach verschollenen Büchern des Altertums. Jeder neue Fund wurde abgeschrieben und anderen Gelehrten zugeschickt.

Als 1453 Konstantinopel von den Türken erobert wurde, flüchteten viele griechische Gelehrte nach Italien. Sie brachten große Mengen antiker Bücher mit. Das gab den Kenntnissen der antiken Wissenschaften großen Aufschwung.

Aus den antiken Schriften lernten die Humanisten* die Methoden, den Menschen und die Erde zu erforschen. So war es nötig, selbst zu beobachten, zu sammeln, zu vergleichen, zu prüfen und eigene Schlüsse zu ziehen. Die geistige Bewegung breitete sich von Italien über ganz Europa aus.

**Wandel in der Kunst**

**1** *Vergleicht die Bilder dieser Doppelseite:*
*– Wie werden die Menschen dargestellt?*
*– Wie gestalten die Künstler den Hintergrund?*
*– Wo wird räumliche Tiefe angestrebt?*

**2** *Erzählt zu den Bildern je eine Geschichte.*

**3** *Überlegt, was die Maler mit ihren Bildern ausdrücken wollen.*

Schon zu Beginn des 14. Jahrhunderts suchten Maler nach neuen Wegen in der Kunst. Der italienische Maler Giotto fand schon um 1305 erste Möglichkeiten der perspektivischen Darstellung. So erzielte er in seinen Bildern räumliche Wirkungen und gab Landschaften naturgetreu wieder. Filippo Brunelleschi entdeckte um 1410 die Zentralperspektive*, die für die Raumwiedergabe in der Malerei und für die darstellende Geometrie größte Bedeutung gewann.
Auch in der Darstellung des Menschen setzten sich neue Vorstellungen durch. Der unverwechselbare Mensch sollte so dargestellt werden, daß man ihn an seinen Gesichtszügen, seiner Haltung und an seinem Gesamteindruck wieder erkennen konnte. Zugleich entstand ein Naturgefühl, das sich in der getreuen Wiedergabe der Umwelt als Landschaftsmalerei äußerte. Wo zunächst noch fromme Betrachtung im Mittelpunkt stand, führte schon bald irdische Sinnenfreude ein Eigenleben. Antike Gottheiten wurden zu beliebten Motiven. Der Niederländer Jan van Eyck entwickelte seit 1425 die Technik der Ölmalerei.

**4** *Sprecht im Kunstunterricht über die Kunst der Renaissance.*

**Großvater und Enkel.** Gemälde von Domenico Ghirlandaio, 1488.

**Nationales Bewußtsein**

Zur Zeit der Humanisten erwachte das Interesse an den eigenen Ländern und Nationen. Die Gelehrten erforschten die Eigenarten der Länder und weckten auf diese Art das Nationalbewußtsein. So beschrieb der deutsche Gelehrte Johannes Cochlaeus 1512 in einem Buch die deutschen Städte und Landschaften und berichtete von berühmten Bauwerken, Künstlern und Erfindern. Conrad Celtis, ein deutscher Gelehrter, schrieb 1509:

> **Q** Es gibt Leute, die sich rühmen, Gallien, Spanien, und auch die Länder jenseits des Meeres bereist zu haben.
> Ich halte es für einen deutschen Mann für keinen geringen Ruhm, die Länder und Grenzen seiner Muttersprache zu kennen und in ihnen die verschiedenen Gebräuche, Gesetze, Dialekte und die religiösen Formen und das Gemütsleben beobachtet zu haben …

**5** *Beschreibt, wogegen sich Celtis wendet und was er vorschlägt.*

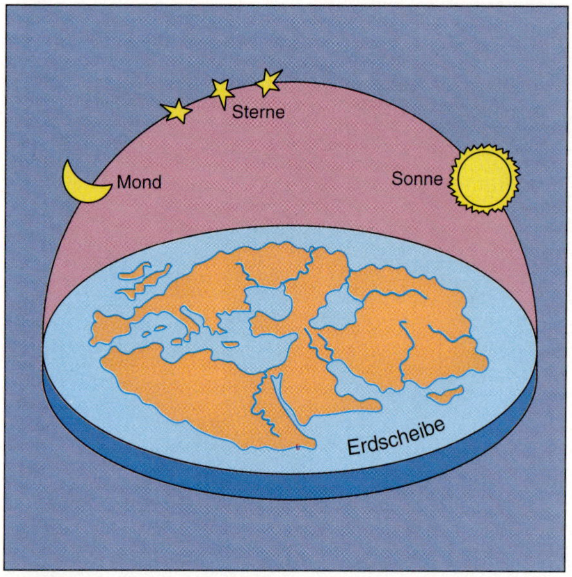


**1** **Bewegung der Planeten nach der mittelalterlichen Vorstellung.**

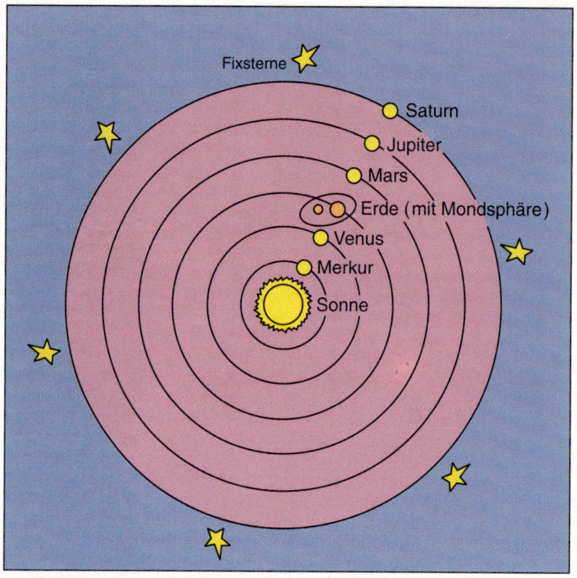


**2** **Bewegung der Planeten nach der Berechnung des Kopernikus.**

## Wandel im Bewußtsein der Menschen

In Europa waren die Menschen des Mittelalters fest in den christlichen Glauben eingebunden. Zur Grundanschauung gehörte, daß alle Ereignisse dieser Welt von Gott gelenkt würden, daß die Menschen mit all ihrer Klugheit nichts dagegen ausrichten könnten, und daß die Kirche im Auftrag Gottes tätig sei.

Gegen diese Vorstellung wandten sich in der Mitte des 15. Jahrhunderts Gelehrte. So schrieb 1451 der italienische Gelehrte Gianozzo Manetti, der schon neuzeitliche Gedanken vertrat:

**Q1** Die Welt ist wohl von Gott geschaffen, aber der Mensch hat sie verwandelt und verbessert. Denn alles, was uns umgibt, ist unser eigenes Werk, das Werk der Menschen, alle Wohnstätten, alle Schlösser, alle Gebäude, ... Von uns kommt der Handel, die Wissenschaften, ... alle Erfindungen ...

**1** *Gebt mit euren eigenen Worten den Inhalt der Quelle wieder und erläutert sie.*

**2** *Erklärt, was sich für die Kirche verändert, wenn sich Manettis Meinung durchsetzt.*

**3** *Überlegt, welche Konsequenzen sich für die Menschen ergaben.*

Die folgenden Worte schrieb der niederländische Gelehrte Agricola an einen Freund. So wie Agricola dachten viele Menschen am Ende des 15. Jahrhunderts:

**Q2** Laß dir verdächtig sein, was du bisher gelernt hast. Verurteile alles und verwirf das, für das du keine stichhaltigen Beweise findest. Auf dem Glauben beruht die Frömmigkeit, die wissenschaftliche Bildung aber sucht stets nach Beweisen.

**5** *Formuliert die Aufforderung des Agricola mit eigenen Worten.*

**6** *Überlegt, worin das Neue dieser Forderung liegt.*

**Die Sonne als Mittelpunkt der Welt**

Ein Beispiel für das gewandelte Denken der Menschen gab Nikolaus Kopernikus (1473-1543). Er war Priester in Frauenburg/Ostpreußen, hatte aber auch Medizin und Astronomie studiert: Er wollte den Lauf der Planeten erforschen und ihre Bahnen berechnen.

Jahrelang beobachtete er den Sternenhimmel. Anfangs glaubte er, wie die Kirche es lehrte, daß die Planeten und die Sonne sich um die Erde drehten. Aber die Beobachtungen sprachen dagegen. Erst als er darauf kam, daß die Erde und die Planeten sich um die Sonnne drehen könnten, paßten seine Beobachtungen und Erklärungen zusammen.

Diese Erklärungen widersprachen den Lehren der Kirche und den Überlieferungen. Konnten sie stimmen? Wieder beobachtete Kopernikus jahrelang den Sternenhimmel und berechnete die Planetenbahnen. Er kam zum gleichen Ergebnis. Nur wenn die Sonne im Mittelpunkt der Bewegungen stand, waren die Beobachtungen erklärbar. Die Kirche mußte im Irrtum sein.

Erst 1543 veröffentlichte Kopernikus die Ergebnisse seiner Forschungen. Nach seinem Tode verbot die Kirche das Buch, weil es gegen die kirchliche Lehrmeinung verstieß. Aber die neuen Erkenntnisse setzten sich dennoch durch. Die Autorität der Kirche galt nicht mehr unangezweifelt. Dazu hatte auch die Reformation beigetragen (vgl. Band 1).

**1** *Überlegt, warum Kopernikus so lange zögerte, seine Erklärungen zu veröffentlichen.*

**2** *Nennt Gründe, warum die Kirche das Buch des Kopernikus verboten hat.*

**Neuerungen in der Wissenschaft**

Die Zeit um 1500 brachte nicht nur ein neues Weltbild, sondern auch Versuche, auf vielen Gebieten die Kenntnisse zu überprüfen oder neues Wissen zu erlangen. Die Ärzte hatten z.B. keine gründlichen Kenntnisse vom menschlichen Körper und den Ursachen vieler Krankheiten. Um die Unwissenheit über Krankheiten zu überwinden, führte der Arzt Giovanni Batista da Monte 1529 den klinischen Unterricht am Krankenbett in Padua ein. Seine Studenten beobachteten an den Kranken den Verlauf von Krankheiten, prüften die Wirkungen der Behandlungen und suchten nach neuen Heilungswegen. Seine Erfolge lockten Studenten aus vielen Ländern Europas nach Padua , um die neuen Methoden zu erlernen.

Da die Kirche das Sezieren menschlicher Leichen verboten hatte, waren die Ärzte in der Ausbildung auf Kenntnisse angewiesen, die schon aus dem griechischen und römischen Altertum stammten und manchen Fehler enthielten.

So erregte es großes Aufsehen, als Dr. Vesalius, ein Arzt in Paris, 1531 seine Kollegen einlud. Er wollte vor ihnen die Leichen von vier Gehenkten öffnen.

Der menschliche Körper galt bisher als göttliches Ebenbild; deshalb war er unantastbar. Nun wurde auch er zum Forschungsgegenstand. Viele Ärzte folgten dem Beispiel des Dr. Vesalius. Die Wissenschaft vom menschlichen Körper entstand.

**1** *Prüft, ob es Ähnlichkeiten und Unterschiede im Vorgehen von Kopernikus und Vesalius gibt.*

**2** *Beschreibt mit Hilfe der Beispiele auf dieser Seite und der Texte auf der vorigen Seite die Veränderungen im Denken der Menschen um 1500.*

**Zeichnung aus dem Anatomiebuch des Dr. Vesalius, 1543.**

**1 Ein Schreiber überreicht zwei Besuchern je ein Schriftstück.** Buchmalerei aus dem 14. Jahrhundert.

## Das Streben nach mehr Informationen

**1** *Vergleicht die drei Bilder. Worin seht ihr die wichtigsten Unterschiede?*
**2** *Nehmt eure Tageszeitungen und stellt fest, aus welchen Orten die Nachrichten stammen.*
**3** *Beschreibt, auf welche Weise ihr sonst Informationen bekommt.*
**4** *Überlegt, wie ihr euch über Ereignisse, die länger zurückliegen, informieren könnt.*

Im Mittelalter hatten die Menschen nur wenige Möglichkeiten, sich über Ereignisse, die sich außerhalb ihres Wohnortes ereigneten, zu informieren. Zeitungen gab es nicht, und Bücher waren sehr selten und sehr teuer, weil sie alle mit der Hand geschrieben werden mußten.
In vielen Städten wurden jedoch Gymnasien eingerichtet. Es war üblich geworden, daß Kaufleute, Handwerksmeister und Beamte ihre Söhne Schreiben und Lesen lernen ließen. Das hatte verschiedene Gründe. Für Kaufleute war es wichtig, Rechnungsbücher zu führen und sich über die Ereignisse außerhalb ihrer Stadt zu informieren. Städte und Staaten brauchten mehr Beamten, die rechtskundig sein mußten. Wer gut ausgebildet war, hatte bessere Aufstiegschancen. Allein im 15. Jahrhundert wurden in Deutschland 16 neue Universitäten gegründet. So stieg in dieser Zeit der Bedarf an Büchern stark an.

**2 Eine Nachricht wird auf Flugblättern verbreitet.** Stich aus dem 17. Jahrhundert.

**3 Zeitungskiosk auf dem Berliner Kurfürstendamm heute.** Foto 1985.

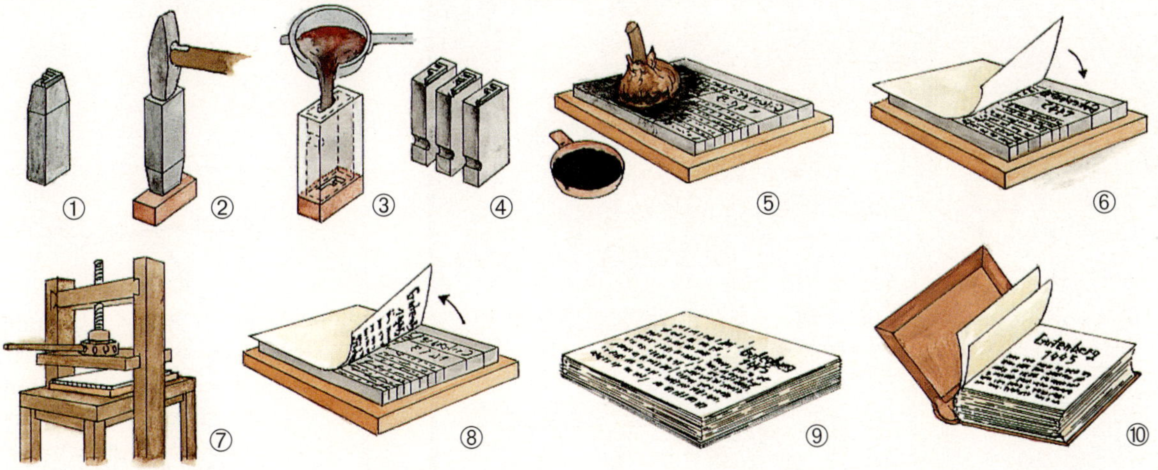

**Ein Buch entsteht.** So stellte Gutenberg eine Letter her: ① Er formte eine Musterletter aus hartem Material. ② Dann schlug er sie in ein Klötzchen aus weichem Kupfer. So entstand eine Matrize. ③ In die Matrize goß er flüssiges Blei. ④ Daraus entstand dann eine Bleiletter. ⑤ Die Lettern setzte er zu einer Druckform zusammen, die er schwarz färbte. ⑥ Darauf legte er einen Bogen Papier. ⑦ Er preßte Papier und Druckform zusammen. ⑧ Nun war der Bogen bedruckt. ⑨ Die Bögen wurden zu einem Buch zusammengetragen. ⑩ Der Buckblock erhielt einen Einband.

## Gutenberg erfindet den Buchdruck

Der Mainzer Bürger Johannes Gensfleisch, genannt Gutenberg, erfand um 1450 den Buchdruck mit beweglichen Lettern. Über diese Erfindung berichtete der Abt von Hirsau:

**Q1** In dieser Zeit (1450) wurde in Mainz jene wunderbare und unerhörte Kunst, Bücher mittels Buchstaben zusammenzusetzen und zu drucken, durch Johannes Gutenberg, einen Mainzer Bürger, erfunden und ausgedacht. Nachdem er beinahe sein ganzes Vermögen für die Erfindung dieser Kunst aufgewendet hatte, vollbrachte er die angefangene Sache.
Sie druckten zuerst ein Wörterbuch, indem sie die Buchstaben der Reihe nach in hölzerne Tafeln geschnitzt hatten. Allein mit diesen Tafeln konnten sie nichts anderes drucken, eben weil die Buchstaben nicht von der Tafel ablösbar und beweglich waren.
Nach diesen Erfindungen erfolgten kunstreichere. Sie erfanden die Kunst, die Formen aller Buchstaben des Alphabets aus Metall zu gießen.

Die Buchstaben konnten zu Wörtern, zu Seiten zusammengesetzt werden. Nach dem Druck wurden sie wieder auseinandergenommen. Dann konnten die Buchstaben für eine neue Seite wieder gesetzt werden. Um 1400 hatte eine handgeschriebene Bibel mehr gekostet als ein Stadthaus. Die erste von Gutenberg gedruckte Bibel kostete nur ein Zehntel davon. In Rom erschien 1475 ein historisches Werk, in dem es hieß:

**Q2** … Es gefiel aber dem allgütigen Gott, in unseren Tagen die Menschen eine neue Kunst zu lehren, die nämlich, daß durch den Druck mit Lettern die Vervielfältigung der Bücher möglichst erleichtert werde, so sehr, daß durch dreimonatige Arbeit nur dreier Männer von (einem) vorliegenden Werke 300 Exemplare durch den Druck hergestellt worden sind …

Die Druckerkunst verbreitete sich rasch in Europa. Bis 1500 gab es in 250 Städten mehr als 1150 Druckereien. Die neue Druckkunst beeinflußte schnell das Alltagsleben in den Städten. Nun konnte öffentliche Kritik an den Mißständen in der Kirche, dem Staat und den Städten in Form von kritischen Flugblättern und Reformschriften verbreitet werden. Aber auch die Obrigkeit nutzte die Möglichkeit, Dekrete und Verordnungen durch Flugblätter und Streitschriften bekannt zu machen. Ohne die Druckkunst wäre auch die Verbreitung der Reformation nicht möglich gewesen (vgl. Band 1).

**1** *Stellt Gründe zusammen, die die Verbreitung des Buchdrucks erklären.*

**2** *Erklärt den zeitgenössischen Satz: Mehr als das Gold hat das Blei die Welt verändert. Und mehr als das Blei in der Flinte das Blei im Setzkasten.*

**1 Darstellung einer Paternosterpumpe aus dem Jahre 1556, aus dem Handbuch des Georg Agricola.** A Wellen, B Tretrad, C Zahnrad, D Getriebe, E Kettenrad, F Schwungrad, G Bälle (aus Leder, mit Pferdehaar gefüllt).

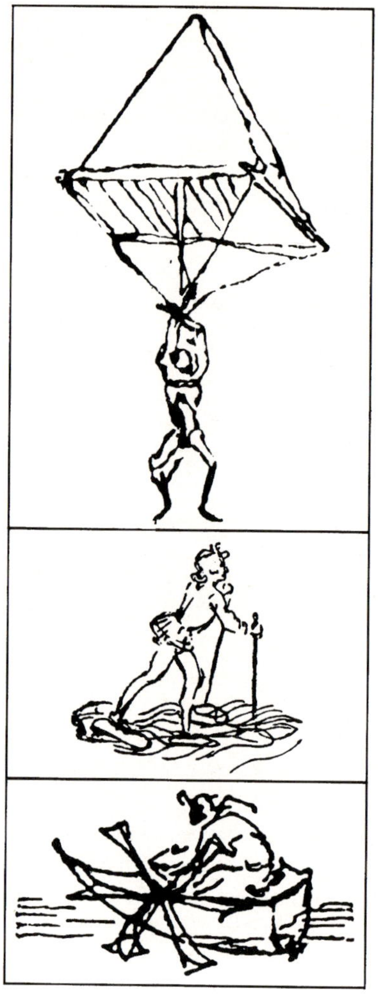

**2 Zeichnungen von Leonardo da Vinci,** um 1490.

**Neue Techniken**

So wie die Gelehrten, suchten die Künstler und Handwerker tiefer in die Geheimnisse der Natur einzudringen.

In einer Schilderung schrieb Johannes Cochlaeus, ein Gelehrter (vgl. S. 35), 1512:

> **Q** Die Nürnberger Handwerker erfinden von Tag zu Tag immer feiner Dinge. So bringt Peter Henlein … Werke hervor, die selbst die gelehrtesten Mathematiker in Staunen setzen. Aus wenig Eisen fertigt er Uhren an, die, wie man sie auch wendet, ohne irgendein Gewicht 40 Stunden gehen und die Stunden anzeigen, selbst wenn sie an der Brust oder im Beutel getragen werden.

Die Abbildungen dieser Seite sind aus dem 15. und 16. Jahrhundert

**1** *Beschreibt die Geräte und Maschinen.*

**2** *Versucht die Wirkungsweisen zu erklären.*

**3** *Stellt eine Liste der modernen Geräte und Maschinen zusammen, die nach gleichen Prinzipien arbeiten.*

Die Erfindung der Uhr, die von einer Feder angetrieben wurde, war besonders für die Seefahrt sehr wichtig. Nur wenn man die genaue Zeit wußte, konnte man aus dem Stand der Sonne oder der Sterne die genaue Position errechnen.
Im Bergbau wurden mächtige Hebewerke konstruiert. Dadurch konnten die Schachtanlagen tiefer in die Erde getrieben werden. Wasserräder und Pumpen wurden bald in vielen Bergwerken genutzt.

**1** *Stellt Vermutungen auf, welche Auswirkungen die genannten Erfindungen gehabt haben könnten.*

**Veränderungen in der Seefahrt**

Ganz neue Möglichkeiten für die Seefahrt eröffneten sich, als immer mehr Forscher die Ansicht vertraten, die Erde sei keine Scheibe, sondern eine Kugel.
Verdeutlicht wurde die Vorstellung mit einem Globus, den der Kaufmann Martin Behaim 1492 in Nürnberg anfertigen ließ. Eine Kugel aus Pappe wurde mit Pergamentblättern beklebt. Auf die Blätter wurden die damals bekannten Länder eingezeichnet.
Wenn die Erde eine Kugel ist, dann kann man sich auch auf das offenen Meer hinauswagen, ohne befürchten zu müssen, hinunterzufallen. Wollte man aber auf das offene Meer hinausfahren, brauchte man gute Schiffe und Meßinstrumente, um wieder zurückzufinden.
Es war daher sehr wichtig, daß zu dieser Zeit gerade der Kompaß so verbessert worden war, daß man ihn auch bei rauher See verwenden konnte. Außerdem gab es jetzt Tabellen, die den täglichen Stand der Sterne angaben. Wußte man, wie hoch ein Stern zu einer bestimmten Zeit über dem Horizont stand, brauchte man nur in den Tabellen nachzusehen und fand dort, auf welchem Breitengrad man sich befand. Um die Sternenhöhe über dem Horizont zu messen, benutzte man den Jakobsstab, ein Meßinstrument, das im 15. Jahrhundert verbessert wurde.
Gebaut wurden jetzt auch neue seetüchtige Schiffe, Karavellen genannt. Sie hatten in der Mitte den Hauptmast mit einem großen Viereckssegel, das bei Rückenwind für eine hohe Geschwindigkeit sorgte. Die kleineren Dreieckssegel am vorderen und hinteren Mast erlaubten aber auch ein Segeln fast gegen den Wind. So waren alle Voraussetzungen für weite Seefahrten geschaffen.

**2** *Besorgt euch einen Kompaß und erklärt, wie er funktioniert.*

**1** Uhr des Peter Henlein, 1510.

**2** Globus des Martin Behaim, 1492.

**3** Kompaß, um 1550.

**Kolumbus auf seinem Schiff. Stich von 1594.** Auf dieser Abbildung hält der Entdecker eine Fahne, die das Kreuz trägt. Unter dem gleichen Zeichen waren bereits die Kreuzritter zu den Kreuzzügen aufgebrochen. Andere Abbildunge zeigen die Schiffe der Entdecker mit einem großen Kreuzsymbol auf dem Hauptsegel.

**Der Aufbruch der Europäer**
Nachdem sich in Europa das neue Denken immer weiter verbreitet hatte, wurden von Portugal und Spanien aus die ersten Entdeckungsreisen unternommen. Die Entdeckungsreisen der Europäer gehören zu den folgenreichsten und faszinierendsten Vorgängen der Renaissance. Nach langen Vorbereitungen dauerte es nur wenige Jahrzehnte, bis Europäer alle Weltmeere befahren, alle Kontinente berührt hatten. Die Erfindungen der Renaissance waren den Entdeckern nützlich, einige waren unentbehrlich.
Die ersten bedeutenden Entdeckungsreisen gingen von der iberischen Halbinsel aus. Seefahrer aus anderen Ländern suchten für ihre Vorhaben die Unterstützung der Könige von Portugal oder Spanien. Das hatte wichtige Gründe.
Die iberische Halbinsel war im Mittelalter nicht vollständig Teil des christlichen Abendlandes gewesen. Über Jahrhunderte blühten im Kalifat von Cordoba islamische Kunst und Wissenschaft. Neben Christen und Muslimen bereicherten die Juden die iberische Kultur. Von dem Austausch an Wissen und Ideen profitierten nicht zuletzt die Christen. So war auch das christliche Toledo ein Zentrum der Wissenschaft.

**Vom Kreuzzug zur Entdeckungsfahrt**
Über Jahrhunderte wechselten Zeiten friedlichen Miteinanders und kriegerischer Auseinandersetzungen. Der Kampf gegen die Muslime galt seit dem 12. Jahrhundert als Kreuzzug. So kämpften auf Seiten der Christen in Spanien oft auch Kreuzritter aus vielen europäischen Ländern. Doch erst 1492 ging die letzte islamische Herrschaft in Spanien unter, hatten die Christen gesiegt. Im gleichen Jahr vertrieben sie auch die Juden aus Spanien.
Die Schiffe der Entdecker werden oft mit dem Kreuz auf dem Segel dargestellt, dem Zeichen der Kreuzritter. Als die ersten portugiesischen Kapitäne aufbrachen, um den Seeweg nach Indien zu suchen, folgten sie auch dem Ziel, sich im Kampf gegen die Muslime mit Christen zu verbünden, die in Afrika oder Asien lebten. Aus antiken Überlieferungen wußten die Portugiesen nämlich von frühen Christen in Abessinien und Indien. Seit dem siebten Jahrhundert kontrollierten die Muslime den Landweg dorthin; Europa blieb seitdem von Informationen über sie abgeschnitten. Ein möglicher Weg zu ihnen führte um Afrika herum. Mit diesen Bündnispartnern hätte man – so hoffte man wenigstens – die Muslime von zwei Seiten angreifen können.
Auf den nächsten Seiten könnt ihr erarbeiten,
– mit welchen Problemen und Schwierigkeiten die Seefahrer auf ihren ersten Entdeckungsreisen zu kämpfen hatten,
– wie die ersten Begegnungen zwischen den Europäern und den Bewohnern der fremden Gebiete verliefen,
– wie Entdecker - etwa Christoph Kolumbus - heute beurteilt werden und wie ihr ihn selbst beurteilen könnt.

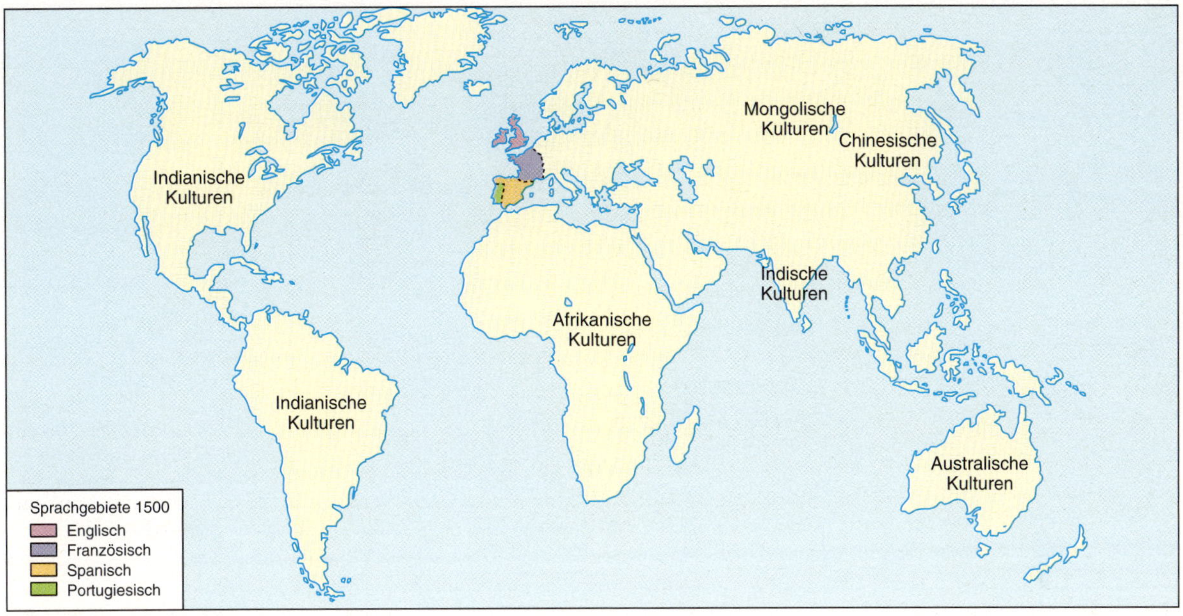


**1 Sprachgebiete um 1500**

Alle Gebiete, die in der Karte von 1900 markiert sind, waren auch um 1500 bewohnt. Die Menschen hatten ihre eigene Kultur, das heißt, sie sprachen ihre eigene Sprache und hatten ihre eigenen Religionen.

**1** *Beschreibt die Unterschiede zwischen 1500 und 1900.*

**2** *Überlegt euch, wie es wohl zu diesen Veränderungen gekommen sein mag.*

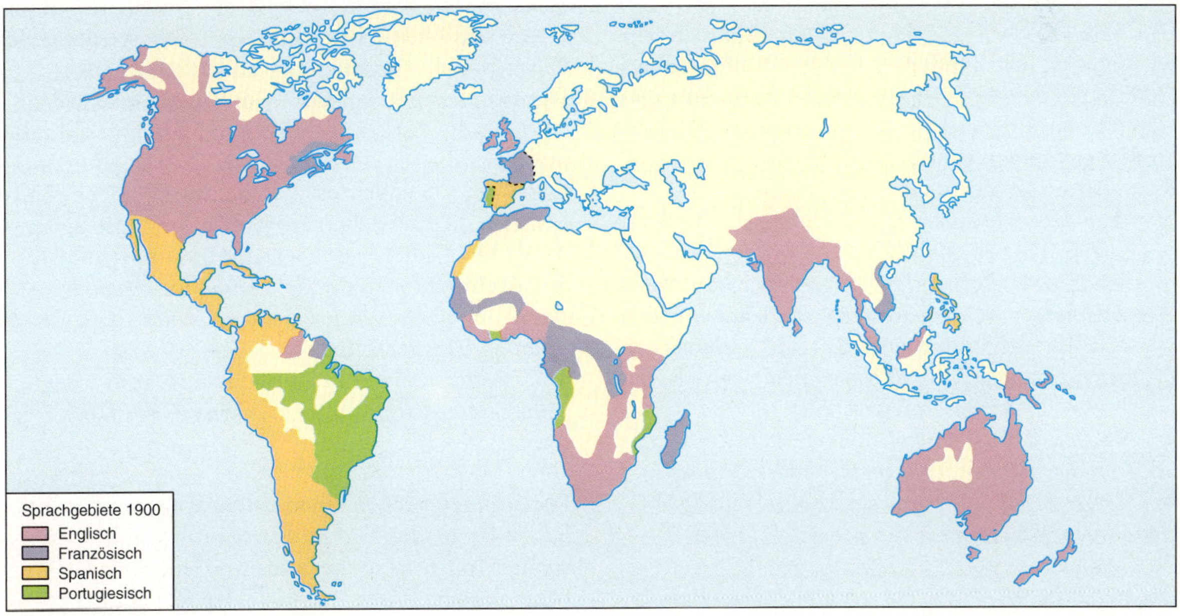


**2 Sprachgebiete um 1900**

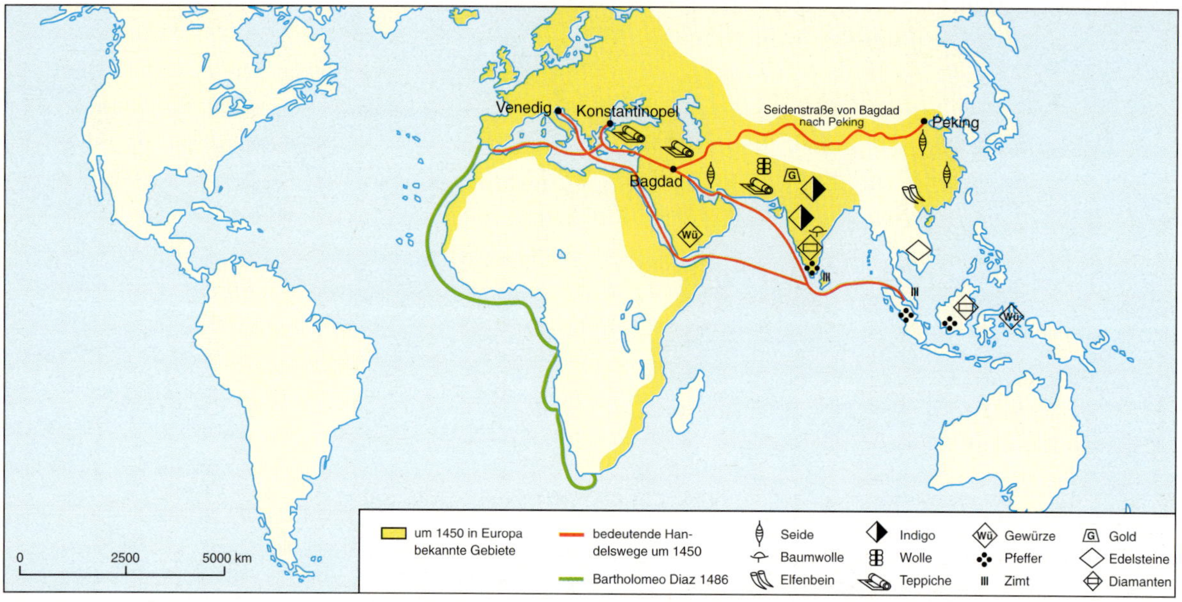


**Handelswaren und Handelswege des europäischen Asienhandels um 1450 und die Reise des Bartholomeo Dias 1486.**

## Auf der Suche nach neuen Wegen

**1** *Sucht aus der Karte die Fernhandelsgüter heraus. Schlagt die unbekannten Wörter nach.*

**2** *Verfolgt auf einer Weltkarte im Atlas die Handelswege. Überlegt dabei, welche Schwierigkeiten beim Transport zu überwinden waren.*

Um 1450 war der Handel mit Gütern aus Asien sehr wichtig. Seit Jahrhunderten führten Kaufleute aus Genua und Venedig Edelsteine, Seide, Farbstoffe und Gewürze nach Europa ein. Sie verdienten am Handel große Reichtümer. Venedig hatte 190 000 Einwohner, als im Jahre 1423 der Kaufmann Mocenego schrieb:

**Q** Der Jahresumsatz des Handels in Venedig betrug 10 Millionen Dukaten, welche 4 Millionen (Gewinn) abwarfen. Auf den Schiffen (Venedigs) fuhren 36 000 Seeleute. Dazu kamen noch 16 000 Schiffszimmerleute. Die ordentlichen Staatseinnahmen in diesem Jahr werden auf 1,1 Millionen Dukaten geschätzt.

**3** *Vergleicht die Bevölkerungszahl Venedigs mit der Zahl der von der Schiffahrt lebenden Menschen.*

**4** *Vergleicht die Gewinne aus Handel und Staatseinnahmen. Wo sammeln sich die Reichtümer?*

Die italienischen Kaufleute gründeten Handelsniederlassungen in Spanien, Portugal, England und den Niederlanden. Überall waren sie mit ihren Waren und ihrem Geld sehr willkommen. Kein König, kein Bischof wollte auf die seidenen und kostbaren Stoffe, auf Edelsteine oder Gewürze verzichten.

Die Fernkaufleute liehen auch ihr Geld an die Fürsten der verschiedenen Staaten aus, die damit die Ausstattung ihres Hofes und die Ausrüstung ihrer Heere bezahlten. Da die Fürsten immer wieder Geld liehen, wurden sie von den Kaufleuten abhängig.

Der Handel mit asiatischen Gütern wurde schwer gestört, als die Türken die östlichen Küsten des Mittelmeeres eroberten. 1453 eroberten sie auch Konstantinopel und blockierten das Schwarze Meer. Nun konnten die türkischen Herrscher die Preise bestimmen. Die Handelswaren wurden fast unbezahlbar.

**5** *Bedenkt die Folgen der türkischen Handelssperre und nennt Gruppen, die sich einen ungestörten Fernhandel wünschten.*

**6** *Überlegt, wie man die Sperre der Türken umgehen könnte. Prüft dazu noch einmal die Karte oben.*

## Portugiesen suchen einen neuen Weg nach Indien

Schon bevor die Türken Konstantinopel eroberten, suchten portugiesische Seefahrer einen neuen Weg nach Indien. Prinz Heinrich der Seefahrer (1349–1460) hatte die Idee, um Afrika herum nach Indien zu

**Schnitt durch die Karavelle Santa Maria, das Schiff des Kolumbus.** 1 Admiralskajüte, 2 Steuerruder, 3 Kompaß, 4 Luke zum Schiffsladeraum, 5 Entwässerungspumpe, 6 Hebevorrichtung für Anker und Segel, 7 Waffen- und Munitionskammer, 8 geräucherte und getrocknete Fleischwaren, 9 Schiffszwieback, 10 Pökelfleisch in Fässern, 11 Ölvorrat, 12 Wasservorrat, 13 Schiffsladeraum, 14 Weinfässer, 15 getrocknete Hülsenfrüchte in Säcken, Zwiebeln und Knoblauch, 16 Mehlfässer, 17 Abstellkammer für Segel, 18 Laderaum für Taue, Sammelraum für Kondenswasser, 20 Steine als Ballast.

fahren. Seit 1420 schickte er Jahr für Jahr Schiffe aus, die an der Küste Afrikas immer weiter nach Süden fahren sollten. Durch Erfahrung verbesserte sich das Wissen von der Erde und die Tüchtigkeit der Schiffe. Auch nach dem Tode Prinz Heinrichs wurden die Erkundungen fortgesetzt.
Ein portugiesischer Chronist, J. de Barros, schrieb 1539 über eine Fahrt des Kapitäns Bartholomeo Dias:

**Q** ... (Der portugiesische König) ... entschloß sich, noch in jenem Jahr 1486 zwei weitere Schiffe auszusenden, um (endlich den Weg nach Indien zu finden). Zwei Schiffe von je 50 Tonnen wurden ausgerüstet ... Ende August des besagten Jahres stach man in See. Befehlshaber der Entdeckungsfahrt war Bartholomeo Dias ..., der bereits an Entdeckungsfahrten entlang der afrikanischen Westküste teilgenommen hatte ... Vom Kongo an begann Bartholomeo Dias der Küste zu folgen ... bis zum 29. Grad südlicher Breite.
Nachdem sie wieder die offene See angesteuert hatten, zwangen sie ungünstige Wetterverhältnisse, dreizehn Tage lang mit gerefften Segeln zu fahren ... Aber nachdem das Unwetter ... sich gelegt hatte, steuerten sie ostwärts, um wieder in Landnähe zu gelangen ... Als sie aber nach einigen Tagen immer noch nicht auf Land gestoßen waren, gingen sie ... auf einen nördlichen Kurs, der sie zu einer Bucht führte ... Dort angekommen, erfüllte das Schiffsvolk große Müdigkeit und Furcht wegen der großen Meeresgebiete, die sie hinter sich gebracht hatten. Und alle ... fingen an ..., sich zu beklagen und zu verlangen, daß die Fahrt nicht fortgesetzt werde ... Es sei für eine Reise genug, so viel Küste erforscht zu haben ... Alle fürchteten zu verhungern ... Und so kehrte man um.
Nachdem sie dort aufgebrochen waren, bekamen sie ... ein großes Kap zu Gesicht ... Bartolomeo Dias ... nannte es wegen der Gefahren und Unwetter, denen sie ausgesetzt waren, das „Kap der Stürme". Aber König Johannes II. gab ihm nach ihrer Rückkehr nach Portugal den ... Namen „Kap der guten Hoffnung" ...

Die Reise dauerte 16 Monate und 17 Tage. Elf Jahre später fuhren andere portugiesische Schiffe unter der Leitung von Vasco da Gama auf der nun bekannten Route um Afrika herum und erreichten im Jahr 1498 Indien. Die Hinreise hatte 317 Tage gedauert.

**1** *Sucht auf einer Afrikakarte im Atlas die in der Quelle genannten geographischen Punkte.*

**2** *Nennt die im Text aufgeführten Schwierigkeiten, die Bartholomeo Dias und seine Matrosen auf ihrer Reise hatten.*

**3** *Erklärt die Raumaufteilung der Karavelle.*

## Die Vorstellung von der Welt wandelt sich

Die Karte 1 zeigt die um 1490 verbreitete Vorstellung von der Erde. Die meisten Menschen glaubten damals, die Erde sei eine flache Scheibe, die auf dem Wasser schwimme. Die Seeleute fürchteten die Gefahren, die am Rande dieser Platte auf jeden lauerten, der sich zu sehr von der Küste entfernte. Deshalb tasteten sich die portugiesischen Entdecker an der afrikanischen Küste entlang.

**1** *Zeichnet die Weltkarte von 1321 (S. 33) ab, nordet sie ein und beschreibt die Unterschiede zwischen den Karten von 1321 und 1489.*

Gelehrte wie Paolo Toscanelli (1397–1482) diskutierten bereits die Kugelgestalt der Erde (vgl. S. 41). 1474 schrieb er an den Berater des portugiesischen Königs:

**Q** Ich habe mit dir schon über einen Seeweg nach den Gewürzinseln gesprochen, der wesentlich kürzer ist, als der Weg um Afrika ... Den Beweis könnte man mit Hilfe eines Globus erbringen, dennoch halte ich es für einleuchtender, jenen Seeweg mit Hilfe einer Karte zu erläutern.

**2** *Prüft den Text und die Karte des Toscanelli: In welche Himmelsrichtung könnte man seiner Meinung nach fahren, um zu den Gewürzinseln zu gelangen?*

**1** **Zeichnung nach einer Weltkarte, die 1489 von H. Martellus Germanus gezeichnet wurde.**

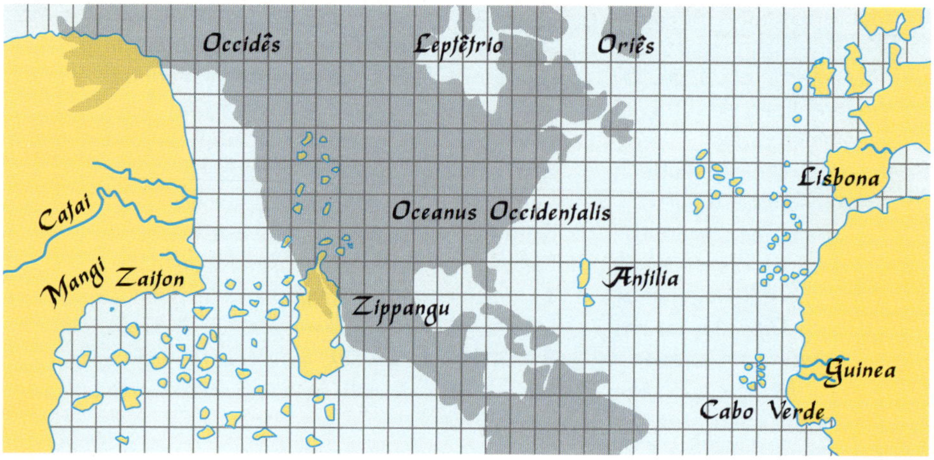


**2** **Rekonstrukion der Karte des Toscanelli.**
Es bedeutet:
Lisbona = Lissabon
Cabo Verde = Kap Verde
Zippangu = Japan
Mangi = Indien
Die dunkel getönte Fläche gehört nicht zu der Karte des Toscanelli. Sie zeigt das von Kolumbus entdeckte Amerika.

## Christoph Kolumbus

Kolumbus wurde 1451 in Genua geboren. In seiner Jugend war er als Seemann auf allen damals bekannten Meeren gefahren. Dabei erwarb er sich gründliche Kenntnisse der Schiffsführung. Um 1480 lebte er in Lissabon. Dort beschäftigte er sich mit Plänen für die Westfahrt nach Indien.

Ein Brief Toscanellis bestärkte ihn in seinen Planungen. Toscanelli hatte ihm 1480 geschrieben:

> **Q1** Deinen Brief ... habe ich erhalten. Von deinem mutigen und großartigen Plan, auf dem Westweg ... zu den Ostländern zu segeln, nahm ich Kenntnis. Es freut mich, daß du mich recht verstanden hast. Der geschilderte Weg ist nicht nur möglich, sondern wahr und sicher. Unzweifelhaft ist die Reise ehrenvoll und vermag unberechenbaren Gewinn und höchsten Ruhm in der ganzen Christenheit zu bringen ... Eine derartige Reise führt zu mächtigen Königreichen ... die alles im Überfluß besitzen, was wir benötigen, auch alle Arten von Gewürzen in reicher Fülle sowie Edelsteine in großer Menge ...

**1** *Vergleicht die Jahreszahlen der beiden Briefe des Toscanelli. Was läßt sich daraus schließen?*

## Planung und Vorbereitung der Reise

Kolumbus hatte die Entfernung von den Kanarischen Inseln bis nach Japan mit 2400 Seemeilen berechnet (1 sm = 1,853 km). Das war eine Entfernung, die mit den damaligen Schiffen durchaus zu leisten war.

Kolumbus bat den portugiesischen König 1483 um Schiffe und Geld für seine Entdeckungsreise nach Westen. Der ließ zunächst die Pläne Kolumbus von den portugiesischen Gelehrten prüfen. Die aber errechneten, nach ihrem Stand des Wissens von der Erde, eine Entfernung von mehr als 11000 Seemeilen (und kamen damit der Wirklichkeit schon näher). So ließ der portugiesische König 1484 Kolumbus Plan wegen der Rechenfehler ablehnen.

Enttäuscht verließ Kolumbus Portugal und reiste nach Spanien, um hier seine Pläne durchzusetzen. Wieder gingen Jahre hin, in denen seine Unterlagen geprüft wurden. Die königlichen Räte lehnten auch hier ab. Die Berechnungen waren ihnen zu unsicher. Aber die spanische Königin ließ Kolumbus nicht ohne Hoffnung.

1492 endlich sagten König und Königin in der Hoffnung auf große Gewinne und auf Verbreitung des Christentums in den zu entdeckenden Ländern Kolumbus Schiffe und Geld für seine Fahrt zu. Sie schlossen mit Kolumbus einen Vertrag, dessen Hauptpunkte waren:

– Kolumbus wird zum Vizekönig, Admiral und Generalgouverneur aller entdeckten Festländer und Inseln ernannt.

– Von allen Waren, die in den Ländern erworben oder gefunden werden, kann Kolumbus den zehnten Teil für sich einnehmen, die übrigen bleiben für den König von Spanien.

**2** *Vergleicht die beiden Karten auf Seite 46.*

– *Was ist bekannt, was unbekannt?*

– *Worin unterscheiden sich die beiden Karten?*

**3** *Führt ein Streitgespräch zwischen zwei Gruppen, die die Reise des Kolumbus befürworten bzw. ablehnen.*

**4** *Beurteilt die Ablehnung der Pläne des Kolumbus durch die königlichen Räte in Portugal und Spanien.*

## Schwierigkeiten unterwegs

Am 3. August 1492 verließ Kolumbus mit drei Schiffen den spanischen Hafen Palos. Schon am 6. August brach an einem Schiff das Steuerruder. Die kleine Flotte lief zur Reparatur die Kanarischen Inseln an. Erst am 6. September konnte man weiterfahren. Die Fahrt ging ständig nach Westen. Aber die Matrosen wurden unruhig.

Im Tagebuch des Kolumbus (vgl. S. 48) heißt es:

> **Q2** 26. Sept. 1492: Die Lage wird immer bedrohlicher. ... Die Bedenken der Mannschaft: Die Vorräte würden bald zu Ende gehen, die Schiffe seien zu schwach ... und ich sollte bedenken, daß wir den schon zurückgelegten Weg ein zweites Mal – auf der Rückfahrt – zurücklegen müßten. Das Land, das wir suchten, gebe es gar nicht. ...
> 28. Sept. 1492: Das ist offene Meuterei. ... Ein Matrose forderte den königlichen Aufsichtsbeamten auf, mich abzusetzen und den Befehl zur Rückkehr zu geben. ... Auf Schritt und Tritt ... folgen mir Matrosen. In ihren Augen steht der Haß und ... die Messer (sitzen) schon locker. ...

Aber Kolumbus konnte die Mannschaft noch einmal beruhigen. Im Wasser treibende Pflanzen und vorbeifliegende Vögel ließen Land erhoffen. Am 12. Oktober 1492 wurde endlich um 2 Uhr morgens Land gesichtet. Es war die Insel Guanahani.

**5** *Begründe das Verhalten der Matrosen.*

**Landung des Kolumbus auf der Insel Guanahani.** Diese Darstellung entstand 1596.

**Die Landung des Kolumbus**

Die wichtigste Quelle über die große Reise des Kolumbus ist dessen Bordbuch. Er hatte darin Tag für Tag die Ereignisse vom 3. August 1492 bis zum 25. März 1493, dem Tag seiner Rückkehr nach Spanien, eingetragen. Aber das Original des Bordbuches ist verloren gegangen. Erhalten sind nur zwei Fassungen, die seinerzeit nach Kenntnis des Originals aufgeschrieben worden sind. Von Fernando, dem Sohn des Kolumbus, stammt die eine, die andere von dem späteren Bischof von Mexico, Bartolomè de las Casas. Die Fassung des Bordbuches von Las Casas scheint die sicherere zu sein. Darin sind weite Teile wörtlich übernommen, die anderen sind von Las Casas zusammengefaßt. Von Kolumbus schreibt er in diesen Teilen in der dritten Person. In der Fassung des Las Casas heißt es über die Landung auf Guanahani:

**Q1** ... Der Admiral ging mit dem bewaffneten Boot an Land ... (mit ihm die beiden Kapitäne). Der Admiral nahm das königliche Banner mit und die Kapitäne zwei Fahnen ... Der Admiral rief ... die an Land gegangenen, zu sich ... und sagte, sie sollten bestätigen und rechtlich bezeugen, daß er vor aller Augen von der Insel Besitz ergriff, wie er es denn auch im Namen des Königs und der Königin, ..., tat. ... Er gab die dazu erforderlichen Erklärungen ab ... Schon versammelten sich um sie herum zahlreiche Bewohner der Insel ...

Über die Bewohner der Insel heißt es im Tagebuch:

**Q2** ... Da ich ihre Freundschaft gewinnen wollte und bemerkte, daß es Leute waren, die sich eher durch Liebe für unseren heiligen Glauben gewinnen ließen, gab ich einigen von ihnen ein paar bunte Mützen und einige Ketten aus Glasperlen ... an denen sie großes Vergnügen fanden ... Hiernach kamen sie zu den Booten geschwommen ... und brachten uns Papageien und Knäuel von Baumwollfäden. Wurfspieße und viele andere Dinge tauschten sie gegen Dinge ein, die wir ihnen gaben, Glasperlen und Glöckchen. Kurz, sie nahmen einfach alles und gaben bereitwillig von allem, was sie besaßen. Aber mir schien es, als seien sie in jeder Hinsicht außerordentlich arme Leute. Sie gehen allesamt nackt herum ... Sie tragen keine Waffen und kennen sie auch nicht, denn ich zeigte ihnen Schwerter, und sie faßten sie an der Schneide an und schnitten sich aus Unwissenheit. Sie haben überhaupt kein Eisen ...
Ich glaube, daß man sie leicht zum Christentum bekehren könnte. Ich werde bei meiner Abfahrt sechs Leute von ihnen mitnehmen, damit sie spanisch sprechen lernen ...

**1** *Prüft, welcher der Quellentexte direkt von Kolumbus stammt und welcher in der Fassung von Las Casas vorliegt.*

**2** *Überlegt, was das für die Glaubwürdigkeit der Texte bedeutet.*

**3** *Wie verhielt sich Kolumbus, wie die Inselbewohner bei der ersten Begegnung?*

**4** *Prüft, wie Kolumbus die Inselbewohner beurteilt.*

**5** *Schreibt einen Bericht über den 12. Oktober 1492 aus der Sicht der Inselbewohner.*

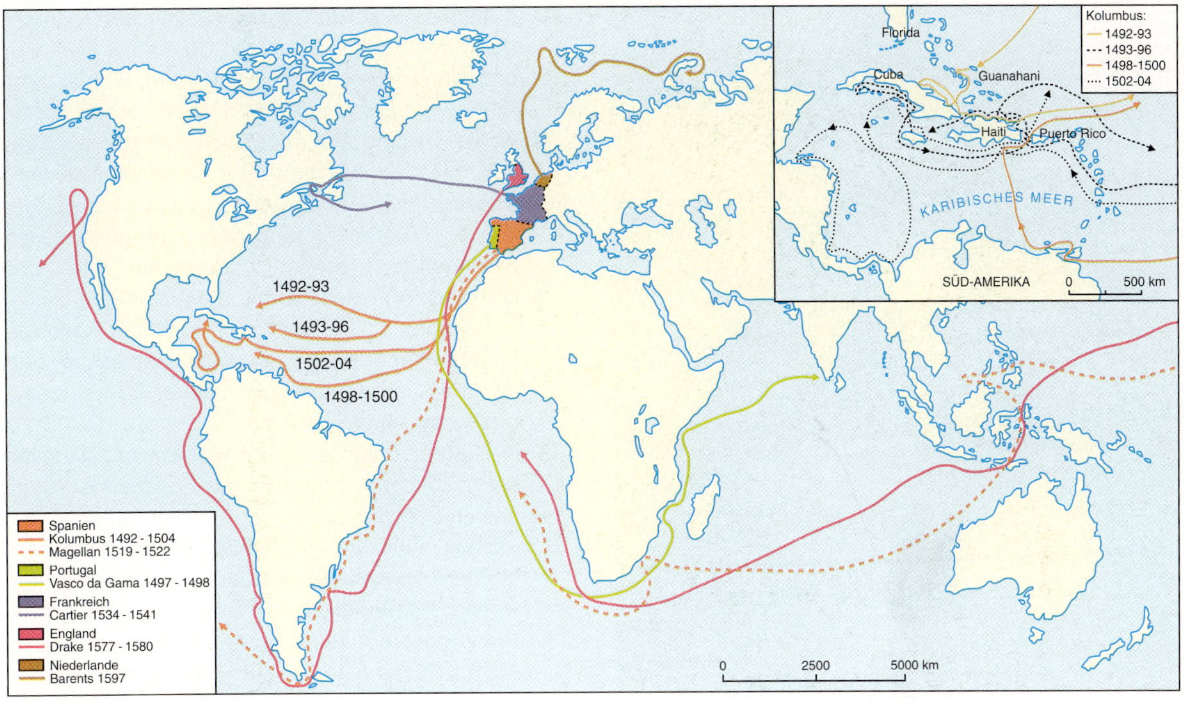


**Die Entdeckungsfahrten im 15. und 16. Jahrhundert.**

## Weitere Entdeckungsfahrten

Kolumbus wurde bei seiner Rückkehr von seiner ersten Entdeckungsfahrt mit glänzenden Festen empfangen. Die Berichte von seinen Entdeckungen wurden sofort gedruckt und in ganz Europa gelesen. Noch drei weitere Fahrten unternahm er im Auftrag der spanischen Krone. 1493 fuhr er mit 17 Schiffen und etwa 1500 Mann wieder zu den von ihm entdeckten Inseln und fand eine Reihe weiterer Inseln wie Puerto Rico und Jamaika. Er gründete die Stadt Isabella, die erste europäische Stadt in der neuen Welt. Aber wegen Mißstimmungen und Aufständen unter den Spaniern mußte er nach Spanien zurückkehren. Trotz aller Widerstände fuhr Kolumbus 1498 ein drittes Mal nach Westen und erreichte die Nordküste des noch unbenannten Kontinents. Von dort segelte er wieder nach Haiti. Dort wurde er infolge der Unzufriedenheit der Siedler wegen seiner schlechten Verwaltung der Kolonie als Vizekönig abgesetzt und durch den Bevollmächtigten des Königs verhaftet. Der ließ ihn in Ketten legen und so nach Spanien zurückbefördern. Aber Kolumbus konnte sich vor Königin Isabella rechtfertigen. Er wurde in seine Ämter wieder eingesetzt. Noch eine vierte Reise unternahm er. Sie führte ihn an die Küste Mittelamerikas. Aber er erkannte nicht, daß er einen neuen Kontinent entdeckt hatte. Bis zu seinem Tode glaubte Kolumbus, einen Weg nach Indien entdeckt zu haben.

In der Folgezeit wurden viele Entdeckungsfahrten über den Atlantik unternommen. Der Drang nach Gold und Gewürzen ließ andere europäische Länder nicht ruhen. Auch sie wollten einen Anteil an dem Reichtum haben. Ein Wettlauf um außereuropäische Besitzungen begann. Fast alle europäischen Nationen beteiligten sich daran und gründeten wie die Spanier Kolonien. Portugiesische Seefahrer setzten sich in Südamerika, in Afrika und Indien fest, Franzosen in Nordamerika und die Niederländer auf den Indonesischen Inseln. Etwas später gründeten die Engländer auf allen außereuropäischen Erdteilen Kolonien.

**1** *Kolumbus nahm die Inseln für Spanien in Besitz. Überlegt, was das für ihn, für Spanien und für die auf den Inseln lebenden Menschen bedeutete.*

**2** *Beschreibt mit Hilfe der Karte die Fahrtrouten der folgenden Entdecker: Vasco da Gama, Magellan, Drake, Cartier und Barents. Stellt fest, aus welchen Ländern sie aufbrachen.*

**Christoph Kolumbus.** Gemälde von Sebastiano del Piombo, 1519.

Christoph Kolumbus, der mit seinen Entdeckungsfahrten den Europäern den Weg zu weltweiten Eroberungen eröffnete, wird in den vielen Büchern, die über ihn geschrieben worden sind, sehr gegensätzlich beurteilt. In den drei folgenden Ausschnitten findet ihr Beispiele für solche Urteile.

In der „Geschichte der spanischen und portugiesischen Geschichte", schrieb der deutsche Historiker Richard Konetzke 1939:

**M1** ... Die Persönlichkeit des großen Entdeckers und der Ursprung seines Planes bieten auch heute noch ungelöste Rätsel. Daß Kolumbus (für die Spanier) ein Ausländer war und aus Genua stammte, kann als historische Tatsache gelten ... Der große Gedanke, den er mit beharrlichem Willen und fanatischer Zähigkeit verfolgte, war die Auffindung Indiens auf dem Westwege über den Ozean. Die Absicht seiner Westfahrt beschränkte sich von Anfang an nicht darauf, einige Inseln zwischen Europa und Asien zu erreichen, wenn auch die Vorstellung von Zwischeninseln ihn in seinem Plan bestärkt haben wird.

Kolumbus war kein wissenschaftlicher Mensch, der durch Studien zu seiner Idee gekommen war und durch seine Entdeckungsfahrt für die Fortschritte der geographischen Wissenschaft wirken wollte. Es ging ihm doch zuerst um den persönlichen Gewinn, um den Anteil an den Reichtümern Indiens. Nur ein Ehrgeiziger und Habgieriger konnte hartnäckig auf den unangemessenen Bedingungen bestehen, die er für seine Entdeckungsfahrt den (spanischen) Königen stellte. Er beanspruchte für sich den erblichen Admiralstitel, die Verwaltung aller entdeckten Länder und Inseln ... und den zehnten Teil von allen Erzeugnissen der neuen Besitzungen.

Kolumbus' Entdeckungstat war ein Ereignis von unermeßlichen Folgen für die Geschichte Spaniens und Portugals. Sie stellte eine neue und gewaltige Aufgabe an die iberischen Völker ... Spanien erwarb jenseits des Ozeans ungeahnte weite Besitzungen, deren Eroberung und Kolonisation nunmehr seine Kräfte auf Jahrhunderte in Anspruch nahmen ... Die (spanischen) Könige haben die neuen Aufgaben, die die Verwaltung und Erschließung der entdeckten Gebiete stellten, mit Eifer und Tatkraft zu lösen begonnen ... Aber der Admiral, kleinlich und egoistisch, dazu leicht reizbar und erregt, ungerecht und unstet, erwies sich als völlig unfähig als Gouverneur und trug schuld an den anarchischen Zuständen der ersten Kolonialzeit. Dieses Versagen und die Enttäuschungen über das Ausbleiben der erhofften Edelmetalle führten zum Zusammenbruch seiner Laufbahn ...

Der Historiker Zvi Dor-Ner lebt in Boston/USA. Auf Nachbauten der alten Karavellen hat er die große Reise des Kolumbus persönlich nachvollzogen. Unter der Überschrift: „Ein Mann mit vielen Gesichtern" schrieb er 1991 in der Einleitung des Buches „Kolumbus und das Zeitalter der Entdeckungen":

**M2** ... Christoph Kolumbus veränderte die Welt. Er wies seiner Welt – der des späteren Mittelalters – den Weg, sich in jene Welt zu verwandeln, die wir heute bewohnen. Aber obwohl er bei seinen Aktionen zielbewußt und überlegt vorging, hat er die sich daraus ergebenden Folgen nicht gewollt. Er starb, ohne zu wissen, daß er einen riesigen neuen Kontinent entdeckt hatte ... Vor Kolumbus blieben die großen Völkerstämme der Welt und die von ihnen hervorgebrachten Kulturen weithin auf ihre angestammten ... Grenzen beschränkt, nach Kolumbus begann eine ungeheure Völkerwanderung über den Ozean, sowie ein Kulturaustausch, der bis heute andauert. Kolumbus' Entdeckungsfahrten leiten nicht nur ein neues Kapitel in der europäischen Erforschung der Erde ein, sondern zugleich auch ... die endgültige Trennung der Religion von Wissenschaften und Kosmographie. Er führte die bekannten und unbekannten Teile der Welt zusammen ...

Sein Name steht immer noch für ... Werte, die wir verehren: Risikobereitschaft, Unternehmergeist, Ausdauer ...

Sein Vermächtnis ist zumindest umstritten, denn seine Erfolge hatten ihren Preis. Infolge der Entdeckung der neuen Welt durch die Europäer wurden in Amerika ganze Völker dezimiert, als unbekannte Krankheiten das Zusammenprallen der Kulturen und reine Habgier ihren Tribut forderten. Andere wurden unterjocht und versklavt. Für sie war Kolumbus' Tat keine Entdeckung, sondern eine Invasion. Für sie ist er der Urtyp eines Eroberers und eines Tyrannen ...

... Auch Afrika wurde gegen seinen Willen in eine weltweite Völkerverschiebung hineingezogen, als Millionen von Afrikanern in die entdeckten Länder als Sklaven verschleppt wurden. ...

**Christoph Kolumbus**

Im Band vier der Encyklopädia Britannica heißt es 1982 zu Kolumbus:

**M** ... Der Entdecker der Neuen Welt, Christoph Kolumbus, war einer der größten Seefahrer aller Zeiten, aber seine tyrannische und unberechenbare Verwaltung der Westindischen Inseln, die er für Spanien beherrschte, führte ... zu seiner Absetzung. Die Verbindung eines hervorragenden und sehr phantasiereichen Geistes mit einem unumschränkten Temperament führten dazu, daß seine Gedanken, Schriften und Handlungen ... ihm Ehren und Reichtümer einbrachten, jedoch im Laufe seines Lebens führten sie zu einer tragischen Umkehr seines Glückes. Von seiner vorletzten Rei-se in die Neue Welt kehrte der Admiral und der Vizekönig der Indischen Inseln in Ketten zurück.

**Christoph Kolumbus.** Gemälde von Leonardo Lasansky, The Minneapolis Institute of Arts, 1984.

Nachdem er die ihm noch verbleibenden sechs Jahre seines Lebens in mühsamen Versuchen, seinen Ruhm und die großen Besitztümer zurückzugewinnen, zubrachte, starb er in Vergessenheit. ...

**1** *Prüft:*
*– Welche Charakterzüge des Kolumbus werden in den verschiedenen Texten herausgehoben?*
*– Welche Leistungen des Kolumbus werden betont?*
*– Welche Folgen seiner Taten werden benannt, und wie werden sie in den Texten beurteilt?*

**2** *Versucht, ein eigenes Urteil über Kolumbus aufzuschreiben. Zieht dazu außer den drei Texten auf dieser Doppelseite auch die Auszüge aus dem Bordbuch des Kolumbus heran, die von Las Casas zitiert worden sind (vgl. S. 47/48).*

Von Kolumbus gibt es viele Bilder, aber keines ist zu seinen Lebzeiten gemalt worden. So hat jeder Maler ihn so gemalt, wie er ihn sich vorgestellt hat.

**3** *Überlegt, was die Maler mit ihren Bildern ausdrücken wollten.*

Schriftliche Materialien wie Texte aus Fachbüchern, Jugendbüchern oder Zeitschriften müssen gründlich untersucht werden, sie dürfen nicht einfach für bare Münze genommen werden. Die folgenden Fragen können Hilfen für die Untersuchung sein.

---

Frage 1: Welche Wörter, Namen oder Begriffe sind unbekannt?
Wo kann ich nachschlagen?

Frage 2: Wann ist der Text erschienen?

Frage 3: Wer ist der Autor oder die Autorin?
Wann und wo hat sie oder er gelebt?
Kannte er oder sie das, worüber er oder sie geschrieben hat, aus eigener Anschauung?

Frage 4: An wen ist das Schreiben gerichtet?

Frage 5: Wovon handelt der Text?
Was wird ausgesagt?
Wie ist er gegliedert?

Frage 6: Wie schreibt der Autor oder die Autorin?
Hat er oder sie einen besonderen Stil?

Frage 7: Verfolgt der Autor oder die Autorin eine Absicht?
Welche Wertungen sind zu erkennen?

Frage 8: Über welche wichtigen Fragen erfahren wir nichts?

---

Wir stellen einige dieser Fragen an den folgenden Text von M2 auf S. 50:
Der Historiker Zvi Dor-Ner lebt in Boston/USA. Auf Nachbauten der alten Karavellen hat er die große Reise des Kolumbus persönlich nachvollzogen. Unter der Überschrift „Ein Mann mit vielen Gesichtern" schrieb er 1991 in der Einleitung des Buches „Kolumbus und das Zeitalter der Entdeckungen":

**M** Ein Mann mit vielen Gesichtern

Christoph Kolumbus veränderte die Welt. Er wies seiner Welt – der des späteren Mittelalters – den Weg, sich in jene Welt zu verwandeln, die wir heute bewohnen. Aber obwohl er bei seinen Aktionen zielbewußt und überlegt vorging, hat er die sich daraus ergebenden Folgen nicht gewollt. Er starb ohne zu wissen, daß er einen riesigen Kontinent entdeckt hatte...

Vor Kolumbus blieben die großen Völkerstämme der Welt und die von ihnen hervorgebrachten Kulturen weithin auf die angestammten ... Grenzen beschränkt, nach Kolumbus begann eine ungeheure Völkerwanderung über den Ozean, sowie ein Kulturaustausch, der bis heute andauert.

Kolumbus' Entdeckungsfahrten leiten nicht nur ein neues Kapitel in der europäischen Erforschung der Erde ein, sondern zugleich auch ... die endgültige Trennung der Religion von Wissenschaft und Kosmographie. Er führte die bekannten und unbekannten Teile der Welt zusammen...

...Sein Name steht immer noch für ... Werte, die wir verehren: Risikobereitschaft, Unternehmergeist, Ausdauer ...

Sein Vermächtnis ist zumindest umstritten, denn seine Erfolge hatten ihren Preis. Infolge der Entdeckung der Neuen Welt durch die Europäer wurden in Amerika ganze Völker dezimiert, als unbekannte Krankheiten das Zusammenprallen der Kulturen und reine Habgier ihren Tribut forderten. Andere wurden unterjocht und versklavt. Für sie war Kolumbus' Tat keine Entdeckung, sondern eine Invasion. Für sie ist er der Urtyp eines Eroberers und eines Tyrannen ...

**Zu Frage 1:** Die unbekannten Wörter und Begriffe könnt ihr in allen gängigen Lexika nachschlagen.
**Zu Frage 2:** Der Text ist von 1991.
**Zu Frage 3:** Die Antwort geht aus der vorangestellten Einleitung hervor. Der Historiker Zvi Dor-Ner kennt die Reisen des Kolumbus zwar nicht aus eigener Anschauung, er hat sie aber selbst nachvollzogen, um sie besser beurteilen zu können.
**Zu Frage 6:** Der nicht einfache Stil verlangt aufmerksame Leserinnen und Leser.
**Zu Frage 7:** Die Absicht des Autors in diesem Textausschnitt aus der Einleitung des Buches richtet sich darauf, die Leser anzuregen, die traditionellen Bewertungen Kolumbus' kritisch zu überdenken und auch die negativen Seiten zu beleuchten. Der Autor schreibt im letzten Absatz, das Vermächtnis des Kolumbus sei umstritten und seine Erfolge hätten ihren Preis gehabt. Dafür führt er anschließend Beispiele an.
**Zu Frage 8:** In diesem Ausschnitt aus der Einleitung des Buches wird nichts über die Pläne und Reisen des Kolumbus oder über die politischen, wirtschaftlichen und gesellschaftlichen Bedingungen seiner Zeit. berichtet. Der Autor will mit seiner Einleitung aber wahrscheinlich das Interesse der Leserinnen und Leser dafür wecken.

## Der Sohn des Columbus

Fernan Columbus, der Sohn des großen Entdeckers, bricht aus der Klosterschule aus. Zusammen mit dem Häuptlingssohn Tahaka begleitet er den Vater bei dem letzten und gefährlichsten Vorstoß in die neuentdeckte Welt, bei dem Columbus mit allen Schiffen scheitert.

Am nächsten Tag ließ Columbus sich bei Hofe melden. Die Majestäten waren zugegen. Der Empfang des Vizekönigs dauerte nicht lange. Aber Columbus kam gelassen zurück. Seit eineinhalb Jahren hatte ihn Mendez nicht mehr so gesehen. Beide Majestäten hatten dem Plan einer vierten Fahrt zugestimmt. Für den folgenden Tag war Fonseca, der Kolonialminister, zum Vortrag befohlen.

Fernan und Tahaka hatten Dienst im Vorzimmer, als Fonseca erwartet wurde. Fernan erzählte Tahaka, daß die vierte Fahrt beschlossen und die Ausrüstung einer kleinen Flotte bewilligt sei. Fernan ging von einem Fenster zum andern. Wie hatte das geschehen können: Er war erschöpft gewesen, als er beim Vater angekommen war; aber er hatte dem Vater den Mut gegeben, den Roten Hügel zu ersteigen – nicht als ein Bittender, nicht als ein maßlos Fordernder, sondern als einer, der die vierte Fahrt will. So hatte er es erreicht.

Fernan blieb vor der großen Standarte Spaniens stehen, die vor einer Wand aufgespannt war. Darauf gab es viel zu sehen. Acht Burgen, von der linken Ecke oben zur Ecke unten rechts. Zwei große Löwen, acht mittlere und zwei kleine, die sich mit einem Adler in ein Wappen teilen mußten. Zwei große Felder mit Linien. Einige längs- und schräggestreifte Felder. Am oberen Rand eine dünne Krone über die ganze Breite.

Von der Standarte hingen entblößt die Schwerter der Majestäten in goldenen Bügeln. Die beiden Schwerter hatten wenig Ähnlichkeit miteinander. Das Schwert Isabellas war eher ein Degen mit reichverziertem Griff, die Waffe Ferdinands ein Dolch, der aus dem flachen Bügel zu weit vorgesprungen ist.

Durch das Schwert der Königin wurde Fernan an eine schöne, arglose Schlange erinnert, die sich zu ihrer ganzen Länge ausgestreckt hat, schlank und schimmernd. Die Klinge des Königs war beißend nackt, wie eine Natter hingezückt.

Fonseca kam. Er wurde gleich vorgelassen. Fonseca war Minister und Erzbischof und hatte die Stimme eines Predigers, der an große Kirchen gewöhnt ist. Wenn er auf der Kanzel in Eifer geriet, klirrten die Kirchenfenster mit. Die Absicht der Majestäten, Columbus für eine vierte Fahrt auszurüsten, ließ den Minister in Eifer geraten. Im Vorzimmer war jedes Wort zu hören.

„Seine Kolonien sind in üblem Zustand. Wäre er drüben, wäre es noch schlimmer. Ich gebe zu, seine Nachfolger sind keine Unschuldslämmer. Auch sie verfahren mit den neuen Untertanen Eurer Majestäten wie mit Vieh. Aber Columbus hat es als erster getan. Er hat schrecklich bestraft bei kleinen Vergehen. Er hat Kaziken hinrichten lassen, weil sie sich ihr Land nicht wegnehmen lassen wollten und sich gegen Ausbeutung, Betrug und Gewalttat zur Wehr setzten. Ich leugne nicht – dieser Mann hat einen Willen wie wenige. Aber er will alles für sich. Er hat sich zum Abgesandten Gottes erklärt. Nächstens macht er sich zu einem Erzengel."

Der König schwieg.

Die Königin sagte: „Wir sind nicht in der Kirche, Fonseca, wir wollten über Schiffe reden, weniger fromm."

Fonseca: „Gut. Also weniger fromm. Columbus mag ein großer Entdecker sein. Sicher ist, daß er alles von ihm Entdeckte zugrunde richtet, wenn man ihn nicht daran hindert. Ich habe Beweise."

Fernan stand zwischen den beiden Schwertern. Tahaka war aufgestanden. Er blickte Fernan an. Sein Blick sagte: So ist es.

Fonseca sprach weiter: „Laßt ihm das Entdeckte nicht einen Tag; er füllt die Schiffe mit Menschen, die er verkauft – für Gold. Dieser Mann hat mir erklärt, es gebe irgendwo drüben Menschen aus purem Gold: El dorado – den Goldenen. Den will er finden"

Fernan wollte aufschreien: Das ist nicht wahr!

Der Blick Tahakas hielt ihn zurück: Das ist wahr.

Fernan stand zwischen den Schwertern.

Der König sagte nichts. Er hatte während der ganzen Unterredung kein Wort gesagt. Fernan spürte Ferdinands Schwert in seinem Rücken: starr, bereit zum Zustoßen. Aber er spürte auch das Schwert Isabellas. Fernan hörte nicht, was Isabella noch sagte. Sie sprach mit halber Stimme.

Hans Baumann, Der Sohn des Columbus, dtv, München 1991, S. 73f.

**Ausfahrt des Christoph Columbus zu seiner zweiten Reise.** Kupferstich des Venezianers Honorio Philopono von 1521. König Ferdinand und Königin Isabella von Spanien beobachten vom Land aus, wie Columbus aufbricht. Columbus steht auf dem Bug seines Schiffes mit der Flagge Kastiliens. Auf einem anderen Schiff ist ein Geistlicher mit der Flagge des Vatikans zu erkennen. Der venezianische Künstler hat die Schiffe wie venezianische Galeeren mit Rudern dargestellt, Columbus' Schiffe hatten jedoch nur Segel.

**Von der Entdeckung zur Unterwerfung**

Nach der Rückkehr berichtete Kolumbus 1493 in einem Brief Luis de Santangel, dem Schatzmeister und persönlichen Berater König Ferdinands, von seiner ersten Reise. Man kann mit Sicherheit annehmen, daß er zugleich zur Information des Königs gedacht war:

„... Schließlich ... können ihre Hoheiten sehen, daß ich Ihnen so viel Gold liefern werde, wie sie nur wünschen, wenn mir Ihre Hoheiten nur ein wenig Unterstützung gewähren wollen; dazu Gewürz und Baumwolle, so viel ihre Hoheiten befehlen; ... sowie Aloe, so viel Sie wollen und Sklaven, die alle Götzenanbeter sind ... Dies mag genügen ... Da nun unser Erlöser diesen Sieg in einer so großen Sache Unserem allererlauchtesten Königspaar geschenkt hat, soll sich die gesamte Christenheit freuen ... und ihren tief empfundenen Dank an die Heilige Dreifaltigkeit ... darbringen, wegen der großen Begeisterung, die alle über die Bekehrung so vieler Menschen zu unserem Heiligen Glauben empfinden sollen und auch für die irdischen Reichtümer..." (1)

Kolumbus' erste Reise wurde als Entdeckungsreise geplant und durchgeführt. Doch von dem Moment an, in dem er nach Spanien zurückgekehrt war, kam es nicht nur auf wissenschaftliche Erfolge an. Der Admiral und die Monarchen begannen, Pläne mit finanziellen Zielen zu schmieden. Schon auf der zweiten Reise, die Kolumbus mit 1500 Mann unternahm, wurden die neuen Ziele erkennbar: Ausbeutung, Unterdrückung der indianischen Bevölkerung, und Christianisierung.

Jahr für Jahr folgten nun spanische Schiffe der untergehenden Sonne und brachten Tausende von Menschen in die Neue Welt. Der Brief des Kolumbus von 1493 spiegelt bereits ihr Denken. Doch er enthält auch einen Widerspruch: Sollten die Bewohner der fremden Länder nun zum christlichen Glauben bekehrt oder als Götzendiener versklavt werden?

Auf den folgenden Seiten könnt ihr untersuchen,

- wie sich die Eroberung auf die Einwohner der entdeckten Gebiete auswirkte,
- welche Rolle die christliche Religion in den Kolonien spielte,
- wie die neue gesellschaftliche Gliederung in den Kolonien aussah,
- welche langdauernden Folgen die Kolonialherrschaft hatte,
- und wie die Indios beurteilt wurden und werden.

# Europäer errichten ihre Herrschaft in Übersee

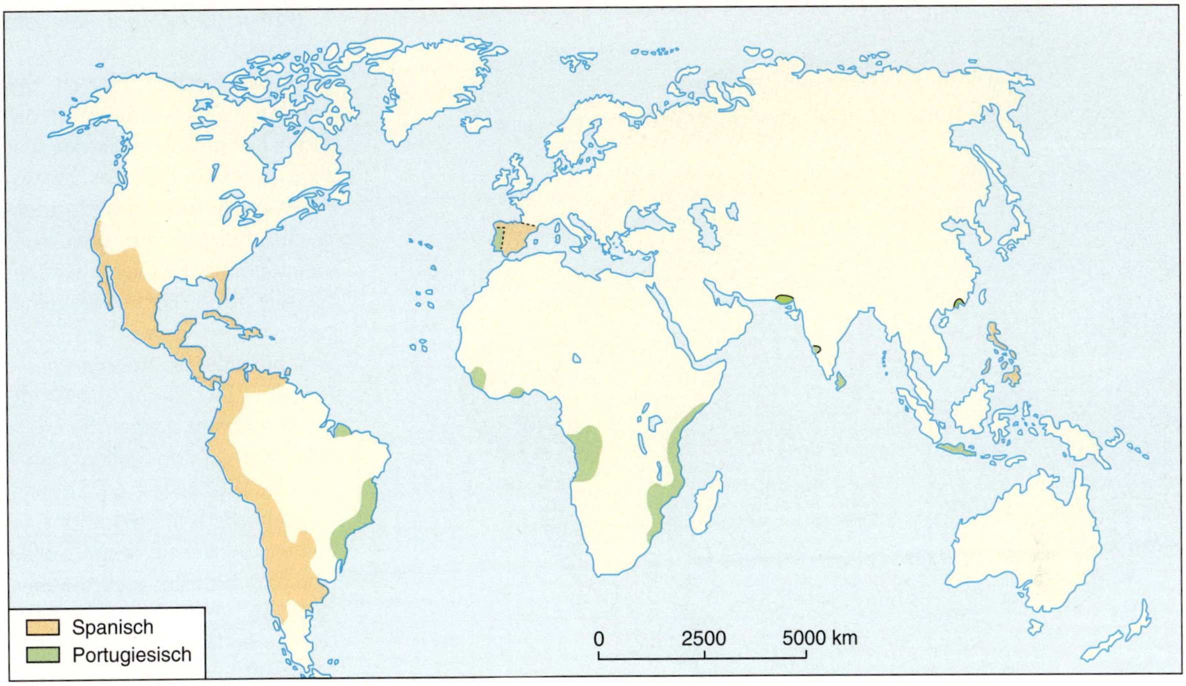


**1** **Spanische und portugiesische Kolonien um 1550.**

**1** *Vergleicht die beiden Weltkarten. Listet auf, in welchen Kontinenten die europäischen Nationen ihre Kolonien errichteten.*

**2** *Stellt Vermutungen an, welche Ursachen und Motive die Europäer zu ihren Entdeckungsreisen antrieben.*

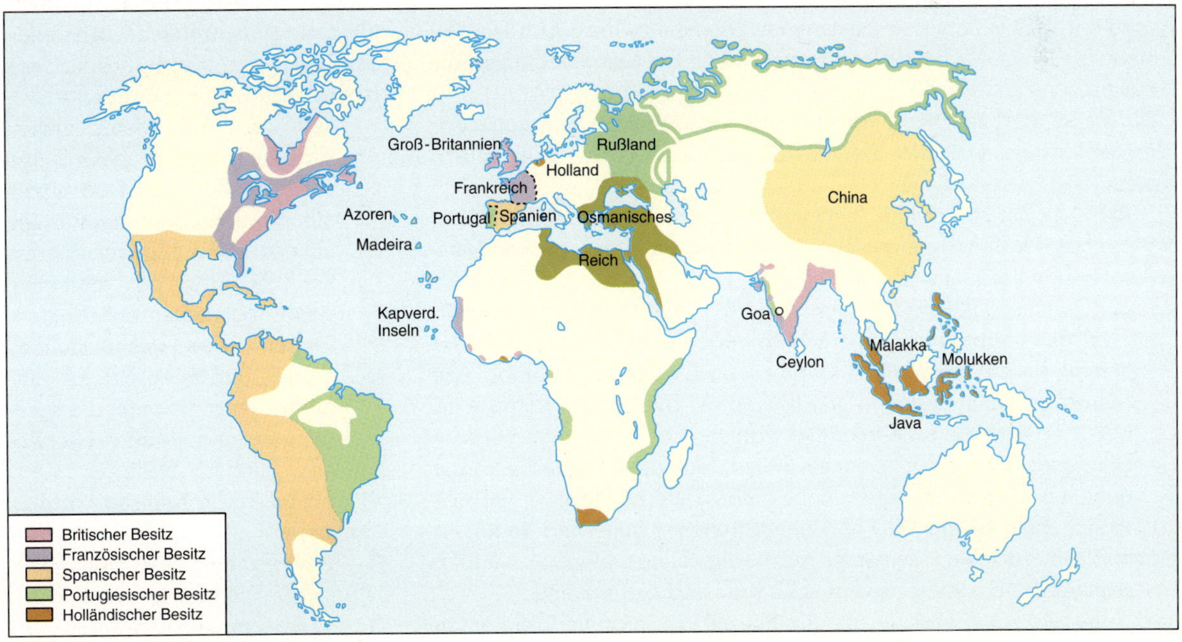


**2** **Europäische Kolonien um 1760.**

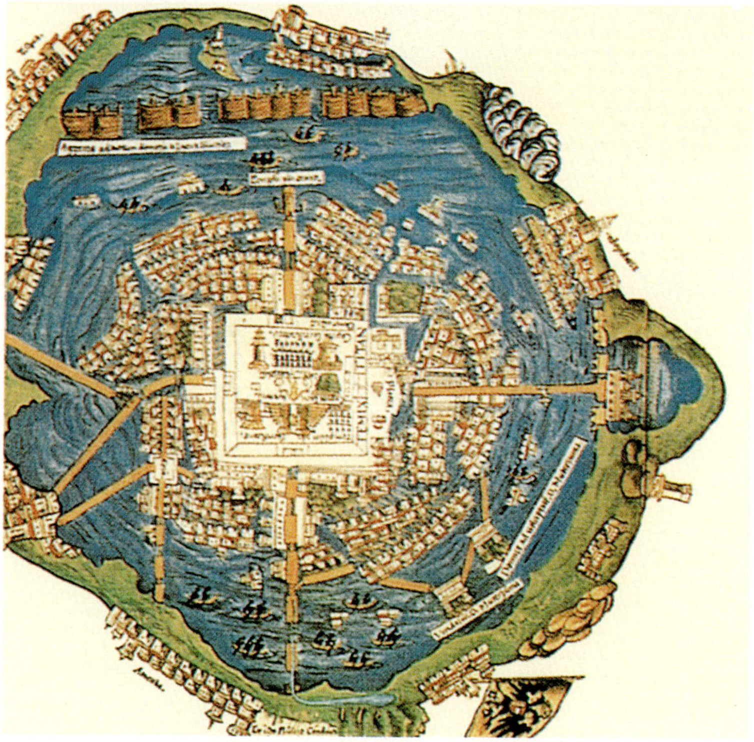

**Plan der Stadt Tenochtitlan zur Zeit der Entdeckung.** Holzschnitt von 1524.

**Die Hauptstadt der Azteken**

Es gab und gibt in Amerika sehr unterschiedliche Indianerkulturen. So lebten im Gebiet des heutigen Mexiko zur Zeit der Entdeckungen die Azteken.

Über sie schrieb am 30. Oktober 1520 der spanische Conquistador Hernan Cortez, der 1519 bis 1521 Tenochtitlan eroberte, in einem Brief:

**Q1** … Die Hauptstadt Tenochtitlan liegt in einem salzigen See. Sie hat vier Zugänge, alle über Steindämme führend, die von Menschenhand erbaut sind. Sie sind etwa zwei Lanzen breit. An einem der Dämme laufen zwei Röhren aus Mörtelwerk entlang, jede etwa zwei Schritte breit und eine Mannslänge hoch. Durch eine Röhre kommt ein Strom süßen Wassers bis in die Mitte der Stadt. Alle Menschen nehmen davon und trinken es. Die andere Röhre wird benutzt, wenn die erste gereinigt wird …

Die Stadt hat viele öffentliche Plätze, auf denen ständig Markt gehalten wird. Dann hat sie noch einen anderen Platz …, wo sich täglich mehr als 60 000 Einwohner treffen: Käufer und Verkäufer von Lebensmitteln, Kleinodien aus Gold, Silber, Blech, … Außerdem verkauft man Steine, Bauholz, Kalk und Ziegelsteine …

… Es gibt Apotheken …, es gibt Häuser, wo man für Geld essen und trinken kann. Es gibt Leute zum Lasttragen …

Es gibt in dieser Stadt viele sehr gute und sehr große Häuser, weil alle großen Herren des Landes … ihre Häuser in der Stadt haben, sie wohnen dort eine gewisse Zeit des Jahres. Aber auch sonst gibt es viele reiche Bürger, die gleichfalls sehr schöne Häuser besitzen. Sie alle haben außer sehr schönen, großen Gemächern auch sehr hübsche Blumengärten …

An allen Eingängen der Stadt, wo die Kähne ausgeladen werden, also an den Stellen, durch die der größte Teil der Lebensmittel in die Stadt gelangt, sind Hütten gebaut. In ihnen halten sich Wachtposten auf, die eine Abgabe von allem erheben, was in die Stadt gebracht wird. Ich weiß aber nicht, ob diese Beträge für den Herrscher oder für die Stadt erhoben werden …

Ein anderer Schreiber jener Zeit, Peter Martyr von Anghiera (1459–1526), ein Historiker, der als Mitglied des Indienrates alle offiziellen Schreiben der Entdecker kannte, berichtete 1523 über Tenochtitlan:

**Q2** … Auf dem weiten großen Platz … steht ein gewaltiges Rathaus. Dort sitzen ständig zehn oder zwölf angesehene ältere Männer, die als Rechtskundige alle auftretenden Streitigkeiten entscheiden. Neben ihnen stehen Polizeidiener, die deren Befehle ausführen. Auch Beamte, die Rechnungen und Maße überwachen, sind zur Stelle. …

**1** *Erläutert das Bild mit Hilfe des Textes.*

**2** *Überlegt euch, was nötig ist, eine solche Stadt zu versorgen.*

**3** *Vergleicht Tenochtitlan mit einer modernen Stadt.*

**1 Menschenopfer** (aus einer zeitgenössischen aztekischen Handschrift).

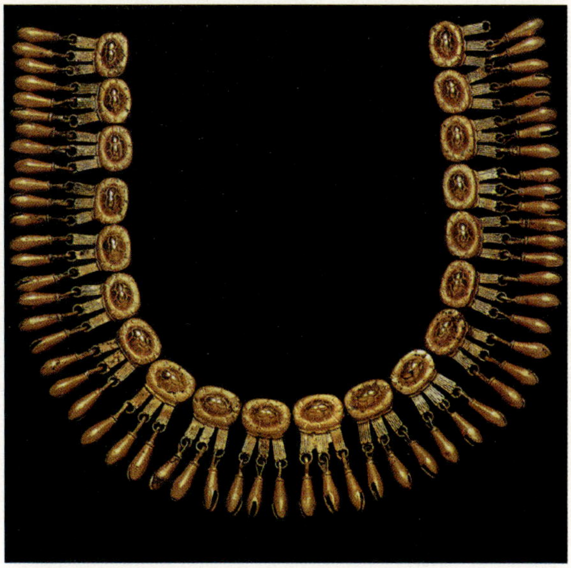

**2 Ein aztekisches Schmuckstück** um 1480.

**Vom Leben der Azteken**

Tenochtitlan war die Hauptstadt eines großen Staates. Mit Hilfe von Beamten und Priestern regierte der König Montezuma seit 1502 das Land der Azteken.

Die Religion spielte im Leben dieser Menschen eine sehr große Rolle. Die Azteken glaubten an viele Götter, von denen sie meinten, daß sie auf verschiedene Weise in das Leben der Menschen eingriffen. Besonders wichtig war der Sonnengott Huizilipochtli; denn die Sonne galt als Voraussetzung für alles Leben.

Dieser Sonnengott, so glaubten die Azteken, verbrauchte für seinen Tageslauf seine ganze Energie. Deshalb brauchte er, um jeden Tag wieder neu aufzustehen, Nahrung – Menschenblut. Menschenopfer waren das einzige Mittel, das Überleben der Menschheit zu sichern. Ohne immer neue Menschenopfer käme die Sonne zum Stillstand, und die Welt müßte sterben. Durch die geopferten Menschen könnten alle Menschen die Sonne weiter genießen, weiterleben. Deshalb wurden jährlich Tausende von Menschen geopfert.

Auch der Kalender wurde durch die Religion bestimmt. Das Jahr war in 18 Monate mit je 20 Tagen und fünf Schalttagen eingeteilt. Jeder Monat war einer Göttin oder einem Gott geweiht. Wie die Christen glaubten auch die Azteken an ein Leben nach dem Tode.

Wie im Europa des 16. Jahrhunderts lebten die meisten Menschen als Bauern und Bäuerinnen. Daneben gab es die Gruppen der Handwerker, Kaufleute, Krieger, Beamten und Priester.

Ähnlich wie in Europa spielten die Frauen im öffentlichen Leben eine untergeordnete Rolle. Ihre Haupttätigkeit war auf den häuslichen Rahmen eingeengt.

Bis zum 15. Lebensjahr war die Familie die Welt der Kinder. Die Mütter erzogen die Mädchen und die Väter die Jungen. Von klein auf nahmen die Kinder an den Arbeiten der Eltern teil. So lernten sie alle Tätigkeiten der Erwachsenen und wuchsen in ihre Berufe hinein. Die Jugendlichen konnten auch in öffentliche Schulen gehen, um sich weiterzubilden.

**1** *Beschreibt, warum die Azteken Menschen opferten.*

**2** *Überlegt zusammen, wie diese Handlungsweise beurteilt werden kann.*

**3** *Sucht aus Q1 und Q2 der Vorseite und aus dem Text dieser Seite heraus, was den Spaniern auffiel. Was mögen sie gut, was schlecht gefunden haben?*

**Begegnung zwischen dem Spanier Cortez und dem Azteken Montezuma in Tenochtitlan.** Hinter Cortez steht die indianische Dolmetscherin. Mexikanische Darstellung auf einem Teppich, 1590.

**Der Zug der Spanier nach Mexiko**

1519 landete der spanische Adlige Hernan Cortez mit 550 Männern, 16 Pferden und 11 Kanonen auf dem Festland Amerikas. Er wollte die sagenhaften Goldschätze, von denen er gehört hatte, erbeuten. Die Spanier zogen von der Küste aus in das Binnenland von Mexiko.

Dort herrschte seit 1503 Montezuma als König der Azteken. Die Azteken lebten in ständiger Furcht vor Göttern und Dämonen. In ihren Sagen hieß es, eines Tages würde der Gott Quetzalcoatl von Osten her ins Land kommen. Weiße Boten würden seine Ankunft melden. Das Eindringen der Spanier wurde Montezuma mit den Worten gemeldet: „Weiße Männer sind an der Küste gelandet.“ Montezuma erschrak. Waren das die Boten des Gottes?

Montezuma sandte den Fremden eine Gesandtschaft mit reichen Geschenken. Die Gesandten baten Cortez, nicht weiter ins Land einzudringen. Der aber ließ sich durch die Bitten und Geschenke nicht aufhalten. Er marschierte mit seinen Männern nach Tenochtitlan, der Hauptstadt des Aztekenreiches.

Montezuma hatte von seinen zurückgekehrten Gesandten gehört, daß die Spanier sich ganz in Eisen kleideten und von Hirschen auf dem Rücken getragen würden. Nur ihre Gesichter seien nicht bedeckt und die Haut weiß wie Kalk. Weiß wie das Gesicht Quetzalcoatls.

Montezuma begrüßte die Fremden. Die Begrüßungsrede hat Bernal Diaz del Castillo, ein spanischer Krieger, der dabei war, aufgeschrieben:

> **Q1** ... O, unser Herr, mit Mühsal hast du es erreicht, ... daß du in deiner Stadt angekommen bist, daß du auf deinem Stuhl Platz nehmen kannst, den ich für dich eine Weile gehütet habe. Das haben uns die Häuptlinge überliefert, daß du kommen wirst, deine Stadt aufzusuchen ... Und jetzt ist es wahr geworden. Du bist zurückgekehrt. Mit Ermüdung hast du es erreicht. Sei nun wohl angekommen! Ruhe dich aus. Besuche deinen Palast. ...

Montezuma führte die Spanier in einen Palast und ließ ihnen wieder reiche Geschenke übergeben. Sie aber ließen sich das königliche Schatzhaus zeigen.
In dem aztekischen Bericht heißt es dann:

> **Q2** ... Alles Gold rafften die Spanier zu einem Haufen. An die anderen Kostbarkeiten legten sie Feuer, und alles verbrannte. Das Gold schmolzen sie zu Barren, von den wertvollsten grünen Edelsteinen nahmen sie nur die besten ... Das ganze Schatzhaus durchwühlten die Spanier, die drängten und fragten und griffen nach allem, was ihnen gefiel. ...

**1** *Überlegt, was Montezuma meinte, wenn er sagte: „Du bist in deiner Stadt angekommen“.*

**2** *Benennt das Ziel der Spanier und beurteilt ihr Verhalten aus der Sicht der Azteken.*

### Der Aufstand der Azteken

Als dann noch der aztekische Tempeldienst durch die Spanier gestört wurde und als ihre Götterbilder aus den Tempeln geworfen wurden, erhoben sich die Azteken. Nach blutigen Kämpfen mußten die Spanier fliehen. Sie verloren fast die gesamte Beute. Bei den Kämpfen wurde Montezuma getötet.

**1** *Beschreibt die Spanier aus der Sicht der Azteken. Beschreibt die Azteken aus der Sicht der Spanier.*

**2** *Überlegt, wodurch sich die Stimmung der Azteken änderte.*

Cortez sammelte seine Leute nach der Flucht, zog Verstärkungen heran und bereitete einen neuen Angriff auf Tenochtitlan vor. Nachdem er sich mit anderen Indianerfürsten verbündet hatte, ließ er Tenochtitlan einschließen. Die Bewohner wurden ausgehungert. 93 Tage dauerte der Kampf. Die ehemals glänzende Stadt wurde völlig vernichtet. Man schätzt, daß 300 000 Azteken im Kampf starben. Über das Ende der Stadt berichtet eine aztekische Chronik:

**Q** ... Noch einmal fingen die Spanier an zu morden. Und viele Azteken starben. Die Flucht aus der Stadt begann ... Viele flohen über den See, andere auf den großen Dammstraßen. Auch da wurden viele getötet ... (Die Spanier) suchten einige Männer aus. Man trennte sie von den anderen. Das waren die stärksten und tapfersten Krieger, die männliche Herzen hatten. Aber auch jüngere, die ihnen als Diener nützlich waren, suchten sie aus. Die Spanier zeichneten sie sofort. Mit heißen Eisen drückten sie ihnen Brandmale auf die Wangen ...

**1 Aztekischer Angriff auf die in einem Palast eingeschlossenen Spanier.** (Oben links spricht Montezuma beruhigende Worte zu den Azteken.) Mexikanische Darstellung aus dem 16. Jahrhundert.

**2 Spanischer Überfall auf Indianer.** Kupferstich von Theodor de Bry, 1596.

**3** *Beurteilt die Handlungsweise der beiden Gruppen.*

**4** *Vergleicht die Bilder 1 und 2. Achtet besonders darauf, wie die Menschen dargestellt sind.*

**5** *Versucht herauszufinden, ob und wodurch die Bilder parteiisch sind.*

**Grausamkeit gegen die Indianer.** Kupferstich von Theodor de Bry, 1594.

**Verhalten der Spanier in den Kolonien**

In der Bildunterschrift des Kupferstichs von de Bry heißt es:

**Q1** … Petrus de Calyce, der Oberst der Kriegsleute … hat vier Tausend gefangene leibeigene Indianer mit sich gebracht, wo nicht ihrer zu viel durch Müdigkeit, Mangel an Nahrung und Bekümmernis großen Herzeleids auf dem Wege verschmachtet und gestorben, zum Teil von den Spaniern erstochen und umgebracht wären, als sie dem Haufen … nicht geschwind nachfolgen konnten …

**1** *Stellt nach der Abbildung und dem Text an Einzelheiten die Absicht de Brys dar.*

**Religion und Kolonialherrschaft**

Die Eroberung Mexikos ist nur ein Beispiel aus der langen Reihe der Eroberungen. Meist spielten List, Grausamkeit und Habgier eine Rolle. Die unterworfenen Gebiete wurden Kolonien genannt und unterstanden direkt dem König. Dessen Vorgänger hatten durch Jahrhunderte in Spanien Kriege geführt, um das ganze Land zu christianisieren. So nahm auch der spanische König Karl I. (1516-1555) den Missionsauftrag Christi ernst: „Gehet hin und lehret alle Völker und taufet sie …“ Matth. 28,19 und 20). Karl I. befahl daher seinen Conquistadores, alle neugewonnenen Untertanen zum christlichen Glauben zu bekehren. König Karl I. schrieb 1535 an den neuernannten Vizekönig von Neu-Spanien:

**Q2** … 1. Sofort nach Ankunft in jenem Land … sollt ihr Euch vor allem unterrichten darüber, welche Beiträge für die geistlichen und kirchlichen Angelegenheiten gezahlt wurden, besonders für die Errichtung der für den Gottesdienst notwendigen Kirchen und die Bekehrung und Unterweisung der indianischen Einwohner jenes Landes … Dann sollt ihr mir Bericht darüber erstatten. …
2. Ihr sollt allerschnellstens sowohl die Stadt Mexiko als auch alle anderen Städte, Dörfer … visitieren … Ihr … sollt Euch über die Bedeutung eines jeden … Dorfes unterrichten … und darüber, … was die Landesbewohner an uns entrichten … Ebenso sollt ihr Euch darüber unterrichten, wieviel Tribut jeder Ort umgerechnet auf Gold- und Silberwert zahlt. …
(Es folgen weitere Anweisungen u. a. über Steuereinziehung, Münzprägung, Einrichtung neuer Klöster)

**2** *Sucht die Stellen aus Q 2 heraus, an denen deutlich wird, daß dem König die Mission sehr viel bedeutet.*

**Zwei unterschiedliche Ziele**

Mit den spanischen Eroberern kamen auch Mönche und Priester. Sie führten in allen Gebieten den christlichen Glauben ein und bekämpften den Glauben der Indios als Götzendienst.

Der Mönch Peter von Gent schrieb 1529:

> **Q1** ... In dieser Provinz Mexiko haben ich und ein anderer Mitbruder ... mehr als zweihunderttausend Menschen getauft ... Jede Provinz, Ortschaft und Pfarrei hat ihre Kirche ... Meine Aufgabe und Beschäftigung ist es, ... zu predigen und zu lehren. Während des Tages lehre ich Schreiben, Lesen und Singen. ...

Die spanischen Beamten förderten auch die Missionierung. Sie verfolgten damit aber andere Ziele. Durch den christlichen Glauben sollten die „wilden Indios" an spanische Lebensweise gewöhnt und zu gehorsamen Untertanen erzogen werden.

**1** *Beurteilt die unterschiedlichen Missionsziele aus der Sicht der Indios und der Spanier.*

Der spätere Bischof in Mexiko, Bartolomé de las Casas, erlebte, wie die Indianer wirklich behandelt wurden. Er schrieb Berichte nach Spanien, fuhr auch selbst hin, um dem König zu berichten und Abhilfe zu schaffen. In einem seiner Schreiben heißt es:

> **Q2** ... (Der) Erziehung, Belehrung und Bekehrung der Indianer (wurde) nicht mehr Aufmerksamkeit ... zugewendet ..., als wenn die Indianer ... Katzen oder Hunde gewesen wären. Der Gouverneur übergab jedem Spanier, der den Wunsch dazu äußerte, ... dem einen 50, dem anderen 100 Indianer, ... darunter Kinder und Greise, schwangere Frauen und Wöchnerinnen. ...
>
> Er ließ es geschehen, obwohl zu Unrecht, daß die Spanier die verheirateten Männer 10, 20, 30, 40 oder 80 Leguas (1 Legua = ca. 6 km) zum Goldgraben fortschleppten ... und daß die Männer und Frauen kaum mehr zusammenkamen und die Geburten fast aufhörten. Weil die Mütter, vor Anstrengung und Hunger erschöpft, keine Nahrung für die Säuglinge hatten, starben z. B. auf der Insel Kuba, als ich dort war, 7000 Kinder im Lauf von drei Monaten. ...
>
> So starben die Männer in den Goldminen, die Frauen auf den Farmen vor Erschöpfung und die neuen Kinder, weil sie keine Muttermilch bekamen ...

**2** *Beschreibt und besprecht anhand des Berichtes das Verhalten der Spanier gegenüber den Indios.*

**3** *Schreibt ein Streitgespräch zwischen spanischen Kolonisten und einem Verteidiger der Indios.*

**Indianerschutzgesetze**

Die Bemühungen des Bartholomé de las Casas und anderer hatten den Erfolg, daß neue Gesetze in Spanien erlassen wurden. Sie sollten die Indios schützen.

Aus den „Neuen Gesetzen" von 1542:

> **Q3** ... Wir ordnen an und befehlen, daß künftig aus keinem Grunde irgendein Indianer zum Sklaven gemacht werde. Wir wollen, daß sie als unsere Untertanen behandelt werden. Wir ordnen an, daß die, die als Sklaven gehalten werden, in Freiheit zu setzen sind. Wer dem zuwiderhandelt, soll scharf und ohne Ansehen der Person bestraft werden. ...

Aber die „Neuen Gesetze" konnten sich in den Kolonien nicht durchsetzen. Die spanischen Siedler in Mexiko und Peru lehnten sich gegen die Gesetze auf. Es kam zu einem regelrechten Aufstand. Die Siedler wollten die eroberte Macht über die Indios nicht verlieren. Dagegen wollte der König seine indianischen Untertanen schützen. Aber die königliche Verwaltung dachte nicht daran, auf die Edelmetalllieferungen zu verzichten. In diesem Streit zwischen Las Casas und dem König einerseits und spanischen Siedlern und der Verwaltung andererseits siegten die letzteren.

Die „Neuen Gesetze" scheiterten. Als Bartholomé de las Casas einsehen mußte, daß auf diesem Wege den Indios nicht zu helfen war, machte er den Vorschlag, schwarze Sklaven aus Afrika zu holen. Das sollte das Los der Indios erleichtern. Dieser Vorschlag führte aber nur zu neuem unermeßlichen Elend.

**4** *Gebt die Anordnung des Gesetzes mit eigenen Worten wieder.*

**5** *Überlegt, aus welchen Gründen die „Neuen Gesetze" erlassen wurden.*

**6** *Listet spanische und indianische Interessen auf, die im Widerspruch zueinander standen.*

**7** *Sprecht über den Vorschlag des Bartolomé de las Casas.*

**Zuckerrohrernte in der Karibik.** Anonyme Lithographie um 1830.

**Die gesellschaftlichen Gruppen**
In den spanischen Kolonien hatte sich bald nach der Eroberung schon im 16. Jahrhundert eine gesellschaftliche Rollenverteilung eingespielt, die bis heute fast unverändert in Geltung geblieben ist. Auf den folgenden Seiten könnt ihr untersuchen:
- welche gesellschaftliche Schichten sich gebildet hatten;
- wie die Rollenverteilung in den Schichten und bei Männern und Frauen aussah,
- wie die Rollenverteilung in den Kolonien zur Forderung nach Gleichberechtigung paßt.

**Spanierinnen und Spanier**

**1** *Beschreibt die vier Bilder der Seiten 62 bis 65 und achtet dabei auf den Ausdruck, die Kleidung und den Hintergrund.*

**2** *Erläutert zu jedem Bild den Eindruck, den es auf euch macht.*

**3** *Stellt die Fragen zusammen, die sich euch aus den Bildern ergeben.*

Seit der zweiten Reise des Kolumbus, als mehr als 1500 Spanier in die neu entdeckten Gebiete reisten, betraten Jahr für Jahr Hunderte von Spaniern die Kolonien. Sie eroberten einen Landstrich nach dem anderen und verteilten das Land untereinander. Aber sie bearbeiteten die Böden nicht, das ließen sie von den Indios machen. Zur gleichen Zeit gründeten sie Städte und führten eine Verwaltung wie in Spanien ein. Alle Verwaltungsstellen besetzten die Spanier. Schon um 1540 waren alle führenden Positionen in der Verwaltung, im Militär, bei den Gerichten und in der Kirche in ihrer Hand. Selbst praktisch als Bauer oder Handwerker zu arbeiten, hielten sie für unter ihrer Würde.

Zwischen 1500 und 1600 gab es eine langsam steigende Zahl von Spanierinnen, die in die neuen Gebiete kamen. Einige der Eroberer ließen ihre Ehefrauen nachkommen. So schrieb Jaime Eyzaguirre, ein chilenischer Historiker, 1957:

**M** … Valdivia, Aguirre und Alderete ließen aus der Heimat ihre Frauen kommen, die in Begleitung eines großen Gefolges von Verwandten und Dienstmädchen übersiedelten. Hierdurch … erleichterten sie spanischen jungen Frauen die Überreise. … (Die Verwandten und Dienstmädchen) heirateten oft schon nach kurzer Zeit. …

Im Jahre 1536 schrieb eine Spanierin, die mit dem Eroberer von Buenos Aires gefahren war, an den König von Spanien:

**Q** … Mit dem ersten Gouverneur, Don Pedro de Mendoza, sind einige Frauen in diese Provinz am Rio de la Plata gekommen, und das Schicksal wollte es, daß ich eine von ihnen war. Als die Flotte mit 1500 Mann in den Hafen von Buenos Aires gelangte, mangelte es an Lebensmitteln. Und der Hunger war so groß, daß nach drei Monaten schon 1000 gestorben waren … und die Männer waren so schwach, daß wir armen Frauen die ganze Arbeit übernahmen. Wir wuschen ihnen die Wäsche, pflegten sie gesund, bereiteten ihnen von dem wenigen, was wir hatten, die Mahlzeit, machten sauber, standen Wache, bewachten das Feuer, luden die Arkebusen, wenn die Indianer angriffen, und legten sogar das Feuer an die Geschütze und alarmierten die Soldaten, die (eigentlich) dafür da waren, exerzierten und organisierten die Truppen. Denn da wir Frauen mit weniger Nahrung auskommen, waren wir nicht so schwach geworden wie die Männer. Glauben sie mir Majestät, die Not war so groß, daß ohne die Frauen alle umgekommen wären. Und wenn nicht die Ehre der Männer im Spiel wäre, schriebe ich noch viel mehr wahres und führte sie als Zeugen an …

**Don Hurtado de Mendoza, Conquistador.** Kupferstich von José Moreno, um 1700.

**Die Lebensweise der Spanierinnen**

Das Leben der Spanierinnen änderte sich, als die Eroberungen abgeschlossen und die spanische Herrschaft gesichert war. Die Spanierinnen lebten in den Guts- und Stadthäusern ihrer Männer. Da sie im wirtschaftlichen Bereich in der Öffentlichkeit nicht zugelassen wurden, waren sie ganz auf den Haushalt beschränkt. Es wird von Festen berichtet, auf denen sie durch ihre kostbare Kleidung aus Samt und Seide glänzten. Beim Kirchgang trugen sie Kleider nach neuester spanischer Mode. Gold und Edelsteine zeigten den Reichtum und die Bedeutung ihrer Männer.

Für die nicht verheirateten weißen Frauen gab es verschiedene Möglichkeiten. Vor allem in der Frühzeit der Kolonien wurden viele Nonnenklöster gegründet. Um 1600 gab es allein in Mexiko 57 Nonnenklöster. Sie nahmen vor allem Töchter aus reichen Familien auf. Da die neu eintretenden Frauen meistens ihre Mitgift ins Kloster einbrachten, wuchs der Reichtum der Klöster. Sie besaßen bald große Ländereien, Häuser, Bergwerke und vermittelten Kredite und Hypotheken. Die Nonnen führten ein komfortables Leben mit Bediensteten und großen Wohnungen. Die Klöster waren die einzigen Orte, wo die Frauen einen gewissen geistigen Freiraum finden konnten. Alleinstehende Spanierinnen und Witwen besaßen die Verfügungsgewalt über ihren Besitz. Sie konnten Verträge abschließen. Schwierig war es, wenn sie kein eigenes Vermögen besaßen. Dann mußten sie mit Heimarbeit wie Sticken und Nähen ihren Lebensunterhalt verdienen.

**1** *Faßt zusammen, was im Text über die Tätigkeiten der Spanierinnen und Spanier mitgeteilt wird und überlegt, welche Berufe ganz fehlen.*

**2** *Vergleicht das Leben der Frauen mit dem der Männer.*

**Eine Familie in Südamerika: Der Vater Europäer, die Mutter India, die Tochter Mestizin.** Gemälde von Miguel Cabrera, 1763.

## Die Mestizen

In der ersten Kolonialzeit waren nur wenige Spanierinnen nach Amerika gekommen. Deshalb lebten viele Kolonisten mit Indianierinnen zusammen. Kamen die Indias aus dem einheimischen Adel, so wurden sie geheiratetet. Aber das waren nur wenige. Die meisten Kolonisten lebten ohne Ehe mit indianischen Frauen zusammen. Ihre Kinder galten als Mestizen. Diese „Mischlinge" galten gesellschaftlich wenig. Dennoch übernahmen Mestizinnen in den Kolonien viele Tätigkeiten. Als Kindermädchen, Ammen, Bäckerinnen und Wäscherinnen oder auch als Marktfrauen fanden sie Überlebensmöglichkeiten.

Die spanischen Städte hatten bei der Lebensweise der Spanierinnen einen großen Bedarf an Mestizinnen als Hauspersonal. Für sie begann das Arbeitsleben im Alter von acht oder zehn Jahren. Sie paßten sich in den spanischen Haushalten der Lebensweise der Spanier an. Nach langer Dienstzeit bekamen sie oft eine Abfindung von der Familie, für die sie gearbeitet hatten. Damit konnten sie sich dann eine eigene Existenz aufbauen, sei es eine Wäscherei oder einen Marktstand. Viele aber mußten ihr Leben lang unter kümmerlichen Verhältnissen arbeiten.

Die männlichen Mestizen galten bei den Spaniern als stark, für grobe Arbeit und technische Tätigkeiten geeignet. Aber ihre angebliche Verschlagenheit erzeugte bei den Spaniern Mißtrauen ihnen gegenüber. Dieses vermehrte sich noch durch die Tatsache, daß nicht wenige Mestizen zu den aufständischen Indios in Peru und Chile übergingen und ihnen beim Kampf gegen die Spanier halfen.

Aber die Mehrheit der Mestizen versuchte, in handwerklichen Bereichen ihren Lebensunterhalt zu verdienen. Vor allem im Baugewerbe, im Schiffsbau und in den Tischlereien waren sie als Arbeiter gesucht und mancher schaffte es bis zum Vorarbeiter. Doch die Löhne waren niedrig, und die Mestizen konnten nicht aufsteigen, weil die Handwerksinnungen ihnen verschlossen blieben. Sie standen nur spanischen Unternehmern offen.

Ein chilenischer Historiker schrieb über die Mestizen 1964:

> **M** … Wenn die Mestizen auch freie Arbeiter und ohne wirtschaftliche Abhängigkeit waren, galt ihre Tätigkeit im allgemeinen Interesse als eine untergeordnete …

Im Laufe des 17. Jahrhunderts stieg die Zahl der Mestizen in großem Maße an. Die meisten von ihnen arbeiteten als Landarbeiter auf den großen Landgütern, während die Gewandteren in den Städten als Fuhrleute, Boten, Lastträger und nichtselbständige Handwerker arbeiteten. Der Mestize auf dem Bild links verdient sein Brot als Zigarettendreher.

**1** *Erläutert, wie das Schicksal der Mestizen und Mestizinnen durch ihre Herkunft bestimmt war und warum es keinen Ausweg gab.*

## Die Indios

In den großen, von den Spaniern eroberten Gebieten auf dem amerikanischen Festland lebten die Indios auf dem Lande. Hier hatte sich anfangs für die Menschen wenig geändert. Traditionell waren Arbeit und Versorgung mit Lebensmitteln geregelt. Die Frauen führten den Haushalt, spannen und webten und halfen auf den Feldern mit. Die Männer leisteten die schwerere Feldarbeit, legten neue Felder an und wurden bei den für die Gemeinschaft notwendigen Arbeiten, wie Terrassen- und Wegebau eingesetzt. In den Gebieten, wo die Felder bewässert werden mußten, bauten sie gemeinsam die Kanäle.

Bei fast allen indianischen Völkern gab es für Männer und Frauen eigene Götter und Göttinnen, so daß

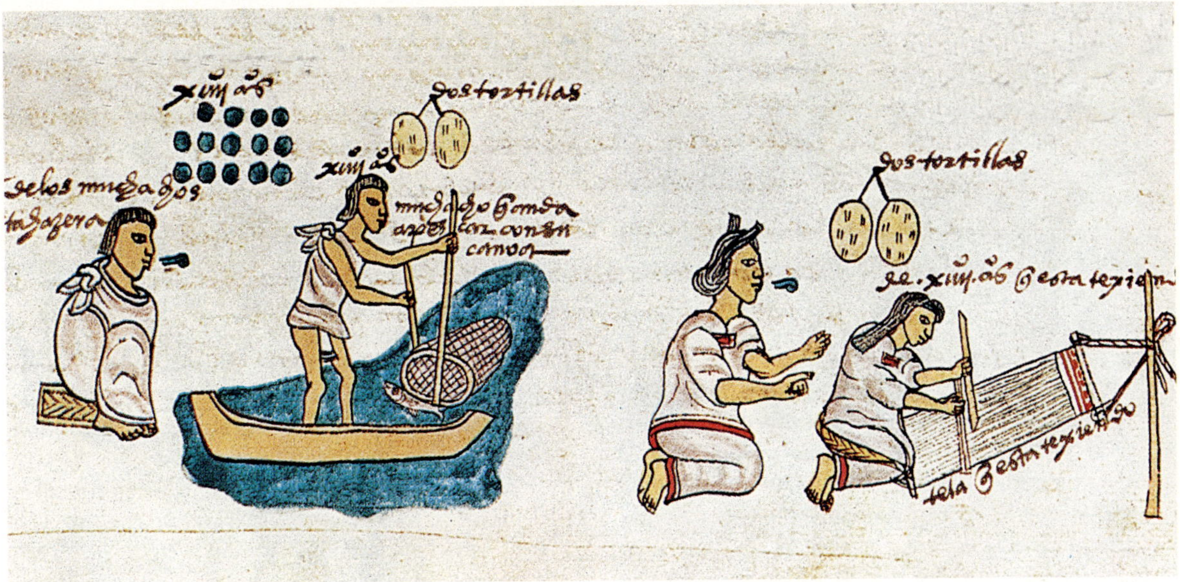


**Vom Alter von 14 Jahren an gehören Fischfang und Weben zu den Pflichten der Aztekenkinder.** Aus dem Codex Mendoza, einer aztekischen Handschrift, 1535.

beide Geschlechter in ihrem Leben auch religiös abgesichert waren.

Als allerdings die Spanier die Indios für ihre Ländereien, die Bergwerke und den Kirchenbau benötigten, schleppten sie die Männer aus den Dörfern fort (vgl. S. 60). Monatelang waren sie von den Familien getrennt.

Nun mußten die Frauen alle Arbeit leisten, auch die Feldarbeit. Sie hatten keine Zeit für das herkömmliche Spinnen und Weben. Ihre Kleidung verkam, und sie sahen oft sehr abgerissen aus. Auch für die Kinder hatten sie nicht mehr genügend Zeit. Die Indias waren, wie ihre Männer, nur noch Arbeitstiere für die Spanier .

Im Laufe der Kolonialzeit stellten sich aber Änderungen ein. In den Bergwerkszentren, den Gebieten der Großgrundbesitzer und den entstehenden Städten wurde ein großer Teil der Waren des täglichen Lebens von Indias geliefert. Sie schafften oft über weite Strecken landwirtschaftliche Produkte herbei, verkauften im Hause hergestellte Lebensmittel. Mit kleinen Kochständen auf den Märkten und in den Bergwerksstädten ergänzten sie die Versorgung. Die von der Arbeit für die Spanier zurückkehrenden Indios und immer mehr auf die Dörfer kommenden Mestizen übernahmen die Feldarbeit, während sich Frauen neben der traditionellen Tätigkeit auch neue Bereiche außerhalb des Hauses eröffneten. Eine neue Untersuchung über die Frauen der Unterschicht in Lateinamerika hat für den peruanischen Raum gezeigt, daß die Frauen aus dem indianischen Bereich heute aktiver, ökonomisch beweglicher und zielbewußter leben als ihre Männer.

**1** *Faßt die Veränderungen im Leben der Indios seit der Ankunft der Spanier zusammen.*

**2** *Versucht aus der Sicht einer India oder eines Indio die Veränderungen zu beurteilen.*

**3** *Erarbeitet ein Referat über die gesellschaftlichen Gruppen in den spanischen Kolonien.*

**4** *Stellt nach dem folgenden Muster eine Tabelle über die gesellschaftlichen Gruppen auf. Tragt ein, was ihr über Tätigkeiten und Beruf, Rolle in Familie und Gesellschaft, Selbst- und Fremdbestimmung wißt.*

Vorlage für eine Tabelle „Gesellschaftliche Gruppen in den spanischen Kolonien“

| | Männer | Frauen |
|---|---|---|
| Spanier | | |
| Mestizen | | |
| Indios | | |

**Urteile über die Indios**

Der spanische König forderte 1512 von Gregorio, 1463-1512, seinem Beichtvater, ein Gutachten über die Frage, ob die Indios als freie Menschen zu betrachten seien. Darin hieß es:

**Q1** Aristoteles (sagt), eine Tyrannenherrschaft sei dann gerechtfertigt, wenn sie sich auf solche erstreckt, die von Natur aus Sklaven oder Barbaren sind, das heißt, denen Urteil und Einsicht fehlen, wie es bei diesen Indianern der Fall ist, die nach allgemeiner Aussage sprechenden Tieren gleichen: Da die Indianer ... ein träges Volk ... ohne Veranlagung zum Guten (sind), kann man sie rechtmäßig in Dienstbarkeit versetzen ...
Man verfügt über die, weil die völlige Freiheit ihnen schadet, vor allem aber, weil das beste Mittel, wodurch sie den Glauben empfangen ... der Umgang und die Gemeinschaft mit Christen ist ...

Francisco de Vitoria, 1483–1546, Mönch, bedeutender Rechtsgelehrter und Professor, nahm zu vielen Problemen seiner Zeit Stellung. In der Nachschrift einer 1538 in Salamanca gehaltenen Vorlesung heißt es:

**Q2** Wenn die Eingeborenen also Sklaven waren, durften die Spanier auch die Herrschaft über sie beanspruchen. Dagegen wird nun aber geltend gemacht, daß sie doch (vorher) im ungestörten Besitz ihrer Güter waren ... Also muß man sie auch bis zum Beweis des Gegenteils als Eigentümer betrachten und darf sie nicht aus ihrem Besitz vertreiben ... Ich behaupte, daß nichts die Eingeborenen hindert, rechtmäßige Herren zu sein. Es steht nämlich fest, daß sie tatsächlich nicht der geistigen Fähigkeiten ermangeln, sondern in ihrer Weise vernünftig handeln ...
Aus dem Gesagten wird klar, daß die Spanier bei ihrer ersten Fahrt in die Länder der Eingeborenen keinerlei Rechte besaßen, deren Gebiet in Besitz zu nehmen.

Eduardo Galeano, geb. 1940, Journalist, hat zu den Problemen Lateinamerikas viele Bücher veröffentlicht. In dem Buch „Die offenen Adern Lateinamerikas" schrieb er 1980:

**M1** ... (1957) ließ der Oberste Gerichtshof von Paraguay ... allen Richtern des Landes ein Rundschreiben zugehen, in dem erklärt wurde, daß die Indianer genauso als menschliche Wesen zu betrachten seien wie alle anderen Einwohner dieses Landes. Und das Anthropologische Studienzentrum der katholischen Universität von Asunción ermittelte wenig später durch eine Umfrage ..., daß von zehn Paraguayanern acht glauben, daß „die Indios wie Tiere" seien. Im Caaguazú ... und im Chacogebiet werden die Indios tatsächlich wie Tiere gejagt, um später zu billigen Preisen verkauft und als Sklaven ausgebeutet zu werden.

Alvin M. Josephy, ein Historiker indianischer Herkunft, schrieb in einem Buch von 1992:

**M2** ... Zum Anlaß des fünfhundertsten Jahrestages der Reise des Kolumbus richtet sich die allgemeine Aufmerksamkeit plötzlich auf Fragen, die in der Vergangenheit höchst selten gestellt wurden. Wie sah das Leben in den beiden Amerikas im Jahre 1492 wirklich aus? In welcher Hinsicht ähnelten die (amerikanischen) Kulturen und Zivilisationen denen, die es im 15. Jahrhundert in ... Europa gab, und in welcher unterschieden sie sich? ...
In der ... modernen Zeit gewinnen die Informationen, die von Indianern und Nichtindianern gesammelt werden, einen neuen Wert. Es wäre denkbar, daß die Erkundung der beiden Amerikas des Jahres 1492 wichtige und wertvolle Informationen über so grundlegende Themen wie die Beziehung zu seinen Mitmenschen, zur Natur und zum Übernatürlichen an den Tag bringen wird. Es wäre denkbar, daß die Indianer, die vor 500 Jahren die beiden Kontinente bewohnten, ... der Menschheit von heute, die sich bemüht, eine Welt von morgen zu schaffen, viel zu geben haben ...

Diese vier grundsätzlich unterschiedlichen Aussagen über die Indios zeigen, wie verschieden die Menschen vor rund 500 Jahren gedacht haben und wie heute über sie geschrieben wird.

**1** *Listet die Grundaussagen den vier Texte mit euren Worten auf.*

**2** *Sucht Ähnlichkeiten und Unterschiede heraus.*

**3** *Beschreibt die Positionen der Autoren. Vertreten sie bestimmte Interessen?*

**4** *Versucht ein Urteil über die Indio-Politik der Spanier aus damaliger und aus heutiger Sicht. Begründet euer Urteil.*

**Wie man mit Quellen arbeitet**

Alles Wissen über die Vergangenheit ist an Zeugnisse aus früheren Zeiten gebunden. Diese Zeugnisse nennt man Quellen, weil aus ihnen die Kenntnis über frühere Ereignisse, über die Lebensweise, das Denken und Handeln der Menschen fließt. Aber die Quellen müssen gründlich untersucht werden, damit wir erkennen können, was sie aussagen. An jede müssen deshalb bestimmte Fragen gestellt werden. Die hier aufgeführten Fragen helfen zu einer ersten Bearbeitung. Je nach Interesse können noch viele andere Fragen gestellt werden.

---

**Frage 1:** Welche Wörter, Namen oder Begriffe sind unbekannt?
Wo kann ich nachschlagen?

**Frage 2:** Läßt sich die Art der Quelle beschreiben?
Ist es z. B. ein Bericht, ein Vertrag, eine Urkunde, ein Brief?

**Frage 3:** Wer ist die Autorin oder der Autor?
Wann hat er oder sie gelebt?
Konnte er oder sie das, worüber berichtet wird, aus eigener Anschauung kennen?

**Frage 4:** An wen ist das Schreiben gerichtet?

**Frage 5:** Wovon handelt die Quelle?
Was wird ausgesagt?
Wie läßt sie sich gliedern?

**Frage 6:** Wie schreibt die Autorin oder der Autor?
Hat er oder sie eine besondere Art zu schreiben?

**Frage 7:** Verfolgt die Autorin oder der Autor eine Absicht?
Welche Wertungen sind zu erkennen?
Ergreift der Autor oder die Autorin Partei?

**Frage 8:** Was schreibt die Autorin oder der Autor nicht?

---

Wir stellen einige dieser Fragen an Q2, S. 66:

**Zu Frage 1:** Unbekannte Wörter, Namen oder Begriffe könnt ihr in Lexika nachschlagen.

In einem großen Lexikon, der Encyclopädia Britannica, steht zu Francisco de Vitoria (1483–1546) unter anderem:

**M** ... Vitoria bezweifelte das Recht der Spanier zu Eroberungen in der Neuen Welt. Als Mönch lehnte er es ab, daß ein Krieg gegen Heiden geführt werde, nur weil sie die Bekehrung ablehnten, denn der Glaube wäre ein Akt des eigenen Willens und dürfe nicht erzwungen werden. ... Der Papst habe kein Recht, europäischen Herrschern die Gewalt über eingeborene Völker zu verleihen ... Die Indios hätten das Recht auf ihren eigenen Besiz und ihre eigene Regierung; sie handelten nicht unvernünftig. Man könne auch nicht von Besitzergreifung des Landes sprechen, als wenn es vorher unbewohnt gewesen wäre. ... Wenn ein christlicher König sich anmaßt, über eine Kolonie zu herrschen, sei es seine Pflicht, den (Menschen dort) gleiche Rechte zu geben, wie sie seinen Untertanen im Mutterland zustehen. ...

**Zu Frage 2:** Wie ihr aus der Einleitung ersehen könnt, ist die Quelle ein Ausschnitt aus der Nachschrift einer Vorlesung von 1538. Es ist also nicht sicher, daß sie jedes Wort genau wiedergibt. Der Sinn ist aber wahrscheinlich richtig erfaßt.

**Zu Frage 3:** Aus der Einleitung geht hervor, daß der Autor Mönch, Rechtsgelehrter und Professor war. Er lebte zwar zur Zeit der Ereignisse, mit denen er sich beschäftigt, hielt seine Vorlesung aber in Spanien, so daß er von den Ereignissen wahrscheinlich aus Berichten anderer erfahren hatte. Auf eigene Kenntnis beruft er sich jedenfalls nicht.

**Zu Frage 4:** Die Vorlesung richtete sich in erster Linie an die Studenten von 1538.

**Zu Frage 5:** Der Autor untersucht das Recht der Spanier auf Besitznahme und Herrschaft in den entdeckten Ländern. Er stellt fest, daß die Eingeborenen keine Sklaven waren, sondern rechtmäßige Besitzer von Grund und Boden. Außerdem handeln sie vernünftig und sind im Vollbesitz ihrer geistigen Kräfte. Der Autor folgert daraus, daß die Spanier bei der ersten Reise des Kolumbus kein Recht hatten, diese Gebiete in Besitz zu nehmen. Sie handelten nach seiner Meinung deshalb unrecht.

**Zu Frage 7:** Die Absicht des Autors ist eindeutig. Er wertet das Handeln der Spanier den Indios gegenüber als unrechtmäßig und ergreift Partei für die Indios. Er will die Argumente widerlegen, die zu dieser Zeit für eine Unterwerfung der Indios geltend gemacht wurden (vgl. z.B. Q1, S. 66)

**Zu Frage 8:** Aus dem Quellenabschnitt ist nicht zu ersehen, wie die darin enthaltene Anklage aufgenommen wurde.

**1** *Wendet das Schema der Fragen auf die Erarbeitung weiterer Quellen in diesem Buch an.*

**1 Landbesetzer in Chiapas,** Foto Juli 1994.

**2 Zapatista in San Christobal, Chiapas, am 1. Januar 1994.** Foto.

### Spätfolgen der Kolonialzeit

**1** *Beschreibt und vergleicht die Bilder.*

**2** *Stellt euch vor, ihr wohntet in einem der beiden Häuser. Wie würdet ihr euch fühlen.*

1810 begannen in Südamerika Befreiungskriege gegen Spanien. Aber nicht die Indianer oder Mestizen* waren die treibenden Kräfte, sondern die weißen Südamerikaner. Sie wollten die spanische Herrschaft abschütteln und selbst regieren. Bis 1825 dauerten die Kämpfe, dann hatten die Staaten Lateinamerikas die Unabhängigkeit errungen. Was änderte sich? Die Weißen blieben im Besitz von Grund und Boden. Sie behielten Handel und Industrie in ihrer Hand. Für ihre Kinder schufen sie Schulen und Universitäten. Ihre Söhne besetzten die führenden Stellen in der Verwaltung und beim Militär. Auch in der Kirche bestimmten sie. Für die Indianer und Mestizen änderte sich bis heute fast nichts.

### Kampf gegen Hunger und Ungerechtigkeit

Im mexikanischen Bundesstaat Chiapas besteht die Bevölkerung zu 90 Prozent aus Indios und Mestizen. Die Mehrheit der Bevölkerung hat ein Einkommen, das unter dem Existenzminimum liegt. 74 Prozent der Einwohner leben in ungesunden Wohnungen ohne elektrischen Strom. Ein Drittel von ihnen sind Analphabeten. Die Kindersterblichkeit liegt weit über dem mexikanischen Durchschnitt. Dagegen besitzt eine handvoll weißer Familien fast alle fruchtbaren Böden in großen Gütern und auch die ertragreichen Erdölfelder. Mitglieder dieser Familien bestimmen die Verwaltung.

Seit Jahrzehnten kämpften die Indios und Mestizen mit Demonstrationen und Bittschriften um die Anerkennung ihrer Bürgerrechte und um mehr Land, damit die Ernährung der Familien gesichert werden kann. Nichts änderte sich.

Am 1. Januar 1994 kam es zu einem Aufstand der Indios und Mestizen. Sie besetzten sechs Städte. Auf dem Land schlossen sich viele Dörfer ihrem Aufstand an. Nach zehn Tagen zogen sich die Aufständischen jedoch wieder zurück. Sie wollten keinen Bürgerkrieg, sondern nur ein Signal zur Verbesserung ihrer Zustände geben. Doch nun rückte das mexikanische Militär vor.

Trotz rücksichtlosen Vorgehens konnte es den Aufstand nicht niederschlagen und mußte zunächst einen Waffenstillstand abschließen. Seitdem verhandelt ein Vertreter des mexikanischen Präsidenten mit den Aufständischen. Zehn Monate nach dem Aufstand war immer noch keine Einigung erreicht.

**3** *Überlegt, inwiefern die Not im heutigen Mexiko mit der Kolonialzeit zusammenhängt.*

**4** *Verfolgt in den Medien Berichte über aktuelle soziale Konflikte in Lateinamerika.*

**Eine neue Zeit**
Die Menschen im Europa der zweiten Hälfte des 15. Jahrhunderts erlebten ihre Zeit als eine Zeit des Umbruchs und der Veränderungen. Von den Gelehrten und Gebildeten Italiens ging ein neues Denken aus, das bald in ganz Europa übernommen wurde.
In Literatur, Kunst, Philosophie und Naturwissenschaften nahmen die Menschen die Ideen der griechischen und der römischen Antike auf. Neue Forschungszweige brachten Ergebnisse, die manchmal im Widerspruch zu den Lehren der Kirche standen. Dadurch entstanden Konflikte und Unsicherheiten.
Im praktischen Bereich erbrachten die Forschungen große Erfolge. Besonders bedeutsam war die Entwicklung des Buchdruckes mit beweglichen Lettern. Bücher konnten nun in großer Anzahl hergestellt werden. Neue Gedanken und Kenntnisse konnten schnell verbreitet werden. Was in Italien oder Spanien gedacht und gedruckt wurde, war bald in England oder Dänemark zu kaufen. Schiffsbautechnik, Geräte zur Messung der Sternenbewegung und des Sonnenstandes waren Erfindungen der Zeit, die zur Entwicklung der Hochseefahrt beitrugen.
Eine Ursache des Umbruchs ist in wirtschaftlichen Veränderungen zu finden. Bis ins 15. Jahrhundert war der größte Teil des Fernhandels mit Asien über den nahen Osten und Konstantinopel gelaufen. Nach der Eroberung dieser Stadt durch die Türken war der Landweg für den Handel versperrt. Aber auf die Gewürze, die Seide und die Edelsteine aus Asien wollten die Menschen in Europa nicht verzichten. So suchten sie nach neuen Wegen.

**Europäer erkunden die Welt**
Zu dieser Zeit hatten die Europäer noch kaum Kenntnisse von der Welt. Amerika, Australien und die Inseln im Pazifischen Ozean waren völlig unbekannt. Von Asien und Afrika wußte man manches, aber selten Genaues. Die europäische Entdeckung der Welt ging von den Portugiesen aus, die einen Weg nach Indien um Afrika herum suchten. Sie wollten einen Zugang zu den sagenhaften Schätzen des Ostens, Gewürze, Edelsteine, Gold und Seide finden. Vasco da Gama erreichte Indien 1498. Vorher schon hatte Christoph Kolumbus versucht, auf der Fahrt von Spanien aus nach Westen Indien zu erreichen. 1492 erreichte er die Karibischen Inseln, die er für Indien hielt.
Diesen Entdeckern folgten die Eroberer, wie beispielsweise Hernan Cortéz in Mexiko. Sie zerstörten die einheimischen Kulturen, versklavten die Indios und gründeten Kolonien.

**Europäer errichten ihre Herrschaft in den entdeckten Gebieten**
Der König von Spanien sah sich als Herr der eroberten Gebiete an. Er ließ die Kolonien nach spanischem Recht verwalten. Spanier waren die Richter und die Beamten. Spanier besaßen Grund und Boden.
Die Indios empfanden das Vorgehen der Spanier als unmenschlich. Sie fragten: Mit welchem Recht zerstört ihr unsere Tempel und tötet unsere Priester? Mit welchem Recht versklavt ihr uns und raubt uns unsere Länder?
Einige Spanier wie Bartolomé de las Casas versuchten, die Indios zu schützen. Sie erreichten, daß in Spanien Schutzgesetze für die Indios erlassen wurden. Aber die Spanier in den Kolonien verhinderten die Durchführung der Gesetze in Mexiko und den anderen Kolonien. Die Indios blieben rechtlos.
Der amerikanische Kontinent wurde nach und nach der europäischen Herrschaft unterworfen. Als die einheimische Bevölkerung durch übermäßigen Arbeitszwang, durch Zerstörung der Familien und eingeschleppte Krankheiten schon auf die Hälfte geschrumpft war, wurden Sklaven aus Schwarzafrika dorthin gebracht.
Nicht nur die Indios erlebten die Eroberung durch die Weißen. Die Holländer schufen sich ein Kolonialreich im Gebiet des heutigen Indonesien, die Franzosen in Nordamerika, die Portugiesen im heutigen Brasilien und an der afrikanischen und indischen Küste, die Engländer in Nordamerika, Indien und an der afrikanischen Küste. Überall setzten die Europäer ihre Vorstellungen, ihr Denken und das, was sie für Recht ansahen, durch. Die Welt wurde europäisiert.

**Von der Entdeckung bis zur Gegenwart**
Die Folgen der Europäisierung tragen die Völker Amerikas, Afrikas und Südostasiens noch heute. Im fünften Kapitel über den Imperialismus könnt ihr erarbeiten, aus welchen Gründen sich gegen Ende des vorigen Jahrhunderts die Abhängigkeit der Bewohner dieser Kontinente von Europa noch verstärkte. Die Probleme, mit denen die Länder der sogenannten Dritten Welt* zu kämpfen haben, gehen auf diese jahrhundertelange Geschichte zurück.

# 3. Auf dem Weg zur Demokratie

**Der lange Weg zur Demokratie**

Alle vier Jahre wird der Deutsche Bundestag neu gewählt. Die Gesetzgebung in Zusammenarbeit mit dem Bundesrat, die Wahl des Bundeskanzlers und die Kontrolle seiner Regierung sind seine wichtigsten Aufgaben. Die Bürgerinnen und Bürger entscheiden bei der Bundestagswahl nicht nur über die Zusammensetzung des Parlaments. Indirekt bestimmen sie auch, wer jeweils für vier Jahre regieren soll. Wenn auch die Form der Demokratie immer wieder kritisiert wird, steht sie doch heute kaum noch grundsätzlich in Frage. Im Gegenteil: Demokratie gilt als Zukunftsmodell für die ganze Welt.

**Deutschland – eine späte Demokratie**

Bei aller Selbstverständlichkeit, mit der wir heute Demokratie als bewahrens- oder erstrebenswert betrachten: Der Weg zu einer demokratischen Staatsform war in Deutschland lang und beschwerlich. Andere Länder – vor allem im Westen Europas und in Nordamerika – schritten auf diesem Weg früher voran und verwirklichten schon vor über zweihundert Jahren wichtige Grundsätze, die in Deutschland erst seit fünfzig Jahren unangefochten gelten: Verfassungsstaat, Gewaltenteilung, Parlamentarismus, Grundrechte des einzelnen. Auch in diesen Ländern mußte allerdings jeder Erfolg hart erkämpft werden.

**Frühe Vorbilder: Großbritannien, USA und Frankreich**

So gelang es in Großbritannien schon im Mittelalter, dem einzelnen gegenüber dem Staat unveräußerliche Rechte zu sichern. Dort verteidigten die Stände auch die Rechte des Parlaments gegen den König.
In den USA wurden die Grundgedanken der Demokratie seit 1776 auf einer ganz neuen Basis ausgestaltet. Die dort begründete Gesellschaft freier und gleicher Bürger mit garantierten Menschenrechten im Verfassungsstaat wurde zum demokratischen Modell, dessen Wirkung auf die ganze Welt ausstrahlt.
In Frankreich dagegen hatten die Könige ihre Herrschaft uneingeschränkt durchsetzen können. In der Französischen Revolution von 1789 erkämpfte sich das französische Bürgertum mit großer Schärfe Freiheit von dieser absoluten Herrschaft des Königs und von der gesellschaftlichen Vorrangstellung des Adels.

**Deutschland und die Französische Revolution**

Die Losungen der Revolution – Freiheit, Gleichheit, Brüderlichkeit – wurden durch ganz Europa getragen – auch nach Deutschland. Sie kamen jedoch nicht friedlich: Seit 1792 eroberten die französischen Revolutionsarmeen fast ganz Europa. Ab 1798 war der Rhein die französische Grenze; Städte wie Aachen, Bonn, Köln, und Krefeld gehörten für anderthalb Jahrzehnte zu Frankreich.
Die Losungen der Französischen Revolution weckten in Deutschland zunächst auch Hoffnungen. Der französische Machtanspruch wurde jedoch bald als Unterdrückung empfunden, und das Volk warf 1813-1815 gemeinsam mit den Fürsten die Fremdherrschaft nieder. Zurück blieben in Deutschland drei Dutzend Einzelstaaten – aber das Volk wollte die Fürstenherrschaft nun nicht mehr ohne weiteres hinnehmen. Jetzt begann auch in Deutschland der Kampf um demokratische Mitbestimmung.

In diesem Kapitel könnt ihr anhand von zwei Beispielen wichtige Stationen des Weges zur Demokratie erarbeiten:
Im ersten Teilkapitel könnt Ihr untersuchen, welche gesellschaftlichen Gruppen in der Französischen Revolution welche Forderungen erhoben und inwiefern sie verwirklicht wurden.
Im zweiten Teilkapitel könnt ihr untersuchen, wie es in Deutschland zur Revolution von 1848 kam, welche Forderungen erhoben wurden und warum diese Revolution schließlich scheiterte. Weiter könnt Ihr erarbeiten, inwiefern Demokratie im Deutschen Kaiserreich ab 1871 verwirklicht wurde.
Die Teilkapitel laden zu Vergleichen zwischen der Entwicklung in Frankreich und Deutschland ein. So stellt sich immer wieder die Frage, für wen Demokratie verwirklicht wurde – konnten sich beispielsweise auch Frauen demokratische Rechte erkämpfen?
Im 19. Jahrhundert stellte sich auch eine ganz neue Frage: Mit der Industrialisierung entstand eine neue Schicht, die Arbeiterschaft. Sie erhob ebenfalls die Forderung nach politischer Gleichberechtigung. Dieser Frage könnt ihr im vierten Kapitel über die Industrialisierung nachgehen.

**Blick in den Plenarsaal des Deutschen Bundestages.** Foto 1994.

# 3.1 Auf dem Weg zur Demokratie: Frankreich 1789-1804

**Die Französische Revolution – Aufbruch in die moderne Demokratie**

Als im Jahre 1989, zum zweihundertsten Jahrestag der Revolution, Franzosen nach den Ereignissen von 1789 gefragt wurden, fielen die Antworten unterschiedlich aus: Für die einen waren die Feierlichkeiten das Wichtigste. Sie wollten die Revolution als „Fest des Volkes“ feiern. Andere sahen die Bedeutung der Revolution in der „Erklärung der Menschen- und Bürgerrechte“ (vgl. S. 82) oder im „Sturm auf die Bastille“ (vgl. S. 80). Einige sprachen der Revolution nicht nur eine nationale oder europäische, sondern eine weltweite Bedeutung zu. Die Äußerungen zeigten, daß die Ereignisse von 1789 auch nach zweihundert Jahren noch im Bewußtsein vieler Franzosen sind. Was war 1789 geschehen? Erstmals in der Geschichte stellten die Wortführer der Revolution so radikal die Alleinherrschaft des Königs in Frage. Sie bezweifelten, daß die Macht des Königs allein von Gott gegeben sei und das Volk machtlos sein sollte. Sie sprachen sich gegen die Vorrechte bestimmter gesellschaftlicher Gruppen aus (vgl. die Vorherrschaft des Ersten und Zweiten Standes über den Dritten Stand in der Karikatur, Seite 73, oben). Dagegen forderten sie, die Ideen der Demokratie zur Grundlage einer neuen Staats- und Gesellschaftsordnung zu machen. Der einzelne Mensch sollte nicht mehr einer fremden Befehlsgewalt untertan sein, sondern politisch frei und rechtlich gleich leben. Die Französische Revolution wurde zu einem wichtigen Schritt auf dem Weg zur modernen Demokratie. Dieser Weg verlief nicht geradlinig. Es kam zu harten Auseinandersetzungen zwischen den alten und neuen politischen Kräften und auch innerhalb der beiden „Lager“. Am Ende der Revolution stand noch nicht die Demokratie, sondern eine militärische Diktatur. In diesem Kapitel könnt ihr am Beispiel der Französischen Revolution eine wichtige Etappe auf dem Weg zur modernen Demokratie erarbeiten. Dabei geht es um folgende Leitfragen:
– Welche Ursachen führten zur Revolution?
– Welche Fortschritte und Rückschläge kennzeichneten den Weg zur Demokratiegründung?
– Wie wirkt der Kampf um Menschen- und Bürgerrechte bis in unsere Gegenwart hinein?

**Aus den Menschen- und Bürgerrechten von 1789**

**Q** Art. 1: Die Menschen sind und bleiben von Geburt an frei und gleich an Rechten …
Art. 2: … Diese Rechte sind Freiheit, Sicherheit und Widerstand gegen Unterdrückung …
Art. 4: Die Freiheit besteht darin, alles tun zu können, was dem anderen nicht schadet …
Art. 11: Freie Gedanken- und Meinungsfreiheit ist eines der kostbarsten Menschenrechte, jeder Bürger kann daher frei schreiben, reden und drucken …

– *Beschreibt die vier Abbildungen (S. 73) und klärt die Zugehörigkeit der abgebildeten Figuren zu den Ständen. Lest dazu auf S. 74 nach.*

– *Vergleicht die Vorgänge auf den Abbildungen und vermutet Ursachen für die veränderte Rollenverteilung.*

– *Stellt den Text aus den Menschen- und Bürgerrechten von 1789 in einen Bezug zu den Abbildungen und zur Karikatur.*

**Menschenrechte.** Karikatur von Brigitte Schneider, um 1988.

– *Sammelt Fragen zum Thema des Kapitels auf Pappkärtchen, die ihr mit ablösbarem Kleber auf einen großen Plakatbogen heftet. Im Lauf der Arbeit könnt ihr dann Elemente für eine Wandzeitung herstellen, die nach und nach die Fragem ersetzen.*

1 + 2 **„Hoffentlich ist bald Schluß."** Kolorierte Radierungen 1789.

3 + 4 **„Ich wußte doch, daß wir an die Reihe kommen."** Kolorierte Radierungen 1789.

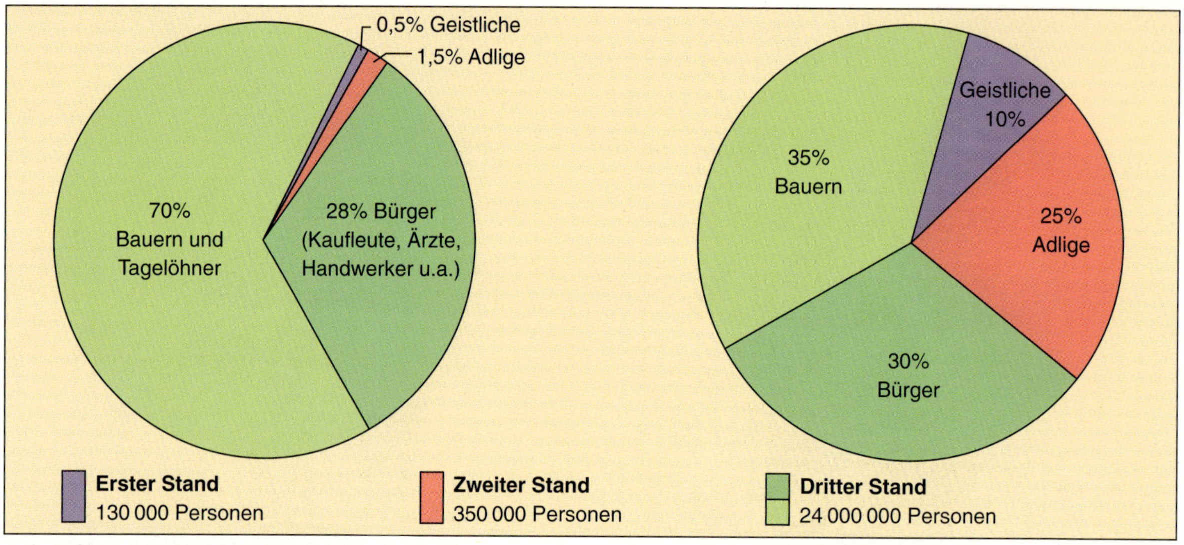


**Der ständische Aufbau der französischen Gesellschaft und Verteilung des Grundbesitzes um 1780.**

**Merkmale der ständischen Gesellschaft**
Die Gesellschaft im vorrevolutionären Frankreich war gekennzeichnet von politischer, rechtlicher sowie sozialer und wirtschaftlicher Ungleichheit der drei Stände.* Ungleichheit herrschte auch innerhalb der Stände vor. Der Erste Stand umfaßte den katholischen Klerus, zu dem die hohe Geistlichkeit (Erzbischöfe, Bischöfe und Äbte) und der untere Klerus (Ordensleute, Pfarrer und Vikare) gehörten. Die wirtschaftliche Macht des Klerus beruhte vor allem auf dem Grundbesitz der Kirche und dem Zehnten, einer Abgabe der Bauern aus ihren Ernte- und Vieherträgen. Der Klerus war von fast allen steuerlichen Abgaben an den Staat befreit.
Ebenso wie der Erste Stand war auch der Zweite Stand, der Adel, von den wesentlichen Steuerabgaben befreit. Er besaß politische und wirtschaftliche Vorrechte, wie das Recht, hohe Offiziersränge und Posten in der Verwaltung und in der Kirche zu besetzen. Wie im Ersten gab es auch im Zweiten Stand ein großes Einkommensgefälle.
Die wirtschaftlichen Unterschiede waren auch im Dritten Stand, der aus den Bürgern der Städte und den Bauern bestand, sehr groß. Während Händler, Bankiers und Manufakturbesitzer ein Leben im Wohlstand führen konnten, mußten städtische Lohnarbeiter in Armut leben. Als nach 1770 die Preise für Lebensmittel, Kleidung, Beleuchtung und Heizung stark anstiegen, wurde die Not noch größer. Viele Menschen in den unteren sozialen Schichten mußten die Hälfte und mehr von ihren Einkünften für Brot ausgeben. Der größte Teil des Dritten Standes bestand aus der bäuerlichen Bevölkerung. Zu ihr gehörten Pächter eines kleinen Stück Landes, von dem sie kaum leben konnten. Die Bauern litten unter den Diensten und Abgaben, die sie ihrem Grundherrn zu leisten hatten. Etwa eine Million Menschen auf dem Lande lebte Ende des 18. Jahrhunderts noch unter der Leibeigenschaft des Grundherrn. Gegenüber den beiden ersten Ständen war den Angehörigen des Dritten Standes gemeinsam, daß sie in der ständischen Gesellschaft in vielen Bereichen benachteiligt wurden.

**Die Aufklärer –
Kritiker der ständischen Gesellschaft**
An den Zuständen in Staat und Gesellschaft übten die Aufklärer Kritik. In Büchern, Zeitungsartikeln und Flugschriften forderten sie, die Politik auf die Vernunft zu gründen und die Vorrechte der beiden ersten Stände zu beseitigen. Sie gingen davon aus, daß alle Menschen von Natur aus mit gleichen Rechten ausgestattet seien und wandten sich gegen Aberglauben, Ungerechtigkeiten der Herrscher und Unterdrückung von Menschen.

**1** *Stellt die Merkmale der Ungleichheit in der ständischen Gesellschaft zusammen.*

**1 „Die Spinne und die Fliege".** Zeitgenössischer Stich. Die Texte im Bild lauten (von rechts oben nach links unten gelesen): Je mehr man hat, um so mehr will man. Dieser Arme bringt alles, Getreide, Obst, Geld, Salat. Der dicke Adlige sitzt nur da und nimmt es entgegen. Er will ihm keinen freundlichen Blick gönnen. Die fliegende Mücke braucht gar nicht ins Netz zu gehen. Der eine gibt, der andere nimmt. Allen Herren alle Ehren. Mager wie ein angeketteter Windhund. Je mehr der Teufel hat, desto mehr will er. Der Adlige ist die Spinne und der Bauer die Fliege.

## Ländliche Armut

Seit der zunehmenden Verteuerung der Lebenshaltungskosten nach 1770 (vgl. S. 74) mehrten sich die Berichte über die Armut der bäuerlichen Bevölkerung. Nach der Mißernte des Jahres 1788 führten Anfang 1789 Teuerung und Versorgungsschwierigkeiten zu Hungerrevolten in mehreren Regionen Frankreichs. Bettler und Räuberscharen durchzogen das Land. Die Bauern klagten über hohe Abgaben und Verschuldung. Der Pfarrer von Bonneterre berichtete 1771:

**Q1** ... Wenigstens die Hälfte der Pfarrei besteht aus Armen. Diese Leute haben keine andere Möglichkeit, sich und ihre Familie zu ernähren, als die Arbeit mit ihren Händen, und wenn sie krank werden, brauchen sie sofort Hilfe. Die Mehrzahl von ihnen kann sogar bei voller Gesundheit in diesen Jahren ihre zahlreiche Familie nicht ernähren, was dazu führt, daß es mehr als dreißig Kinder gibt, die ihr Brot in und außerhalb der Pfarrei erbetteln müssen ...

Aus dem Schreiben eines Bauern vom Januar 1789:

**Q2** ... Die ganze Gegend ist mit Abgaben verpestet. Der größte Teil der Ländereien schuldet jährlich den siebten Teil des Weizens pro Morgen, andere Wein; der schuldet den vierten Teil der an die Herrschaft zu liefernden Früchte, jener den fünften und so weiter, wobei immer der Zehnt vorher erhoben wird; der den zwölften, jener den dreizehnten. All diese Lasten sind so absonderlich, daß ich deren vom vierten Teil der Früchte bis zum vierzigsten kenne.
Was soll man von diesen ganzen Abgaben in allen Gestalten halten: von Körnerfrüchten, Gemüsen, Geld, Geflügel, Fronden, Holz, Obst, Kerzen?
... Es gibt noch eine unzählige Menge von anderen Herrenrechten. ...

| | |
|---|---|
| **Persönliche Dienste** | |
| Fron | unbezahlte Arbeiten |
| **Sachleistungen** | |
| Zins | zumeist Bargeldzahlungen |
| Kornzehnt | meist Naturalien von der Ernte |
| **Belastungen von Handel und Verkehr** | |
| Gebühren | bei Landverkauf |
| Marktzoll | |
| Brücken- und Straßenzoll | |
| Bannrechte | die Pflicht, herrschaftliche Einrichtungen (z.B. Mühlen) gegen Gebühr zu benutzen |

**2 Lasten der französischen Bauern im 18. Jahrhundert.**

**1** *Beschreibt den ständischen Aufbau der französischen Gesellschaft (Abb. S. 74) und stellt dem die Verteilung des Grundbesitzes gegenüber. Achtet besonders auf den Anteil des jeweiligen Standes an der Gesamtbevölkerung.*

**2** *Beschreibt anhand der Abbildung, der Tabelle und Q1 und 2 die Lage der ländlichen Bevölkerung.*

**3** *Untersucht, was die Materialien über die Ursachen der Armut aussagen.*

**4** *Arbeitet aus Q2 heraus, an welchen Stellen der Bauer über eine reine Beschreibung der Lage hinaus geht.*

**Vortrag eines Gelehrten im Salon* der Madame Geoffrin in Paris.** Gemälde von G. Lemmonier um 1745.

**Kritik an der absolutistischen Herrschaft**

Der Staatsphilosoph und Historiker Charles de Montesquieu (1689-1755) schrieb 1748 in seinem Buch „Vom Geist der Gesetze“:

**Q1** ... Wenn die gesetzgebende Gewalt mit der ausführenden in einer Person oder in einer amtlichen Körperschaft vereinigt ist, dann gibt es keine Freiheit, weil man fürchten kann, derselbe Herrscher oder Senat werde tyrannische Gesetze geben, um sie tyrannisch auszuführen. Es gibt auch keine Freiheit, wenn die richterliche Gewalt nicht von der gesetzgebenden und von der ausführenden Gewalt getrennt ist. ... Alles wäre verloren, wenn ein und derselbe Mensch oder ein und dieselbe Körperschaft der Vornehmen, des Adels oder des Volkes diese drei Gewalten ausübte, die gesetzgebende, die ausführende und die richterliche Gewalt ...

**1** *Stellt fest, worin Montesquieu die Bedeutung der Gewaltenteilung sieht.*

**2** *Überlegt, worin das Neue gegenüber dem Absolutismus liegt.*

Denis Diderot (1713-1784), Herausgeber einer Enzyklopädie, einem umfangreichen Lexikon, in dem alles vorhandene Wissen seiner Zeit gesammelt werden sollte, schreibt in dem Artikel „Autorität“ 1751:

**Q2** ... Kein Mensch hat von der Natur das Recht erhalten, den andern zu gebieten (befehlen). Die Freiheit ist ein Geschenk des Himmels, und jedes Individuum von derselben Art hat das Recht, sie zu genießen, sobald es Vernunft besitzt. Wenn die Natur irgendeine Autorität geschaffen hat, so ist es die väterliche Macht; aber die väterliche Macht hat Grenzen, und im Naturzustand würde sie aufhören, sobald die Kinder in der Lage wären, sich selbst zu leiten. Jede andere Autorität entspringt einer anderen Quelle als der Natur. Man untersuche sie genau; dann wird man sie immer auf eine der zwei folgenden Quellen zurückführen können: entweder auf die Stärke und die Gewalt desjenigen, der sie an sich gerissen hat, oder auf die Zustimmung derjenigen, die sich ihr tatsächlich oder angeblich durch einen Vertrag zwischen ihnen und demjenigen, dem sie die Autorität übertrugen, unterworfen haben. ...

**3** *Erarbeitet, wie Diderot „Autorität“ beschreibt und worin er ihre Grenzen sieht.*

**4** *Arbeitet die Übereinstimmungen und die Unterschiede in der Kritik zwischen Q1 und Q2 heraus.*

**5** *Schreibt aus der Sicht eines armen Bauern dessen Meinung zu den Kritiken am absolutistischen Staat auf.*

**6** *Entwerft anhand des Bildes und der Quellen einen Redeausschnitt aus dem Vortrag des Gelehrten.*

## Die Krise des Absolutismus

Im Laufe des 18. Jahrhunderts geriet der französische Staat in eine immer tiefere Verschuldung. Die Gründe dafür lagen vor allem in den hohen Kriegsausgaben und in der aufwendigen Hofhaltung des Königs. Mißernten verschlimmerten die Lage im Land. Calonne (1734-1802), der Finanzminister des Königs, berief 1787 eine Versammlung der „Notabeln" ein. Sie bestand aus Vertretern des Ersten und Zweiten Standes. Vor der Versammlung sagte der Finanzminister am 22. Februar 1787:

> **Q1** ... Was bleibt, um einen entsetzlichen Fehlbetrag zu decken und das ersehnte Gleichgewicht im Staatshaushalt herzustellen? ... Die Mißbräuche.
> Ja, meine Herren, in den Mißbräuchen selber findet sich ein Schatz von Reichtümern, die der Staat zurückfordern darf und zurückfordern muß, um die Ordnung wiederherzustellen. Die Mißbräuche werden verteidigt durch persönliche Interessen, Einfluß, Vermögen und alte Vorurteile ... Die Mißbräuche ... sind die, die auf der arbeitenden und erwerbenden Klasse lasten: Die Mißbräuche der Geldprivilegien, ... die ungerechten Bevorzugungen, ... die allgemeine Ungleichheit in der Erhebung der Abgaben, ... die Härte und Willkür in der Erhebung der Taille*; ... die Abgaben, die den Gewerbefleiß entmutigen, deren Erhebung maßlose Kosten und unzählige Angestellte erfordert, die zum Schmuggel förmlich herausfordern und jedes Jahr Tausende von Bürgern unglücklich machen ...

Die Notabeln-Versammlung lehnte die Reformvorschläge Calonnes ab. Sie verlangte stattdessen die Einberufung der Generalstände*, der alten Ständeversammlung, die seit 1614 nicht mehr getagt hatte. Die beiden ersten Stände argumentierten, daß nur mit Zustimmung der Generalstände eine Steuerreform durchgeführt werden dürfe. Sie erhofften sich davon eine Stärkung ihrer Macht gegenüber dem absoluten Herrscher.

**1** *Stellt anhand der Materialien auf dieser Seite die Anzeichen der Staatskrise zusammen.*

**2** *Tragt in eine Tabelle die Ziele des Finanzministers und des Ersten und Zweiten Standes ein.*

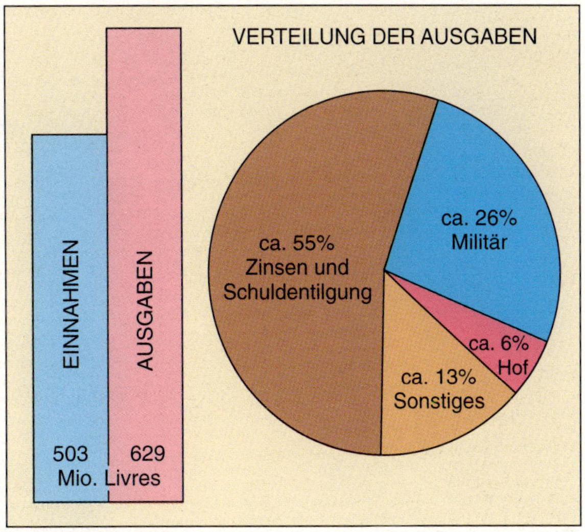


**Staatshaushalt 1788.**

**3** *Entwerft eine Antwort des Ersten und Zweiten Standes auf die Rede Calonnes und tragt sie vor. Zieht dazu die Grafik heran.*

**4** *Schlagt vor, wie beide Seiten weiter vorgehen könnten.*

Aus einer Flugschrift 1788:

> **Q2** Was bist du? Ein Bauer. – Was ist ein Bauer? Ein Mensch, ein Bürger, ein Glied des Dritten Standes. – Was ist der Dritte Stand? Der Nährvater des Staates, sein edelster Verteidiger. – Inwiefern ist er der Nährvater? Durch den Ackerbau, den Handel, die Gewerbe, die er allein treibt zum Vorteil aller. – ... Bringen die beiden ersten Stände keine Opfer? Sie sollten es, zum mindesten aus Gerechtigkeit und Dankbarkeit; sie sind die reichsten Grundherren, sie genießen alle Auszeichnungen, alle Vergünstigungen. ...

**5** *Entwerft ein Flugblatt, in dem die Bauern ihre Lage darstellen und eigene Forderungen aufstellen.*

**6** *Versucht, auch für den Teil der Bevölkerung ein Flugblatt zu entwerfen, der nicht lesen konnte.*

**7** *Gestaltet in einem Rollenspiel das Gespräch eines Bauern mit einem adligen Grundherrn.*

**1 Die Eröffnung der Ständeversammlung in Versailles am 5. Mai 1789.** Gemälde von A. Couder.

**Der Beginn der bürgerlichen Revolution**
Die ungleiche Behandlung des Dritten Standes gegenüber den ersten beiden Ständen, die wirtschaftlichen Probleme, die Kritik der Aufklärer und die Finanzkrise des Staates führten 1788 und Anfang des Jahres 1789 immer mehr zu einer Krise des absolutistischen Systems.
Der Ruf nach einem Sturz des alten Regimes wurde immer häufiger in zahlreichen Broschüren, Flugblättern und Abhandlungen gefordert. Die wohl wichtigste Flugschrift am Vorabend der Revolution war die des Abbé Sieyes (vgl. Q, S. 79). Die neue Ordnung sollte nach Sieyes' Ansicht auf der Herrschaft der Bevölkerungsmehrheit ruhen, dargestellt durch eine zu wählende Nationalversammlung. Doch noch war offen, ob dieses Vorhaben gelingen konnte. Auf den folgenden Seiten 78-81 könnt ihr erarbeiten,
- wie die Vertreter des Dritten Standes weiter vorgingen,
- welche Ziele sie durchsetzen konnten,
- welche Widerstände sie überwinden mußten und
- ob es zur Errichtung einer demokratischen Ordnung kam.

**2 Der Schwur im Ballhaus am 20. Juni 1789.** Ausschnitt aus einem Gemälde von J.-L. David um 1790.

**Die Nationalversammlung bei der Arbeit.** Zeitgenössischer kolorierter Stich von Helman.

**1** *Bearbeitet anhand der drei Abbildungen auf dieser Doppelseite die folgenden Fragen und notiert eure Ergebnisse:*
*– Was ist auf den Bildern jeweils dargestellt? Achtet auf die Personen, Personengruppen und deren Haltung, die Sitzordnungen und die Räume.*
*– Was könnte Anlaß des „Schwurs im Ballhaus" gewesen sein?*
*– Worin unterscheidet sich Abb. 2 vor allem von den anderen beiden Abbildungen?*
*– Läßt sich ein Zusammenhang in der Abfolge der drei Bilder erkennen?*
*– Welche Absichten könnten die Maler jeweils mit ihrer Darstellung gehabt haben?*

### Forderungen des Dritten Standes

Im Januar 1789 erschien eine Flugschrift des Geistlichen Sieyes, die im ganzen Land verbreitet wurde. Darin stand unter anderem:

**Q** … Der Plan dieser Schrift ist ganz einfach. Wir haben uns drei Fragen vorzulegen.
1. Was ist der Dritte Stand? ALLES.
2. Was ist er bis jetzt in der staatlichen Ordnung gewesen? NICHTS.
3. Was verlangt er? ETWAS ZU SEIN. …

**2** *Prüft, ob ihr Sieyes zustimmen könnt.*
**3** *Überlegt, wie die Schrift auf die Bevölkerung gewirkt haben könnte. Begründet eure Überlegungen.*

Nach der Ablehnung seiner Reformvorschläge durch den Ersten und Zweiten Stand (vgl. S. 77) sah der König keinen anderen Ausweg mehr, als der Einberufung der Generalstände zuzustimmen. Zu den Wahlen für die Generalstände waren nur männliche Franzosen über 25 Jahre zugelassen, die in den Steuerlisten erfaßt waren. Der Erste und der Zweite Stand stellten jeweils knapp 300 Abgeordnete, der Dritte Stand etwa 600.

**„Die gegenwärtige Zeit will, daß jeder die große Last mitträgt."** Zeitgenössische Karikatur.

### Von den Generalständen zur Nationalversammlung

Am 5. Mai 1789 versammelten sich die drei Stände zu ihrer ersten Sitzung. Wie früher üblich, sollten die drei Stände getrennt beraten und abstimmen. Jeder Stand hatte dabei eine Stimme. Gegen diese Anordnung Ludwigs XVI. wehrten sich die Abgeordneten des Dritten Standes. Sie verlangten gemeinsame Beratungen aller Stände und Abstimmungen nach Köpfen. Die Abgeordneten des Ersten und Zweiten Standes lehnten diese Forderung in ihrer Mehrheit ab. Nach wochenlangen vergeblichen Bemühungen erklärten die Abgeordneten des Dritten Standes am 17. Juni 1789:

> **Q1** … Die Versammlung stellt fest, daß sie sich bereits aus den Abgeordneten zusammensetzt, die von mindestens 96 Prozent des Volkes entsandt worden sind. Die Benennung „Nationalversammlung" ist die einzige, die bei dem gegenwärtigen Stand der Dinge der Versammlung zukommt …

**1** *Begründet, warum der Dritte Stand das Recht für sich in Anspruch nahm, sich zur Nationalversammlung zu erklären.*

Als der König aus Empörung über das Vorgehen des Dritten Standes den Sitzungssaal sperren ließ, versammelten sich die Abgeordneten im Ballhaus und legten am 20. Juni 1789 diesen Schwur ab:

> **Q2** … (Die) Nationalversammlung … beschließt, daß alle Mitglieder dieser Versammlung sofort einen feierlichen Eid leisten, sich niemals zu trennen und sich überall da zu versammeln, wo es die Umstände erfordern, bis die Verfassung des Königreiches auf fester Grundlage errichtet und gesichert ist …

### Der Sieg des Dritten Standes

Als der König am 23. Juni 1789 versuchte, die Nationalversammlung aufzulösen, scheiterte er am Widerstand der Abgeordneten. Er mußte nachgeben. Am nächsten Tag schlossen sich die meisten Geistlichen und über 40 Adlige der Nationalversammlung an. Der Dritte Stand hatte sich durchgesetzt.

**2** *Diskutiert, welches der entscheidende Schritt des Dritten Standes war, um sich durchzusetzen.*

**3** *Überprüft und ergänzt eure Ergebnisse aus der Arbeit mit den Abbildungen von S. 78/79.*

**4** *Erörtert, inwiefern Aussagen über die Ereignisse im Mai und Juni 1789 mit Hilfe der Bilder 1-3 von S. 78/79 nur begrenzt möglich sind.*

**5** *Prüft, ob die Aussage der Karikatur mit den Forderungen des Dritten Standes übereinstimmt.*

### Der Sturm auf die Bastille

Die Bevölkerung von Paris verfolgte die Vorgänge mit großer Spannung. Als nach einer erneuten Mißernte das Brot knapper und noch teurer wurde und dazu Gerüchte verlauteten, der König plane, Truppen nach Paris zu verlegen, um die Nationalversammlung einzuschüchtern, stieg die Erregung weiter an. Redner riefen das Volk in Paris zur Bewaffnung auf. Am Morgen des 14. Juli 1789 versammelte sich eine große Menschenmenge vor der Bastille, einer alten Festung, die nur noch als Gefängnis diente. Für das Volk war sie ein Symbol des absolutistischen Staates. Nach kurzem Feuergefecht wurde das Gebäude erobert. Der Sturm auf die Bastille war für die Franzosen von solcher Bedeutung, daß sie den 14. Juli zum Nationalfeiertag erklärten und noch heute jedes Jahr feiern (vgl. S. 72).

**Die Revolution auf dem Land**

**1** *Beschreibt die Aktion der Bauern auf der nebenstehenden Abbildung und schildert, wie der Zeichner die Stimmung dargestellt hat.*

**2** *Klärt die Ursachen der Unruhen. Lest noch einmal auf S. 75 nach.*

Die Wirkung der revolutionären Vorgänge in Paris auf die ländlichen Regionen war sehr groß. Die notleidende Bevölkerung hoffte auf die Erfüllung der Idee der Gleichheit aller Menschen. Die Landbevölkerung war davon überzeugt, daß der Adel Getreide hortete, um die Brotpreise in die Höhe zu treiben. Dazu liefen Gerüchte um, nach denen Räuberbanden im Auftrag des Adels bäuerliche Ernten vernichteten und Gehöfte in Brand steckten. Die Bauern bewaffneten sich daraufhin und zogen vor die Burgen und Schlösser. Sie verlangten die Urkunden, auf denen ihre Abgaben und Dienste festgelegt waren, und verbrannten sie.

Weigerten sich die Feudalherren, so zündeten die Bauern das Herrenhaus an. Es kam auch vor, daß der Besitzer oder Verwalter ermordet wurde.

Die Bauern übernahmen die öffentliche Gewalt in den Dörfern und verjagten die Steuereintreiber. Auch zwischen bürgerlichen Grundeigentümern und Bauern kam es zu teilweise blutigen Zusammenstößen. Ein Ausschuß der Nationalversammlung schlug in einem Bericht am 3. August 1789 vor:

**Q1** ... Die Nationalversammlung ist darüber informiert worden, daß die Zahlung der ... Zehnten, Steuern, Grundsteuern und Feudalabgaben hartnäckig verweigert wird. Daß außerdem sich ... die Einwohner zusammenrotten und durch Taten ihre Teilnahme an dieser Verweigerung bekunden. Daß zudem Leute, die dabei nicht mitmachen, schrecklichsten Drohungen ausgesetzt sind und übel behandelt werden, daß bewaffnete Menschen sich der Gewalttätigkeit schuldig machen, indem sie in Schlösser eindringen, Papiere und Urkunden rauben und auf den Höfen verbrennen. ... Die Nationalversammlung erklärt, ... daß nichts die Verweigerung der Steuerzahlung und aller anderen Abgaben rechtfertigen kann, bis sie selbst sich zu diesen verschiedenen Rechten geäußert hat ...

Am meisten fürchteten sich die Bauern vor einer Gegenrevolution des Adels. Unter dem Druck der Bauernunruhen und gegen den Widerstand des Adels beschloß die Nationalversammlung in der Nachtsitzung des 4./5. August 1789:

**Bauern stürmen das Schloß ihres Grundherren.** Stich eines Unbekannten.

**Q2** ... 1. Die Leibeigenschaft wird abgeschafft.

2. Die Gerichtsbarkeit des Grundherren wird beseitigt.

3. Die Sonderrechte für die Jagd, Taubenschläge und Gehege werden aufgehoben.

4. Der Zehnte und andere Rechte des Herren können in Geld entrichtet oder durch Geldzahlungen abgelöst werden.

5. Mit Beginn des Jahres 1789 sind alle Bürger gleich steuerpflichtig.

6. Alle Bürger werden zu Ämtern in Staat und Heer zugelassen. Der Ämterkauf wird abgeschafft. ...

**3** *Stellt fest, welche Position die Nationalversammlung zum Verhalten der Bauern und des Adels einnahm (Q1).*

**4** *Erläutert die Beschlüsse vom 4./5. August 1789 (Q2) und überlegt, in welchen Bereichen die Gleichheit aller Bürger hergestellt werden sollte.*

**5** *Prüft, ob die Bauern mit allen Punkten zufrieden sein konnten.*

**„Erklärung der Menschen- und Bürgerrechte“**
Die wichtigste Aufgabe der Nationalversammlung war die Erarbeitung einer Verfassung als Grundlage des politischen und sozialen Lebens im französischen Staat. Wegen unterschiedlicher Meinungen und ausführlicher Diskussionen kamen die Arbeiten nur langsam voran. Einig war sich die Versammlung darin, an die Spitze der Verfassung eine „Erklärung der Menschen- und Bürgerrechte“ zu stellen. Sie sollte nach dem Vorbild der Unabhängigkeitserklärung der Vereinigten Staaten von Amerika (1776) und der amerikanischen Verfassung von 1787 formuliert werden. Die Erklärung wurde nach mehrtägigen Beratungen am 26. August 1789 von der Nationalversammlung beschlossen. Sie ist im Geiste der Aufklärer verfaßt und drückt die politischen Ziele und Vorstellungen des siegreichen Bürgertums aus. Historikerinnen und Historiker sind sich darin einig, daß die Erklärung einen tiefen Einschnitt in die Weltgeschichte darstellt. Zugleich wird sie auch als „Todesurkunde“ des absolutistischen Herrschaftssystems angesehen. Ihre Rechtsgrundsätze sollten universal, das heißt weltweit gültig und unabänderlich sein. Der König verweigerte der Menschen- und Bürgerrechtserklärung seine Unterschrift. Er hoffte darauf, die revolutionäre Machtverschiebung wieder rückgängig machen zu können.
In diesem Abschnitt (S. 82-85) könnt ihr
- Einzelheiten der Erklärung von 1789 erarbeiten,
- am Beispiel der Menschen- und Bürgerrechte Beziehungen zwischen Vergangenheit und Gegenwart herstellen und
- die aktuelle Bedeutung dieser grundlegenden Rechte erörtern.

Aus den Menschen- und Bürgerrechten vom 26. August 1789:

**Q** Die als Nationalversammlung eingesetzten Vertreter des französischen Volkes haben in der Erwägung, daß die Unkenntnis, das Vergessen oder Verachten der Menschenrechte die alleinige Ursache des öffentlichen Unglücks und der Korruptheit der Regierungen sind, beschlossen, in einer feierlichen Erklärung die natürlichen, unveräußerlichen und heiligen Rechte des Menschen darzulegen, damit diese Erklärung allen Mitgliedern der Gesellschaft stetig vor Augen steht, und sie unablässig an ihre Rechte und Pflichten erinnert ... Demzufolge anerkennt und erklärt die Nationalversammlung in Gegenwart und unter dem Schutz des Höchsten Wesens nachstehende Menschen- und Bürgerrechte:

Art. 1: Die Menschen sind und bleiben von Geburt an frei und gleich an Rechten. ...

Art. 2: Das Ziel einer jeden politischen Vereinigung besteht in der Erhaltung der natürlichen und unantastbaren Menschenrechte. Diese Rechte sind Freiheit, Sicherheit und Widerstand gegen Unterdrückung.

Art. 3: Die Nation bildet den hauptsächlichen Ursprung jeder Souveränität*. Keine Körperschaft und kein Individuum können eine Gewalt ausüben, die nicht ausdrücklich von der Nation ausgeht.

Art. 4: Die Freiheit besteht darin, alles tun zu können, was dem anderen nicht schadet. ...
Diese Grenzen können nur gesetzlich festgelegt werden. (...)

Art. 10: Niemand darf wegen seiner Meinung, selbst religiöser Art, belangt werden, solange die Äußerungen nicht die gesetzlich festgelegte Ordnung stören.

Art. 11: Freie Gedanken- und Meinungsfreiheit ist eines der kostbarsten Menschenrechte; jeder Bürger kann daher frei schreiben, reden und drucken, unter Vorbehalt des Mißbrauchs dieser Freiheit in den gesetzlich festgelegten Fällen.

Art. 12: Die Sicherung der Menschen- und Bürgerrechte erfordert eine Streitmacht ...

Art. 13: Für den Unterhalt der Streitmacht und für die Verwaltungskosten ist eine allgemeine Abgabe unumgänglich. Diese muß auf alle Bürger gleichermaßen unter Berücksichtigung ihrer Möglichkeiten verteilt werden. (...)

Art. 17: Da das Eigentum ein unverletzliches und heiliges Recht ist, kann es niemandem genommen werden, außer im Falle öffentlicher Notwendigkeit unter der Bedingung einer gerechten und vorherigen Entschädigung.

**1** *Überprüft, in welchen Punkten die Menschen- und Bürgerrechte (Q) im Gegensatz zur absolutistischen Herrschaft stehen.*

**2** *Vergleicht die Erklärung mit den Grundrechten des Grundgesetzes (S. 228).*

**3** *Sammelt Medienberichte über die Verletzung von Menschenrechten in der Gegenwart.*

*1628: Petition of Rights*
Rechte der Untertanen vom englischen König anerkannt, u.a. keine gesetzlichen Verhaftungen

*1679: Habeas-Corpus-Akte*
Weiterentwicklung der Petition of Rights, besonders in bezug auf Einzelrechte der Bürger

*1689: Bill of Rights*
Englisches Staatsgrundgesetz gegen den Absolutismus; Stärkung der Rechte des Parlaments (Redefreiheit u.a.)

*1776: Amerikanische Unabhängigkeitserklärung*
Alle Menschen sind gleich und besitzen unveräußerliche Rechte, wie das Recht auf Leben, Freiheit und Streben nach Glück; Gewaltenteilung; das Volk ist der Souverän

*1789: Erklärung der Menschen- und Bürgerrechte in Frankreich*
Frei von Geburt an, gleich an Rechten; Religions- und Meinungsfreiheit, Schutz des Eigentums u.a.

*1948: Allgemeine Erklärung der Menschenrechte der UNO*
Verpflichtung der Mitgliedsstaaten der Vereinigten Nationen, die Menschenrechte zu verteidigen und zu verwirklichen

**1 Stationen in der Geschichte der Menschenrechte.**

**2 Schmuckdarstellung der Menschenrechte, ca. 1789.**

**Menschenrechte in Geschichte und Gegenwart**
Die folgenden drei Seiten enthalten Materialien zu den Menschenrechten und ihren Verletzungen in der Vergangenheit und in unserer Zeit. Zieht zur Bearbeitung der folgenden Aufgaben auch die Informationen auf den Seiten 82 und 90 mit heran.

**1** *Listet auf, für welche Gruppen Menschenrechte gefordert wurden beziehungsweise werden. Notiert dazu, worin die Verletzungen der Menschenrechte bestanden und noch bestehen.*

**2** *Sprecht über die Spannung zwischen Anspruch und Wirklichkeit in der Auseinandersetzung um die Menschenrechte.*

**3** *Entwerft Plakate zum Thema „Menschenrechte".*

**4** *Nehmt Kontakt zur Menschenrechtsorganisation „amnesty international", Sektion der Bundesrepublik Deutschland, 53108 Bonn, auf.*

**Menschenrechte für die Sklaven**
In den französischen Kolonien in Amerika lebten um 1800 etwa 1 Million schwarze Sklaven (vgl. S. 61). Im „Schwarzen Gesetzbuch" (Code Noir) von 1685 war die rechtliche Stellung der Sklaven festgelegt:

**Q** ... Art. 12: Die Kinder, die in den Ehen zwischen Sklaven geboren werden, sollen Sklaven sein und den Herren der weiblichen Sklaven gehören ...
Art. 28: Wir erklären, daß die Sklaven nichts besitzen können, was nicht ihrem Herrn gehört ...
Art. 44: Wir erklären die Sklaven zu beweglichem Hausrat, und als solcher in den gemeinsamen Besitz von Eheleuten eingehend ...

Der Nationalkonvent erklärte die Sklaverei am 4. Februar 1794 für abgeschafft. Nach dem Scheitern der Revolution wurde 1802 die Sklaverei wieder eingeführt und erst 1848 wieder abgeschafft.

**1 Der Schrei.** Lithographie von Edward Munch, 1893 (Ausschnitt).

**2 Folter.** Foto von amnesty international.

**Verletzung der Menschenrechte durch Folter**

Aus einem Augenzeugenbericht von 1975/76 über das Folterzentrum „El Infierno" („Die Hölle") in Uruguay. Dort verfolgte die Militärregierung politisch Andersdenkende und versuchte sie durch Foltern zu Aussagen zu zwingen:

**Q1** ... Nach einigen Tagen kam ich zu dem Ergebnis, daß sich dort ungefähr 500 Menschen befanden. Meine Nummer war einhundert und etwas ... Wie kommt man dorthin? Auf dem Boden eines Privatautos oder Lastwagens, mit verbundenen Augen, die Hände auf dem Rücken gefesselt. ... Wir saßen alle, nach unseren Nummern geordnet, in Reihen ... Man hörte ständig Schreie und diese Musik, die mich verrückt machte. ... Bei Tagesanbruch begannen sie, bestimmte Nummern aufzurufen. Am ersten Tag waren es, wie ich mich erinnere, die Nummern 39, 43 und 117. ... Nummer 39 war eine Frau, wie ich später herausfand, und ich hörte an diesem Morgen ihre Schreie. Die „Foltermaschine" (Folterraum) war gleich nebenan. ... An meinem dritten Tag zogen sie mich von meinem Stuhl und ließen mich ... eine Treppe an der Wand hinaufgehen ... (Mein Freund) lag wimmernd auf dem Boden. In der vorangegangenen Nacht war er an den Armen aufgehängt und „weich gemacht" worden. „Weichmachen" kann alles möglich bedeuten. Es konnten Elektroschocks ... und auch Schläge sein. ... Tag für Tag und Nacht für Nacht folterten sie ihn so, 63 Tage lang. ...

Über Uruguay heißt es im Jahresbericht 1993 der Menschenrechtsorganisation „amnesty international":

**Q2** ... (Die interamerikanische Menschenrechtskommission forderte) ... die uruguyaische Regierung auf, die unter der Militäradministration (Militärregierung) in den 70er und Anfang der 80er Jahre verübten Tötungen und Folterungen sowie das „Verschwindenlassen" von Menschen in dem fraglichen Zeitraum zu untersuchen. ... Erneut trafen Berichte über Mißhandlungen an Personen im Gewahrsam der Polizei ein. Bei mindestens fünf Opfern handelte es sich um Minderjährige. ... Zu den am häufigsten berichteten Mißhandlungsmethoden zählten Schläge ...

**1 Die Menschenrechte auf der Erde.** Karikatur um 1985.

**2 Zeichnung von Pablo Picasso für amnesty international.** 1959.

**Verletzungen von Menschenrechten**

Anläßlich der Wiener Menschenrechtskonferenz 1993 schrieb der Journalist Theo Sommer:

**Q1** (Von der amerikanischen Unabhängigkeitserklärung 1776) ... zieht sich eine Linie über die Menschenrechtserklärung der Französischen Revolution zur Allgemeinen Erklärung der Menschenrechte der Vereinten Nationen (1948) und zur Wiener Menschenrechtskonferenz (1993). Papier freilich ist geduldig. Es dauerte selbst in den Vereinigten Staaten fast neunzig Jahre, bis dort die Sklaverei abgeschafft wurde, und abermals neunzig Jahre, bis die gesetzlichen Rassenschranken fielen. In Europa jedoch fanden die Menschenrechte erst nach dem blutigsten, brutalsten Jahrhundert der abendländischen Geschichte Beachtung, ... in dem etwa 170 Millionen dem Moloch* Krieg ... oder dem organisierten Wahnsinn des Hitlerismus*, Stalinismus*, Maoismus* ... zum Opfer fielen. ...

Aus dem „Jahresbericht 1993“ der Menschenrechtsorganisation „amnesty international“:

**Q2** ... Im Berichtszeitraum haben Menschenrechtsverbrechen ungeheuren Ausmaßes die Weltöffentlichkeit empört und wachgerüttelt. In Somalia und dem ehemaligen Jugoslawien wurden Tausende von Menschen getötet oder brutal gefoltert. In Ländern wie China, Irak, Liberia, Peru, Sri Lanka oder Tschad fielen der staatlichen Repression* ebenfalls unzählige Menschen zum Opfer. ...

**3 Menschenrechte.** Karikatur von T. M. Bunk, 1986.

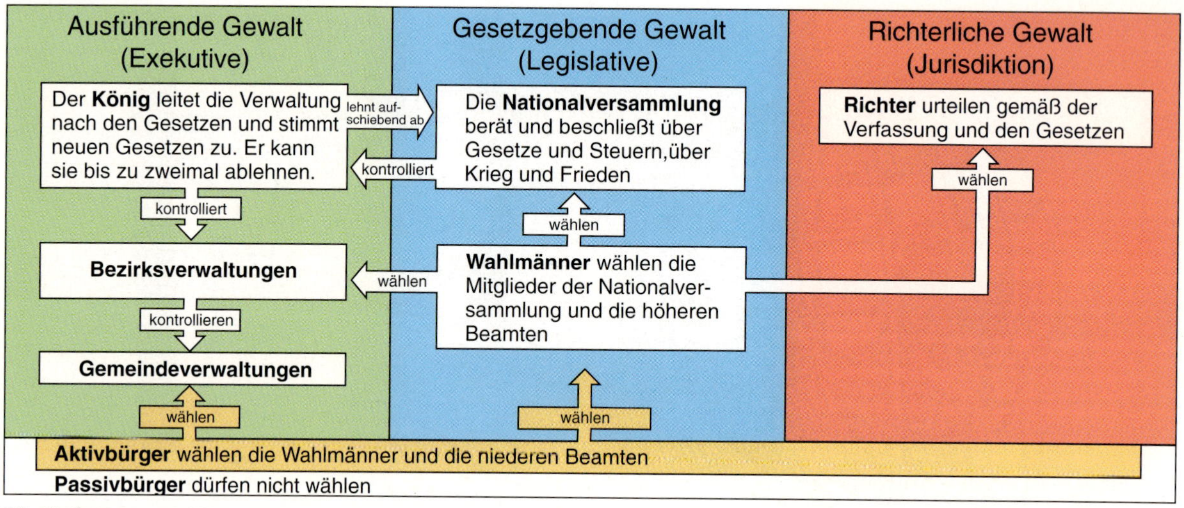

Die Verfassung von 1791.

**Die Verschiebung der politischen Machtverhältnisse**

König Ludwig XVI. hatte seinen Machtverlust seit dem Beginn der Revolution nur widerstrebend hingenommen. Nach außen bekannte er sich zur Revolution, plante insgeheim jedoch seine Flucht nach Belgien, um von dort mit Hilfe der Truppen seines Schwagers, des Kaisers Leopold II., die Ergebnisse der Revolution rückgängig zu machen. Der Fluchtversuch scheiterte. Dadurch wurden die monarchischen Kräfte im Innern geschwächt, und die demokratische Volksbewegung bekam einen starken Auftrieb. Sie forderte die Beseitigung der Monarchie, während die großbürgerliche Mehrheit in der Nationalversammlung mit einer Verfassung die Macht des Königs einschränken, die Monarchie als Staatsform aber erhalten wollte.

Forderungen nach mehr Demokratie kamen auch von einer gesellschaftlichen Gruppe, die etwa die Hälfte des Volkes ausmachte: von den Frauen. Sie mischten sich im Laufe der Revolution immer aktiver in die Geschehnisse ein und forderten politische Mitwirkung. In diesem Abschnitt könnt ihr erarbeiten,

- wie sich die Machtverhältnisse am Beispiel der Verfassungsgebung bis 1793 entwickelten (S. 86/87) und
- welche Erfolge und Mißerfolge Frauen bei dem Versuch hatten, ihre Interessen durchzusetzen (S. 88-91).

## Die Verfassung von 1791

Die Arbeit der Nationalversammlung an einer neuen Verfassung, die die Macht des Königs einschränken sollte, wurde am 3. September 1791 abgeschlossen. Die Verfassung garantierte allen Bürgern Freiheit und Gleichheit vor dem Gesetz, dazu weitere Grundrechte. Umstritten war jedoch das Wahlrecht. In der absoluten Monarchie hatte es keine Wahlen gegeben. Aber auch jetzt durften nicht alle Franzosen wählen. Ausgeschlossen blieben alle Frauen, alle Männer unter 25 Jahre und alle Männer über 25 Jahre, die keine oder nur eine geringe Steuer zahlten. Sie wurden als „Passivbürger“ bezeichnet. Wahlberechtigt waren von circa 26 Millionen Franzosen etwa 4 Millionen Männer, die ein höheres Einkommen hatten und entsprechende Steuern zahlten. Sie hießen „Aktivbürger“. Gewählt werden durften nur etwa 0,2 Millionen Männer. Diese „Wahlmänner“ zahlten hohe Steuern, waren also sehr wohlhabend.

Ein solches Wahlrecht nach Einkommen und Steuerleistung wird „Zensuswahlrecht“ genannt. Die neue Verfassung (Konstitution) schränkte die Macht des Königs ein. Diese Staatsform wird als „Konstitutionelle Monarchie“ bezeichnet. Zum Wahlrecht äußerte sich 1791 Maximilian Robespierre (1758-1794), Rechtsanwalt und Mitglied der Nationalversammlung:

**Q** … Glaubt ihr im Ernst, daß ein hartes, arbeitsames Leben mehr Laster erzeugt als Weichlichkeit, Luxus und Ehrgeiz? Habt ihr weniger Ver-

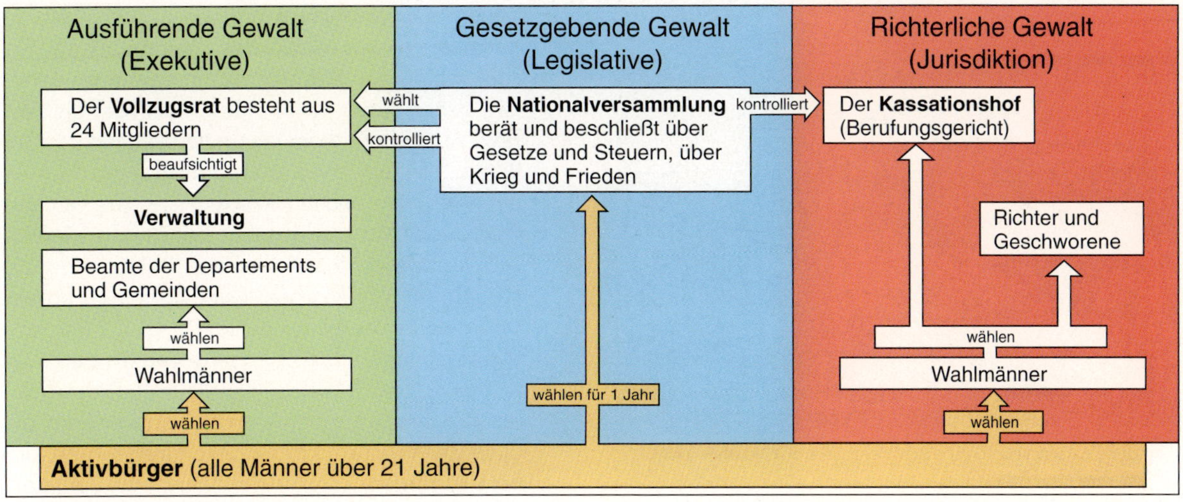


**Die nicht in Kraft getretene Verfassung von 1793.**

trauen zu der Rechtschaffenheit unserer Handwerker und Bauern, die nach eurem Tarif fast niemals Aktivbürger sein werden, als zu der der Steuerpächter, der Höflinge und der großen Herren …?
Das Volk verlangt nur das Notwendige, es will nur Recht und Ruhe haben; die Reichen aber greifen nach allem; alles wollen sie verschlingen, alles beherrschen. … ihr wollt das Volk nichtig und die Reichen mächtig machen …

**1** *Beschreibt den Aufbau der Verfassung von 1791 und stellt fest, inwiefern die Macht des Königs eingeschränkt ist.*

**2** *Klärt die Begriffe „Passivbürger“, „Aktivbürger“ und „Wahlmänner“. Notiert die Merkmale dieser Gruppen in Stichworten.*

**3** *Vermutet, welche Bevölkerungsgruppen mit dem Zensuswahlrecht einverstanden waren, welche nicht damit zufrieden gewesen sein könnten.*

**4** *Beschreibt die Machtstellung des Königs.*

**5** *Stellt fest, wie Robespierre das Wahlrecht beurteilt und nehmt zu seiner Meinung Stellung.*

### Der Kampf um eine neue Verfassung

Mit der Verfassung von 1791 (vgl. S. 86) hielt das wohlhabende Bürgertum die Revolution für beendet. Da es seine Macht nicht ausreichend gesichert hatte, war diese Vorstellung jedoch wenig realistisch. Das herrschende Bürgertum wurde von zwei Seiten angegriffen: von gegenrevolutionären Kräften und von den unteren sozialen Schichten in den Städten und auf dem Land, die spürbare Verbesserungen ihrer materiellen Lage forderten. Die Pariser Volksmassen, die Sansculotten* (vgl. S. 92), forderten vor allem eine Entmachtung des Königs, das Wahlrecht für alle Männer über 25 Jahre und eine direkte Wahl der Abgeordneten. Die Regierung, der Vollzugsrat, sollte vom Parlament gewählt werden.
Der neue Verfassungsentwurf mußte vom Volk bestätigt werden. Die Volksabstimmung im Sommer 1793 ergab eine große Mehrheit für die Annahme der neuen Verfassung. Am 10. August 1793 wurde das Ergebnis der Volksabstimmung verkündet, die Verfassung wegen der Krisenlage im Innern und des Krieges mit den europäischen Monarchien aber noch nicht in Kraft gesetzt (vgl. S. 92). Die politisch radikalen Jakobiner* schalteten die gemäßigten Kräfte gewaltsam aus dem Parlament aus. Die Regierung, den sogenannten Wohlfahrtsausschuß, statteten sie mit diktatorischen Vollmachten aus. Ihr Vorgehen begründeten sie mit der Angst vor den Feinden der Demokratie im In- und Ausland.

**6** *Beschreibt den Aufbau der Verfassung von 1793 und stellt fest, welche Machtverhältnisse sich zeigen.*

**7** *Vergleicht die Verfassung von 1793 mit der von 1791. Achtet auf die Wahlberechtigung, die Zusammensetzung der drei Gewalten und die Wahl- und Kontrollvorgänge. Listet die Veränderungen auf.*

**8** *Beurteilt die beiden Verfassungen unter dem Gesichtspunkt der Machtausübung durch das Volk.*

**Zug der Frauen von Paris nach Versailles. 5. Oktober 1789.**
Zeitgenössische Darstellung.

### Frauen im vorrevolutionären Frankreich

Die Situation der Frauen im absolutistischen Frankreich war durch rechtliche und politische Benachteiligung gekennzeichnet. Die große Mehrzahl der Frauen lebte als Ehefrauen abhängiger Bauern auf dem Lande. Die Frauen standen unter der Vormundschaft des Vaters beziehungsweise des Ehemannes. Von wenigen Ausnahmen abgesehen, durften sie auch keine Rechts- und Wirtschaftsgeschäfte abschließen. Der Anteil der Analphabeten lag bei den Frauen mit 85 Prozent noch höher als bei den Männern mit 65 Prozent. Politische Rechte standen den Frauen innerhalb ihres Standes und im Staat nicht zu.

### Frauen in der Revolution

Die politische und rechtliche Unterdrückung der Frauen änderte sich auch zu Beginn der Französischen Revolution nicht. Beim Sturm auf die Bastille (vgl. S. 80) waren Frauen noch im Hintergrund geblieben, wenngleich zeitgenössische Beobachter vereinzelt schon von aktivem Eingreifen von Frauen berichten. Der 5. Oktober 1789 zeigte die aktive Rolle von Frauen in der Anfangsphase der Revolution dann ganz deutlich: Zehntausende Frauen zogen nach Versailles, um den König nach Paris zu holen. Wie verlief dieser „Zug der Frauen"? Welche Ursachen hatte diese Aktion?

### Frauen holen den König nach Paris

Aus einem Zeitungsbericht zum 5. Oktober 1789:

**Q** ... Frauen aus dem Volk, vor allem die Händlerinnen der Markthallen und die Arbeiterinnen des (Stadtteils) Faubourg Saint-Antoine nehmen sich des Wohls des Vaterlandes an. Sie sammeln in den Straßen alle Frauen, die sie treffen, gehen sogar in die Häuser, um alle, die den Zug vergrößern könnten, mitzunehmen. ... Im Rathaus öffnet sich unseren braven Französinnen ein Weg. Sie suchen Waffen, sie brechen die Pforten der Magazine auf ... Bald sind sie im Besitz von Gewehren, Kanonen, Munition ... Die Frauen, die am Morgen losmarschierten, haben sich geteilt: Die einen gehen ... (zur) Nationalversammlung ... Die übrigen gehen bis zum Gitter des Schlosses (Versailles) weiter ... Diese Frauen sagten sowohl der Nationalversammlung als auch der Wache, daß sie gekommen wären, um Brot zu fordern. ... Als der König von der Jagd zurück war, empfing er eine Abordnung der Nationalversammlung und der Damen von Paris ... (Nach gewalttätigen Auseinandersetzungen mit der Wache erscheint der König auf dem Balkon). ... Plötzlich rief man wie durch Eingebung: „Der König nach Paris! Der König nach Paris!" Nach einer gewissen Zeit erscheint der König wieder auf dem Balkon und sagt: „Meine Kinder, Ihr wollt, daß ich nach Paris komme, ich werde gehen, sofern es mit meiner Frau und meinen Kindern sein wird." Ein Schrei „Es lebe der König" bezeugt die allgemeine Freude. ... Es vergingen vier Stunden, bevor die bewaffnete Abteilung, die die königliche Kutsche anführte, ankam. In diesem Zeitraum fuhren 50 bis 60 Fuhrwerke mit Getreide und Mehl unter den Augen der Bürger vorbei ... Frauen, die große Pappelzweige trugen, führten den Zug an ...

### Ursachen des Marsches nach Versailles

Die Historikerin Susanne Petersen schreibt 1991:

**M** ... Mitte September 1789 ließ der König Ludwig XVI. das tausend Mann starke Flandernregiment nach Versailles kommen, was Ängste über einen drohenden militärischen Angriff auf die Nationalversammlung oder gegen das „aufmüpfige" Paris verstärkte. Wieder geisterte das Gespenst eines Adelskomplotts durch die Köpfe der Menschen ... Die politischen Ängste erhielten zusätzliche Impulse durch Probleme sozialökonomischer Art, wie sie vor allem in Paris auftraten: Infolge von Emigration* (von Unternehmern) und Kapitalflucht kamen die Pariser Luxusindustrie sowie der Ex- und Import weitgehend zum Erliegen, was zu einer erheblichen Zunahme von Arbeitslosigkeit und Massenelend führte. Besonders weibliche Arbeitskräfte, die sich auch ihres Arbeitsplatzes als Hausangestellte beraubt sahen, waren von dieser Misere betroffen. ... Die täglichen Existenzsorgen nahmen wieder zu. Das Brot war so knapp und teuer, daß eine fünfköpfige Durchschnittsfamilie über 80 Prozent des Familienbudgets allein dafür aufwenden mußte. ...

**1** *Faßt die rechtliche und politische Stellung von Frauen in Frankreich vor 1789 zusammen.*

**2** *Formuliert anhand der Abbildung (S. 88) und des Zeitungsberichts (S. 88) eine knappe Zeitungsmeldung unter der Überschrift: In Kürze: Der Marsch nach Versailles.*

**3** *Erarbeitet die Ursachen des Marsches (M) und untersucht den Zeitungsbericht nach Gründen für den Zug.*

**4** *Prüft, ob in dem Zeitungsbericht eine bestimmte Meinung über die Frauen deutlich wird.*

### Frauen fordern politische Mitbestimmung

Seit 1789 wurden – ähnlich den Männerorganisationen – in vielen Städten Frauenclubs gegründet. Der Frauenclub in Dijon setzte sich aktiv für politische Rechte der Frauen ein. Als der Chefredakteur Prudhomme den Club in seiner Zeitung angriff, antworteten die Dijoner Republikanerinnen (10. Februar 1793):

**Q1** ... Bürger Prudhomme, was erwartet Ihr eigentlich für einen Gewinn für die Republik aus Eurer Kritik? ... Ihr richtet sie im wesentlichen gegen die Frauen aus Lyon und Dijon. ... Von allen Staatsformen ist die Republik diejenige, die der Natur am nächsten ist. Und weil in dieser Staatsform jedes Individuum ein ... Bestandteil des Ganzen ist, muß es also zum Wohl der Republik beitragen. Daraus folgt zwangsläufig, daß die Frauen, die Teil der Gesellschaft sind, alles in ihrer Macht stehende für die Gesellschaft tun müssen. ... Um dies auf vorteilhafte und sichere Art und Weise zu erreichen, hieß es, sich zusammenzuschließen, denn was können schon die voneinander isolierten Individuen erreichen? ... In ihren Versammlungen konnte der Wetteifer, Gutes zu tun, aufkommen und sich verbreiten ...; wieder ist es diese Gesellschaft von Bürgerinnen, die eine Hilfswerkstatt eingerichtet hat, wo seit 15 Monaten 300 arbeitslose Frauen weben ... Euch zufolge ... scheint es unnütz, daß Frauen lesen können ... Wollt Ihr die Frauen also in einem Zustand der Naivität ... halten? ... Seid also gerecht, Männer, die Ihr von Aufklärung nur so strotzt, und verurteilt nicht die Frauen, wenn sie an Euren Rechten teilhaben ...
Blandin-Demoulin, Präsidentin der Gesellschaft der Freundinnen der Republik ... Dijon.

**Sitzung eines Frauenclubs.** Gouache von B. Lesueur aus der Revolutionszeit.

### Die Unterdrückung der Frauenbewegung

Gegen die Forderung von Frauen nach Mitwirkung in der Politik wandte sich der Abgeordnete Amar am 30. Oktober 1793. Er forderte ein Verbot des Frauenclubs der Revolutionären Republikanerinnen:

**Q2** ... 1. Dürfen Frauen politische Rechte ausüben und sich in Regierungsangelegenheiten einmischen? ... Man kann ganz allgemein mit nein antworten. ... (Die) häuslichen Aufgaben, zu denen Frauen von Natur aus bestimmt sind, gehören selbst zur allgemeinen Ordnung der Gesellschaft. Diese soziale Ordnung resultiert aus dem Unterschied, der zwischen Mann und Frau besteht. ...

Durch Gesetz wurden Clubs und Vereine von Frauen verboten. Politisch aktive Frauen wurden verfolgt und hingerichtet.

**5** *Vergleicht Q1 mit Q2 und nehmt Stellung.*

**6** *Führt ein Streitgespräch zwischen einer Dijoner Republikanerin und dem Abgeordneten Amar durch (Q1, 2, Abb.).*

**Olympe des Gouges.** Zeitgenössische Darstellung.

**Olympe de Gouges –**
**Kämpferin für die Rechte der Frauen**

Olympe de Gouges (1748-1793) verbrachte ihre Jugendjahre als uneheliches Kind einer Handwerkerstochter und eines Adligen in Montauban in Südwestfrankreich. Sie wurde mit 16 Jahren zwangsverheiratet. Der verhaßte Mann starb bald. Olympe übersiedelte nach Paris, wo sie als alleinstehende Frau mit Kind lebte. Sie betätigte sich schriftstellerisch, verfaßte politische Schriften und kommentierte die Tagespolitik. Mit dem beginnenden Terror der Revolutionsdiktatur (vgl. S. 92/93) kritisierte sie den gewaltsamen Fortgang der Revolution immer schärfer. Deswegen wurde sie schließlich wie viele andere Männer und Frauen angeklagt, zum Tode verurteilt und am 3. November 1793 hingerichtet. Ihre bekannteste Schrift ist die „Erklärung der Rechte der Frau und der Bürgerin" von 1791:

**Q** Erklärung der Rechte der Frau und der Bürgerin ... Präambel*

Wir, die Mütter, Töchter, Schwestern, Vertreterinnen der Nation, verlangen, in der Nationalversammlung vertreten zu sein. In Anbetracht dessen, daß Unkenntnis, Vergessen oder Mißachtung der Rechte der Frauen die alleinigen Ursachen öffentlichen Elends und der Korruptheit der Regierungen sind, haben wir uns entschlossen, in einer feierlichen Erklärung die natürlichen, unveräußerlichen und heiligen Rechte der Frau darzulegen ...

*Artikel I*

Die Frau ist frei geboren und bleibt dem Manne gleich an Rechten. Die sozialen Unterschiede dürfen allein im Gemeinwohl begründet sein.

*Artikel II*

Ziel und Zweck jedes politischen Zusammenschlusses ist der Schutz der natürlichen und unveräußerlichen Rechte sowohl der Frau als auch des Mannes. Diese Rechte sind: Freiheit, das Recht auf Eigentum, Sicherheit und besonders das Recht auf Widerstand gegen Unterdrückung.

...

*Artikel VI*

Das Gesetz soll Ausdruck des allgemeinen Willens sein. Alle Bürgerinnen und Bürger sollen persönlich oder durch ihre Vertreter an seiner Gestaltung mitwirken. Es muß für alle gleich sein. ...

*Artikel X*

Niemand darf wegen seiner Meinung, auch wenn sie grundsätzlicher Art ist, verfolgt werden. Die Frau hat das Recht, das Schafott* zu besteigen. Sie muß gleichermaßen das Recht haben, die Rednertribüne zu besteigen ...

*Artikel XI*

Die freie Gedanken- und Meinungsäußerung ist eines der kostbarsten Rechte der Frau, denn diese Freiheit ermöglicht das offene Bekenntnis zur Vaterschaft an ihren Kindern. ...

*Artikel XVI*

Eine Gesellschaft, in der die Garantie der Rechte nicht gesichert und die Trennung der Gewalten nicht festgelegt ist, hat keine Verfassung. ...

*Artikel XVII*

Das Eigentum gehört beiden Geschlechtern, seien sie vereint oder getrennt...

**1** *Vergleicht die Quelle mit den Bestimmungen aus den Menschen- und Bürgerrechten in der Quelle auf S. 82. Was ist ähnlich, wo liegen Unterschiede?*

**2** *Überprüft, ob man die Menschen- und Bürgerrechte als „Männerrechte" bezeichnen kann. Zieht dazu eure Ergebnisse aus Arbeitsauftrag 1 heran.*

### Erforschung der Geschichte der Frauen

Die Geschichte der Frauen in der Französischen Revolution wurde lange Zeit vernachlässigt. Erst seit einigen Jahren kümmern sich Historikerinnen und Historiker stärker um dieses Thema. In einer Besprechung des Buches „Olympe des Gouges“ von Paul Noack schreibt der Journalist Peter Felixberger am 12. Januar 1993 in einer Tageszeitung:

> **M1** ... (Paul Noack) rekonstruiert das Leben der Olympe des Gouges, jener Frau, die während der Französischen Revolution als Kämpferin für die Rechte der Frauen für Furore (Aufsehen) sorgte. Die Rolle der Frauen in der Französischen Revolution ist bisher ein leicht unterbelichtetes Thema gewesen ... Vielleicht ist daran die männliche Geschichtsschreibung schuld ... Paul Noack hat eine kleine Biographie* gegen das Vergessen einer Frau vorgelegt, die als Frauenrechtlerin ihrer Zeit weit voraus war ...

Die Geschichtswissenschaftlerin Marieluise Christadler schreibt über Olympe de Gouges und ihre historische Rolle 1992:

> **M2** ... Aber wer weiß, daß es eine ‚Erklärung der Rechte der Frau und Bürgerin‘ gab und ihre Verfasserin der Guillotine* zum Opfer fiel? ... In einem zweibändigen ‚Personen-Lexikon‘, das ‚3000 Biographien ...‘ enthält, fehlt keiner der ... Revolutionäre; ... Von den Frauen ... kommen indessen nur drei Aristokratinnen* zur Ehre eines Artikels ... Im letzten Jahrzehnt hat die historische Frauenforschung viel dazu beigetragen, unsere Kenntnis über die Rolle und das Selbstverständnis der Frauen zu erweitern ...

**1** *Klärt den Ausdruck „männliche Geschichtsschreibung“ (M1).*

**2** *Erläutert die Formulierung, Olympe de Gouges sei „als Frauenrechtlerin ihrer Zeit weit voraus“ gewesen (M1).*

**3** *Gebt mit eigenen Worten wieder, was die Autorin (M2) über unser Wissen zur Geschichte der Frauen feststellt.*

### Frauenrechte – Anspruch und Wirklichkeit

**4** *Beschreibt das Bild und klärt, welche der Frauenfiguren die „Freiheit“ beziehungsweise die „Gleichheit“ darstellt.*

**5** *Überlegt, welche Bedeutung der Händedruck haben könnte.*

**Freiheit und Gleichheit.** Kupferstich von Louis Charles Ruotte. 1793. Auf dem Steinquader in der Mitte stehen die Worte: Vaterland, Freiheit, Gleichheit, Brüderlichkeit, Menschlichkeit, Opferbereitschaft.

**6** *Vermutet, was der Künstler mit seinem Werk ausdrücken wollte und stellt einen Bezug zur Situation der politisch aktiven Frauen zwischen 1789 und 1793 her. Lest auf den Seiten 88-90 nach.*

Als Verbesserung ihrer rechtlichen Stellung brachte die Französische Revolution den Frauen 1791 die Gleichstellung von männlichen und weiblichen Erben. 1792 wurde die kirchliche Eheschließung – sie ließ keine Scheidung zu – durch die Zivilehe abgelöst, die auch den Frauen ermöglichte, sich scheiden zu lassen. Jedoch blieben den Frauen das Wahlrecht und der Zugang zu öffentlichen Ämtern versagt. Unter der Herrschaft Napoleons ab 1799 wurden errungene Rechte wieder eingeschränkt. Die Erinnerung an die Erfolge blieb jedoch lebendig. Auch in anderen Ländern strebten von nun an Frauen nach Gleichberechtigung. Welchen Weg sie dabei in Deutschland im 19. Jahrhundert gingen, könnt ihr auf den S. 110/111, 120/121 und 136-143 erarbeiten.

**7** *Erkundet, welche Rolle Frauen heute im politischen Leben einnehmen. Sammelt Medienberichte für eine Wandzeitung.*

**Die Zerstörung der Demokratie durch Gewalt**
Als die demokratisch-republikanische Verfassung von 1793 (vgl. S. 87) nicht in Kraft gesetzt wurde, war das ein ernstes Anzeichen für die gefährliche außenpolitische Lage und die unklaren Machtverhältnisse im Innern. Im Laufe des Jahres 1793 stellten sich mehrere Probleme:
1. Zunächst sollte nach der Meinung des Parlaments über das Schicksal des Königs entschieden werden, als bekannt wurde, daß er auch nach seiner mißlungenen Flucht und dem Eid auf die Verfassung von 1791 weiter heimlich gegen die Revolution gearbeitet hatte. Nach seiner Verurteilung wegen „Verschwörung gegen die Freiheit und der Anschläge gegen die nationale Sicherheit" wurde er am 21. Januar 1793 hingerichtet.
2. Nachdem königstreue Emigranten drohten, von außen militärisch gegen die Revolution vorzugehen, trat die Mehrheit der Nationalversammlung für einen Krieg zur Verteidigung der Revolution ein. Am 20. April 1792 war Österreich der Krieg erklärt worden. Im Laufe des Jahres 1793 stieg die militärische Bedrohung wieder an.
3. In dieser Phase spitzte sich die wirtschaftliche Lage zu. Die Inflation trieb die Preise in die Höhe, es gab weitere Schwierigkeiten in der Versorgung der Bevölkerung. Bei der Auseinandersetzung um die richtige Wirtschaftspolitik standen sich die Anhänger des Wirtschaftsbürgertums, die Girondisten*, und die Vertreter der Volksbewegung gegenüber, die mehr soziale Gleichheit durch staatliche Eingriffe in die Wirtschaft forderten. Mit Unterstützung des Parlamentes setzte der Wohlfahrtsausschuß, die oberste revolutionäre Regierungsgewalt unter der Führung Robespierres, Eingriffe in die Wirtschaft diktatorisch durch.
In diesem Abschnitt könnt ihr erarbeiten,
– wie demokratische Ansätze zunehmend durch Gewalt und Zwangsherrschaft zerstört wurden (S. 92/93),
– welche Probleme sich im Alltag der Revolution zeigten (S. 94/95),
– welche Auswirkungen und Stellungnahmen die Revolution in Deutschland hervorrief (S. 96-98) und
– mit welchen Ergebnissen die Revolution durch die Militärdiktatur Napoleons beendet wurde (S. 99).

**Die Sansculotten**
Aus einem Flugblatt der Sansculotten (1793).

**Q1** ... Ein Sansculotte, ihr Herren Schufte? Das ist einer, der immer zu Fuß geht, der keine Millionen besitzt, wie Ihr sie alle gern hättet, keine Schlösser, keine Lakaien zu seiner Bedienung ... Er ist nützlich, denn er versteht ein Feld zu pflügen, zu schmieden, zu sägen, zu feilen, ein Dach zu decken, Schuhe zu machen und bis zum letzten Tropfen sein Blut für das Wohl der Republik zu vergießen ...

**1** *Untersucht, gegen wen die Beschreibung der Sansculotten gerichtet sein könnte? Woran zeigt sich der kritische Ton des Flugblattes?*
**2** *Überlegt, wie diese gesellschaftliche Gruppe in unserer Gesellschaft genannt werden könnte.*

Aus einem Antrag der Sektion der Sansculotten an den Nationalkonvent vom 2. September 1793:

**Q2** ... Beauftragte des Volkes,
Wie lange werdet ihr es noch dulden, daß ... die Schieber die Hungersnot über das gesamte Gebiet der Republik ausdehnen? ... Infolgedessen hat die Vollversammlung der Sektion der Sansculotten ... beschlossen, den (National-) Konvent zu folgenden gesetzlichen Maßnahmen aufzufordern:
1. daß die einstigen Adligen keinerlei militärische Funktionen ausüben noch irgendwelche öffentlichen Ämter bekleiden dürfen ...;
2. daß die Preise für alle Grundlebensmittel unveränderlich fixiert werden ...;
3. daß auch die Preise der Rohstoffe fixiert werden ...;
4. daß alle Bauern, die infolge irgendwelcher Zwischenfälle ihre Ernte nicht einbringen können, entschädigt werden; ...
8. daß ein Höchstbetrag für die Vermögen festgesetzt wird; ...
11. daß der gleiche Bürger nur eine Werkstätte, nur einen Laden haben kann; ...

**3** *Untersucht, ob die Forderungen mit den Menschen- und Bürgerrechten (S. 82) vereinbar sind.*
**4** *Überlegt, welche Auswirkungen auf die Wirtschaft eintreten konnten, wenn die Ziele der Sansculotten verwirklicht worden wären.*

**Entlassung politischer Gefangener nach dem Ende der Schreckensherrschaft.**
Zeitgenössischer Stich eines Unbekannten.

### Gewaltherrschaft

Von Juni 1793 bis Juli 1794 herrschte der Wohlfahrtsausschuß (vgl. S. 92) mit terroristischen Mitteln. Die Ausnahme-Regierung wollte die innen- und außenpolitischen Schwierigkeiten mit harten Maßnahmen bewältigen. Jede Kritik an ihrer Politik und jeder Widerstand wurden brutal unterdrückt. Sie rechtfertigte ihr Vorgehen mit dem Argument, die Revolution retten zu wollen. Unterstützt wurde die Regierung Robespierres vom radikalen Flügel der Jakobiner. Jeder des Verrats an der Republik angeklagte Bürger wurde eingekerkert. Für eine Anklage genügte schon, sich „verdächtig" zu machen (vgl. Q 1). Die Beweise waren zumeist schwach oder lagen gar nicht vor. Viele Urteile lauteten auf Tod durch die Guillotine; einem Hinrichtungsgerät mit einem Fallbeil.

### Der Begriff des „Verdächtigen"

Aus einem Gesetzesantrag an die Kommune von Paris, 10. Oktober 1793:

**Q1** ... Verdächtig ist: 1. Wer in Volksversammlungen durch boshafte Bemerkungen, Hetz- und Protestrufe Verwirrung stiftet.
2. Wer ... über das Unglück der Republik herzieht, das Los des Volkes beklagt und immer darauf aus ist, ... Schreckensnachrichten an den Mann zu bringen.
3. ... wer zu den Verbrechen der Royalisten* ... schweigt, kleine Fehler der Patrioten* aber an den Pranger stellt ...
5. Wer, obwohl er immer die Worte Freiheit, Republik und Vaterland im Munde führt, mit ehemaligen Adligen, konterrevolutionären Priestern, Aristokraten ... verkehrt und sich für deren Schicksal interessiert ...
8. Wer zwar nichts zum Schaden der Freiheit getan hat, aber auch nichts zu deren Gunsten ...

### Die Politik Robespierres

Robespierre über die Grundsätze seiner Politik in einer Rede vom 5. Februar 1794:

**Q2** ... Welchem Ziel streben wir zu? Dem friedlichen Genuß der Freiheit und der Gleichheit ... Wir wollen eine Gesellschaftsordnung, in der alle niedrigen und grausamen Leidenschaften unbekannt sind ... Wenn die Triebkraft der Volksregierung im Frieden die Tugend* ist, so ist in revolutionärer Zeit diese Triebkraft zugleich die Tugend und der Schrecken ... Der Schrecken ist nichts anderes als die rasche, strenge, unbeugsame Gerechtigkeit. ...

### Das Ende der Gewaltherrschaft

Im Sommer 1794 schlossen sich die entmachteten politischen Gruppen gegen Robespierre und seine Anhänger zusammen. Am 27. Juli 1794 klagten sie ihn vor dem Konvent der Tyrannei an, ließen ihn verhaften und am 28. Juli mit 21 seiner engsten Gefolgsleute hinrichten. Die Gewaltherrschaft war beendet. Sie hatte etwa 35 000 Opfer gefordert.

**1** *Sprecht anhand des Bildes über die Empfindungen der Menschen, die der Zeichner ausdrücken wollte.*
**2** *Setzt euch mit Hilfe von Q1 kritisch mit dem Begriff „Verdächtige" auseinander.*
**3** *Schreibt zu Q2 eine Gegenmeinung auf.*

**Auf dem Markt.** Ausschnitt aus einem Gemälde von A. François, 1778.

## Alltag in der Revolutionszeit

Das großstädtische Leben war für die Masse der Bevölkerung weitgehend dadurch bestimmt, das tägliche Brot vom Bäcker und vielleicht etwas Gemüse, an besonderen Tagen auch ein bißchen Fleisch, zu besorgen. Schon im Morgengrauen gingen die meisten Frauen los, um sich in die Schlangen einzureihen. Vor dem Bäckerladen, auf dem Markt und auf den Waschkähnen trafen viele Frauen zusammen. Sie informierten sich über die Versorgungslage, tauschten die neuesten Nachrichten aus, stritten sich und halfen sich gegenseitig. Die folgenden Quellen sind Ausschnitte aus den Berichten von Polizeispitzeln.

**1** *Gestaltet mit Hilfe der Materialien einige Spielszenen über den Alltag in der Revolutionszeit.*

**2** *Schreibt die Gespräche auf, erarbeitet einige Szenen für ein Hörspiel oder einen Videofilm.*

Aus dem Bericht des Beobachters Perière über die Versorgung in Paris (2. März 1794):

**Q1** … Butter

Gestern waren alle Händlerinnen der Halle im Überfluß damit versorgt. Da sich eine Wache an ihrer Ladentür befand, wurde der Reihe nach verkauft. Man verhaftete eine Mutter mit Sohn und Tochter, die sich noch einmal anstellte, um von diesen Lebensmitteln mehr zu erhalten …

Kartoffeln

Sie fehlen nicht, aber sie sind teuer. …

Milch

… Die Schlangen sind in den niedrigen Höfen zahlreich … Eine Familienmutter, die davon einen Schoppen und drei Fische erwerben wollte, konnte gestern nicht einmal einen einzigen Schoppen erhalten. …

Gesprächsfetzen, aufgefangen von einem Beobachter (14. März 1794):

**Q2** … In mehreren Menschenansammlungen auf den verschiedenen Plätzen wollten sich einige Bürger wie gewöhnlich beklagen, aber andere entgegneten ihnen: „Heh! Worüber beklagt ihr Euch? Habt ihr nicht Brot im Überfluß? Kann man Hungers sterben mit Brot, Wein?! Ihr habt auch noch Käse und andere Lebensmittel! Unsere Waffenbrüder sind viel mehr zu bedauern als wir, weil sie keine Schuhe und Winterbekleidung haben … Es gab in Paris schon wesentlich unglücklichere Zeiten als die jetzigen, als man ge-

**Wäscherinnen auf den Pariser Waschkähnen.** Zeitgenössische Darstellung.

zwungen war, die Knochen der Toten zu zerkleinern, um Brot zu machen! Und für wen kämpfte man? Für einen Tyrannen. Und jetzt, wo wir für unsere Freiheit kämpfen, können wir nicht einige Entbehrungen ... aushalten." ... Diesen Bürgern wurde zugehört und von allen Anwesenden Beifall gespendet. ...

Bericht von Polizeibeobachter Rolin (7. März 1794):

**Q1** ... Gestern berichtete die Bürgerin Pestel, ... daß sie beim Betreten ihrer Bäckerei einen jener Zivilkommissare dort angetroffen habe, die die Verteilung des Fleisches bei ihrem Schlachter leiten. Dieser Kommissar, der sie nicht bemerkt habe, sagte gerade zu ihrem Bäcker: „Warum bist du nicht gekommen, ich hatte dir ein gutes Stück beiseite gelegt." Daraufhin habe sie sich nicht zurückhalten können. Sie habe ihn auf alle erdenkliche Art beschimpft, beide beschuldigt, Diebe und Schurken zu sein, die die besten Stücke selbst äßen, während sie und ihre Kinder nichts hätten ...

Erzwungener Seifenverkauf in der Sektion Champs-Elysée (26. Juni 1793):

**Q2** ... (Es müssen die Wagenpapiere eines mit 14 1/2 Kisten Seife beladenen Wagens überprüft werden, die besagen, daß die Ware nach Versailles abgehen soll.). ... Dieser Wagenbrief schien uns nicht den Formalitäten zu genügen und war nicht einmal auf dem vorgeschriebenen Formular geschrieben. Die Bürgerinnen – es hatten sich mehr als 1 200 Frauen versammelt – bekundeten ihre Absicht, die Seife für 20 Sous das Pfund an sich selbst zu verteilen. ... Während der Bericht der Bürgermeisterei überbracht wurde, wuchs die Ansammlung von Minute zu Minute. Das Gebrüll ließ eine Plünderung befürchten. ... Die Bürgerinnen ... widersetzten sich dem (Weitertransport) ... Die Verteilung ..., die um fünf Uhr begann, wurde um halb zehn beendet, ohne daß es irgendein Unglück gegeben hätte. ...

**Die Errichtung des Mainzer Freiheitsbaums.** Stich um 1792.

**Die Mainzer Republik**

Die von deutschen Anhängern der Französischen Revolution Ende 1792 gegründete Mainzer Republik gilt als das erste auf Volkssouveränität gegründete Staatswesen in Deutschland.

Aufruf des französischen Generals Custine in Mainz am 25. Oktober 1792:

**Q1** An das gedrückte Volk deutscher Nation ... Eine Nation, welche zuerst allen Völkern das Beispiel gegeben hat, zu ihren Rechten zurückzukehren, bietet Verbrüderung, bietet Freiheit Euch an! Euer eigener ungezwungener Wille soll Euer Schicksal entscheiden ...

Aus einem Bericht über die Errichtung des Mainzer Freiheitsbaums (3. November 1792):

**Q2** ... Am endlich herangenahten Nachmittag versammelten sich gleich die Konstitutionsfreunde (Konstitution: Verfassung) in dem Akademiesaal des kurfürstlichen Schlosses ..., wo jedes anwesende Mitglied ... auch gleich ein dreifarbiges Band (Farben der Revolution: blau-weiß-rot) ... anhängen mußte. Unten auf dem alten Schloßplatze ... spielte (die Musik) zu verschiedenen Malen den Marseiller Marsch ... Endlich zog die Gesellschaft ungefähr gegen 4 Uhr aus ihrem Versammlungssaale ... An der Spitze gingen der Arzneibeflissene Staudinger, der den etwa 10 Schuh (1 Schuh [Längenmaß]: etwa 30 Zentimeter) hohen Freiheitsbaum, geschmückt mit Kappe und ellenlangen dreifarbigen Bändern, trug und Doktor Wedekind ... (Dieser) ... legte zuerst Hand an die Zerstörung des alten Monuments (Gerichtsstein) und tat mit einem Hammer einige Schläge auf dasselbe ... Alsdann gab er den Hammer zurück und mit demselben zugleich den Handwerkern ein Zeichen zur gänzlichen Zerstörung ... Nach endlich gesetztem Freiheitsbaum erscholl von den französischen Nationalgarden ... und den (Jakobiner-) Klubbrüdern ein allgemeines „Vive la Nation" (Es lebe die Nation) ...

Die Historikerin Ingeborg Seltmann schreibt 1989:

**M** Am 21.10.1792 wurde Mainz ... kampflos an das herannahende französische Heer unter Leitung von General Custine übergeben ... Von Anfang an war dies mehr als ein Eroberungskrieg unter rein militärischen Vorzeichen gewesen. Die Soldaten sollten ... die Revolution über die Grenzen Frankreichs hinaustragen, den Eroberten die Freiheit bringen. ... Im Februar fanden in den besetzten Gebieten die Wahlen zum Nationalkonvent statt, der eine auf Freiheit und Gleichheit begründete Verfassung ausarbeiten sollte. ... Schließlich wählten in Mainz 375 Einwohner von 4626 Stimmberechtigten. Mehr als 90% hatten die Wahlen boykottiert. ... Äußere Ereignisse beeinflußten das weitere Schicksal der Mainzer Republik. ... Die deutschen Alliierten eroberten Ende März Worms und Speyer zurück. Die belagerte Stadt Mainz konnte sich noch halten, bis auch sie am 23.7.1793 der französichen Herrschaft entglitt. ...

**1** *Beantwortet anhand des Bildes und der Texte auf dieser Seite die folgenden Fragen:*
*– Welche Ziele verfolgte das französische Revolutionsheer?*
*– Wie verhielten sich die Mainzer?*
*– Welche Gründe könnte der Wahlboykott gehabt haben?*
*– Woran ist die „Mainzer Republik" vor allem gescheitert?*
*– Welche Wirkungen der Revolution könnten geblieben sein?*

### Wirkungen der Revolution in Deutschland

**1** *Beschreibt den Vorgang auf der Abbildung.*
**2** *Klärt, warum der Freiheitsbaum wieder ausgegraben werden mußte. Lest dazu noch einmal auf der Vorseite nach.*

Adolph Freiherr Knigge in einem Brief an seine Tochter. Hamburg, 15. Juli 1790:

**Q1** Gestern ... habe ich Deinen Brief erhalten als ich eben von einem herrlichen, schönen Feste nach Hause kam. Es war ein Freiheitsfest zu Ehren der Französischen Revolution. ... Bei Abfeuerung der Kanonen, Musik und lautem Jubel wurden Gesundheiten getrunken, unter anderen: auf baldige Nachfolge in Deutschland, Abschaffung des Despotismus* usw. ...

Aufständische sächsische Bauern zu ihrem Grundherrn, 1790:

**Q2** ... Wir hören, daß sich die Bauern an vielen Orten von ihren herrschaftlichen Diensten frei machen. Der gnädige Herr wird es uns dahero nicht verargen, wenn wir auch nicht mehr zu Hofe kommen; denn was einem Recht ist, das ist dem anderen billig. Wir wollen nicht allein Sklaven bleiben, während ... sich alle anderen Bauern frei machen. Wir haben die Felder des gnädigen Herrn lange genug bestellt, nun mag er sie einmal selbst bestellen. ...

Aus dem Aufruf „Beruhigungsgründe für den Landmann", 1792:

**Q3** ... O laß dir doch, lieber Landmann, den Abgrund des Verderbens, in welchen Frankreich durch eine zügellose Freyheitssucht gestürzt wurde, in welchem es mehrere Jahre lang schmachtete, und woraus es sich nur mit vieler Mühe wieder herausarbeiten kann, zum warnenden Beyspiel sein! Schätze vielmehr die weit bessere Freyheit, die dir Deutschlands Volksväter angedeihen lassen ...

Aus einer Schrift von Rudolph Zacharias Beckers für die Bauern, 1792:

**Q4** ... Es ist wahr, unsre Nachbarn, die Franzosen, haben ihrer Regierung das Unterste zu oberst gekehrt, haben ihrem Könige die Macht genommen, seine Minister abgesetzt, die Kirchengüther aufgehoben, den Adelsstand seiner Vorzüge entsetzt, die Frohndienste abgestellet: ... (ihr) werdet ... auch wissen, daß es ... nicht geschehen ist durch Tumult und Aufruhr von den Landleuten; sondern durch ... die Nationalversammlung ... Hingegen überall, wo die Unterthanen sich unbefugter Weise gegen ihre Herrschaften aufgelehnt haben, ist nichts anders daraus entstanden, als Mord und Blutvergießen, Witwen und Waisen, wüste Höfe und Brandstätten. ...

**Revolutionsanhänger aus Worms müssen ihren Freiheitsbaum ausgraben.** Stich von Schubert, 1794.

**3** *Untersucht Q1–4 anhand folgender Fragen:*
*– Welche Einstellungen zur Französischen Revolution sind zu erkennen?*
*– Wie begründen die aufständischen Bauern ihr Verhalten?*
*– Mit welchen Argumenten sollte die Landbevölkerung beruhigt werden?*
**4** *Nehmt zu den Auffassungen Stellung.*

**Urteile zur Französischen Revolution aus der Sicht von Deutschen (1807-1836):**
Die folgenden drei Urteile über die Französische Revolution sollen euch anregen, die Aufnahme der Französischen Revolution in Deutschland im ersten Drittel des 19. Jahrhunderts genauer zu untersuchen. Die Stellungnahmen wurden nach der Überlegung ausgewählt, grundsätzliche Einstellungen zur Revolution zu zeigen. Die Datierung der Texte gibt deshalb keine zeitliche Entwicklung in der Beurteilung der Revolution wieder. Zur Arbeit mit den Texten solltet ihr Geschichtsatlanten, Lexika und Schulgeschichtsbücher heranziehen.

**1** *Arbeitet aus Q1-3 jeweils die Position der Verfasser zur Französischen Revolution heraus. Belegt eure Ergebnisse mit kurzen Zitaten aus den Texten. Sucht nach Maßstäben, von denen die Verfasser ausgehen.*

**2** *Vergleicht die Positionen, indem ihr nach Übereinstimmungen und Unterschieden sucht.*

**3** *Informiert euch über den zeitgeschichtlichen Hintergrund in Europa zwischen 1800 und 1840. Klärt die Rolle Napoleons und seinen Einfluß auf die europäische Politik sowie die politische Ordnung in Europa nach 1815.*

**4** *Schreibt eine eigene Stellungnahme zur Französischen Revolution und macht euch klar, von welchen Maßstäben her ihr urteilt.*

Karl August von Hardenberg (1750-1822), preußischer Staatsmann und Reformer, in einer Denkschrift*, 12. September 1807:

**Q1** ... Die Französische Revolution ... gab den Franzosen unter Blutvergießen und Stürmen einen ganz neuen Schwung. Alle schlafenden Kräfte wurden geweckt; das Elende und Schwache, veraltete Vorurteile und Gebrechen wurden – freilich zugleich mit manchem Guten – zerstört. ... Der Wahn, daß man der Revolution am stärksten durch Festhalten am Alten entgegenstreben könne, hat besonders dazu beigetragen, die Revolution zu befördern und derselben eine stets wachsende Ausdehnung zu geben. Die Gewalt dieser Grundsätze ist so groß, sie sind so allgemein anerkannt und verbreitet, daß der Staat, der sie nicht annimmt, entweder seinem Untergange oder der erzwungenen Annahme derselben entgegensehen muß. Also eine Revolution im guten Sinne, geradehin führend zu dem großen Zwecke der Veredelung der Menschheit, durch Weisheit der Regierung und nicht durch gewaltsame Impulsion (Eingriff) von innen oder außen – das ist unser Ziel ... Demokratische Grundsätze in einer monarchischen Regierung – dieses scheint mir die angemessene Form für den gegenwärtigen Zeitgeist. ...

Friedrich Schlegel (1772-1829), Literaturtheoretiker und Vertreter der Literatur-Epoche der Romantik wurde zum Verteidiger der monarchischen Ordnung in Europa. Er schrieb 1828:

**Q2** ... Es ist eigentlich wohl eine Ungerechtigkeit, wenn man diese Revolution immer nur die französische nennt ...; es war eine politische Krankheit, ein epidemisches Völkerübel des ganzen Zeitalters. ... Die eigentliche Pflanzschule aller dieser zerstörenden Prinzipien, die revolutionäre Erziehungsanstalt für Frankreich und das übrige Europa war Nordamerika gewesen. Über viele andere Länder verbreitete sich das Übel, in natürlicher Ansteckung oder durch willkürliche Anpflanzung; immer aber blieb freilich Frankreich der Hauptmittelpunkt und allgemeine Feuerherd der Zerstörung. ...

Ludwig Börne (1786-1837), deutscher Schriftsteller, schrieb 1834-1836:

**Q3** ... Vom Anfang bis zu Robespierres Tod war die Revolution angreifend, von dann bis heute verteidigend. ... Die künftige Revolution muß Robespierres Weg fortsetzen.
Man darf die Französische Revolution nicht als eine isolierte geschichtliche Erscheinung betrachten, die sich in Frankreich allein begab, so daß man die spätere Revolution anderer Länder nur als Folgen, als Nachahmung, Ansteckung erklärt. Die Französische Revolution war gleich von Beginn an europäisch. Frankreich war nur das Glied des europäischen Körpers, an dem jene innere Bewegung zuerst sichtbar ward. ... Betrachtet man die Französische Revolution als eine europäische Angelegenheit, so ergibt sich, daß sie durch Napoleon nicht unterbrochen, sondern befördert wurde. Er nahm den ganzen Vorrat der französischen Freiheit, ihn als Saatkorn in Europa auszustreuen. ...

**Die Verfassung vom 23. September 1795 – Demokratie für die Besitzenden**

Nach dem Sturz der radikalen Revolutionäre (vgl. S. 93) arbeitete der Konvent eine neue Verfassung aus, in der es unter anderem hieß:

**Q** ... 17. Die Urversammlungen bestehen aus den ... Wählern ...
35. Niemand kann zum Wähler ernannt werden, wenn er nicht volle 25 Jahre alt ist und wenn er nicht ... eine der folgenden Bedingungen vereinigt, nämlich:
in den Gemeiden mit über 6.000 Einwohnern – daß er Eigentümer oder Nutznießer eines Gutes ist, das zu einem Ertrag geschätzt ist, der an Wert 100 Taglöhnen gleichkommt, oder Mieter einer Wohnung ist, die auf einen Wert geschätzt wird, der 150 Taglöhnen entspricht, oder Pächter eines Feldstückes, dessen Wert auf 200 Taglöhne geschätzt wird ... (in Gemeiden unter 6000 Einwohner lagen die Werte überwiegend niedriger.)

Die Legislative, die Gesetzgebende Versammlung, bestand aus einem Rat der Fünfhundert und einem Rat der Alten. Die Exekutive, die Regierung, setzte sich aus fünf „Direktoren“ zusammen, die das Direktorium bildeten.

**1** *Überprüft die folgende These: Die neue Verfassung stellte die Vorherrschaft der Besitzenden wieder her.*

**Vom Direktorium zur Diktatur Napoleon Bonapartes**

Die Direktorialherrschaft war nicht fähig, die soziale Not breiter Bevölkerungsschichten zu beheben. Wiederholt kam es zu Unruhen und Aufständen. Dabei mußte sich das Direktorium einerseits gegen monarchistische Gegner und andererseits gegen Anhänger der Revolution wehren. Ab 1798 regierte das Direktorium diktatorisch. Der durch seine militärischen Erfolge bekannte gewordene General Bonaparte (1769–1821) stürzte zusammen mit anderen Mitverschwörern am 9. November 1799 das Direktorium. Er setzte sich an die Spitze eines Dreier-Direktoriums und erklärte wenig später die Revolution für beendet. 1804 krönte er sich im Beisein des Papstes selbst zum Kaiser.

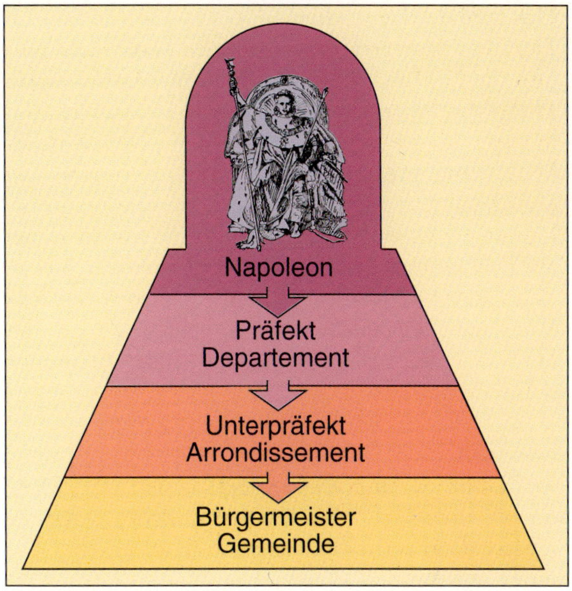


**Die Verwaltungsgliederung Frankreichs.** Die Pfeile symbolisieren das Recht Naploleons, Beamte zu ernennen und zu entlassen.

**„Das Erbe“ der Revolution**

Napoleon verspottete den Gedanken der Souveränität des Volkes und das Demokratiemodell des Parlamentarismus. Freie Wahlen ersetzte er durch von oben gelenkte Volksabstimmungen. Die Gewaltenteilung schaffte er ab. Als Menschen- und Bürgerrechte ließ er aber die persönliche Freiheit, die Gleichheit vor dem Gesetz und die Sicherheit und Unverletzlichkeit des Eigentums bestehen. Damit berücksichtigte er vor allem die Interessen des besitzenden Bürgertums. Die Privilegien des Adels und des Klerus stellte er nicht wieder her, lehnte aber auch mehr soziale Gleichheit für die unteren Gesellschaftsschichten ab. Trotz des Rückschlags, den die Demokratiebewegung erlitten hatte, wirkte die Idee der Demokratie weiter. Wie sich das Streben nach Demokratie im 19. Jahrhundert weiter entwickelte, könnt ihr am Beispiel Deutschlands im nächsten Kapitel erarbeiten.

**2** *Stellt die Abbildung in einen Bezug zum Demokratie-Gedanken.*

**3** *Listet auf, welche Ergebnisse der Revolution Napoleon erhalten und welche er beseitigt hat.*

**4** *Gestaltet ein Streitgespräch zwischen einem Adeligen, einem wohlhabenden Bürger und einem Sansculotten über die Politik Napoleons.*

# 3.2 Auf dem Weg zur Demokratie: Deutschland im 19. Jahrhundert

**Das Lied der Deutschen**
Der Text unserer 1841 gedichteten Nationalhymne gibt die Hoffnungen vieler Deutscher in der ersten Hälfte des 19. Jahrhunderts wieder. In wenigen Zeilen spricht die dritte Strophe des „Deutschlandliedes" die großen politischen Forderungen der damaligen Zeit an. Heute singen wir die Nationalhymne bei feierlichen Anlässen. Ihr kennt sie sicher aus der Berichterstattung von Fußballländerspielen. „Einigkeit und Recht und Freiheit für das deutsche Vaterland" lauten die ersten beiden Zeilen der Hymne. Sie beschreiben, was viele Menschen wünschten:

**Einigkeit**
Im Kampf gegen Napoleon hatten sich viele Menschen eingesetzt, die darauf hofften, auch in Deutschland einen Nationalstaat zu errichten. Dennoch: Deutschland blieb zu Beginn des 19. Jahrhunderts in viele kleine Staaten aufgeteilt, die von Königen und Fürsten regiert wurden. 1815 gründeten die deutschen Fürsten den Deutschen Bund, einen lockeren Staatenbund aus 39 Einzelstaaten. Die Hoffnung vieler Deutscher auf einen einheitlichen deutschen Nationalstaat nach dem Vorbild Frankreichs oder Großbritanniens wurde durch die Gründung des Deutschen Bundes nicht erfüllt.

**Recht**
Mit diesem Wort verbanden die Menschen die Forderung nach einer Verfassung für die einzelnen Bundesstaaten und die Ersetzung der Willkürherrschaft der Fürsten durch eine Regierung, die sich nach Gesetzen richtete, die von einem gewählten Parlament beschlossen wurden. Die Richter sollten unabhängig von der Regierung urteilen. Vorbild für diese Forderungen war unter anderem die französische Verfassung von 1791.

**Freiheit**
Mit diesem Wort verbanden die Menschen die Forderung nach Demokratie und nach persönlicher Freiheit, wie sie beispielsweise in den Menschen- und Bürgerrechten von 1789 in Frankreich verkündet worden waren.

**Hoffmann von Fallersleben: Das Lied der Deutschen, 3. Strophe**

3. Einigkeit und Recht und Freiheit
für das deutsche Vaterland!
Danach laßt uns alle streben
brüderlich mit Herz und Hand!
Einigkeit und Recht und Freiheit
sind des Glückes Unterpfand –
blüh im Glanze dieses Glückes,
blühe, deutsches Vaterland.

Die Französische Revolution war – neben den Vereinigten Staaten und Großbritannien – zu einem Vorbild für das Streben nach Demokratie in vielen Ländern geworden. Am Beispiel Deutschlands im 19. Jahrhundert könnt ihr in diesem Kapitel Entwicklungsbedingungen und Etappen eines anderen Weges zur Demokratie untersuchen. Dabei könnt ihr herausfinden

– unter welchen Bedingungen die Menschen hier für die Verwirklichung der Demokratie eintraten und welche Erfolge sie bei diesem Kampf hatten,
– aus welchen Gründen die Errichtung eines demokratischen Staatswesens in Deutschland in der Revolution von 1848 nach anfänglichen Erfolgen fehlschlug,
– inwiefern mit der Gründung des Deutschen Reiches 1871 auch der Weg zu mehr Demokratie in Deutschland beschritten wurde,
– wie Frauen im 19. Jahrhundert in Deutschland um demokratische Rechte kämpften und inwiefern sie dabei Erfolge erzielten.

Auf den folgenden Seiten könnt ihr zunächst erarbeiten,

– wie in Deutschland nach dem Sieg über Napoleon die Gegner der Demokratie ihre Macht zu sichern suchten,
– welche Gruppen sich ihnen dabei widersetzten
– und in welche internationalen Verflechtungen diese Auseinandersetzung eingebunden war.

**Der preußische König Friedrich Wilhelm IV. zwischen Demokratie und Militär. Die Karikatur kennzeichnet eine politische Situation im März 1848. Sie beschreibt aber auch ein politisches Spannungsverhältnis der Jahre 1817-1848.** Karikatur März 1848.

– *Stellt Vermutungen darüber an, was die Bürger auf ihrer Petition* gefordert haben könnten. Schreibt eure Vermutungen auf Wandzeitungen zum Thema dieser Unterrichtseinheit.*

– *Überlegt, was der König und das Militär verhindern wollen.*

Europa nach 1815.

**Auswahl aus der Liste der Staaten des Deutschen Bundes**

| Bundersstaaten | Einwohner |
|---|---|
| Österreich | 9 482 227* |
| Preußen | 7 923 439* |
| Sachsen | 1 200 000 |
| Bayern | 3 560 000 |
| Hannover | 1 305 351 |
| Württemberg | 1 395 462 |
| Baden | 1 000 000 |
| Kurhessen | 567 868 |
| Großherzogtum Hessen | 619 500 |
| Holstein | 360 000 |
| Luxemburg | 255 628 |
| Braunschweig | 209 600 |
| Oldenburg | 217 769 |
| Schaumburg-Lippe | 24 000 |
| Lippe (Detmold) | 69 062 |
| Lübeck | 40 650 |
| Frankfurt | 47 850 |
| Bremen | 48 500 |
| Hamburg | 129 800 |

* Nur Gebiete des Deutschen Bundes

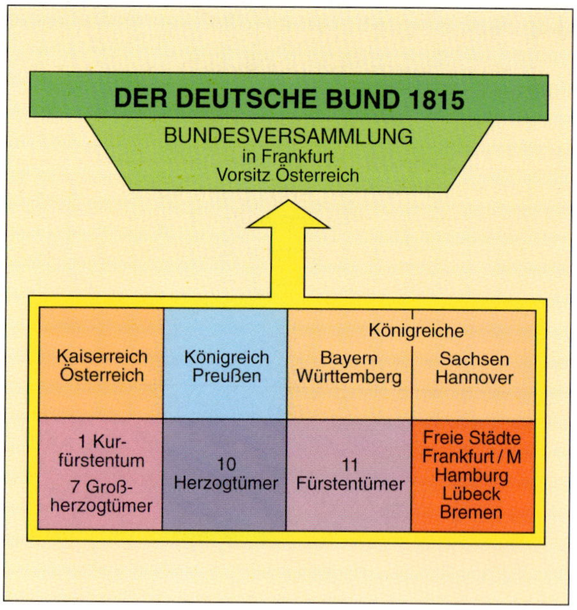


Die Gliederung des Deutschen Bundes.

### Der Wiener Kongreß

**1** *Betrachtet die Karte und schreibt die Gebietsänderungen für Preußen und Österreich auf.*

Im September 1814 trafen in Wien Fürsten und Diplomaten aus allen europäischen Ländern ein. Nach dem Sieg über Napoleon wollten sie über eine neue politische Ordnung in Europa beraten. Die Beratungen auf dem Wiener Kongreß dauerten bis zum Juli 1815. Unter dem Vorsitz des österreichischen Staatskanzlers Fürst Metternich einigte man sich darauf, daß keine der fünf europäischen Großmächte (Frankreich, Großbritannien, Österreich, Preußen, Rußland) ein Übergewicht über eine andere Macht bekommen sollte. Dadurch wollte man den Frieden in Europa sichern.

Ohne Rücksicht auf die Wünsche der Menschen in den einzelnen Staaten Europas wurden auf dem Wiener Kongreß neue Staaten geschaffen oder alte Staaten in ihrem Gebietsstand stark verändert.

Im einzelnen faßte der Kongreß folgende Beschlüsse:
- Frankreich bleibt in den Grenzen von 1789 erhalten, ein Enkel Ludwigs XVI. wird König;
- der russische Zar wird zugleich König von Polen;
- Preußen wird um die Rheinprovinz, Westfalen und Teile von Sachsen vergrößert;
- Österreich bekommt Oberitalien und Tirol;
- Großbritannien erhält Helgoland, Ceylon und die südafrikanische Kapkolonie zugesprochen;
- Holland und Belgien bilden das Königreich der Niederlande.

### Nationale Einigung Deutschlands abgelehnt

Die Fürsten beharrten darauf, über das Schicksal der Völker allein bestimmen zu können. Die Forderungen der Bürger nach Mitsprache, wie sie seit den Befreiungskriegen* gegen Napoleon erhoben wurden, erfüllten sie nicht. Die Errichtung eines einheitlichen deutschen Nationalstaates, in dem alle Deutschen unter einer Regierung vereinigt sein sollten, lehnten die Fürsten ab.

Die Großmächte und die deutschen Fürsten wollten keinen einheitlichen deutschen Staat mit einem starken Kaiser an der Spitze. Nach langen Verhandlungen beschloß der Wiener Kongreß, einen schwachen Staatenbund, den Deutschen Bund, zu gründen.

**1** *Beschreibt mit Hilfe der Karte auf S. 102 den Gebietsstand des Deutschen Bundes und nennt die Staaten, die nur mit Teilgebieten zu ihm gehörten.*

### Deutschlands staatliche Ordnung bis 1866

Der Deutsche Bund bestand aus 35 Fürstentümern und 4 freien Städten (vgl. Tabelle S. 102). Er bildete bis 1866 die staatliche Organisation Deutschlands.

Die Bundesversammlung des Deutschen Bundes tagte in Frankfurt. Sie war kein gewähltes Parlament, sondern eine Versammlung von Gesandten der Fürsten und der freien Städte. Unter dem Vorsitz des österreichischen Gesandten berieten sie vor allem über Fragen der äußeren und inneren Sicherheit im Deutschen Bund. Für Beschlüsse war eine Zweidrittel-Mehrheit erforderlich. Ob die Beschlüsse ausgeführt wurden, bestimmten aber allein die Fürsten und die Regierungen der Einzelstaaten.

### Machtanspruch der Fürsten

Den Machtanspruch der Fürsten begründete Carl Ludwig Haller in seiner Schrift „Restauration* der Staatswissenschaften" (1816) folgendermaßen:

> **Q** ... Die Fürsten ... herrschen nicht aus anvertrauten Rechten ... Es ist ihnen keine Gewalt von dem Volk übertragen worden ... sie besitzen diese Macht ... durch sich selbst ... von der Natur ...
>
> Das Volk ist ursprünglich nicht vor dem Fürsten, sondern im Gegenteil der Fürst vor dem Volke, gleich wie der Vater vor den Kindern, der Herr vor den Dienern, überall der Obere vor den Untergebenen, die Wurzel vor den Ästen, Zweigen und Blättern existiert.
>
> Die Fürsten sind nicht bloß Oberhaupt des Staats ..., sondern die Fürsten sind ... unabhängige Herren ...

**2** *Überlegt, in welchem Verhältnis – nach der Ansicht Hallers – Fürst und Volk zueinander stehen.*

**3** *Findet heraus, welcher Staatsauffassung aus früherer Zeit diese Meinung ähnelt.*

### Verfassungsversprechen

Um die Hoffnungen der Deutschen nicht zu sehr zu enttäuschen, kündigten die deutschen Fürsten auf dem Wiener Kongreß an, ihren Staaten Verfassungen geben zu wollen. Die Bürger sollten durch gewählte Parlamente Mitwirkungsrechte in staatlichen Angelegenheiten erhalten. Nur in Baden, Württemberg, Bayern, Weimar und Sachsen wurden diese Versprechen erfüllt. Im Königreich Hannover verkündete der König erst 1833 eine Verfassung. Preußen und Österreich erhielten keine Verfassung.

**Das Wartburgfest am 31. Oktober 1817.** Holzschnitt eines unbekannten Künstlers von 1891.

## Das Wartburgfest

Am 18. Oktober 1817 versammelten sich etwa 450 Studenten und einige Professoren in Eisenach. Sie waren aus allen Teilen Deutschlands gekommen, um den Jahrestag der Völkerschlacht* bei Leipzig und den Beginn der Reformation* vor 300 Jahren zu feiern. Viele Studenten hatten als Freiwillige gegen Napoleon gekämpft und sich danach zur „Deutschen Burschenschaft" zusammengeschlossen. Als Symbol ihrer freiheitlichen Gesinnung wählte die Burschenschaft eine schwarz-rot-goldene Fahne in Erinnerung an die Uniformfarben des Freikorps Lützow, in dem viele junge Leute gegen Napoleon gekämpft hatten. Unter Glockenklang und Musik marschierten die Festteilnehmer zur Wartburg hinauf. Im Festsaal wurden flammende Reden für ein einiges deutsches Vaterland gehalten. Am Abend entzündeten die Studenten Freudenfeuer. Unter dem Jubel der Menge flogen preußische Uniformstücke und fürstenfreundliche Bücher, darunter auch Hallers „Restauration der Staatswissenschaften", in die Flammen.

**1** *Schreibt einen Bericht über das Wartburgfest im heutigen Zeitungsstil. Benutzt dazu auch das Bild.*

Kurz nach dem Wartburgfest war in den „Grundsätzen und Beschlüssen der Burschenschaften" (1817) folgendes zu lesen:

> **Q1** ...Ein Deutschland ist und ein Deutschland soll sein und bleiben. Je mehr Deutschland in Staaten zerrissen ist, desto heiligere Pflicht ist es für jeden Deutschen, dahin zu streben, daß die Freiheit nicht verloren gehe und das Vaterland nicht verschwinde ... Der Wille des Fürsten ist nicht Gesetz des Volkes, sondern das Gesetz des Volkes soll Wille der Fürsten sein ... Vorrechte sind mit der Gerechtigkeit unvereinbar. Wo es Bevorrechtete gibt, gibt es auch Beeinträchtigte ... Das Recht, in freier Rede seine Meinung über öffentliche Angelegenheiten zu äußern, ist für jeden Deutschen unveräußerlich ...

Die Menschen, die für mehr Freiheiten des Volkes eintraten, wurden Liberale* genannt.

**2** *Schreibt in Stichworten die Forderungen der Studenten auf.*

**3** *Spielt folgende Situation: Die Fürsten beraten, wie sie auf das Wartburgfest reagieren können.*

## Die Karlsbader Beschlüsse

**4** *Vermutet, was der Zeichner der Karikatur auf S.105 zum Ausdruck bringen wollte. Vergleicht dazu den Tafelanschrieb mit der Darstellung der Personen.*

Am 23. März 1819 ermordete der Student Karl Ludwig Sand den Dichter August von Kotzebue, der als Herausgeber des „Literarischen Wochenblattes" die Burschenschaften regelmäßig verspottet hatte. Außerdem vermuteten viele Studenten, Kotzebue sei ein russischer Spion, weil er von 1781-1790 im Dienste des Zaren von Rußland gestanden hatte.

Das Attentat war für Metternich eine passende Gelegenheit, gegen den „revolutionären Geist" der Studenten vorzugehen. Bei einem Treffen der Fürsten des Deutschen Bundes in Karlsbad setzte er folgende Beschlüsse durch:

**„Der Denker-Club“.** Karikatur um 1820.

– Die Burschenschaften werden verboten;
– die Universitäten stehen unter der Überwachung von Regierungskommissaren;
– Zeitungen und Bücher müssen staatlich genehmigt werden. Beauftragte des Staates können einzelne Artikel, die der Regierung nicht genehm sind, streichen (Zensur);
– eine zentrale Untersuchungskommission soll „revolutionäre Umtriebe“, die die bestehende Ordnung gefährden, untersuchen und bestrafen.

**1** *Überlegt, welche Folgen die Karlsbader Beschlüsse für liberale Bürger haben konnten.*

**2** *Sprecht noch einmal über die Karikatur und vergleicht das Ergebnis mit euren Vermutungen zu Arbeitsauftrag 1.*

Das folgende Lied war damals sehr beliebt:

Die Gedanken sind frei! Wer kann sie erraten?
Sie fliehen vorbei wie nächtliche Schatten.
Kein Mensch kann sie wissen, kein Jäger erschießen,
es bleibt dabei: Die Gedanken sind frei!

Ich denke, was ich will und was mich beglücket,
doch alles in der Still und wie es sich schicket.
Mein Wunsch und Begehren kann niemand verwehren.
Es bleibt dabei: Die Gedanken sind frei!

Und sperrt man mich ein im finsteren Kerker,
das alles sind rein vergebliche Werke,
denn meine Gedanken, sie reißen die Schranken
und Mauern entzwei. Die Gedanken sind frei!

**Die Freiheit führt das Volk.**
Gemälde von E. Delacroix, 1830.

**Die Julirevolution in Frankreich 1830**
Der französische König Karl X. versuchte 1830 wieder als absoluter* Herrscher ohne Parlament zu regieren. Er befahl, das Parlament aufzulösen und die Pressefreiheit aufzuheben. Gegen diese Maßnahmen wandten sich vor allem reiche Bürger und Handwerker, aber auch Journalisten, Studenten und Arbeiter. Am 27. Juli 1830 brach in Paris die Revolution aus. Nach dreitägigen Straßenkämpfen waren die königlichen Truppen geschlagen. Karl X. mußte zurücktreten. Das Parlament setzte einen neuen König ein, der einer neuen Verfassung für Frankreich zustimmen mußte.
Der König konnte nur entsprechend den Bestimmungen der Verfassung regieren und war der Kontrolle des Parlaments unterworfen. Das Wahlrecht blieb aber immer noch auf ein kleinen Teil der männlichen Bevölkerung Frankreichs beschränkt: nur 2,8 Prozent der Männer über 21 Jahren duften wählen.
Das Pariser Beispiel führte zu Aufständen in Polen und Belgien. Auch in Deutschland wurden nun wieder Forderungen nach der Abschaffung der Karlsbader Beschlüsse laut (vgl. S. 105).

**1** *Betrachtet das Bild. Sprecht darüber, ob ihr den Titel des Bildes richtig findet.*

**Liberale fordern Freiheiten**
Die Ereignisse in Paris wurden in Deutschland heftig diskutiert. Weil die Pariser Bürger gesiegt hatten, fühlten sich auch in Deutschland Bürger ermutigt, politische Gruppen, die Vorläufer der heutigen Parteien, zu gründen.
Eine Gruppe gebildeter Bürger, die Liberalen*, forderten mehr politische Rechte für den Einzelnen. Sie verlangten die Einführung von Verfassungen, die Garantie der Menschenrechte und das Recht, sich in politischen Vereinen zusammenschließen zu dürfen.
In Baden erreichten die Liberalen ein freiheitliches Pressegesetz. Jetzt konnten sie ihre Forderungen in Zeitungsartikeln verbreiten.

**2** *Erkundigt euch, welche Partei heute „Liberale" genannt wird.*

**3** *Besorgt euch das Parteiprogramm der Liberalen und berichtet über die heutigen Forderungen.*

**Zug auf das Schloß Hambach am 27. Mai 1832.**
Zeitgenössische Darstellung.

**Das Hambacher Fest**

Am 20. April 1832 luden 23 Kaufleute, drei Handwerker, ein Arzt, zwei Notare und zwei Beamte zum Hambacher Fest ein. Etwa 30 000 Menschen folgten der Einladung zur ersten großen politischen Massendemonstration in Deutschland. In dem Zug zum Schloß Hambach in der Pfalz trugen die Menschen schwarz-rot-goldene Fahnen mit sich. Unter diesen Farben kämpften Studenten in den Befreiungskriegen gegen Napoleon. Die Farben galten als Symbol für Freiheit und Demokratie.

Die Redner nahmen auf der Versammlung kein Blatt vor den Mund. Der liberale Journalist Johann Jakob Siebenpfeiffer rief aus:

**Q1** Vaterland – Freiheit – ja! ... Seit das Joch des fremden Eroberers (Napoleon) abgeschüttelt ist, erwartet das deutsche Volk von seinen Fürsten die verheißene Wiedergeburt, die Einheit; es sieht sich getäuscht. Die Natur der Herrschenden ist Unterdrückung, der Völker Streben ist Freiheit. Es wird kommen der Tag, wo der Bürger nicht in höriger Untertänigkeit den Launen des Herrschers und seiner knechtigen Diener, sondern dem Gesetz gehorcht ...

In einer weiteren Rede sagte der Journalist Georg August Wirth:

**Q2** Dieses schöne Land wird verwüstet und geplündert; zerrissen und entnervt, geknebelt und entehrt. Reich an allen Hilfsquellen der Natur, sollte es für alle seine Kinder die Wohnung der Freude und der Zufriedenheit sein, allein ausgesogen von 34 Königen, ist es für die Mehrzahl seiner Bewohner der Aufenthalt des Hungers, des Jammers und des Elends ... Darum, deutsche Patrioten, wollen wir die Männer wählen, die durch Geist, Feuereifer und Charakter berufen sind, das große Werk der deutschen Reform zu beginnen und zu leiten ...

Viele junge Leute stimmten ein Lied an, dessen Refrain lautete: „Nun kommt der Völker Schmaus, Fürsten zum Land hinaus". Die Reaktion der Fürsten blieb nicht aus. Die Redner und einige Festteilnehmer wurden verhaftet und zum Teil zu Haftstrafen verurteilt. Politische Vereine, Volksversammlungen und das Tragen politischer Abzeichen oder Fahnen waren künftig verboten.

**1** *Schreibt die Forderungen und Anklagen aus den Reden in Stichworten heraus.*

**2** *Stellt die Gemeinsamkeiten und Unterschiede zwischen dem Wartburgfest und dem Hambacher Fest gegenüber.*

**3** *Beurteilt die Reaktion der Fürsten.*

**Familienbild.** Gemälde von Johann Michael Neder, 1836.

Politisch aktiv waren in der ersten Hälfte des 19. Jahrhunderts nur wenige Bürgerinnen und Bürger. Die Einschüchterung durch die Polizei und die scharfen Maßnahmen gegen politische Forderungen zeigten ihre Wirkung.
In dem folgenden Abschnitt könnt ihr den Alltag der Menschen untersuchen und erarbeiten, wie die verschiedenen Schichten in Deutschland lebten, was sie bewegte.
Unter der Oberfläche des scheinbar ruhigen Lebens entwickelte sich immer stärker eine krisenhafte Situatiuon heraus, die sich in vielen Protesten und Aufständen zeigte. Einer von ihnen war der Weberaufstand. Die Ursachen und die Folgen dieses großen Aufstandes könnt ihr auf Seite 113 untersuchen.

**Die „Unruhe des Zeitalters"**

**1** *Beschreibt das Bild und überlegt, welchen Eindruck der Maler beim Betrachter hervorrufen will.*

Als „Bürger" bezeichnete man seit dem Mittelalter die Handwerker und Kaufleute in einer Stadt. Im 19. Jahrhundert entstanden neue bürgerliche Gruppen:
- Die an Universitäten ausgebildeten Richter, Ärzte, Apotheker, höheren Verwaltungsbeamten oder Gymnasiallehrer wurden als „Bildungsbürgertum" zusammengefaßt.
- Großkaufleute, Bankiers oder Fabrikbesitzer bezeichnete man als „Besitzbürgertum".

Diese Gruppen waren in der Forschung oder Lehre tätig, gründeten Handelsunternehmen und Banken, bauten Eisenbahnen oder Fabriken. Durch Fleiß, Zuverlässigkeit und Pflichtbewußtstein kamen sie zu Wohlstand und Ansehen.
Grundsätzlich war es jetzt auch möglich, aus niedrigeren Schichten in höhere aufzusteigen. Voraussetzung dazu war eine höhere Schulbildung. In ganz Preußen stieg die Zahl der Schüler, die eine höhere Schule besuchten, zwischen 1822 und 1846 von 21000 auf fast 40000 an. Das waren zwar nicht einmal 10 % aller Schüler, aber ein Drittel aller Abiturienten waren Söhne von Handwerkern, Kleinhändlern oder unteren Beamten.
Der preußische Adlige Ludwig von der Marwitz (1777-1837) beobachtete, daß sich nach 1815 bei den Gewerbetreibenden in den Städten bis dahin nicht erkennbare Veränderungen vollzogen. Er schrieb 1836:

> **Q1** ...Eine solche allgemeine Unruhe und Wanderung war eine ganz neue Erscheinung. Denn bis dahin war der Sohn in der Regel dem Gewerbe des Vaters gefolgt ... Hiervon war jetzt nicht mehr die Rede ... Der Sohn des kleinen Kaufmanns wollte ein reicher Bankier, der des Predigers ein unabhängiger Gelehrter, der des Schulmeisters Prediger, der des Handwerkers Kaufmann, der des Ackerbürgers ein Schriftgelehrter werden ... So entstand nach und nach eine Klasse von heimatlosen Menschen, die sich den gebildeten Mittelstand nannte ...

**2** *Erklärt, was von der Marwitz unter den Begriffen „Unruhe des Zeitalters" und „Klasse von heimatlosen Menschen" versteht.*

**Die unteren bürgerlichen Schichten**

**1** *Sprecht über die Lebensverhältnisse der Familie auf dem Bild dieser Seite und vergleicht sie mit der Abbildung auf der gegenüberliegenden Seite.*

In Köln beispielsweise gehörten zwischen 1817 und 1849 nur 2 % der Einwohner zur bürgerlichen Oberschicht. 22 % wurden als selbständige Handwerker und Ladenbesitzer zum Mittel- oder Kleinbürgertum gezählt. 76 % gehörten als Handwerksgesellen, Tagelöhner, Dienstboten oder Fabrikarbeiter zur Unterschicht.

**2** *Stellt die bürgerliche Schichtung Kölns in einem Schaubild dar.*

Über die Lebensverhältnisse einer Schneiderfamilie in Berlin berichtete die Schriftstellerin Bettina von Arnim 1843:

> **Q1** Der Schneider Engelmann hat graue Haare, ist aber noch ganz munter ... Sein elftes Kind ist vier Monate alt, ein zwölftes wird erwartet, acht Kinder sind gestorben ... Er hat kein Geld, um Futter und Knöpfe zu kaufen, und macht daher meistens nur Flickarbeit ... Auf seinen Tisch kommt abwechselnd Brot zum schwarzen Kaffee, Hering und dünne Mehlsuppe. Wenn er nur einen Tag ohne Arbeit ist, so muß er Kleidungstücke etc. versetzen ... Das Kind starb, und E. konnte die Begräbniskosten nicht bestreiten. Ein Invalide* ... borgte ihm ein Beinkleid und ein Hemd, daß er Geld darauf entlehnen konnte. Als einige Wochen später ein zweites Kind starb, borgte derselbe Mann einen Taler* ... Als ich wegging sagte mir die Frau, daß ich die paar Groschen, die ich ihr gegeben, recht wohl angebracht habe; es sei diesen Nachmittag kein Geld mehr in der Kasse gewesen.

**3** *Versetzt euch in die Lage der Familie und überlegt, welche Empfindungen sie gegenüber der Oberschicht gehabt haben könnte.*

**Stich aus der Leipziger Illustrierten Zeitung 1848.**

Aus dieser Zeit stammt das Hungerlied:

> **Q2** Verehrter Herr und König,
> Weißt du die schlimme Geschicht'
> Am Montag aßen wir wenig,
> Und am Dienstag aßen wir nicht.
> Und am Mittwoch mußten wir darben,
> Und am Donnerstag litten wir Not.
> Und ach am Freitag starben
> Wir fast den Hungertod!
> Drum laß am Samstag backen
> Das Brot fein säuberlich –
> Sonst werden wir sonntags packen
> Und fressen, o König, dich!

Während der zehn Jahre von 1830 bis 1839 zählte man in Deutschland 28 größere Protestaktionen wegen der schlechten sozialen Lage. In der Zeit von 1840 bis 1847 stieg die Zahl auf 103 an.

**4** *Stellt Vermutungen darüber an, welche Folgen die soziale Entwicklung der bürgerlichen Schichten gehabt haben könnte.*

**1 Das Ehepaar Heinrigs mit zwei Söhnen.** Gemälde von Kaspar Benedikt Beckenkamp, 1824.

...
Der Mann muß hinaus
Ins feindliche Leben,
Muß wirken und streben
Und pflanzen und schaffen,
Erlisten, erraffen,
Muß wetten und wagen,
Das Glück zu erjagen
...
Und drinnen waltet
Die züchtige Hausfrau,
Die Mutter der Kinder,
Und herrschet weise
Im häuslichen Kreise,
Und lehret die Mädchen
Und wehret den Knaben,
Und reget ohn Ende
Die fleißigen Hände,
Und mehrt den Gewinn
Mit ordnendem Sinn,
Und füllet mit Schätzen die duftenden Laden,
Und dreht um die schnurrende Spindel den Faden,
Und sammelt im reinlich geglätteten Schrein
Die schimmernde Wolle, den schneeigen Lein,
Und füget zum Guten den Glanz und den Schimmer,
Und ruhet nimmer.
...

**2 Friedrich Schiller, Das Lied von der Glocke (1799),** Auszug.

**Bürgerliche Frauen**

**1** *Lest den Ausschnitt aus dem „Lied von der Glocke" laut vor und stellt dann gegenüber: Aufgaben und Wirkungsbereiche von Männern und Frauen nach Schiller.*

**2** *Untersucht die Rollenverteilung von Mann und Frau auf dem Bild.*

Während die Männer aus der bürgerlichen Oberschicht vor allem ihrem Beruf außerhalb des Hauses nachgingen und sich am Abend in einem der damals zahlreich entstehenden Vereinen betätigten, waren die Frauen fast ausschließlich im Haus tätig. Sie sollten die Familie zu einem Ort beschaulicher Harmonie machen. Die Töchter lernten die Haushaltsführung, Klavierspielen und Handarbeiten.
Die Schriftstellerin Fanny Lewald (1811-1889) schrieb später (1861):

**Q** Und wir Frauen sitzen und sitzen von unserem siebzehnten Jahre ab, und warten und warten, und hoffen und harren in müßigem Brüten von einem Tage zum andern, ob denn der Mann noch nicht kommt, der uns genug liebt, um sich unserer Hilflosigkeit zu erbarmen.
Man fand es furchtbar, daß ein Pflanzer einem Neger, der etwa mit schönen Anlagen für Mechanik, mit einem ungewöhnlichen Scharfblick für die Erkenntnis von Krankheiten, mit einer großen Gewandtheit für kaufmännische Verhandlungen geboren war, sagen konnte: Du baust Zucker, Du baust Baumwolle, ... Man weinte über Onkel Tom in seiner Hütte, und sagte einer Tochter, die vielleicht ein medizinisches Genie oder ein großes kaufmännisches Talent war: Du strickst Strümpfe, Du lernst, den Haushalt führen; Du bekommst Unterricht, der so weit langt, daß Du einsehen kannst, was für Dich wünschenswert und zu erreichen wäre, wenn man es Dir möglich machte, Deine Fähigkeiten zu entwickeln, aber entwickeln darfst Du sie nicht – denn Du bist ein Weib. Du brauchst Dich aber darüber nicht zu beklagen, es ist Dein Beruf.

**3** *Diskutiert den dargestellten Widerspruch und erklärt, was hier mit dem Begriff „Beruf" gemeint ist.*

1 **Frauen verpacken Bleistifte in einer Fabrik.** Anonymer Stich um 1850.

**Frauen der Unterschicht**

**1** *Vergleicht die Bilder dieser Doppelseite. Beschreibt die unterschiedlichen Aufgaben der Frauen.*

| | 1816 | 1846 |
|---|---|---|
| Weibliche Wohnbevölkerung über 14 Jahren | 3 390 000 | 5 260 000 |
| davon: | | |
| Dienstboten im Haushalt | 71 855 | 133 018 |
| Mägde/Tagelöhnerinnen in Landwirtschaft und Gewerbe | 912 764 | 1 155 521 |
| Fabrikarbeiterinnen | – | 57 269 |

2 **Frauenarbeit in Preußen 1816-1846.**

**3** *Errechnet für 1816 und 1846 die Gesamtzahl der weiblichen Beschäftigten.*

Im Gegensatz zu den Frauen der bürgerlichen Oberschicht, die nur „Gattin, Hausfrau und Mutter" sein sollten, waren die Frauen und jungen Mädchen aus den unteren Schichten auf entlohnte Arbeit im Haushalt wohlhabender Familien, als Mägde, Tagelöhnerinnen oder in den gerade entstehenden Fabriken angewiesen. Über die Lage verheirateter Frauen im Textilgewerbe der 1840er Jahre schrieb der Zeitgenosse G. Rasch später (1863):

**Q** … In einer Proletarierfamilie* muß die Frau am meisten und am anstrengendsten arbeiten, denn außerdem, daß ihr die Sorge für die Bewirtung und Verpflegung der ganzen Familie auf dem Halse liegt, muß sie auch zum täglichen Erwerbe mithelfen und also alle Tage zehn bis zwölf Stunden am Webstuhle oder am Spinnrade zubringen … Der Mann heiratet sie häufig nur, um ihre Arbeitskraft auszubeuten, und da die Kinder für die armen Leute ein Erwerbsmittel sind, muß sie … auch im Kindergebären so produktiv wie irgend möglich sein, wenn sie in der Gunst ihres Herrn, nämlich ihres Mannes bleiben will.

**3** *Beschreibt die Situation der berufstätigen Frauen aus der Unterschicht und vergleicht sie mit heutigen Verhältnissen.*

**4** *Diskutiert, wo heute die Gleichberechtigung von Männern und Frauen noch nicht verwirklicht ist.*

**Weberelend.** Holzschnitt aus den 40er Jahren des 19. Jahrhunderts.

## Armut auf dem Lande

Der Dichter Georg Weerth schildert 1845 die Not der Armen in der Senne, einem kargen Landstrich zwischen Bielefeld und Paderborn:

**Q** ... Eine Wüste nannten wir jenen Landstrich und dennoch (war er) bevölkert ... Hier und dort, wo der Sand fester und feuchter ist, sieht man Buchweizen und Hafer in dünnen Halmen aufschießen; gleich daneben, hinter einem Zaun, aus Birken geflochten, weidet eine magere buntgefleckte Kuh, wohl die einzige Trösterin des Bauern, der nicht weit davon aus Lehm und Baumzweigen seine niedrige Hütte aufgeschlagen hat. Treten wir an die Tür desselben, da schlägt uns ein dichter Rauch entgegen, denn für einen Schornstein hat man nicht gesorgt. Ist im Winter der Herd erloschen, da muß der in der Hütte zurückgebliebene Rauch und Dunst noch wärmen. Gehen wir vorüber, da laufen uns einige zerlumpte Kinder nach; sie halten die Hände gefalten und murmeln eine Sprache, die niemand versteht. Aber in den kümmerlichen Blicken kann man lesen, was sie wollen, und gebt ihr einem kleinen Mädchen mit hellblonden Haaren eine Silbermünze, da ist es mehr als sie je besaß, mehr als sie in mehreren Wochen durch Flachsspinnen* gewinnen kann ... Am schlimmsten sind die Leute dran, welche sich durch einen günstigen Ackerfleck verleiten ließen, mitten in die eigentliche Senne zu ziehen, denn dort sind sie ... von aller Welt abgeschnitten. Der Vorrat von Kartoffeln geht bald zu Ende; durch die schlechte Witterung, welche die Lehmwände der Hütten naß und feucht macht, brechen Krankheiten ins Haus herein ...

**1** *Beschreibt die Lebensituation der Armen mit Hilfe der Quelle und des Bildes.*

Die meisten Kleinbauern konnten von der Landwirtschaft allein nicht leben und waren auf Nebenverdienst durch Garnspinnen oder Weben von Leinen in der Heimarbeit angewiesen. In England wurden aber bereits Textilien mit Maschinen schneller und billiger hergestellt (vgl. S. 148/149). Als die Fabrikwaren den europäischen Markt überschwemmten, gerieten die Heimarbeiter ins Elend.

**2** *Entwickelt Vorschläge zur Überwindung der Armut.*

Karikatur aus den „Fliegenden Blättern" 1848.

**Der Weberaufstand**

In Schlesien war die Not der Weber besonders groß. Das Überangebot an Arbeitskräften erlaubte es den Verlegern*, die Preise für die handgewebten Waren immer mehr herabzusenken. Besonders verhaßt war der Verleger Zwanziger. Der Schriftsteller Wilhelm Wolff berichtete 1845:

**Q1** ... Das anfangs nicht allzu große Vermögen der Zwanziger war in kurzer Zeit zu großem Reichtum angewachsen. Sechs prächtige Gebäude gaben Zeugnis davon. Herrliche Spiegelscheiben, Fensterrahmen von Kirschbaumholz, Treppengeländer von Mahagoni, Kleider- und Wagenpracht sprachen der Armut der Weber Hohn. Bei der letzten Lohnverkürzung sollen die Zwanziger auf die Vorstellung der Weber, daß sie nun gar nicht mehr bestehen und selbst nicht mehr Kartoffeln kaufen könnten, geäußert haben ... die Weber möchten nur, wenn sie nichts anderes hätten, Gras fressen, das sei heuer reichlich gewachsen ...

**1** *Vergleicht diese Schilderung mit der Quelle auf der gegenüberliegenden Seite.*

Am 4. Juni 1844 brach ein Aufstand aus. Wilhelm Wolff berichtete:

**Q2** ... Eine Schar Weber erschien in Nieder-Peterswaldau und zog auf ihrem Marsch alle Weber aus den Wohnungen rechts und links an sich. Alsdann begaben sie sich nach dem wenig entfernten Kapellenberg, ordneten sich paarweise und rückten so auf das neue Zwanzigersche Wohngebäude los. Sie forderten höheren Lohn und ein Geschenk! Mit Spott und Drohen schlug mans ihnen ab. Nun dauerte es nicht lange, so stürmte die Masse ins Haus, erbrach alle Kammern, Gewölbe, Böden und Keller und zertrümmerte alles, von den prächtigen Spiegelfenstern, Trumeaus*, Lüstern*, Öfen, Porzellan, Möbeln bis zu den Treppengeländern, zerriß die Bücher, Wechsel und Papiere, drang in das zweite Wohngebäude, in die Remisen, ins Trockenhaus, zur Mangel, ins Packhaus und stürzte die Waren und Vorräte zu den Fenstern hinaus ...

Bis zu 3 000 Weber schlossen sich dem Aufstand an, der bald auf die Nachbardörfer übergriff. Schließlich beendete das herbeigerufene Militär mit blutiger Gewalt die Unruhen. Es gab 11 Tote und über 100 Verletzte. Einige hundert Weber wurden verhaftet und erhielten bis zu 8 Jahren Zuchthausstrafe wegen Tumults.

**2** *Macht eine Reportage über Ursachen, Verlauf und Ausgang des Weberaufstandes.*

**3** *Sprecht darüber, was der Karikaturist zum Ausdruck bringen wollte.*

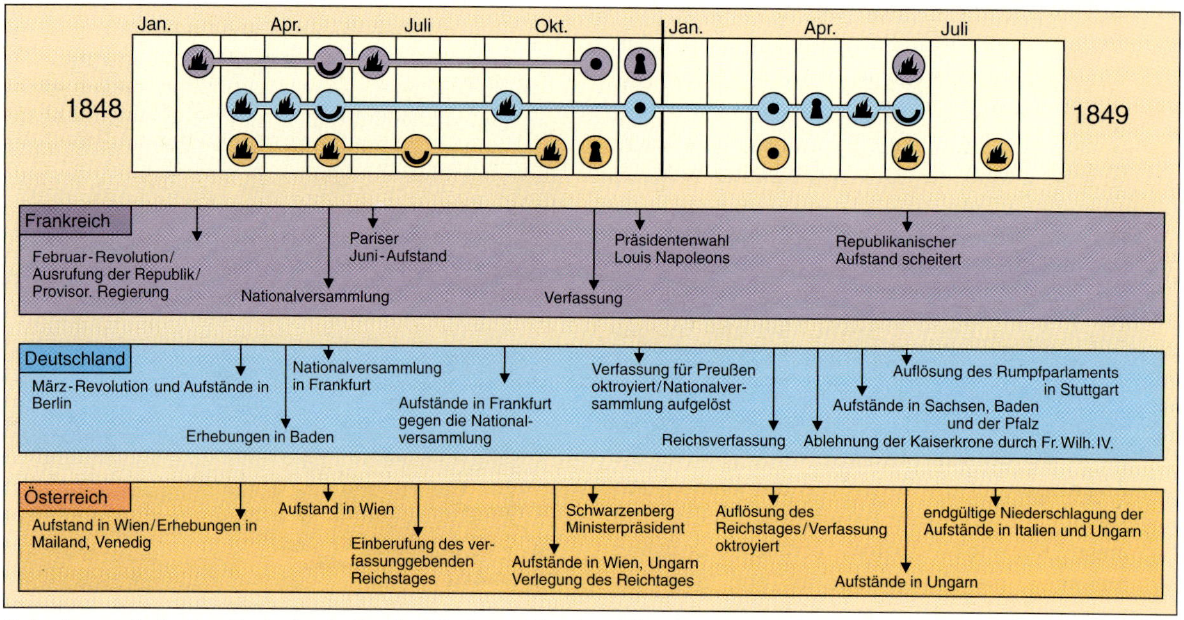


**Kalender revolutionärer Ereignisse in Frankreich, Deutschland und Österreich 1848/49.**

**Revolutionen in ganz Europa**
1848 wurde ganz Europa, mit Ausnahme Rußlands, von einer Welle der Revolutionen erfaßt. Ausgangspunkt war wie bereits 1789 und 1830 Frankreich (vgl. S. 96 und S. 106).

In Frankreich waren nur 2,8 Prozent der männlichen Bevölkerung seit der Julirevolution 1830 wahlberechtigt (vgl. S. 106). Im Februar 1848 forderten Pariser Bürger mit großen Demonstrationen ein besseres Wahlrecht. Das bisherige Parlament lehnte diese Forderungen ab und die Regierung verbot ein riesiges Festessen, mit dem die Pariser Bürger für ihr neues Wahlrecht demonstrieren wollten. Daraufhin kam es zu blutigen Straßenschlachten, bei denen sich das Militär zurückhielt. Der König wurde zur Abdankung gezwungen und die Monarchie abgeschafft. Die Aufständischen riefen die Republik aus und hielten im April 1848 allgemeine Wahlen ab. Wahlberechtigt waren nun alle Männer über 21 Jahre.

Das französische Beispiel löste in Europa eine Welle revolutionärerer Ereignisse aus. Die Ursachen der Krise des bisherigen Gesellschaftssystems lagen in der wirtschaftlichen Not, den sozialen Ungerechtigkeiten, den nicht eingelösten Verfassungsversprechen und der Unterdrückung demokratischer Bestrebungen.

In vielen Städten wurden nach dem französischen Beispiel politische Versammlungen abgehalten und revolutionäre Forderungen erhoben. Die Ordnung von 1815 brach zusammen.

Auf den folgenden Seiten könnt ihr die Entwicklung und den Verlauf der Revolutionen in Deutschland und Österreich untersuchen und erarbeiten,

- welche Forderungen zu Beginn der Revolution gestellt wurden,
- welche Ziele sich die demokratischen Bewegungen setzten und
- warum die Verwirklichung der Demokratie scheiterte.

An der Diskussion um das Wahlrecht könnt ihr beispielhaft erarbeiten, ob die politische Beteiligung für alle oder nur für ein Teil der Bevölkerung in den Verfassungsberatungen der Nationalversammlung vorgesehen war.

Revolutionen in Europa 1848/49

**Revolution in Europa**

**1** *Stellt mit Hilfe der Karte fest, in welchen Städten im Frühjahr 1848 Aufstände ausbrachen.*

Am 27. Februar 1848 beschloß eine Volksversammlung in Mannheim einen Aufruf:

**Q1** ... Das französische Volk hat den König abgesetzt, hat das Joch der Tyrannei* gebrochen. ... Die Italiener haben freie Verfassungen kräftig sich errungen. Sollten wir Deutschen allein unter dem Joch der Knechtschaft verbleiben?
Der entscheidende Augenblick ist gekommen. Der Tag der Freiheit ist angebrochen. Vorwärts! ist der Ruf der Zeit. Die Not des Volkes muß ein Ende nehmen. ...

Die versammelten Bürger stellten folgende Forderungen an den Badischen Landtag:

**Q2** ... Deutschland darf nicht länger geduldig zusehen, wie es mit Füßen getreten wird. Das deutsche Volk hat das Recht zu verlangen: Wohlstand, Bildung und Freiheit für alle Klassen der Gesellschaft, ohne Unterschied der Geburt und des Standes*.
Die Zeit ist vorüber, die Mittel zu diesen Zwecken lange zu beraten. Was das Volk will, hat es durch die Presse und durch Petitionen* deutlich genug ausgesprochen:
1. Volksbewaffnung mit freien Wahlen der Offiziere.
2. Unbedingte Pressefreiheit.
3. Schwurgerichte nach dem Vorbilde Englands.
4. Sofortige Herstellung eines deutschen Parlamentes...

Voller Neid blickten die versammelten Bürger nach Paris. Dort hatten die Bürger und Arbeiter nach dreitägigen Demonstrationen und Kämpfen den König gestürzt. Die Revolutionäre riefen die Republik aus. Die revolutionäre Begeisterung ergriff Italien, Ungarn, Österreich und Deutschland.

Am 13. März 1848 brachen in Wien Unruhen aus. Der langjährige Staatskanzler, Fürst Metternich, mußte zurücktreten. Den Forderungen der revolutionären Studenten nach Pressefreiheit gab der Kaiser nach. Zur Beratung einer Verfassung sollte ein Parlament für das Kaiserreich einberufen werden. Die Revolution hatte auch in Wien gesiegt.

**2** *Gebt die Forderungen der Mannheimer Bürger in Schlagworten wieder und fertigt Plakate an.*

**Wahlversammlung eines politischen Clubs in Berlin am 13. März 1848.** Zeitgenössischer Stich.

**Revolutionäre Forderungen**

**1** *Betrachtet das Bild. Versetzt euch in den Redner und schreibt politische Forderungen auf, die ihr im März 1848 gestellt hättet. Ergänzt eure Plakate (Arbeitsauftrag 2, S. 115).*

Kölner Arbeiter stellten folgende Forderungen am 3. März 1848 auf:

**Q1** ...Gesetzgebung und Verwaltung durch das Volk ...
Allgemeines Wahlrecht und allgemeine Wählbarkeit in Gemeinde und Staat ...
Unbedingte Freiheit der Rede und der Presse ...
Aufhebung des stehenden Heeres und Einführung einer allgemeinen Volksbewaffnung mit vom Volke gewählten Führern...
Freies Vereinigungsrecht ...
Jeder Mensch hat ein Recht auf Arbeit sowie auf einen seinen Bedürfnissen angemessenen Lohn ...
Vollständige Erziehung aller Kinder auf öffentliche Kosten...

In Dresden forderten Bürger am 7. März 1848:

**Q2** ...Freiheit der Presse ...
Freiheit des religiösen Bekenntnisses ...
Freiheit des Versammlungs- und Vereinsrechtes ...
Gesetzliche Sicherstellung der Person gegen willkürliche Verhaftung, Haussuchung und Untersuchungshaft ...
Verbesserung des Wahlgesetzes durch Herabsetzung des Zensus* ...
Öffentlichkeit und Mündlichkeit der Rechtspflege mit Schwurgericht ...
Vereidigung des Militärs auf die Verfassung ...
Verminderung des stehenden Heeres ...
Wir zweifeln nicht an dem landesväterlichen Sinne des allverehrten, allgeliebten Königs ...wir erwarten aber ebenso zuversichtlich ... das gesetzliche Zustandekommen zeitgemäßer Reformen ...
Es lebe der König! Es lebe die Verfassung! Es lebe die Eintracht zwischen Regierung und Volk! ...

**2** *Vergleicht die Forderungen der Dresdner Bürger und die der Kölner Arbeiter miteinander. Schreibt die unterschiedlichen Forderungen auf.*

**3** *Überlegt, was es bedeutet, wenn die Dresdner Bürger ihren Aufruf mit „Es lebe der König" beenden.*

**4** *Spielt eine Zusammenkunft von Bürgern und Arbeitern, bei der sie sich ihre Forderungen gegenseitig erklären.*

**Die Ereignisse in Berlin**

In Deutschland waren alle Augen in den Märztagen auf Berlin gerichtet. Am 18. März, wenige Tage nach der Revolution in Wien, versammelten sich 10000 Menschen vor dem Berliner Schloß. Sie forderten Pressefreiheit und Volksbewaffnung. Immer wieder wurde König Friedrich Wilhelm IV. auch an die seit 1815 versprochene Verfassung erinnert. Während die Menge auf dem Platz vor dem Schloß wartete, lösten sich plötzlich zwei Schüsse. Der König hatte befohlen, den Platz räumen zu lassen. Die Menge fühlte sich verraten. In der ganzen Stadt kam es zu heftigen Kämpfen gegen das Militär.
In vielen Straßen bauten Arbeiter und Bürger Barrikaden. Heftige Kämpfe entbrannten, bei denen die Soldaten keinen Sieg errangen. Schließlich zog der König die Soldaten zurück. Bei den Straßenkämpfen kamen etwa 200 Menschen ums Leben, meist Handwerker, Arbeiter und Studenten. Die Toten wurden vor dem Schloß aufgebahrt. Der König mußte sich vor ihnen verbeugen. Auch in Berlin hatte die Revolution im März 1848 gesiegt.

### Sieg der Revolution

Der König gewährte nach dem Sieg der Revolution Pressefreiheit und berief eine preußische Nationalversammlung. Sie sollte die lang versprochene Verfassung für Preußen erarbeiten. Er berief auch eine neue Regierung, von der man Reformen erhoffte.

Am 21. März 1848 schrieb König Friedrich Wilhelm IV. in einem Aufruf:

> **Q** … Deutschland ist von innerer Gärung ergriffen und kann durch äußere Gefahr von mehr als einer Seite bedroht werden. Rettung aus dieser doppelten, dringenden Gefahr kann nur aus der innigsten Vereinigung der deutschen Fürsten und Völker unter einer Leitung hervorgehen. Ich übernehme heute diese Leitung für die Tage der Gefahr. Mein Volk, das die Gefahr nicht scheut, wird Mich nicht verlassen und Deutschland wird sich Mir mit Vertrauen anschließen. Ich habe heute die alten deutschen Farben (schwarz, rot, gold) angenommen und Mich und mein Volk unter das ehrwürdige Banner des Deutschen Reiches gestellt. Preußen geht fortan in Deutschland auf…
>
> … die deutsche Ständeversammlung (wird) über die Wiedergeburt und Gründung eines neuen Deutschlands beraten, eines einigen, nicht einförmigen Deutschlands, einer Einheit in der Verschiedenheit, einer Einheit in Freiheit…

**1** *Gebt mit euren Worten den Inhalt des Aufrufs wieder*

**2** *Sprecht darüber, was ihr von dem Aufruf des Königs haltet.*

**König Frierich Wilhelm IV. reitet unter den Farben der Revolution durch Berlin.**
Zeitgenössischer kolorierter Stich.

**3** *Betrachtet das Bild und erklärt, warum die Revolutionäre schwarz-rot-goldene Fahnen mit sich führten.*

**4** *Sprecht darüber, was es bedeutet, wenn der König von Preußen die Farben Schwarz-Rot-Gold annimmt.*

### Die deutsche Nationalversammlung

In allen deutschen Ländern hatten im Frühjahr 1848 die Revolutionäre gesiegt. Allerdings blieben die Könige und Fürsten im Amt. Sie waren von den Revolutionären nicht verjagt worden. Die Soldaten zogen sich in die Kasernen zurück. Sie wurden nicht entwaffnet.

Im März 1848 wurden in allen deutschen Bundesstaaten allgemeine Wahlen zu einer deutschen Nationalversammlung in Frankfurt abgehalten. Wahlberechtigt und wählbar waren Männer, die volljährig und finanziell selbständig waren. Frauen waren von der Wahl ausgeschlossen. Dieses Wahlrecht störte die Menschen damals nicht. Sie jubelten, weil es erstmals allgemeine Wahlen für ganz Deutschland gab. Viele Menschen erwarteten, daß die Frankfurter Nationalversammlung die Einheit Deutschlands herbeiführen würde.

Am 18. Mai 1848 zogen um drei Uhr unter Glockengeläut und Böllerschüssen die neu gewählten Abgeordneten der Nationalversammlung in die Frankfurter Paulskirche ein. Ganz Frankfurt war auf den Beinen, um den Abgeordneten das Geleit zur Paulskirche zu geben. Die Abgeordneten kannten sich untereinander kaum. In der Nationalversammlung bildeten sich im Laufe der Zeit drei große politische Gruppen, die Konservativen, die Liberalen und die Demokraten und Republikaner. Die Bezeichnung „Rechte“ und „Linke“ stammt von damals.

**Blick in die Frankfurter Nationalversammlung.** Vom Präsidenten aus gesehen saßen die Konservativen rechts und die Demokraten links. Kolorierter Stich 1848.

**PRÄSIDENT**

| Rechte | Mitte | Linke |
|---|---|---|
| **Konservative*** | **Liberale*** | **Demokraten und Republikaner*** |
| – Einheit Deutschlands<br>– Erhaltung des Bestehenden<br>– Verfassung<br>– Zusammenarbeit mit den Fürsten | – Einheit Deutschlands<br>– Verfassung<br>– Konstitutionelle Monarchie<br>– Ministerverantwortlichkeit<br>– Rechtsstaat | – Einheit Deutschlands<br>– Republik<br>– keine Zusammenarbeit mit den Fürsten<br>– Gesetzgebung allein durch das Volk |

Unter 573 Abgeordneten waren:

| | | | |
|---|---|---|---|
| 38 | Großgrundbesitzer | 13 | Buchhändler, Schriftsteller und Journalisten |
| 13 | Kaufleute | 26 | Mediziner |
| 7 | Fabrikanten | 3 | Landwirte |
| 99 | höhere Beamte | 13 | kleinere Kaufleute |
| 49 | Professoren | 4 | Handwerker |
| 41 | Lehrer | 0 | Arbeiter. |
| 23 | Geistliche | | |
| 91 | Juristen | | |

**1** *Untersucht die Zusammensetzung der Nationalversammlung. Was fällt euch auf? Denkt dabei an die Berliner Barrikadenkämpfe (vgl. S. 116).*

**2** *Arbeitet Unterschiede und Gemeinsamkeiten der drei wichtigsten politischen Gruppen in der Nationalversammlung mit Hilfe der Übersicht unter dem Bild heraus.*

Die Nationalversammlung wählte eine vorläufige Reichsregierung mit dem österreichischen Erzherzog Johann als Regierungschef. Diese Regierung hatte praktisch keine Macht. Ihr standen keine eigenen Verwaltungsbeamten und kein Militär zur Verfügung.

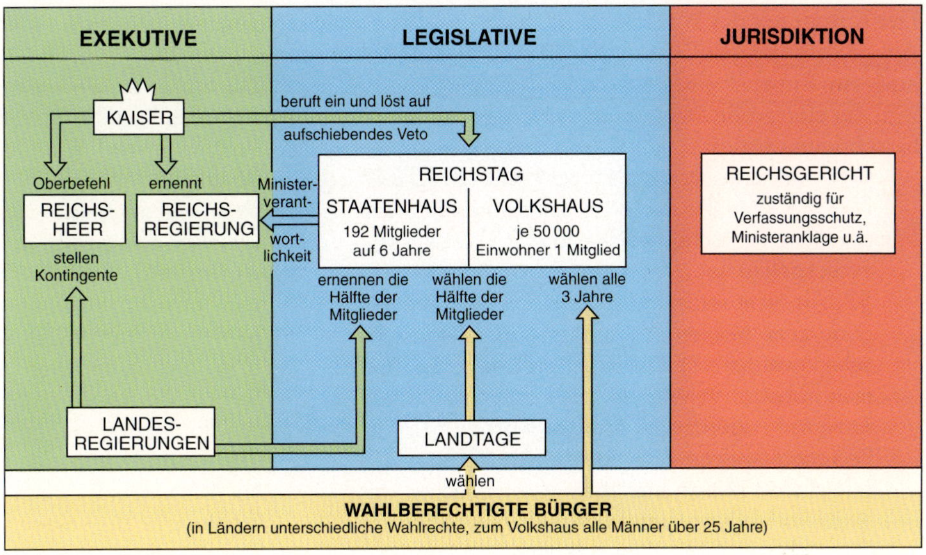


**Die Verfassung der deutschen Nationalversammlung von 1849.**

## Die Grundrechte der neuen Verfassung

Zu den wichtigsten Aufgaben der Nationalversammlung gehörte die Erarbeitung einer Verfassung für einen künftigen Nationalstaat. Die Beratungen zogen sich lange hin und wurden immer wieder wegen anderer wichtiger oder aktueller Fragen unterbrochen. Deswegen wurde im Dezember 1848 zunächst ein Katalog von Grundrechten verabschiedet.

**Q1** Grundrechte des deutschen Volkes

... § 133 Jeder Deutsche hat das Recht, an jedem Ort des Reichsgebietes seinen Aufenthalt und Wohnsitz zu nehmen ...

§ 137 Vor dem Gesetz gilt kein Unterschied der Stände. Der Adel als Stand ist aufgehoben. Alle Standesvorrechte sind abgeschafft. Die Deutschen sind vor dem Gesetz gleich ...

§ 138 Die Freiheit der Person ist unverletzlich. Die Verhaftung einer Person soll, ... nur geschehen in Kraft eines richterlichen, mit Gründen versehenen Befehls.

§ 140 Die Wohnung ist unverletzlich.

§ 142 Das Briefgeheimnis ist gewährleistet.

§ 143 Jeder Deutsche hat das Recht, durch Wort, Schrift, Druck und bildliche Darstellung seine Meinung frei zu äußern. Die Pressefreiheit darf unter keinen Umständen und in keiner Weise ... aufgehoben werden.

§ 144 Jeder Deutsche hat volle Glaubens- und Gewissensfreiheit.

§ 164 Das Eigentum ist unverletzlich...

**1** *Lest die Artikel 2, 3, 4, 5, 10, 13 und 14 des Grundgesetzes auf S. 228 und vergleicht sie mit den Grundrechten von 1848.*

## Großdeutsch oder Kleindeutsch

Eine andere wichtige Frage berieten die Abgeordneten in Frankfurt sehr lange. Sie stritten darüber, ob das Kaiserreich Österreich mit seinen vielen Völkern weiter zu Deutschland gehören sollte. Bisher war Österreich mit seinen deutschsprachigen Teilen Mitglied des Deutschen Bundes. Die Anhänger einer „großdeutschen" Lösung waren für den Verbleib Österreichs in einem neuen Gesamtstaat Deutschland. Die Anhänger der „kleindeutschen" Lösung traten für ein Deutschland ohne Österreich ein. Preußen sollte dann die neue Führungskraft werden. Mit knapper Mehrheit setzten sich die Vertreter einer kleindeutschen Lösung bei der Abstimmung in der Nationalversammlung durch. Gegen diesen Beschluß protestierte die Regierung Österreichs scharf.

**2** *Schlagt die Karte auf S. 102 auf und verfolgt die Grenzen des Deutschen Bundes.*

**3** *Beschreibt die Grenzen Deutschlands nach den Vorstellungen der Anhänger einer kleindeutschen Lösung mit Hilfe der Karte.*

**4** *Erklärt die ablehnende Haltung Österreichs zum Beschluß der Nationalversammlung.*

**5** *Untersucht den Aufbau der deutschen Verfassung von 1849 und vergleicht ihn mit den Verfassungen aus der Französischen Revolution (S. 86/87).*

**Der Kampf um das Wahlrecht**

Am 15. Februar 1849 wurde der Nationalversammlung ein Entwurf eines Reichswahlgesetzes vorgelegt, der eine große Debatte um die Frage der Wahlberechtigung auslöste.

**Q1** Reichswahlgesetz, Entwurf vom 15.2.1849
Art. I §1. Wähler ist jeder selbständige, unbescholtene Deutsche, welcher das 25. Lebensjahr zurückgelegt hat.
§2. Als nicht selbständig, also von der Berechtigung zum Wählen ausgeschlossen, sollen angesehen werden: 1) Personen, welche unter Vormundschaft... stehen oder über deren Vermögen Konkurs*... gerichtlich eröffnet worden ist...; 2) Personen, welche eine Armenunterstützung aus öffentlichen Mitteln beziehen oder im letzten der Wahl vorhergegangen Jahre bezogen haben; 3) Dienstboten; 4) Handwerkgehilfen und Fabrikarbeiter; 5) Tagelöhner...

Rede des linksliberalen Abgeordneten Ziegert (Minden) über das Wahlrecht in der Nationalversammlung:

**Q2** ... Ich meine, die sogenannten unteren Klassen, welche die Bewegung des vorigen Jahres mit durchgemacht haben, die zur Verbesserung der jetzigen Zustände mit Hand angelegt und auch in dieser Zeit ebenso den Lockungen der Demagogen als den Verführungen der Reaktion Widerstand geleistet haben, welche in dem Versammlungsrecht, in der freien Presse, im freien Gemeinwesen und in der Öffentlichkeit des Staatslebens die Mittel zur weiteren Ausbildung besizen, sind nicht mehr politisch unreif zu nennen. Ich bin auch der Meinung, daß der Ausfall der Wahlen in den einzelnen Ländern und selbst hierher zur Nationalversammlung kein Zeugnis der politischen Unreife dieser Klassen abgelegt hat. ...Statten Sie jetzt, wo von uns zur Verbesserung der Lage der arbeitenden Klassen noch nichts geschehen ist, den Besitz und das Kapital mit einer bevorzugten politischen Berechtigung aus und schließen Sie auf der anderen Seite die arbeitende Klasse von der Möglichkeit aus, Männer ihres Vertrauens in die Reichsversammlung zu wählen, so wird der ohnehin gestörte Frieden in der Gesellschaft dadurch nicht wiederhergestellt, es wird der Kampf dadurch nur noch vermehrt ...

Der liberale Abgeordnete Wernher (Nierstein) sagte in der Debatte:

**Q3** ...Es existiert eine tiefe Begriffsverwirrung über den Begriff von Volk, es gibt ein physisches Volk, unter das gehören alle, Mann und Weib, Säuglinge und Greise, die Menschen im Zuchthaus, wie derjenige, der die Zierde seines Volkes ist; aber das politische Volk ist zu allen Zeiten, wird zu allen Zeiten und muß zu allen Zeiten von dem physischen Volke unterschieden werden... (In den)... Staaten des Altertums,... war das Zeichen des politischen Volks die Waffenfähigkeit. ... Der moderne Staat ist nicht mehr in diesen Formen, er bedarf zu seiner Erhaltung, um die hohen Zwecke der Kultur zu erfüllen, moderner Mittel, Geld, .., und darum sind im modernen Staate alle diejenigen, die zum Bedürfnis des Staates etwas und ein Wesentliches beitragen, das eigentliche, das politische Volk; ich halte es für eine große Verkennung der Dinge, wenn man darin eine Anmaßung der Bezahlenden findet. ... Ich ehre das Volk, ich liebe alle Klassen desselben, ... ich habe in dem Volke eine Masse häuslicher Tugenden kennengelernt, ich schlage hoch an die Sorge, die der arme Mann für seine Kinder zeigt, und die Pflege, die er seinem Vater gibt ...; aber, meine Herren, zwischen der häuslichen Tugend und der politischen Einsicht, da ist doch ein großer Unterschied, und wer das verwechseln will, der verwechselt den engen Kreis des Hauses und den weiten des Staates; ich behaupte nach meiner getreuen Erfahrung, daß zur Beurteilung der Bedürfnisse eines großen Staates die untersten Klassen nicht geeignet sind. ...

**1** *Untersucht Q1 und stellt fest, wer alles vom Wahlrecht ausgeschlossen sein soll.*

**2** *Prüft, ob nach dem Wortlaut des Entwurfs auch Frauen wählen dürfen. Was spricht dafür, was dagegen? Entwerft selbst eine eindeutige Formulierung, die das Frauenwahlrecht ein- bzw. ausschließt.*

**3** *Stellt die Argumte zusammen, die nach Ansicht des Abgeodneten Ziegert (Q2) für ein Wahlrecht der arbeitenden Klassen sprechen.*

**4** *Beschreibt mit Hilfe von Q3, wen der Abgeordnete Wernher zum politischen Volk zählt.*

**5** *Sprecht darüber, wie der Abgeordnete über die niederen Klassen denkt und mit welchen Argumenten er ihnen ein Wahlrecht abspricht.*

**Frauen politisch beteiligt – aber ohne Rechte**

Bereits am Hambacher Fest 1832 ( vgl. S. 107 ) hatten Frauen teilgenommen und sich politisch engagiert. Ähnlich aktiv waren Frauen in der Revolution von 1848. Neben den Aktivitäten in politischen und sozialen Vereinen verfolgten sie die politischen Auseinandersetzungen, besonders in der Paulskirche in Frankfurt, aber auch in den Landesparlamenten.
Die Oberrheinische Zeitung schrieb im August 1848 über die „Damen der Paulskirche“:

> **Q1** ... Den Damen, welche jetzt auf Karten ... in die Paulskirche gehen, sind ihre Plätze links vom Präsidenten angewiesen, vier Bankreihen hinter den vordersten Sitzen der Journalisten und Zeitungsberichterstatter. Es mögen wohl 200 Damenplätze sein ...
> Ist es nicht ein Omen*, daß man die Damen gerade auf der linken Seite logiert* hat? Welche Unvorsichtigkeit von der Parlamentsverwaltung des hohen Parlaments. Haben unsere Frauen und Mädchen nicht ohnehin genug Emanzipationsgedanken ...
> Nicht zu leugnen ist, manche Frau nimmt sich gewiß nach der Sitzung die Erlaubnis zu fragen: „Aber sage mir doch mal, wie könnt ihr euch um leere Formen so streiten? Das schadet ja den Sachen. Ihr kommt ja mit nichts vorwärts!“ Will der Herr Gemahl die Fragerin mit dem herkömmlichen Satz ab und zur Ruhe weisen: „Liebes Kind, das verstehst du nicht“, so versetzt liebes Kind:
> „Ei, ich hab es ja mit angehört, wie Herr A. und B. euch das nämliche vorgehalten hat. Sind das nun Leute, die es gewiß verstehen, so sind wir Frauen auch zur Einsicht gekommen. Es sind ja auch unsere Dinge, und wir lassen uns vom Urteil darüber nicht mehr auschließen!“...

Die Frankfurter Bürgerin Clotilde Koch-Gontard besuchte regelmäßig die Sitzungen der Paulskirche. In ihrer Wohnung, in ihrem „Salon“ trafen sich viele Politiker und politisch interessierte Männer und Frauen, um die Tagespolitik zu besprechen.
Sie schrieb an Karl Mittermaier, den Herausgeber der „Deutschen Zeitung“:

> **Q2** ... Doch höre ich sie sagen: Es ist mit dem Weibergeschwätz wieder kein Ende, in die Kinderstube und an den Strickstrumpf gehört die Frau, der Mann ist berufen zum Handeln nach außen. Jetzt weniger als jemals noch mag ich meine Stellung in dieser Beziehung begreifen, und es macht mir recht viel Mühe, die Küche als den Hauptschauplatz meiner Tatkraft anzusehen ...

**1** *Lest Q1 und Q2 und beschreibt, wie sich das Zuhören an den Debatten der Nationalversammlung auf das politische Bewußtsein der beschriebenen Frauen ausgewirkt hat.*

**2** *Spielt eine Versammlung von Frauen, die sich nach dem Besuch der Paulskirchendebatten treffen: Stellt Forderungen auf, die ihr in ihrer Situation gestellt hättet.*

Mit knapper Mehrheit billigte die Nationalversammlung schließlich im Rahmen eines Kompromisses das allgemeine, geheime und gleiche Männerwahlrecht (vgl. Q1, S. 120). Ein Antrag linker Abgeordneter, das Frauenwahlrecht einzuführen, wurde nicht ernsthaft diskutiert, sondern nur mit Heiterkeit beantwortet. Aufgrund des Scheiterns der Revolution wurde das Wahlgesetz der Nationalversammlung jedoch nicht in Kraft gesetzt.
Luise Otto, die Gründerin der ersten deutschen Frauenbewegung, erklärte 1849: „Wo sie das Volk meinen, da zählen die Frauen nicht mit“. Aus Enttäuschung über die Verweigerung des aktiven und passiven Wahlrechts für Frauen im Wahlgesetz gründete sie eine politische Organisation, deren Ziel es war, Staatsbürgerrechte und politische Beteiligung der Frauen zu erkämpfen. Zu diesem Zweck gründete sie außerdem eine Zeitung, die „Frauenzeitung“, unter dem Motto: „Dem Reich der Freiheit , werb ich Bürgerinnen“. Nach dem Scheitern der Revolution wurde die Zeitung 1851 verboten, Frauen wurde bis 1908 in Preußen jede politische Betätigung untersagt (vgl. S. 136).

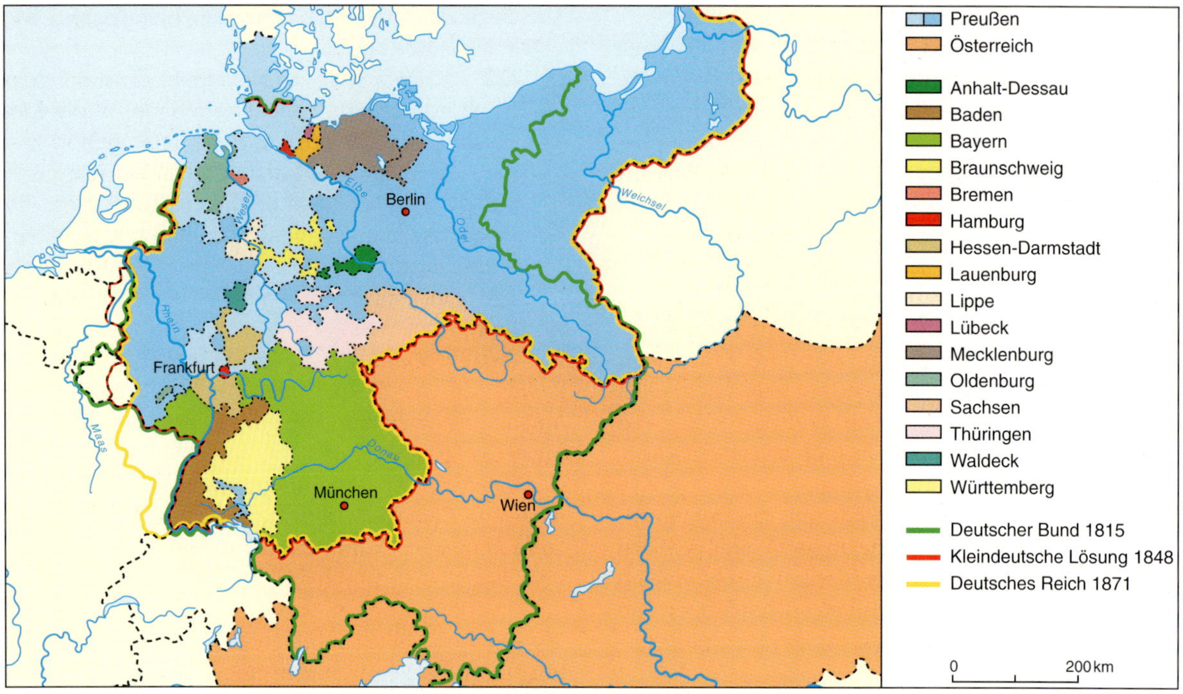


**Deutschland: Vom Deutschen Bund 1815 zum Deutschen Reich 1871**

## Arbeit mit Geschichtskarten

Geschichtskarten sind ein wichtiges Arbeitsmittel im Fach Geschichte. Karten werden zu einem bestimmten Thema auf der Grundlage historischer Forschungen erstellt und dienen der Veranschaulichung bestimmter Sachverhalte. Karten zeigen – bezogen auf das jeweilige Thema – ein bestimmtes Gebiet in einem historischen Zustand oder in einer Entwicklung während eines festgelegten Zeitraumes.

Häufigstes Thema historischer Karten ist die politische Organisation eines Gebietes: Staaten und ihre Grenzen in einem Stichjahr, Gebietsgewinne oder -verluste während eines Zeitraumes. Karten zu wirtschaftsgeschichtlichen Themen zeigen beispielsweise die Ausdehnung von Industriegebieten oder die Entwicklung von Verkehrswegen. Karten können aber auch – meist auf der Grundlage von Statistiken – Aussagen über die Bevölkerung eines Gebietes veranschaulichen, ihre zahlenmäßige Zu- oder Abnahme, ihre Konfessionszugehörigkeit, Nationalität, Wahlergebnisse oder ihren Wohlstand.

Karten müssen deshalb genauso kritisch geprüft werden, wie andere Materialien, mit denen ihr im Unterricht arbeitet (Texte, Bilder, Grafiken).

Zu ihrer Erschließung sind folgende Fragen hilfreich:

**1** *Was ist das Thema der Geschichtskarte?*
Die Antwort auf diese Fragen findet ihr in der Unterschrift oder dem Titel der Karte. Wenn dort keine genaueren Angaben gemacht werden, handelt es sich meist um eine politische Karte, die Staatsgebiete und ihre Grenzen zeigt.

**2** *Welche Gebiete werden für welchen Zeitraum dargestellt? Geht es um einen Zustand oder eine Entwicklung?*
Die Antwort findet ihr entweder in der Legende oder dem Kartentitel bzw. durch die genaue Untersuchung der Karte.

**3** *Was bedeuten die in der Karte verwendeten Signaturen und Farben?*
Die Antwort findet ihr in der Legende der Karte.

**4** *Welche Kernaussage soll die Karte machen?*
Hilfreich ist es, die graphisch dargestellten Aussagen in eigenen Sätzen zu formulieren.

**5** *Wie steht die Aussage der Karte zu unseren bisherigen Kenntnissen? Lassen sich weiterführende Fragen ablesen?*
Zu diesen Fragen könnt ihr euch am besten im Gespräch in der Klasse Klarheit verschaffen.

**Einführung des allgemeinen Männerwahlrechts in den Bundesstaaten des Deutschen Reiches bis 1914.**

## Antworten zu den Fragen am Beispiel der Karte auf Seite 122:

**zu 1)** Das Thema der Karte ist die Entwicklung der Staatsgebiete in Deutschland in den Jahren 1815 bis 1871(Kartenunterschrift).

**zu 2)** Es wird das Gebiet des Deutschen Bundes, Preußens und Österreichs bzw. des Deutschen Reiches zwischen 1815 und 1871 dargestellt.

**zu 3)** Anhand der Legende läßt sich folgendes feststellen: Blau ist die Flächenfarbe für Preußen, Orange steht für Österreich, die anderen Farben kennzeichnen andere deutsche Länder, der leichte Gelbton kennzeichnet Räume, die für das Thema der Karte ohne Bedeutung sind.

Die farbigen Linien zeigen politische Grenzen: Die grüne Linie zeigt die Grenze des Deutschen Bundes von 1815, die rote Linie zeigt die geplante kleindeutsche Lösung von 1848 nach der Vorschlägen der Nationalversammlung, die gelbe Linie zeigt die Grenze des Deutschen Reiches vom Jahr 1871.

**zu 4)** Die Karte zeigt, daß der Vorschlag der kleindeutschen Lösung für Österreich das Ausscheiden aus dem Deutschen Bund, aus Deutschland im weitesten Sinne bedeutet hätte. Preußen und Österreich besitzen Gebiete außerhalb des Deutschen Bundes. Die Reichsgründung von 1871 folgt dem Vorschlag der keindeutschen Lösung von 1848. Der mächtigste und größte Staat in dem Deutschen Reich von 1871 ist Preußen (blaue Flächenfarbe).

**zu 5)** Die Karte bestätigt die bisherigen Erkenntnisse und zeigt auf, daß es nach dem Scheitern der kleindeutschen Lösung von 1848 im Jahre 1871 zur Realisierung dieser Vorstellungen kam. Die Karte fordert auch zu weiterführenden Fragen auf: Aus welchen Gründen und unter welchen Umständen kam es zur Reichsgründung 1871 mit dem Gebiet der kleindeutschen Lösung von 1848.

**1** *Untersucht die Karte oben und stellt die Fragen von S. 122 an diese Karte. Setzt eure Ergebnisse in Beziehung zu den Seiten 118 und 119.*

**Die Erschießung Robert Blums vor den Toren Wiens am 9. November 1848.** Zeitgenössischer Druck.

**Rückschlag in Österreich**

Während der Verhandlungen der Frankfurter Nationalversammlung kam es in Österreich zu wichtigen Entscheidungen, die das Schicksal der Revolution stark beeinflußten.

Im Juni 1848 forderten tschechische Bürger, Studenten und Arbeiter in Prag, das bisherige Königreich Böhmen, das ein Teil des Kaiserreichs Österreich war, in einen eigenen tschechischen Nationalstaat umzuwandeln. Ihre Forderungen wurden vom Kaiser abgelehnt. Daraufhin kam es zu einem Aufstand, den kaiserliche Truppen niederschlugen. Zwei Monate später besiegten kaiserliche Truppen auch in Italien revolutionäre Aufständische.

Um ein weiteres Erstarken der Gegenrevolution auch in Wien zu verhindern, erhoben sich im Oktober 1848 Bürger und Arbeiter. Zusammen mit meuternden Truppen brachten sie Wien in ihre Gewalt. Der Kaiser und der Hof flohen. Der Abgeordnete Robert Blum kam im Auftrag der Frankfurter Nationalversammlung zur Unterstützung der Aufständischen nach Wien.

Aus Wien schrieb er an seine Frau am 20. Oktober:

**Q** ... In Wien entscheidet sich das Schicksal Deutschlands, vielleicht Europas. Siegt die Revolution hier, so beginnt sie von neuem ihren Kreis lauf; erliegt sie, dann ist wenigstens für eine Zeit lang Kirchhofsruhe in Deutschland...

Ende Oktober eroberten kaiserliche Truppen in harten Kämpfen Wien zurück. 2000 Revolutionäre wurden verhaftet, viele von ihnen hingerichtet. Auch der Abgeordnete der Frankfurter Nationalversammlung, Robert Blum, wurde zum Tode verurteilt. Vor den Toren Wiens wurde er von Soldaten erschossen.

Die Frankfurter Nationalversammlung, die zu dieser Zeit immer noch über eine Verfassung für Deutschland beriet, protestierte nur schwach gegen die Hinrichtung des berühmten Abgeordneten.

**1** *Berichtet über den Verlauf der Gegenrevolution in Österreich.*

**Berlin wird von preußischen Soldaten besetzt**

In Berlin beriet seit dem Frühjahr 1848 die preußische Nationalversammlung über eine Verfassung für das Königreich Preußen. Im November 1848 folgte der preußische König dem Beispiel aus Österreich. Seine Truppen zogen wieder in Berlin ein, 40000 Mann besetzten die Stadt. Die preußische Nationalversammlung wurde von den Soldaten auseinandergejagt.

Der König verkündete aber im Dezember 1848 eine Verfassung für Preußen, die weitgehend den Entwürfen der aufgelösten preußischen Nationalversammlung entsprach. Einige Jahre später wurde diese Verfassung geändert und der Einfluß des Königs wieder verstärkt.

### Das Scheitern der Frankfurter Nationalversammlung

Erst im Februar 1849 waren sich die Abgeordneten über den Text der Verfassung für das Deutsche Reich einig geworden. Zugleich mit der Verabschiedung der Verfassung boten sie dem preußischen König Friedrich Wilhelm IV. die Kaiserkrone für den neuen kleindeutschen Staat an.

Der König lehnte dieses Angebot der Nationalversammlung empört ab. Schon im Dezember 1848 hatte er die Revolution als „dümmste und schlechteste" des Jahrhunderts bezeichnet.

Über das Angebot der Kaiserkrone schrieb er bereits am 13. Dezember 1848 in einem Brief:

**Q1** ...Einen solchen... Reif aus Dreck... gebacken, soll ein legitimer* König von Gottes Gnaden, und nun gar der König von Preußen, sich geben lassen, der den Segen hat, wenn auch nicht die älteste, doch die edelste Krone, die niemandem gestohlen ist, zu tragen? Ich sage es Ihnen, ... soll die tausendjährige Krone deutscher Nation ... wieder einmal vergeben werden, so bin ich es und meinesgleichen, die sie vergeben werden; und wehe dem, der sich anmaßt, was ihm nicht zukommt....

Mit der Ablehnung der Kaiserkrone durch den preußischen König war die Arbeit der Frankfurter Nationalversammlung gescheitert. Preußische Truppen verjagten diejenigen Abgeordneten, die trotzdem weitertagen wollten. Die von der Nationalversammlung in Kraft gesetzten Grundrechte wurden 1851 als gesetzliche Bestimmungen wieder aufgehoben, nachdem sie in keinem Bundesstaat beachtet wurden.

**1** *Stellt Vermutungen darüber an, warum die Frankfurter Abgeordneten die Kaiserkrone dem preußischen König anboten. Betrachtet dazu noch einmal die Karten S. 102 und 122.*

**2** *Erklärt, warum der preußische König die Kaiserkrone ablehnte.*

### Aufstandsbewegungen

Nach der Ablehnung der Kaiserkrone durch den preußischen König weigerten sich die großen Staaten Deutschlands, die von der Frankfurter Nationalversammlung beschlossene Verfassung anzuerkennen. Die kleinen Staaten hatten sie dagegen angenommen. Im Frühjahr 1849 versuchten revolutionäre Bürger, durch Aufstände die Anerkennung der Verfassung durchzusetzen. Zu solchen Aufstandsbewegungen kam es in Dresden und Elberfeld, im Rheinland und in Süddeutschland. Im badischen Offenburg beschloß am 13. Mai 1849 eine Volksversammlung von 40000 Menschen einen Aufruf:

**Q2** ...Deutschland befindet sich fortwährend im Zustand voller Revolution, aufs neue hervorgerufen durch die Angriffe der größeren deutschen Fürsten auf die von der deutschen Nationalversammlung endgültig beschlossene Reichsverfassung und die Freiheit überhaupt. Die deutschen Fürsten haben sich zur Unterdrückung der Freiheit verschworen und verbunden, der Hochverrat an Volk und Vaterland liegt offen zu Tage; es ist klar, daß sie sogar Rußlands sämtliche Armeen zur Unterdrückung der Freiheit zu Hilfe rufen. – Die Deutschen befinden sich also im Stande der Notwehr, sie müssen sich verbünden, um die Freiheit zu retten; sie müssen dem Angriff der fürstlichen Rebellen* den bewaffneten Widerstand entgegensetzen...

**3** *Gebt den Aufruf mit euren Worten wieder. Welchen Vorwurf machen die Teilnehmer der Offenburger Volksversammlung den Fürsten?*

**4** *Erklärt, warum die Fürsten als „fürstliche Rebellen" bezeichnet werden.*

Noch am gleichen Tag breitete sich der Aufstand in ganz Baden aus. Das badische Heer schloß sich dem Aufstand an. Der Großherzog von Baden mußte fliehen. Er forderte preußische Truppen an, um den Aufstand niederzuschlagen. Der preußische König hatte schon früher erklärt: „Gegen Demokraten helfen nur Soldaten." Seine Truppen besetzten Baden.

### Die Kapitulation der Aufständischen

Die Truppen der Aufständischen wehrten sich verbissen. Aber die preußischen Soldaten hatten die bessere Ausbildung. Die Revolutionäre wurden zur Festung Rastatt zurückgedrängt. Nach drei Monaten mußte die Festung am 23. Juli 1849 kapitulieren. Die Revolution war besiegt.

Viele Revolutionäre erlitten ein hartes Schicksal. Sie wurden hingerichtet oder zu hohen Zuchthausstrafen verurteilt. Vor dem Zugriff der Polizei flohen viele Menschen ins Ausland. Etwa 1 Million Menschen wanderten bis 1851 nach den Vereinigten Staaten von Amerika aus (vgl. S. 16ff).

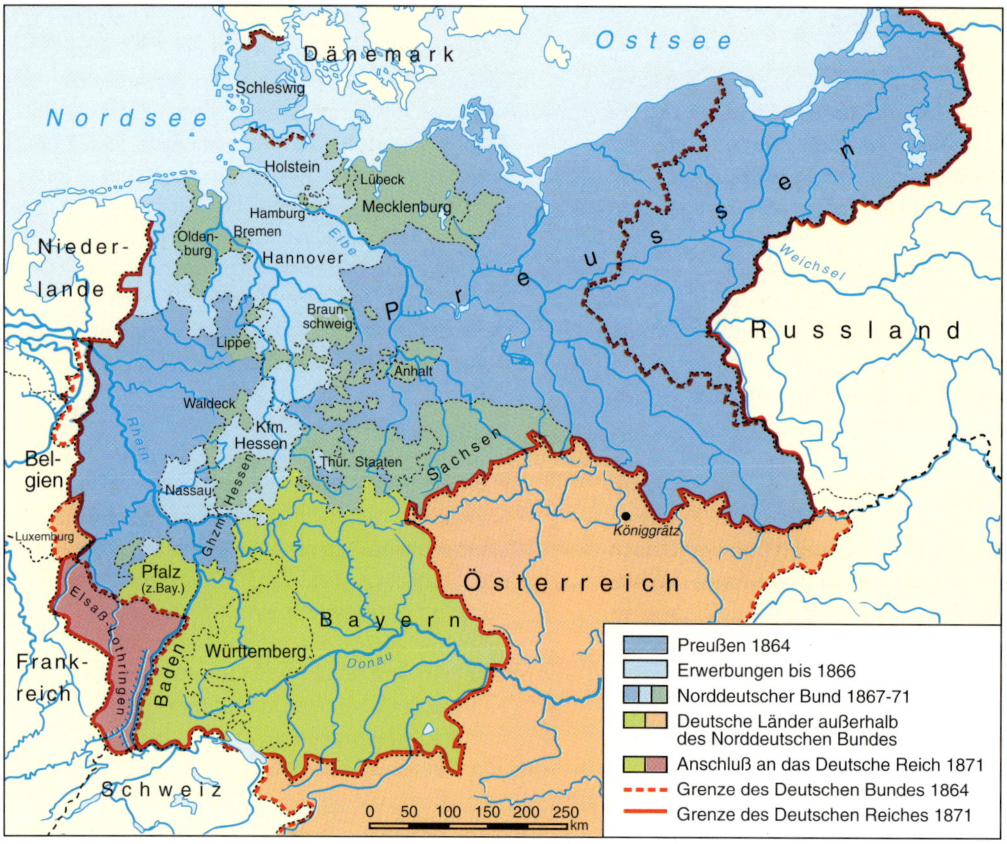


**Deutscher Bund und Deutsche Einigung 1815-1871**

**Das Deutsche Kaiserreich**

Die Gründung des Deutschen Kaiserreichs 1871 bedeutete für viele Deutsche die Verwirklichung eines lang gehegten Wunsches nach nationaler Einheit. Der Jubel über das erreichte Ziel – es entsprach der kleindeutschen Lösung von 1848 – ließ die Frage nach einer demokratischen Staatsordnung weniger wichtig erscheinen.

Der neue Staat wurde von den deutschen Fürsten während eines Krieges gegen Frankreich 1871 in Frankreich ausgerufen – ohne formelle Beteiligung oder Zustimmung des Volkes. Das Reich war im wesentlichen das Werk Preußens und seines Ministerpräsidenten, Otto von Bismarck. Bismarck hatte in Verhandlungen mit den europäischen und deutschen Staaten und mit drei Kriegen – 1864 gegen Dänemark, 1866 gegen Österreich und 1870/71 gegen Frankreich – die Bedingungen für die Einheit unter preußischer Führung geschaffen.

Das Deutsche Kaiserreich von 1871 hatte eine Verfassung mit dem allgemeinen Männerwahlrecht; es war dennoch kein demokratisch verfaßter Staat. Große Gruppen der Bevölkerung – beispielsweise Sozialdemokraten, Katholiken und Polen – wurden während langer Zeiträume als Reichsfeinde verfolgt. Frauen blieben bis 1918 von jeglicher Teilnahme an politischer Mitbestimmung ausgeschlossen. Adel und Militär besetzten politische und zum Teil wirtschaftliche Machtpositionen und prägten die gesellschaftliche Ordnung. Der Reichstag hatte bis 1917 keinen Einfluß auf die Regierungsbildung.

In diesem Abschnitt könnt Ihr untersuchen,
- wie sich das Verhältnis von Macht und Demokratie in Preußen vor der Reichsgründung entwickelte,
- wie die politische und soziale Verfassung des Kaiserreichs gestaltet war und wie diese Gesellschaft mit Minderheiten umging.

Die Lage der Arbeiter und ihrer Partei, der SPD, könnt Ihr im Kapitel über die Industrialisierung (S. 170ff) erarbeiten.

## Der Streit um die Verfassung in Preußen

Preußen hatte seit Dezember 1848 eine Verfassung, die der König beschworen hatte (vgl. S.124). Entsprechend den Bestimmungen dieser Verfassung beschloß das Abgeordnetenhaus (Parlament) jedes Jahr den Haushalt. Für die Vergrößerung des Heeres forderte der König 1862 höhere Ausgaben. Ein Mitspracherecht der Abgeordneten bei den Ausgaben für das Militär lehnte der König ab. Das Militär sollte allein ihm unterstehen. Daraufhin verweigerten die preußischen Abgeordneten ihre Zustimmung zu den Militärausgaben.

Bei diesem Streit ging es um die Frage, ob der König oder die Abgeordneten über die Ausgaben für das Militär entscheiden sollten. In seinen Erinnerungen berichtete Bismarck, daß ihm der König 1862 auf dem Höhepunkt des Streites sagte:

**Q1** ...Ich finde keine Minister mehr, die bereit wären, meine Regierung zu führen, ohne sich und mich der parlamentarischen Mehrheit zu unterwerfen. Ich habe mich deshalb entschlossen, die Regierung niederzulegen ...

Bismarck überzeugte den König davon, daß es möglich sei, die Regierung auch gegen das Parlament weiterzuführen. In seinen Erinnerungen schrieb er:

**Q2** ... Es gelang mir, ihn zu überzeugen, daß es sich ... um königliches Regiment oder Parlamentsherschaft handele und daß die letztere ... auch durch eine Periode der Diktatur abzuwenden sei. Ich sagte: In dieser Lage werde ich ... lieber mit dem Könige untergehen, als Euer Majestät im Kampfe mit der Parlamentsherrschaft im Stiche zu lassen...

Als Ministerpräsident gab Bismarck im Namen des Königs bis 1866 große Summen für die Vergrößerung des Heeres aus, obwohl das Abgeordnetenhaus diese Ausgaben ausdrücklich verweigerte. Das war ein eindeutiger Bruch der Verfassung.

**1** *Sagt mit euren Worten, welches Recht das Abgeordnetenhaus nach der Verfassung hatte.*

**2** *Faßt Bismarcks Einstellung zu Parlament und Demokratie zusammen.*

**Otto von Bismarck.** Foto 1859.

Otto von Bismarck wurde am 1. April 1815 in Schönhausen (heute in Sachsen-Anhalt) geboren. Er starb 1898 in Friedrichsruh bei Hamburg.

Bismarck entstammte einer der ältesten Familien des preußischen Landadels. Nach dem Studium der Rechtswissenschaften verwaltete er die Güter seiner Familie. Während der Revolution von 1848 sprach sich Bismarck entschieden gegen die Demokratie aus. Ab 1851 wirkte Bismarck als preußischer Diplomat beim Deutschen Bundestag in Frankfurt, später als Gesandter in Petersburg und Paris.

1862 wurde er Ministerpräsident von Preußen, 1871 Reichskanzler des Deutschen Reiches. Von 1871 bis 1890 bestimmte er maßgebend die Innen- und Außenpolitik des Deutschen Reiches.

## Der Krieg von 1866

1866 kam es zu einem Krieg zwischen Österreich und Preußen. Preußen wollte in diesem Krieg die Vorherrschaft in Deutschland erringen und Österreich zum Ausscheiden aus dem Deutschen Bund zwingen. Die Schlacht bei Königgrätz in Böhmen am 3. Juli 1866 entschied den kurzen Krieg für Preußen.

Nach dem Sieg über Österreich im Jahr 1866 bat Bismarck im Namen des Königs die Abgeordneten, die Ausgaben für das Militär nachträglich zu billigen. Damit bestätigte Bismarck das Recht der Abgeordneten zur Bewilligung der Militärausgaben. Beeindruckt von dem Sieg bewilligten die Abgeordneten nach heftigen Debatten nachträglich die verfassungswidrigen Ausgaben.

Im August 1866 schrieb ein deutscher Professor, der noch vor dem Krieg Bismarck scharf getadelt hatte, in einem Brief:

**Q3** ... Ich beuge mich vor dem Genie eines Bismarck ... Was uns Uneingeweihten als freventlicher* Übermut erschien, es hat sich hinterher herausgestellt als unerläßliches Mittel zum Ziel ... (der deutschen Einheit). Ich gebe für einen solchen Mann der Tat ... 100 Männer ... der machtlosen Ehrlichkeit...

**3** *Beurteilt das Verhalten der Parlamentarier und die Stellungnahme des Professors.*

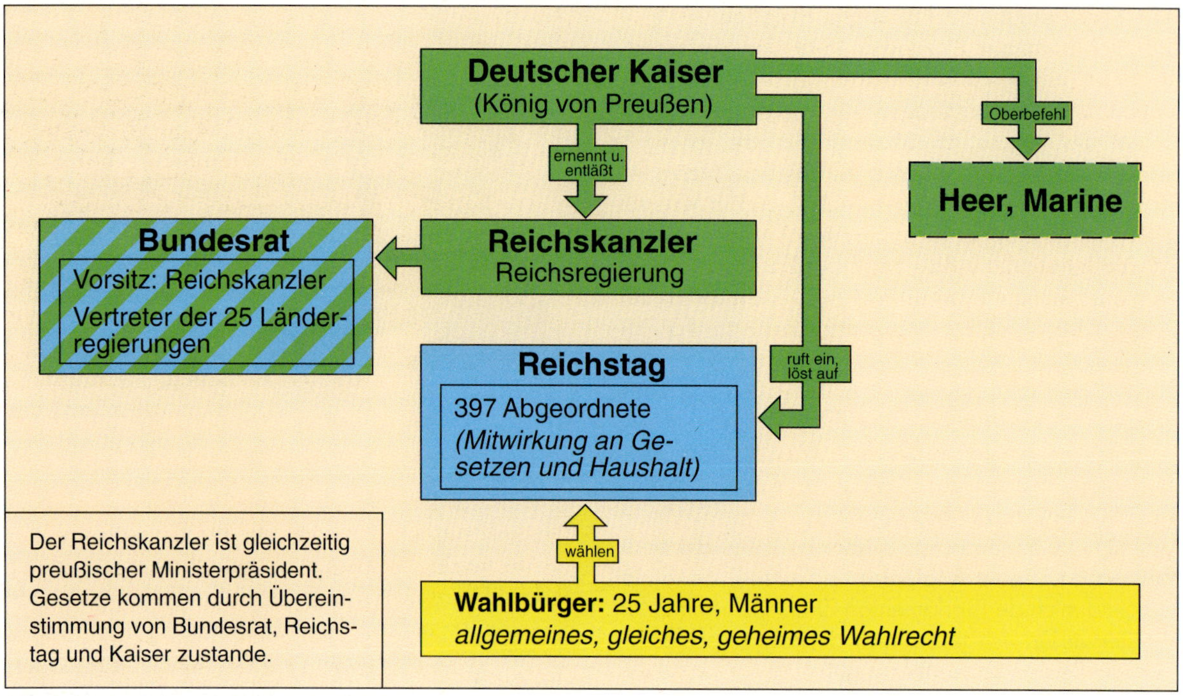


Die Reichsverfassung von 1871.

**Die Verfassung von 1871**

Die Verfassung des Deutschen Reiches von 1871 begann mit folgenden Sätzen:

> **Q1** Seine Majestät der König von Preußen im Namen des Norddeutschen Bundes, Seine Majestät der König von Bayern, Seine Majestät der König von Württemberg, Seine Königliche Hoheit der Großherzog von Hessen ... schließen einen ewigen Bund zum Schutze des Bundesgebietes und des innerhalb desselben gültigen Rechtes sowie zur Pflege der Wohlfahrt des deutschen Volkes. Dieser Bund wird den Namen Deutsches Reich führen...

**1** *Lest den Beginn der Verfassung und stellt fest, wer das Deutsche Reich gründete.*

**2** *Schaut euch das Verfassungsschema an und stellt fest, wer den Reichskanzler ernennt.*

**3** *Erkundigt euch, auf welche Weise bei uns heute der Bundeskanzler bestimmt wird.*

**4** *Schreibt aus dem Verfassungsschema die Rechte des Reichstages heraus.*

Im Unterschied zu der Verfassung der Frankfurter Nationalversammlung von 1849 (vgl. S. 95) enthielt die Reichsverfassung keinen Katalog von Grundrechten.

Die oberste Gewalt im Reich ging nicht vom Volk aus, sondern von den Fürsten. Alle Gesetze, die die Abgeordneten des Volkes im Reichstag verabschiedeten, mußten auch von den Vertretern der Fürsten im Bundesrat beschlossen werden.

Das Recht, über Krieg oder Frieden zu entscheiden, lag beim Kaiser. Er war unabhängiger und unkontrollierter Oberbefehlshaber der Armee. Er ernannte den Reichskanzler, der nur von ihm und nicht vom Reichstag abhängig war.

Der Reichskanzler hatte damit dem Reichstag gegenüber eine starke Stellung. Er war nicht von den Vertretern der Volkes, sondern nur vom Vertrauen des Kaisers abhängig. Wenn der Reichskanzler das Vertrauen des Kaisers verlor, konnte er sich aber auch nicht auf die Abgeordneten des Reichstages stützen.

In der Außenpolitik des Kaiserreiches und in der Militärpolitik hatte der Reichstag keine Rechte. Im wesentlichen entschied der Reichstag über den Haushalt und wirkte bei der Gesetzgebung mit.

## Der Reichstag

Alle drei Jahre, ab 1893 alle fünf Jahre, wurde der Reichstag neu gewählt.
Ein Arbeiter schrieb in seinen Erinnerungen 1903:

**Q1** ...Als ich nach Osnabrück kam, da hatte ich noch keinen Verstand: weder von der Politik noch von den Parteien, denn ich hatte mich nie um dergleichen gekümmert und war auch kein Zeitungsleser. Da war ich nicht weniger verlegen, als 1871 die Reichstagswahl war, da bekamen wir am Wahltage schon mittags Feierabend, damit wir alle wählen konnten ... Drei Jahre später hatte ich mir schon ziemlich das Zeitungslesen angewöhnt in der Wirtschaft und daraus gelernt, daß die eine Partei ultramontan* und die andere liberal hieß, und jede Partei hatte eine Zeitung, und beide Zeitungen kamen täglich nach der Wirtschaft ...

**1** *Erklärt, warum der Arbeiter „verlegen" war.*

**2** *Sammelt aus Zeitungen Informationen über die Parteien, die heute im Deutschen Bundestag vertreten sind. Macht eine Wandzeitung.*

Der Einfluß des Reichstages auf die Reichsregierung vergrößerte sich im Laufe der Zeit. Immer häufiger bat die Reichsregierung um die Bewilligung neuer Ausgaben und Steuern für die Verwaltung und das Militär. Zunächst unterstützten die Nationalliberalen*, später die Konservativen* und das Zentrum* die Regierung. Trotz des langsamen Machtzuwachses des Reichstages wurde das Deutsche Kaiserreich keine parlamentarische Monarchie*, wie etwa Großbritannien. Das Bündnis der Fürsten in Verbindung mit dem Militär verhinderte jede tiefgreifende Veränderung, die ihre Macht beschnitten hätte.

## Die Parteien im Reichstag

In den Jahren vor der Reichsgründung waren verschiedene Parteien gegründet worden. Das waren vor allem die Nationalliberale Partei (1866) und das Zentrum (1870). Ihre politischen Vorstellungen waren schon 1848/49 in der Nationalversammlung diskutiert worden (vgl. S. 92/93).
Die Mitglieder des Zentrums waren Katholiken aus allen Bevölkerungsschichten von adligen Grundbesitzern bis zu Arbeitern.
Im Parteiprogramm des Zentrums heißt es:

**Q2** ...1. Unversehrte Aufrechterhaltung der... Selbständigkeit der Kirche... 2. Abwehr ... aller gegen den konfessionellen Charakter des Volksunterrichts gerichteten Bestrebungen ... 3. Festhalten am christlichen Charakter der Ehe ... 7. Beseitigung der sozialen Mißstände und Förderung aller Interessen des Arbeiterstandes ...

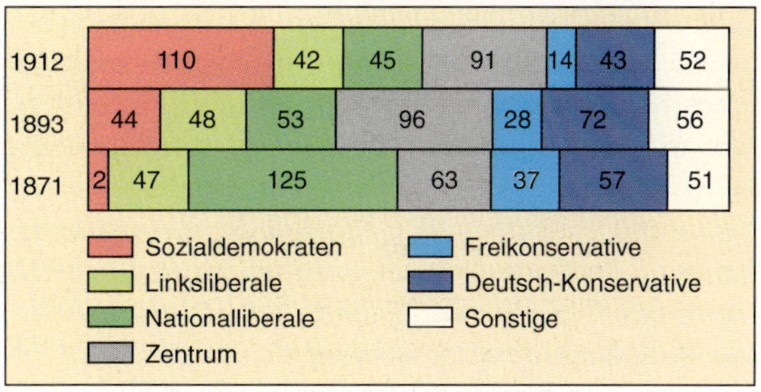


**Sitzverteilung der Parteien im Deutschen Reichstag.**

In der Nationalliberalen Partei hatten sich vor allem Fabrikanten, Kaufleute, Richter, Rechtsanwälte und Beamte organisiert. In ihrem Programm steht:

**Q3** ...Unser Wahlspruch: Der deutsche Staat und die deutsche Einheit müssen gleichzeitig errungen werden ... Als Ziel schwebt uns vor, daß die parlamentarischen Funktionen des Staates vollständig in den Reichstag verlegt werden ... Als unerläßliche Bedingung erachten wir ... eine den Gesetzen entsprechende, Recht und Freiheit ... achtende Verwaltung ...

1876 wurde die Deutsche Konservative Partei gegründet. Ihr gehörten vorwiegend Adlige und Landbevölkerung, später auch königstreu eingestellte Bürger an. Im Programm der Partei heißt es:

**Q4** ...Wir legen ... entschiedenes Gewicht auf die monarchischen Grundlagen unseres Staatslebens und wollen eine kräftige obrigkeitliche Gewalt ... Wir wollen in Provinz, Kreis und Gemeinde eine Selbstverwaltung, gegründet nicht auf das allgemeine Wahlrecht, sondern auf die natürlichen Gruppen und organischen Gliederungen des Volkes ...Wir erachten es für unsere Pflicht, den sozialistischen Irrlehren entgegenzutreten...

**3** *Vergleicht die Parteien. Achtet auf die Mitglieder und die Ziele der Parteien.*

Die Partei der Arbeiter, die Sozialdemokraten, gewann immer mehr Wähler (vgl. S. 177). Aber auch 1912, als sie die meisten Abgeordneten stellte, blieb die Partei von der Macht ausgeschlossen.

Die Wirtschaft des Deutschen Kaiserreichs entwickelte sich in Folge der Industriellen Revolution (vgl. Kapitel 4) schnell zu einer der modernsten Europas. In den Jahren um 1880 wandelte sich Deutschland vom Agrarstaat zum Industriestaat. Während 1882 noch 41,6 Prozent der Bevölkerung in der Landwirtschaft tätig waren, waren es 1907 nur noch 28,4 Prozent. Im gleichen Zeitraum stieg die Zahl der Industriebeschäftigten von 34,8 auf 42,2 Prozent der Bevölkerung. Die Eisen-, Stahl- und Kohleproduktion in Deutschland überstieg seit 1900 diejenige Großbritanniens.
Während sich das Deutsche Kaiserreich im wirtschaftlichen und sozialen Bereich zu den modernsten Gesellschaften Europas entwickelte, blieb die gesellschaftliche Ordnung fast unverändert.

**Im Kaiserreich**

**1** *Berichtet mit Hilfe der Materialien dieser Doppelseite über die Gesellschaft im Kaiserreich.*

**2** *Versucht, unsere Gesellschaft im Unterschied dazu in Stichworten zu beschreiben.*

**Auf einem preußischen Gutshof**

F. Rehbein berichtet in einem 1911 erschienen Buch über die Zeit um die Jahrhundertwende:

**Q1** ...Etwa um 11 Uhr sahen wir einen Reiter vom Gut auf uns zukommen. Mit ungezwungener Eleganz saß er im Sattel, die rechte Hand auf die Lende gestemmt ..., ‚De gnä'Herr!' murmelte es allgemein, und fleißiger noch rührten sich die Hände. Jetzt setzte der Vogt seine Kartoffelkiepe auf die Erde, wischte sich schnell die Hände an den Hosen ab und ging seinem Gebieter entgegen. Sechs Schritt vor ihm blieb er stehen, nahm kurz die Hacken zusammen und zog ehrerbietig seine Mütze. Wie das aussah! Dort der Herr, hoch zu Roß, jeder Zug aristokratische* Vornehmheit; hier der Vogt, barhäuptig in urpommerischer Hölzernheit – ein Bild disziplinierter Demut...

**Der Landrat**

In einem 1957 erschienenen Buch wird über die Stellung des Landrates im Kaiserreich berichtet:

**M** ...(es) waren ... zwei ganz verschiedene Aufgaben, die dem Landrat in Preußen oblagen: seine Tätigkeit ... als besoldeter Staatsbeamter und kommunaler Ehrenbeamter. Denn in letzter Eigenschaft bezog er kein Gehalt. Als Landrat war er der Vorgesetzte der Amtsvorsteher aller örtlichen Polizeiorgane. Diese waren in Gegenden mit viel Großgrundbesitz meist die Besitzer der Rittergüter, in solchen mit viel Klein- und Mittelbesitz die Intelligentesten unter ihnen ... Als Landrat in Allenstein verkehrte man gesellschaftlich zunächst selbstverständlich mit den größeren Besitzern des Kreises, ferner aber auch mit den Herren der Regierung, mit Behörden und Bürgern der Stadt und mit der Garnison. Das ergab mit den einzuladenden Damen etwa 200-250 Gäste im Jahr ... Der Allensteiner Landrat bekam 6000,– Mk. als Dienstaufwand ... Damit waren zu unterhalten zwei Pferde, dazu der verheiratete Kutscher, ferner die Angestellten des Landratsbüros..."

**Städtisches Bürgertum**

W. Bloem schreibt 1910 über die Bürger in Marburg:

**Q2** ...Marburgs Bürgerschaft gliederte sich in zwei Kasten: in die Gesellschaft und in das, was nicht zur Gesellschaft gehörte ... Die Mitglieder des Vereins ‚Museum' bildeten die Gesellschaft; wer diesem Kreise nicht angehörte, war ein unqualifiziertes Lebewesen. Die Mitglieder der Behörden, der Universität, der städtischen Verwaltungskörperschaften, das Offizierskorps* des Jägerbataillons ... sämtliche privaten Akademiker und die wohlhabenden Kaufleute gehörten dem Verein an. Die Studenten konnten um ein so Geringes die außerordentliche Mitgliedschaft erwerben...

**Bericht eines Dienstmädchens**

Über die Lebensumstände eines Dienstmädchens in Berlin berichtet 1902 O. Stillich:

**Q3** ...Ich mußte früh um 1/2 6 aufstehen, im Sommer wie im Winter. Aber da mußte man schon vollständig angekleidet sein und auch sein Bett gemacht haben. Das Ende der Arbeit war verschieden. Eine Dame war empört darüber, daß ich abends um 10 Uhr schlafen gegen wollte. ... Oft habe ich bis spät in die Nacht gesessen und genäht, gestopft, gestrickt und so weiter. Aufbleiben mußte man im Sommer sehr oft, wenn die Herrschaften im Garten saßen bis spät in die Nacht, dann mußte man noch Gläser, Flaschen, Decken und sonst was in die Wohnung tragen. Im

Winter auch, zum Beispiel, wenn die Herrschaften im Theater waren, wurde erst spät Abendbrot gegessen, und man mußte noch das Geschirr waschen und was dazu gehört. Auch bis nach Mitternacht hat man oft warten müssen, wenn die Herrschaften anderweit eingeladen waren...

**Das besondere Dienstverhältnis der Beamten**
In einer Debatte im Reichstag wurde zur Stellung der Beamten 1913 erklärt:

**Q1** ...Das Beamtenverhältnis ist nicht bloß ein Vertrag über bestimmte einzelne Arbeitsleistungen, sondern es ist ein Dienstvertrag, ein Treuevertrag, der die ganze Person umfaßt, ein Verhältnis der Treue, die durch den Eid beschworen ist, in welchem dem König Gehorsam und der Verfassung und den Gesetzen Befolgung zugeschworen wird. Mit solchem Eid, mit dem Eingehen eines solchen Treueverhältnisses ist die Zugehörigkeit zu einer Partei [SPD, 1913 110 Sitze im Reichstag], die die Republik erstrebt und dieses Ziel auf dem Wege der Gewalt und Revolution erreichen will, unvereinbar. ...

**Ausschluß aus der Familie**
Die Sozialdemokratin Lily Braun gibt in ihren Erinnerungen 1911 einen Brief ihrer Mutter, der Freifrau von Kretschmann, wieder. Als Lily Braun in die SPD eintreten wollte, schrieb ihre Mutter:

**Q2** ...Deine große Verirrung, Dein Unglaube haben Dich, wie es scheint, für alles was Pflicht, Gehorsam, Liebe und Rücksicht heißt, blind und taub gemacht, sonst müßtest Du wissen, daß Du mit einem solchem Schritt Deinem ganzen bisherigen Verhalten Deinen Eltern, Deiner Familie gegenüber die Krone aufsetzest. Dieser Partei, die alles besudelt und mit Füßen tritt, was uns heilig ist: Gott und Christentum, Familie, Ehe, Monarchie und Militär, sollen wir unser Kind überlassen? Es wäre in dem Augenblick für uns gestorben!...

**Die Militarisierung der Gesellschaft des Kaiserreichs**
Der demokratische Politiker Ludwig Quidde (1858-1941) schrieb 1893 in einem Buch:

**Q3** ...Am auffallendsten ist die Einwirkung, und zwar eine tief beklagenswerte Einwirkung des Militarismus in den Kreisen der „guten Gesellschaft", der besitzenden und gebildeten Klassen. Hier ist das Reservelieutenantswesen das große Mittel der Propaganda und leider oft genug der Korruption. Mit vollem Bewußtsein spreche ich hier nicht nur von Beeinflussung, sondern von Korruption ...
Würden die Angehörigen unserer besser situierten Klassen, die Gutsbesitzer, Kaufleute, Industriellen und die Mitglieder der gelehrten Stände nur dadurch, daß sie in das Heer eintreten und dort neue, ihnen bisher fremde Verhältnisse kennen lernen, für andere Anschauungen gewonnen, als sie von Hause mitgebracht haben, so könnte man nur von einem Einfluß sprechen, den der Militarismus auf sie ausübte. – So liegen die Dinge aber offenbar nicht: es ist nicht ein weiterer Blick oder eine tiefere Erkenntnis der Bedürfnisse des öffentlichen Lebens, was in den meisten Fällen unsere jungen Reserveoffiziere zu anderen Anschauungen bekehrt, sondern es ist überwiegend die liebe Eitelkeit und eine würdelose Aufnahme fremder Vorurteile.
Genug, der Offizier nimmt jedenfalls bei uns eine bevorzugte gesellschaftliche Stellung ein und durch die Institution des Reservelieutenants wird dem kindischen Ehrgeiz der jungen Leute, an dieser Bevorzugung teilzunehmen, eine bestimmte Richtung gegeben. ...

**Titelsucht des Bürgertums**
1909 schreibt Freiherr von Schulte im Rückblick:

**Q4** ... In alter Zeit blieb jeder bei seinem Namen, nur der Beamte hatte den dem Amte genau entsprechenden Titel. Abzeichen trug nur der Büttel, der Richter, der Fürst bei feierlichen Gelegenheiten,... Heute ist's anders. Man schafft sie sich zunächst selbst. Der Bäcker, Metzger usw., der sich zur Ruhe gesetzt hat, wird „Rentner", „Privatier", dieser Titel, „Hausbesitzer", „Gutsbesitzer" ziert die Karte, ... Wer einen Verein leitet, wird „Direktor" oder „Präsident" der Leiter einer Fabrik oder Aktiengesellschaft wird „Generaldirektor"...

**Der Antisemitismus**

1907 schilderte der sozialdemokratische Abgeordnete Eduard Bernstein antisemitische* Ereignisse in Berlin zum Jahreswechsel 1880/81:

**Q1** ...Mit Rüpelszenen, wie sie Berlin zuvor nicht gekannt, wurde, nachdem am 30. Dezember 1880 eine große Antisemitenversammlung in der Bockbrauerei durch Reden ... der Führer der Bewegung bearbeitet worden war, in der Silvesternacht 1880/81 das neue Jahr eingeläutet. Organisierte Banden zogen in der Friedrichstadt vor die besuchteren Cafés, nachdem allerhand Schimpfreden gehalten worden, riefen taktmäßig immer wieder „Juden raus!", verwehrten Juden oder jüdisch aussehenden Leuten den Eintritt und provozierten auf diese Weise Prügelszenen, Zertrümmerung von Fensterscheiben und ähnliche Wüstheiten mehr. Alles natürlich unter der Verteidigung des deutschen Idealismus gegen jüdischen Materialismus und des Schutzes der ehrlichen deutschen Arbeit gegen jüdische Ausbeutung...

Hellmut von Gerlach, in seiner Jugend ein bekannter Nachwuchspolitiker der Antisemiten, schilderte 1937 in seinen Erinnerungen die politischen Methoden eines der Mitbegründer der 1890 gegründeten Antisemitischen Volkspartei, H. Ahlwardt, der wegen Veruntreuung von Schulgeldern in Berlin als Rektor entlassen worden war:

**Q2** ... Ahlwardt war Jahre hindurch der gefeiertste Redner der Antisemiten. ... Mit seinem Sekretär hatte er systematisch die Bauernhöfe Hinterpommerns besucht und jeden Bauern befragt, wieviel Morgen Landes er habe und wieviel Vieh. Dann wandte er sich zu dem Sekretär, der ein Riesennotizbuch zückte, und diktierte ihm: „Notieren Sie! Gussow hat 30 Morgen, 5 Kühe, 4 Schweine, müßte haben: 60 Morgen, 12 Kühe, 10 Schweine." In ganz Deutschland berühmt geworden war er durch seine Bücher „Judenflinten" und „Eid eines Juden". Die Grundlagen dieser Bücher schienen meinem Freund Dallwitz und mir sehr unsicher, deshalb ging Dallwitz, selbst feurigster Antisemit, zu ihm, um Beweise einzusehen. Ahlwardt wies einen Haufen Akten vor, fand sich in ihnen aber nicht zurecht. Als Dallwitz dringender wurde, brach Ahlwardt die Unterhaltung ab mit den Worten: „Wenn ich etwas nicht beweisen kann, behaupte ich es eben." ...

| Berufsgruppe | Gesamtbevölkerung | Juden |
|---|---|---|
| | 61 720 529<br>(=100 %) | 566 999<br>(=100 %) |
| Landwirtschaft | 17 675 404<br>28,6 % | 5 772<br>1,0 % |
| Industrie und Handwerk | 26 258 452<br>42,5 % | 128 085<br>22,6 % |
| Handel und Verkehr | 7 965 063<br>12,9 % | 313 176<br>55,2 % |
| Häusliche Dienste | 790 856<br>1,3 % | 1 982<br>0,3 % |
| Militär, Beamte, Kirchendienst, freie Berufe | 3 369 668<br>5,4 % | 37 458<br>6,6 % |
| ohne Beruf | 5 094 087<br>8,2 % | 80 616<br>14,2 % |

**Berufsgruppen im Deutschen Reich 1907 in absoluten Zahlen der Gesamtbevölkerung und der Juden sowie in Prozent der Gesamtbevölkerung und der Juden.**

**1** *Beschreibt mit Hilfe von Q1 und Q2 die Methoden der antisemitischen Aktionen.*

**2** *Vergleicht heutige Aktionen gegen Ausländer oder gegen Minderheiten mit den damaligen Methoden.*

**3** *Stellt mit Hilfe der Tabelle den Anteil der Juden an der Bevölkerung (erste Zeile) für 1907 fest.*

**4** *Vergleicht den Anteil bestimmter Berufe in der Gesamtbevölkerung und den Anteil der Juden bei diesen Berufen.*

**5** *Vergleicht bei „Handel und Verkehr" auch die absoluten Zahlen. Gibt es nach eurer Ansicht auf Grund der Zahlen für die nichtjüdische Bevölkerung einen Anlaß zu Neid und Haß auf die Juden?*

Auch nach dem Edikt zur Judenemanzipation* von 1812 blieben die Juden eine Minderheit in Deutschland. Ihnen blieb der Zugang zu vielen Berufen verschlossen. Im Kaiserreich gehörten die meisten deutschen Juden dem mittleren und gehobenen Bürgertum an, ein Viertel von ihnen gehörte zum Klein bürgertum. Nur wenige Juden gehörten zur Oberschicht, auch in der Unterschicht war ihre Zahl unterdurchschnittlich. In dieser Verteilung spiegelte sich die jahrhundertelange Ausgrenzung der Juden aus der Gesellschaft und vielen Berufen. Eine der Ursachen für den in den Jahren um 1880 entstehenden Antisemitismus* war eine wirtschaftliche Krise. In dieser Krise wurde die soziale Stellung der Juden in der Gesellschaft zum politischen Angriffsziel.

**Haß gegenüber den Juden**

In den Jahren um 1880 wurden von einer kleinen Gruppe von Politikern und Journalisten die Juden zum Sündenbock für die wirtschaftlichen und sozialen Probleme der Zeit gemacht. Die alte, religiös geprägte Judenfeindschaft wurde mit einer neuen Theorie verbunden, der „Rassenlehre". Darin wurden teilweise moderne, naturwissenschaftliche Erkenntnisse der Biologie in verfälschender Weise auf die Menschen übertragen und mit Vorurteilen vermischt. Die Anhänger dieser Rassenlehre behaupteten, ihre eigene „Rasse" – die „weiße", „germanische" oder „arische Rasse" – sei allen anderen Menschenrassen überlegen, besonders aber der „semitischen Rasse". Damit meinte man die Juden. In Deutschland gipfelten diese Vorurteile in der Behauptung, daß die Juden keine Deutschen seien. Man sprach den Juden ab, in Deutschland gleichberechtigt leben zu dürfen.

Seit Anfang der 1880er Jahre bildeten sich Antisemitenparteien, die um 1893 mit 16 Reichstagsmandaten ihren größten Erfolg hatten. Wähler dieser Parteien fanden sich vor allem in kleinbürgerlichen Kreisen, die sich durch die Wirtschaftskrise verunsichert fühlten, aber auch im Bildungsbürgertum und beim Militär. Mit dem Abklingen der Wirtschaftskrise in den 1890er Jahren nahm der parteipolitische Antisemitismus ab. Die Antisemitenparteien lösten sich auf. Das bedeutete jedoch nicht, daß auch der Antisemitismus aufhörte. In der Öffentlichkeit, in Interessen- und Wirtschaftsverbänden, in Vereinen und Organisationen breitete sich der Antisemitismus weiter aus und wurde gesellschaftsfähig. Nach dem Ersten Weltkrieg (vgl. S. 220) wurde er wieder besonders stark. In den Juden fanden viele einen Schuldigen für die erlittene Niederlage. 1920 ging der Antisemitismus als einer der wichtigsten Punkte in das Parteiprogramm der neu gegründeten NSDAP Adolf Hitlers ein.

**Ein öffentlicher Streit unter Historikern**

Der nationalliberale Historiker Heinrich von Treitschke (1834–1896) stellte 1880 antisemitische Forderungen auf:

> **Q1** …Was wir von unseren israelitischen Mitbürgern zu fordern haben, ist einfach: sie sollen Deutsche werden, sich schlicht und recht als Deutsche fühlen – unbeschadet ihres Glaubens und ihrer alten heiligen Erinnerungen, die uns allen ehrwürdig sind; denn wir wollen nicht, daß auf Jahrtausende germanischer Gesittung ein Zeitalter deutsch-jüdischer Mischkultur folge. Es wäre sündlich zu vergessen, daß sehr viele Juden, getaufte und ungetaufte, … deutsche Männer waren im besten Sinne, Männer, in denen wir die edlen und guten Züge deutschen Geistes verehren. Es bleibt aber ebenso unleugbar, daß zahlreiche und mächtige Kreise unseres Judentums den guten Willen, schlechtweg Deutsche zu werden, durchaus nicht hegen. …

Der liberale Historiker Theodor Mommsen (1817–1903) antwortete 1880:

> **Q2** …Das ist der eigentliche Sitz des Wahns, der jetzt die Massen erfaßt hat, und sein rechter Prophet ist Herr von Treitschke. Was heißt das, wenn er von unseren israelitischen Mitbürgern fordert, sie sollen Deutsche werden? Sie sind es ja, so gut wie er und ich. Er mag tugendhafter sein als sie; aber machen die Tugenden den Deutschen? Wer gibt uns das Recht, unsere Mitbürger dieser oder jener Kategorie* wegen der Fehler, welche im allgemeinen dieser Kategorie, es sei auch mit Recht, zur Last gelegt werden, aus der Reihe der Deutschen zu streichen? …Heute gilt es den Juden, … morgen wird vielleicht bewiesen, daß genau genommen jeder Berliner nicht besser sei als ein Semit*…

**1** *Lest Q1 und schreibt die Forderungen von v. Treitschke an die Juden auf.*

**2** *Lest Q 2 und schreibt auf, mit welchen Argumenten Mommsen antwortet.*

**3** *Beurteilt beide Stellungnahmen.*

**4** *Berichtet mit Hilfe aktueller Berichte in den Medien über Gruppen, die sich heute für Minderheiten einsetzen. Ladet Vertreterinnen und Vertreter solcher Gruppen in den Unterricht ein und stellt fest, wie sie arbeiten.*

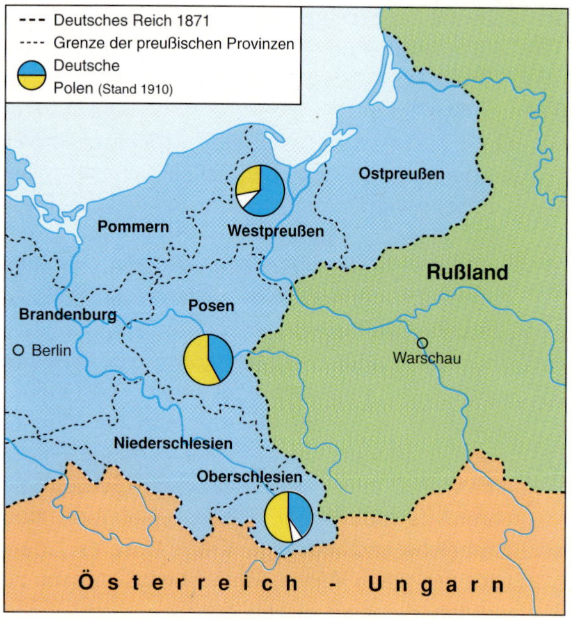


Die östlichen Provinzen Preußens.

**Die Polen im Deutschen Reich**

**1** *Betrachtet das Bild auf S. 135 und erläutert den Titel. Beachtet dabei die Jahreszahl.*

**2** *Informiert euch mit Hilfe der Karte über die Anzahl der polnischen und deutschen Bewohner in den östlichen preußischen Provinzen.*

Polen war seit 1795 unter Preußen, Österreich und Rußland geteilt worden. Der Wiener Kongreß bestätigte die Teilung 1815. Die im österreichischen Galizien lebenden Polen waren relativ selbständig und konnten ihre nationale Eigenständigkeit bewahren. Im russischen Teil Polens wurden die Menschen, besonders nach einem Aufstand 1863 stark unterdrückt. Ähnlich war es im preußischen Teil, wo es seit der Reichsgründung von 1871 zu einer zunehmenden Politik der Unterdrückung der polnischen Sprache und Kultur kam.

Mit den 24 Millionen Preußen waren 2,4 Millionen Polen 1871 Bürger des neugegründeten Deutschen Reiches geworden, ohne daß sie dies gewollt hatten. Im Reichstag erklärte der Vertreter der polnischen Fraktion:

**Q** ...Wir wollen, meine Herren, bis Gott anders über uns bestimmt hat, unter preußischer Herrschaft bleiben, aber dem Deutschen Reich wollen wir nicht einverleibt sein...

**Maßnahmen gegen polnische Einwohner**

1872: Den polnischen Geistlichen wurde die Aufsicht über die Schulen, die überwiegend von Polen besucht wurden, entzogen.

1873: In allen Schulfächern durfte mit Ausnahme im Fach Religion nur noch deutsch gesprochen werden.

1876: Auch in Angelegenheiten von Polen durfte bei den Behörden nur deutsch gesprochen und ab 1877 durfte auch vor Gericht nur noch in deutsch verhandelt werden.

1908: Durch das Vereinsgesetz wurde vorgeschrieben, daß in allen öffentlichen Versammlungen nur die deutsche Sprache erlaubt war. Nur in Kreisen, in denen mehr als 60 Prozent Polen lebten, war Polnisch weiterhin erlaubt.

Gegen diese antipolnische Politik wehrten sich die Polen unter Führung ihrer katholischen Geistlichen immer stärker. Dies bewirkte eine Politisierung der bisher eher passiven polnischen Landbevölkerung.

**Harte Maßnahmen**

1885 wurden in einer harten und rücksichtslosen Aktion über 32 000 Polen aus preußischen Grenzgebieten in österreichisch oder russisch besetzte Teile Polens ausgewiesen, unter ihnen 9000 polnische Juden. Angeblich hatten diese Polen keine preußische Staatsangehörigkeit, obwohl sie seit Jahrzehnten in diesem Grenzgebiet lebten. Im Reichstag wurde die Aktion scharf getadelt, aber die Reichsregierung und die preußische Regierung unter Reichskanzler und Ministerpräsident Otto v. Bismarck blieben bei ihrer Politik. Eine weitere Verschärfung stellte ein preußisches Gesetz von 1886 dar, mit dem auf Staatskosten Güter des polnischen Adels aufgekauft werden sollten. Auf deren Güter sollten dann deutsche Bauern angesiedelt werden. Für die Polen bedeutete dieser Schritt die offene Kampfansage. Sie versuchten, mit Hilfe von eigenen Banken zu Verkauf stehende Güter zu erwerben. Mit dieser Selbsthilfe hatten sie Erfolg.

**3** *Berichtet über die einzelnen Maßnahmen gegen die polnischen Bürger Preußens mit Hilfe des Textes. Schreibt sie in eine Liste.*

Über das Gesetz kam es 1886 im preußischen Abgeordnetenhaus zu einer heftigen Debatte. Ministerpräsident Otto v. Bismarck erklärte:

**Die Ausweisung aus Preußen 1885/86,** Gemälde von Wojciech Kassak, 1909.

**Q1** ... Nun fragt sich, ob Preußen in seinem und des Deutschen Reiches Interesse nicht unter Umständen in der Lage sein könnte, 100 Millionen Taler auszugeben, um die Güter des polnischen Adels dafür zu gewinnen, – kurz und gut, um den Adel zu enteignen. Das klingt ungeheuerlich, aber wenn wir für eine Eisenbahn enteignen ..., warum soll dann nicht unter Umständen ein Staat, um seine Sicherheit für die Zukunft zu erkaufen und die Unruhe loszuwerden – ist die Sicherheit nicht ein höherer Zweck als der Verkehr, ist die Sicherheit für die Gesamtheit nicht ein höherer Zweck als die Befestigung eines einzelnen festen Platzes? – warum soll dann nicht ein Staat unter Umständen zu diesem Mittel schreiten? Es wird ja keine Ungerechtigkeit verlangt, es soll nach dem vollen Wert bezahlt werden, und die Herren würden vielleicht zum Teil sehr vergnügt sein, mit dem Gelde, was sie dafür bekommen, sich in Galizien anzukaufen, oder jenseits der russischen Grenze, da sind sie viel mehr unter sich...

Der Zentrumsabgeordnete Ludwig Windhorst erwiderte:

**Q2** ... In der Verfassung steht deutlich und klar: § 4: Alle Preußen sind vor dem Gesetz gleich. (Sehr gut! im Zentrum.) Und es ist alles das, was bisher Unberechtigtes gegen die Polen geschehen ist, respektive* nach den heutigen Ankündigungen noch geschehen soll, mit diesem Paragraphen absolut nicht in Einklang zu bringen. (Sehr wahr! Im Zentrum und bei den Polen.) Es ist die Proklamierung eines vollständigen Ausnahmezustandes, der unter keinen Umständen toleriert werden kann, und wenn ich lese und gehört habe, daß man so weit geht, glauben zu machen, es könne kommen und es sei denkbarer Weise in Ordnung, daß man die sämtlichen adeligen Polen enteigne und aus dem Lande jage, ... dann muß ich sagen, hört alles auf, und dann ist keine Klasse von Untertanen mehr sicher.

**1** *Faßt die Aussagen Bismarcks zusammen und nehmt dazu Stellung.*

**2** *Untersucht die Antwort Windhorsts. Mit welchen Argumenten will er die Polen schützen?*

**Wurzeln tiefer Konflikte**

1908 wurde die preußische Regierung durch ein Gesetz ermächtigt, „zur Stärkung des Deutschtums in Provinzen Westpreußen und Posen" jederzeit Besitz bis zum Umfang von 70 000 Hektar gegen Entschädigung zu enteignen. Dieses Gesetz war für die Polen ein Zeichen dafür, daß sie nicht mehr als gleichberechtigte Bürger in Preußen galten. Für das Zusammenleben von Polen und Deutschen waren die preußische Sprachenpolitik und die Bodenpolitik tiefgreifende und langdauernde Konflikte. In diesen Konflikten lagen die Wurzeln für das gespannte Verhältnis zwischen der Weimarer Republik und dem 1918 entstandenen Staat Polen und der haßerfüllten Politik der Nationalsozialisten gegenüber Polen.

**3** *Erkundigt euch nach dem gegenwärtigen Verhältnis von Polen und Deutschen.*

**4** *Schreibt an das Deutsch-Polnische Jugendwerk (14473 Potsdam, Friedhofgasse 2) und bittet um Informationen über Austauschprogramme.*

Bereits in der Französischen Revolution hatte Olympe de Gouges in der „Erklärung der Rechte der Frau und Bürgerin" gefordert: „Die Verfassung ist null und nichtig, wenn die Mehrheit der Individuen, die die Nation darstellen, an ihrem Zustandekommen nicht mitgewirkt hat." (vgl. S. 90). Ihre Forderungen blieben in Frankreich bis 1940 unerfüllt, aber auch in Deutschland blieben Frauen bei der Beratung und Entscheidung von politischen Fragen über lange Zeit ausgeschlossen. Seit Beginn des 19. Jahrhunderts hatten sich Frauen zunehmend politisch engagiert. Ihre Teilnahme an der demokratischen Bewegung des Vormärz und der Revolution von 1848 war mit dem Verbot jeglicher politischer Tätigkeit geahndet worden (vgl. S. 121). In Preußen wurde es erst 1908 aufgehoben.
Auf den folgenden Seiten könnt ihr untersuchen, wie Frauen sich in Deutschland nach 1860 organisierten und mit welchen Forderungen sie im Kaiserreich um ihre Rechte und ihre Gleichberechtigung kämpften.
Am Beispiel des Kampfes um das Wahlrecht für Frauen könnt Ihr herausfinden, welche Mittel Frauen einsetzten und ob sie ihr Ziel erreichten.

**Bürgerliche Frauen**

**1** *Beschreibt die Einstellung zu Mädchen und Jungen, die in dem Kinderlied ausgedrückt wird.*
**2** *Tragt eure Einstellungen zu Jungen und Mädchen zusammen und vergleicht mit dem Ergebnis aus Arbeitsauftrag 1.*

Fanny Lewald (1811-1889) schrieb in Erinnerung an ihre Schulzeit 1863:

**Q1** ...Ich war sehr glücklich in der Schule, lernte leicht, kam schnell vorwärts!! Ab und zu kam der berühmte Konsistorialrat* Dinter ... Ich mußte ihm meine Rechenkünste vormachen, die vortrefflich gelangen ... Dinter klopfte mir auf den Kopf und sagte: „Nu! Dein Kopf hätt' auch besser auf 'nem Jungen gesessen!" ... Höchst aufgeregt kam ich an dem Tag aus der Schule zurück ...
Ich beneidete es schon lange allen Knaben, daß sie Knaben waren und studieren konnten ... Von jeher hatten Fremde, wenn sie meine Fähigkeiten lobten, mit einer Art von Bedauern hinzugefügt: „Wie schade, daß das kein Junge ist!"...

**3** *Nennt den Grund für Fannys Aufregung.*

Müller, Müller, mahl er!
Die Jungen kosten 'nen Taler,
Die Mädchen kosten 'nen Taubendreck,
Die schubst man mit den Beinen weg.
Müller, Müller, mahl er!
Die Mädchen kriegen 'nen Taler,
Die Jungen kriegen 'nen Reiterpferd,
Das ist wohl tausend Taler wert.

**Deutsches Kinderlied aus dem 19. Jahrhundert**

**4** *Überlegt mit Hilfe des Textes, warum Fremde bedauern, daß Fanny kein Junge ist.*

Fanny kam aus einem begüterten Elternhaus. Mädchen aus bürgerlichen Familien wurden wie Fanny entweder in höheren Töchterschulen unterrichtet oder erhielten Privatunterricht. Sie wurden vor allem in den „typischen weiblichen" Fächern wie Sprachen, Handarbeiten, Zeichnen, Musizieren unterrichtet. Mädchen durften zu dieser Zeit weder das Gymnasium besuchen noch studieren. Viele Männer und Frauen lehnten ein Frauenstudium ab.
Max Planck, Direktor eines Universitätsinstituts in Berlin, sagte um 1900:

**Q2** ...Man kann doch nicht stark genug betonen, daß die Natur selbst der Frau ihren Beruf als Mutter und Hausfrau vorgeschrieben hat und Naturgesetze unter keinen Umständen ohne schwere Schädigungen ... umgangen werden können...

**5** *Stellt die Argumente Plancks zur Ablehnung des Frauenstudiums zusammen und bewertet sie.*

Zur Berufstätigkeit bürgerlicher Frauen schrieb Fanny Lewald 1863:

**Q3** ...Während man für einen jungen Mann als eine Sache der Ehre ansieht, sich sein Brot zu erwerben, betrachtet man es als eine Art von Schande, die Töchter ein Gleiches tun zu lassen ... nimmt eine Kaufmannstochter, eine Professorentochter eine Stelle als Lehrerin, als Gesellschafterin, als Kindergärtnerin an, so wird dies Ereignis irgendwie beschönigt. Es heißt: ...sie haben eine so große Vorliebe für den Verkehr mit Kindern ...

**6** *Beschreibt die Einstellung zur Berufstätigkeit von Söhnen und Töchtern.*
**7** *Nennt Berufe, in denen bürgerliche Frauen arbeiten konnten.*

**Proletarische* Frauen**

Ottilie Baader (1847-1925) kam aus einer Arbeiterfamilie. Sie schrieb in ihren Erinnerungen 1921:

**Q1** ...Ich kam erst etwa im zehnten Jahr in die Schule. Lesen, Schreiben und Rechnen hatte ich von meinem Vater gelernt. Bei der Prüfung wurde ich für die dritte Klasse reif befunden. Die Schule galt für die damalige Zeit als eine gute Schule. Es hieß, daß die Mädchen dort vor allem zu „guten Sitten" erzogen wurden. Leise, zart und sanft sein war das Frauenideal dieser Zeit, ... lange bin ich nicht in die Schule gegangen. Als ich dreizehn Jahre alt wurde, zog der Vater mit uns nach Berlin, und hier war es mit meinem Schulbesuch vorbei. Ich mußte arbeiten und mußte mitverdienen. Es brauchte kein großer Familienrat abgehalten zu werden, um den richtigen Beruf zu wählen, denn groß war die Auswahl für Mädchen damals nicht. In der Schule war ich immer gelobt worden, weil ich gut nähen und vor allem gut Knopflöcher machen konnte. Ich sollte also Wäsche nähen ...

**1** *Ermittelt, wie viele Jahre Ottilie zur Schule gegangen ist und wann sie berufstätig wurde.*

**2** *Vergleicht Fannys und Ottilies Erinnerungen.*

**3** *Benennt den Grund für Ottilies Berufstätigkeit.*

Im Gegensatz zu den Mädchen und Frauen aus bürgerlichen Familien, die häufig nicht berufstätig sein durften, mußten die Mädchen und Frauen aus Arbeiterfamilien erwerbstätig sein. Das Familieneinkommen reichte sonst nicht zum Lebensunterhalt aus. Über die „Lohnfrage" kam es in den Fabriken zu Auseinandersetzungen zwischen Männern und Frauen. Die folgenden Zahlen geben Auskunft über die Bezahlung von Männern und Frauen:

Mit einer Vergolderpresse stanzten 1895 Männer und Frauen Buchtitel.

Der Arbeiter bekam für 1000 Stück 1 Mark,
die Arbeiterin bekam für 1000 Stück 70 Pfennig.

**4** *Erklärt, was mit „Lohnfrage" gemeint ist.*

**5** *Spielt ein Gespräch zwischen einer Arbeiterin und einem Arbeiter zur „Lohnfrage".*

**6** *Erkundigt euch, ob Männer und Frauen heute bei gleicher Arbeit den gleichen Lohn erhalten.*

Bei vielen Arbeitern war die Erwerbsarbeit der proletarischen Mädchen und Frauen sehr umstritten. So gab es z.B. auch in der Sozialdemokratie entschiedene Gegner weiblicher Erwerbsarbeit.

**Die Gouvernante.** Foto um 1900.

Der Sozialdemokrat Edmund Fischer schrieb z. B. 1905:

**Q2** ... Ziel der sozialistischen Bewegung muß es sein, die Frauen der Familie zurückzugeben. Hier liegt ihre natürliche Berufstätigkeit, nämlich in der Pflege und Erziehung ihrer Kinder, der schöneren Gestaltung und Befestigung des Familienlebens ...

Innerhalb der sozialdemokratischen Frauenbewegung wurde seine Meinung von den aktiven Frauen bekämpft, seine Auffassung konnte sich auch nicht in der Partei durchsetzen.

Eine heutige Historikerin schreibt 1986 über die Praxis in vielen sozialdemokratischen Familien:

**M** ... Gerade besserverdienende Facharbeiter, die den harten Kern der organisierten Arbeiterbewegung bildeten, wünschten nicht, daß ihre Ehefrauen einer außerhäuslichen Beschäftigung nachgingen. Die Sozialdemokratin Oda Olberg vermerkte 1905: „Viele Parteigenossen denken wie Fischer, die meisten fühlen wie er." ...

**7** *Vergleicht die Meinung Fischers (Q2) mit der von Max Planck auf der vorherigen Seite und diskutiert die Aussage der Historikerin (M).*

**8** *Stellt die Schwierigkeiten bürgerlicher und proletarischer Frauen gegenüber, einen Beruf auszuüben.*

**Luise Otto (1819-1895).** Foto um 1850.

**Die bürgerliche Frauenbewegung**

**1** *Vermutet, welche Forderungen bürgerliche Frauen zur Besserung der Lage der Frauen aufgestellt haben könnten. Lest dazu noch einmal S. 136 nach.*

Luise Otto und zahlreiche andere Frauen hatten bereits in den Revolutionsjahren um 1848 für eine Erweiterung der Rechte der Frauen gekämpft. Damals waren sie gescheitert. 1865 unternahmen sie mit der Gründung des Allgemeinen Deutschen Frauenvereins (ADF) einen neuen Anlauf. Drei Hauptforderungen wurden von ihnen aufgestellt:
- das Recht der Frauen auf Bildung,
- das Recht der Frauen auf Arbeit,
- das Recht der Frauen auf freie Berufswahl.

Im besonderen Maße nahmen sie sich der Frauenbildungsfrage an. Sie veranstalteten literarische und naturkundliche Vortragsabende. Auch Arbeiterinnen wurden eingeladen. Überall in Deutschland wurden neue Ortsverbände gegründet. Innerhalb von fünf Jahren wuchs die Zahl der Ortsverbände von 34 auf 10000 an. In den 80er Jahren forderten sie eine Reform der höheren Mädchenschule, den Zugang der Frauen zum Universitätsstudium und zu akademischen Berufen. Im Mittelpunkt ihrer Forderungen stand eine Reform der Lehrerinnenausbildung.

1888 forderte Helene Lange in einer Bittschrift an das preußische Unterrichtsministerium und an das Abgeordnetenhaus:

**Q1** ... Es muß gesagt sein, viele Lehrerinnen wissen nicht einmal dem Namen nach, was Studium bedeutet ... Solches Wissen kann eine Lehrerin sich heute nur bei besonderer Begabung und auf unzähligen Umwegen erwerben; Anleitung dazu, wie sie dem studierenden Mann geboten wird ... findet sie nirgends ... in der Hand der Männer liegt die Gewalt; sie allein können den halben Zuständen abhelfen, die überall auf dem Gebiet der Mädchen- und Lehrerinnenausbildung herrschen, über die sie spotten, ... und die sie doch allein geschaffen haben und erhalten ... Schafft uns Bildungsanstalten für Lehrerinnen an den Oberklassen der höheren Mädchenschulen...

**2** *Stellt die Forderungen und die Aktivitäten der Frauen in einer Liste zusammen.*

Helene Langes Eingabe wurde, wie viele andere Bittschriften auch, abgelehnt. Aus einer Stellungnahme 1888:

**Q2** ... Die Schule kann ihre Aufgabe nur dann in befriedigender Weise lösen, wenn, gleichwie in der Familie Vater und Mutter, so in der Schule Lehrer und Lehrerinnen sich in gemeinsamer Arbeit beteiligen, und zwar in der Art, daß auf der unteren Stufe der weibliche, auf der oberen Stufe der männliche Einfluß überwiegt ... Die Leitung der öffentlichen höheren Mädchenschule gebührt dem Manne...

**3** *Tragt zusammen, mit welchen Argumenten eine Reform der Lehrerinnenausbildung abgelehnt wurde.*

**4** *Vermutet, was die Frauen des ADF zu dieser Stellungnahme gesagt haben könnten.*

**5** *Stellt an den Schulen eures Heimatortes fest, ob ein Lehrer oder eine Lehrerin die Schule leitet.*

Die Bittschriften der Frauen wurden lange nicht ernst genommen. Sie wurden immer wieder abgelehnt. Erst ab 1899 konnten auch Mädchen das Abitur ablegen. Ab 1908 durften Frauen in Preußen studieren. Im Wintersemester 1913/14 studierten an deutschen Universitäten 3649 Frauen (= 6,3 Prozent der gesamten Studentenschaft).

## Die proletarische Frauenbewegung

Viele Arbeiterinnen fühlten sich durch die zentralen Forderungen der bürgerlichen Frauenbewegung nicht mehr vertreten. Höhere Bildung für Mädchen und das Recht auf Erwerbsarbeit waren nicht ihre vorrangigen Anliegen. Für die Arbeiterinnen standen andere Probleme im Vordergrund. Deshalb organisierten sie sich ab 1870 in Arbeiterinnenvereinen, die häufig der Sozialdemokratie nahestanden.

Die Frauen forderten beispielsweise

- absolutes Verbot der Nachtarbeit für Arbeiterinnen,
- Einführung des gesetzlichen Achtstundentags für Arbeiterinnen,
- Freigabe des Sonnabendnachmittags für Arbeiterinnen,
- Aufrechterhaltung der gesetzlich festgelegten Schutzzeit für erwerbstätige Schwangere und Wöchnerinnen vier Wochen vor und sechs Wochen nach der Niederkunft, Beseitigung der Ausnahmebewilligungen zu früherer Wiederaufnahme der Arbeit aufgrund eines ärztlichen Zeugnisses,
- gleichen Lohn für gleiche Arbeit bei Männern und Frauen.

**1** *Begründet, warum die Arbeiterinnen andere Forderungen formulierten als die bürgerliche Frauenbewegung.*

Durch das Sozialistengesetz (vgl. S. 173) wurden 1878 auch die Arbeiterinnenvereine verboten. Die Frauen aus den Vorständen der Vereine wurden zu Geld- und Haftstrafen verurteilt. 1890 wurde das Sozialistengesetz aufgehoben.

Ottilie Baader schrieb in ihren Erinnerungen 1921:

**Q** ... Die Frauenbewegung nahm frischen Aufschwung. Frauenbildungsvereine wurden an vielen Orten ins Leben gerufen ... Aber die Frauen durften sich bekanntlich nach den Vereinsgesetzen in Vereinen nicht mit Politik beschäftigen ... Trotz all dieser Beschränkungen verstanden es die Genossinnen, ... unter den Frauen politisches Wissen ... zu verbreiten ... Nur mußten wir in den meisten Fällen sehr vorsichtig sein und nach außen hin ein unverfänglich aussehendes Vortragsthema wählen. ... Und die Frauen kamen in Scharen, wenn Martha Rohrlack über „Volksaberglauben" ... sprechen wollte ... Das waren häufig nur vorgeschobene Themen, hinter denen die „verbotene" politische Aufklärung der Frauen immer als Hauptsache stand.

Dazu kam der erbitterte Kampf mit der Polizei. Wie oft wurden Versammlungen angesagt, die dann kurz vor ihrer Abhaltung verboten wurden. Wir beriefen sie wieder ein, bis es uns glückte ...

**Ottilie Baader (1847-1925), eine der führenden Frauen der proletarischen Frauenbewegung.** Foto von 1920.

**2** *Erklärt, was den Frauen in den Vereinsgesetzen verboten war.*

**3** *Beschreibt die Versuche der Frauen, die Vereinsgesetze zu umgehen.*

Die Arbeiterinnen gründeten die von der Polizei verbotenen Vereine immer wieder neu, so daß es 1907 z. B. 94 Bildungsvereine mit über 10 000 Mitgliedern gab. Ein wichtiger Schulungstext in den Veranstaltungen der Vereine war neben der Zeitung „Die Gleichheit" das 1879 erschienene Buch „Die Frau und der Sozialismus" von August Bebel, dem Vorsitzenden der SPD.

**Sozialdemokratische Frauenversammlung in Berlin 1890.** Zeitgenössischer Holzstich.

**Frauen fordern das Wahlrecht**

**1** *Benennt das Verbot, das in dem Gesetzesauszug auf der nächsten Seite ausgesprochen wird. Welche Personen sind davon betroffen?*

**2** *Betrachtet das Bild und überlegt, welcher Vergehen sich die Frauen schuldig gemacht haben.*

**3** *Ihr könnt in einem kurzen Sketch spielen, wie ein Polizist eine Versammlung auflöst.*

Als das Preußische Vereinsgesetz 1908 aufgehoben wurde, durften Frauen sich zwar versammeln und Mitglied in einer Partei oder Gewerkschaft werden. Sie hatten aber immer noch kein Wahlrecht. Wie in vielen anderen Fragen waren auch in dieser Frage die bürgerliche und proletarische Frauenbewegung uneinig über den Weg und den Zeitpunkt für die Forderung nach dem Wahlrecht. Die proletarische Frauenbewegung trat seit dem Erfurter Parteitag der SPD 1891 konsequent für das Wahlrecht der Frauen ein. August Bebel, Vorsitzender der SPD, brachte 1895 die Forderung nach dem Frauenstimmrecht in den Reichstag ein, allerdings ohne Erfolg ( vgl. S. 142).

**Streit der bürgerlichen Frauen um das Wahlrecht**

Bei den organisierten bürgerlichen Frauen war die Forderung nach einem Frauenwahlrecht lange Zeit umstritten. Eine Mehrheit sah die bürgerliche Frauenbewegung als eine kulturelle Bewegung und nicht als eine Interessenvertretung mit politischen und sozialen Zielen. Helene Lange, die langjährige Vorsitzende der bürgerlichen Frauenverbände, schrieb 1901 über das Endziel der Frauenbewegung:

> **Q** ... Nicht darauf komme es an, daß ihnen (den Frauen) hier und da ein Teilgebiet der Manneswelt freiggegeben wird, nicht darauf, ob sie diesen oder jenen Beruf ausüben oder nicht, sondern auf etwas viel Größeres und zugleich Inneres: Darauf, daß die Frau aus der Welt des Mannes eine Welt schafft, die das Gepräge beider Geschlechter trägt...

Eine Minderheit in der bürgerlichen Frauenbewegung sah die Frauenfrage in erster Linie als eine Rechtsfrage an und trat deswegen entschieden für das Frauenwahlrecht ein. Dazu gehörten u. a. Hedwig

**Gesetz-Sammlung für die Königlichen Preußischen Staaten**
**– Nr. 20 –**

**Wir Friedrich Wilhelm, von Gottes Gnaden, König von Preußen etc. ... verordnen für den ganzen Umfang der Monarchie, ... was folgt: ...**

**§8**

Für Vereine, welche bezwecken, politische Gegenstände in Versammlungen zu erörtern, gelten außer vorstehenden Bestimmungen nachstehende Beschränkungen:
a) sie dürfen keine Frauenspersonen, Schüler und Lehrlinge als Mitglieder aufnehmen.
Frauenspersonen, Schüler und Lehrlinge dürfen den Versammlungen und Sitzungen solcher politischen Vereine nicht beiwohnen. Werden dieselben auf die Aufforderung des anweisenden Abgeordneten der Obrigkeit nicht entfernt, so ist Grund zur Auflösung der Versammlung oder der Sitzung (§ 5. 6.) vorhanden.

**1 Auszug aus dem Preußischen Vereinsgesetz von 1851.**

**2 Demonstrantin.** Foto um 1911.

Dohm, Anita Augspurg und Lida Gustava Heymann. Hedwig Dohm schrieb 1893:

**Q1** ... Die Frauen fordern das Stimmrecht als ein ihnen natürlich zukommendes Recht...
Sie fordern es als ihr Recht. Warum soll ich erst beweisen, daß ich ein Recht dazu habe? Ich bin ein Mensch, ich bin Bürgerin des Staates ... Der Mann bedarf, um das Stimmrecht zu üben, eines bestimmten Wohnsitzes, eines bestimmten Alters, eines Besitzes, warum braucht die Frau mehr? Warum wird die Frau Idioten und Verbrechern gleichgestellt? Nein, nicht Verbrechern. Der Verbrecher wird nur zeitweise seiner politischen Rechte beraubt. Nur die Frau und der Idiot gehören in dieselbe politische Kategorie. Die Gesellschaft hat keine Befugnis, mich meines natürlichen politischen Rechts zu berauben ...

**1** *Mit welchen Argumenten kämpft Hedwig Dohm für das Frauenstimmrecht?*

Anita Augspurg und Lida Gustava Heymann gründeten mit einigen anderen Frauen 1902 in Hamburg den „Deutschen Verein für Frauenstimmrecht".

Bald folgten Angriffe in der Presse. So war in den Hamburger Nachrichten im selben Jahr zu lesen:

**Q2** ...Schon viel zu lange hat man dem Treiben dieser radikalen Frauenrechtlerinnen tatenlos zugeschaut. Es ist höchste Zeit, daß man diese hysterischen Weiber, welche politische Gleichberechtigung fordern, endlich an die Kette legt...

Über die Verbreitung des Vereins schrieb Lida Gustava Heymann 1902:

**Q3** ...In ganz Deutschland, im Norden und Süden, im Osten und Westen, von Memel und Königsberg bis an den Bodensee ... wurden Vorträge über Frauenstimmrecht gehalten ... Aber nicht nur durch Vorträge wurden die Frauen für das Stimmrecht gewonnen, dauernd wurden sie durch Flugblätter, Zeitschriften, Broschüren aufgeklärt ...

**2** *Lest noch einmal den Artikel aus den Hamburger Nachrichten. Sprecht darüber, wie der Verfasser des Artikels über die Frauen des Vereins schreibt.*

**3** *Stellt die Aktivitäten der Frauen für das Frauenwahlrecht zusammen. Achtet dabei auf Bild 2.*

**Plakat von 1914 zum Internationalen Frauentag, den die SPD seit 1911 feierte.**

### Sozialdemokratische Frauen fordern Wahlrecht

Schon auf dem Gründungsparteitag der SPD im Jahre 1875 hatte Wilhelm Liebknecht gefordert:

> **Q1** .. Eine Partei, welche die Gleichheit auf ihr Banner schreibt, schlägt sich selbst ins Gesicht, wenn sie der Hälfte der Menschheit die politischen Rechte verwehrt....

Diese Forderung nach dem Stimmrecht für Frauen war aber 1875 innerhalb der Partei noch nicht durchzusetzen. Erst auf dem Parteitag in Erfurt 1891 wurde das Frauenstimmrecht ohne jede Einschränkungins Programm der Partei aufgenommen. In regelmäßigen Abständen brachte die SPD-Fraktion diese Forderung in den Reichstag ein, allerdings ohne Erfolg.

Prominente Sozialdemokratinnen wie Clara Zektin und Louise Zietz, die als erste Frau seit 1908 dem SPD Parteivorstand angehörte, setzten sich besonders für die Verwirklichung des Frauenwahlrechts ein.

Während der Wahlkampfzeiten waren die Bestimmungen des preußischen Vereinsgesetzes gelockert. Dies nutzten in Berlin 1903 sozialdemokratische Frauen. Sie gründeten einen Wahlverein mit fast 1000 Mitgliedern. Der Wahlverein führte zu den Wahlen neun Versammlungen durch und konnte auf diese Weise für das Frauenstimmrecht werben. Weiter machten die Frauen mit Plakaten vor Wahllokalen auf ihre Forderungen nach dem Stimmrecht aufmerksam oder veranstalteten Schweigedemonstrationen für das Frauenstimmrecht in der Stadt.

**1** *Stellt die Aktionsformen der sozialdemokratischen Frauen für das Stimmrecht zusammen und vergleicht sie mit den Aktionen der bürgerlichen Frauenbewegung.*

**2** *Vermutet Gründe dafür, daß 1875 die Forderung nach dem Stimmrecht für Frauen auf dem Parteitag noch nicht durchzusetzen war.*

### Der Internationale Frauentag

Innerhalb der Sozialdemokratie war der Kampf um das Frauenstimmrecht nicht unumstritten. Die Unterstützung der Frauen in ihrem Kampf um das Stimmrecht durch die männlichen Funktionäre der Partei war nicht selbstverständlich. Deswegen mußten auf verschiedenen Parteitagen immer wieder Beschlüsse gefaßt werden, den Kampf um das Frauenstimmrecht in den Mittelpunkt der Parteiarbeit zu stellen.

1910 schlug Clara Zetkin der Internationalen Frauenkonferenz sozialdemokratischer Parteien Europas vor, einmal jährlich einen internationalen Frauentag zu veranstalten, mit dem für das Frauenstimmrecht in allen Ländern geworben werden sollte.

In einem Flugblatt des Sozialdemokratischen Vereins Elberfeld zum ersten Internationalen Frauentag heißt es:

> **Q2** ... Der 19. März ist euer Tag, an dem ihr zum Ausdruck bringen sollt, daß ihr es satt habt, als Gleichverpflichtete, aber Minderberechtigte euch zu mühen...
> Das Bewußtsein, daß am 19.März die Arbeiterfrauen und Mädchen aller Länder, in denen eine sozialdemokratische Frauenbewegung besteht, uns im Geiste die Hand reichen und uns Erfolg im Kampf wünschen, muß uns veranlassen, den ersten sozaldemokratischen Frauentag zu einer machtvollen Demonstration für das demokratische Wahlrecht und für den Sozialismus zu gestalten....

Viele Frauen folgten in zahlreichen Orten Deutschlands diesem Aufruf. Der erste Internationale Frauentag wurde zu einem großen Erfolg. In den Jahren

1912 bis 1914 folgten weitere Internationale Frauentage zum Frauenstimmrecht, an denen aber nicht mehr so viele Frauen wie 1911 teilnahmen.

**Der Kampf um das Stimmrecht im Ersten Weltkrieg**

Während des Ersten Weltkrieges 1914-1918 (vgl. S. 220ff) war die politische Werbung für das Frauenstimmrecht sehr erschwert. 1917 kam es zu einer gemeinsam Erklärung von sozialdemokratischen und bürgerlichen Frauen zur Stimmrechtsfrage, die dem Preußischen Landtag vorgelegt wurde. Mit dieser Erklärung kam es zu einer Annäherung zwischen den beiden Flügeln der Frauen- und Stimmrechtsbewegung. Gemeinsam traten Vertreterinnen beider Flügel im Gespräch mit der preußischen Regierung im Dezember 1917 und Januar 1918 für das Frauenstimmrecht ein. Diese Verhandlungen, wie weitere gemeinsame Forderungen der Frauenverbände, blieben erfolglos.

Erst als am 9. November 1918 im Rahmen der Novemberrevolution Arbeiter- und Soldatenräte in ganz Deutschland die Macht übernahmen und das alte Regime des Kaiserreiches stürzten, war der Weg für das Frauenstimmrecht und die gesetzliche Gleichberechtigung der Frauen in Deutschland frei. An die Stelle der kaiserlichen Regierung trat ein Rat der Volksbeauftragten. Er setzte sich aus SPD und USPD* Vertretern zusammen und übte die vorläufige Regierungsgewalt in Deutschland aus (vgl. Bd. 3). Am 12. November 1918 hieß es in einer Erklärung des Rats der Volksbeauftragten, die Gesetzeskraft hatte:

**Q** ... Alle Wahlen zu öffentlichen Körperschaften sind fortan nach dem gleichen, geheimen direkten, allgemeinen Wahlrecht aufgrund des proportionalen Wahlsystems für alle mindestens 20 Jahre alten männlichen und weiblichen Personen zu vollziehen...

**1** *Schildert mit euren Worten den Weg zum Wahlrecht von bürgerlichen und proletarischen Frauen im Kaiserreich und während des Ersten Weltkrieges.*

Der Kampf um die Einführung der Demokratie und für das Wahlrecht für Frauen war in der Novemberrevolution 1918 an ein erstes Ziel gekommen. Der erste demokratische Staat in Deutschland, die 1919 gegründet Weimarer Republik (vgl. Bd. 3), konnte die Menschen vom Wert einer demokratischen Mitsprache nur schwer überzeugen. Belastet mit den politischen und wirtschaftlichen Folgen des Ersten Weltkrieges, zerbrach die Republik an der prinzipiellen Gegnerschaft vieler Menschen gegenüber einer demokratischen Staatsform. Die Errichtung einer nationalsozialistischen Diktatur 1933 durch Adolf Hitler und die NSDAP* wurde von der Mehrheit der Eliten und der Wählerinnen und Wähler gebilligt oder nicht verhindert (vgl Bd. 3).

| Chronologie des Frauenwahlrechts | |
|---|---|
| 1869 | Wyoming (Territorium der USA) |
| 1893 | Colorado, Neuseeland |
| 1895 | Süd-Australien |
| 1896 | Idaho, Utah |
| 1902 | australischer Commonwealth |
| 1906 | Finnland |
| 1913 | Norwegen, Island |
| 1915 | Dänemark |
| 1917 | UdSSR |
| 1918 | Deutschland, Österreich, Polen, Kanada |
| 1919 | Niederlande, Luxemburg, Tschechoslowakei, Schweden |
| 1920 | Vereinigte Staten von Amerika |
| 1928 | Großbritannien (1918: alle weiblichen Haushaltsvorstände über 30 Jahre) |
| 1930 | Indien |
| 1931 | Spanien |
| 1932 | Uruguay |
| 1934 | Türkei, Brasilien |
| 1935 | Irland |
| 1938 | Bulgarien |
| 1944 | Frankreich |
| 1945 | Italien, Japan, Ungarn |
| 1946 | Rumänien, Jugoslawien |
| 1947 | Malta |
| 1948 | Belgien, Israel |
| 1949 | China |
| 1952 | Griechenland |
| 1953 | Mexiko |
| 1956 | Ägypten |
| 1958 | Albanien |
| 1959 | Zypern, Marokko |
| 1971 | Schweiz |
| 1984 | Liechtenstein |

**Zeittafel zur Einführung des Frauenwahlrechts.**

**Afrika. Die politische Entwicklung seiner Staaten von der Unabhängigkeit bis 1994.**

## Demokratie – eine Staatsform als Modell für die ganze Welt?

Zwar erreichten nach dem Zweiten Weltkrieg die meisten Völker Afrikas die Unabhängigkeit. Doch die politische Unabhängigkeit hat nicht alle Folgeprobleme der Kolonialherrschaft (vgl. S. 216–219) gelöst: Hunger, Armut, Unterdrückung und Kriege werden durch die Selbstregierung nicht beseitigt. Viele Probleme sind Nachwirkungen der wirtschaftlichen Abhängigkeit von den ehemaligen Kolonialmächten. Oft sind sie auch das Ergebnis eines Weltwirtschaftssystems, das von den Industriestaaten diktiert wird. Aber es sind auch einheimische Machtgruppen dafür verantwortlich, daß Konflikte nicht gelöst werden.

In vielen Staaten Afrikas waren diese Voraussetzungen Hindernisse auf einem raschen Weg zur Demokratie. Immer wieder wurden demokratisch gewählte Regierungen durch Putsche abgelöst. In den letzten Jahren gab es aber auch afrikanische Länder, in denen sich demokratische Staatsformen durchsetzten. Entfaltung der eigenen Kultur in Verbindung mit einer Demokratisierung zeigen hier einen neuen Weg auf.

**1** *Untersucht mit Hilfe der Karte die Entwicklung der Staatsformen in den Staaten Afrikas bis 1994.*

**2** *Verfolgt in den Medien aktuelle Berichte über Demokratisierungsprozesse in afrikanischen Staaten.*

**Auf dem Weg zur Demokratie**
Der Weg zur Demokratie in Deutschland hat viele Vorbilder. Die wichtigsten stammen aus dem 18. und 19. Jahrhundert. Im 20. Jahrhundert kamen weitere wichtige Impulse für die Gestaltung unserer heutigen Demokratie von Staaten, die schon auf eine längere Phase einer demokratisch verfaßten Staatsordnung zurückblicken können.
Nach dem von Deutschland begonnenen und verlorenen Zweiten Weltkrieg halfen die USA, Frankreich und Großbritannien von 1945-49 mit, eine demokratische Staatsordnung in Westdeutschland wiederzuerrichten. In Ostdeutschland wurde unter dem Einfluß der Sowjetunion eine sozialistische Staatsordnung eingeführt. Nach der Vereinigung der beiden Teile Deutschlans im Jahre 1990 gilt die westliche Verfassungsordnung, das Grundgesetz, in ganz Deutschland.

**Menschen- und Bürgerrechte**
Die Verkündigung der Menschen- und Bürgerrechte 1789 in Frankreich war ein Meilenstein auf dem Weg zur Demokratie. Die Einlösung dieser „natürlichen, unveräußerlichen und heiligen Rechte der Menschen“ dauerte in Europa über 200 Jahre, in vielen Staaten der Erde sind sie bis heute nicht verwirklicht. Die französischen Revolutionäre, die diese Rechte nach dem Vorbild der amerikanischen Revolution von 1776 als erste in Europa verkündeten, nahmen schon den 1. Artikel nicht besonders ernst. „Die Menschen sind und bleiben von Geburt an frei und gleich an Rechten“ verkündeten sie und schlossen im Wahlgesetz alle nichtbesitzenden Männer und alle Frauen vom Wahlrecht aus. Die verkündete Gleichheit galt nur für etwa 5 Prozent der Bevölkerung. Aber ein Anfang war gemacht und jede erkämpfte Ausweitung der Wahlberechtigung bedeutete einen Fortschritt auf dem Weg zurDemokratie.

**Gewaltenteilung und Verfassung**
Ähnlich bedeutsam für die Entwicklung der Demokratie war das in der französischen Revolution durchgesetzte Prinzip der Gewaltenteilung. Es war zugleich Grundlage und Vorbild für viele demokratische, moderne Staaten, deren Verfassung die Staatsgewalt auf verschiedene Organe verteilt, die sich gegenseitig kontrollierten. Die Bürgerinnen und Bürger konnten sich erstmals gegenüber der Staatsgewalt auf eine schriftlich festgelegte Verfassung berufen und waren somit nicht mehr einer Willkürherrschaft ausgesetzt. Vor allem war aber demokratische Herrschaft Herrschaft auf Zeit, die in regelmäßigen Wahlen immer wieder vom Volk, den wahlberechtigten Bürgern bestätigt werden mußte.
Diese Grundsätze blieben lange Zeit in Frankreich und Deutschland Theorie. In Frankreich wurde die demokratische Ordnung schon nach kurzer Zeit durch die Herrschaft der Jakobiner und dann durch die Alleinherrschaft Napoleons wieder abgelöst. Erst 1871 fand Frankreich zu einer dauerhaften demokratischen Ordnung.
In Deutschland erhielten nach 1815 nur die kleineren Staaten Verfassungen, die großen Staaten, Preußen und Österreich, verweigerten bis zur Revolution 1848 die Verkündigungen von Verfassungen und die Einführungen demokratischer Ordnungen.
Die Verfassung der Frankfurter Nationalversammlung von 1848/49 griff viele Gedanken der Französischen Revolution auf. Sie enthielt Menschen- und Bürgerrechte und das Prinzip der Gewaltenteilung, also wichtige, aber nicht genügende Vorausetzungen für eine demokratische Ordnung in Deutschland. Wie in Frankreich wurde nämlich das Wahlrecht zum Parlament nur wenigen begüterten Männern gewährt. Arme Männer und alle Frauen blieben vom Wahlrecht ausgeschlossen. Mit dem Scheitern der Revolution von 1848/49 scheiterte auch die Demokratie in Deutschland für lange Zeit.

**Kaiserreich und Demokratie**
Das Deutsche Kaiserreich von 1871 hatte zwar eine Verfassung und das allgemeine Männerwahlrecht für ein alle drei bzw. fünf Jahre gewähltes Parlament, den Reichstag. Dieses Parlament war aber von der Regierungsbildung so gut wie ausgeschlossen und hatte wenig Rechte. Die Eliten von Adel, Wirtschaft und Militär lehnten die Verwirklichung der Demokratie in Deutschland ab. Minderheiten wurden verfolgt und ausgegrenzt. Die SPD, die ständig wachsende Partei der arbeitenden Bevölkerung, blieb von einer Beteiligung an der Macht ausgeschlossen. Über ihre Entstehung und ihren Kampf für demokratische Rechte könnt ihr im nächsten Kapitel weiterarbeiten. Die Forderungen bürgerlicher und proletarischer Frauen nach dem Frauenstimmrecht blieben bis 1918 unerfüllt. Erst in der Revolution von 1918 wurde eine demokratische Ordnung, die auch den Frauen das Stimmrecht zusprach, in Deutschland verwirklicht.

# 4. Die Industrialisierung

**Die Welt in unserer Zeit - eine „industrielle Welt“**
Könnt ihr sie euch vorstellen: eine Welt ohne elektrische Haushaltsgeräte und ohne Strom, ohne Fernseher, Radio und Computer, ohne Fahrrad und Auto, ohne Eisenbahn und Flugzeug, ohne Fabriken? Wie entwickelte sich unsere Welt so, wie sie heute ist? Wo liegen Anfänge und Ursachen der „industriellen Welt“?

**Ein Beobachter der Industrialisierung**
Im November 1842 brach der Fabrikantensohn Friedrich Engels aus Barmen im Wuppertal nach England auf, um in Manchester im Büro der Firma seines Vaters seine kaufmännische Ausbildung abzuschließen. Aber es gab noch einen weiteren Grund für ihn, nach England zu reisen: Er wollte dort eine Entwicklung aus der Nähe studieren, die im letzten Drittel des 18. Jahrhunderts in England begonnen und inzwischen auf den europäischen Kontinent übergegriffen hatte. In seinem Buch „Die Lage der arbeitenden Klasse in England“ von 1845 faßte er seine Beobachtungen zusammen.

**Triebkräfte der Industrialisierung**
In seiner Darstellung berichtet Engels von der „Erfindung der Dampfmaschine und den Maschinen zur Verarbeitung der Baumwolle“, die nach seiner Meinung „den Anstoß zu einer industriellen Revolution*“ gaben und eine Umwälzung der englischen Gesellschaft herbeiführten: „Die Teilung der Arbeit, die Benutzung der Wasser- und besonders der Dampfkraft und der Mechanismus der Maschinerie – das sind die drei großen Hebel, mit denen die Industrie seit der Mitte des vorigen Jahrhunderts daran arbeitet, die Welt aus ihren Fugen zu heben.“

**Folgen der Industrialisierung**
Die Industrialisierung, deren Anfänge Engels in England beobachtete, veränderte die Arbeits- und Lebensverhältnisse einzelner Menschen und Menschengruppen grundlegend. Es entstanden soziale Probleme durch massenhaften Zuzug von Menschen in die entstehenden Industriestädte und durch die Arbeitsbedingungen und Wohnverhältnisse. Die Arbeiterinnen und Arbeiter selbst konnten daran zunächst nichts ändern. Doch bald erkannten sie, daß sie ihre soziale Lage durch die Gründung von Gewerkschaften und Parteien verbessern konnten. Die Bildpostkarte (Abb.) zeigt, daß sich die Arbeiterschaft um 1900 ihrer Macht bewußt war und Selbstbewußtsein zeigte. Weitere Folgen der Industrialisierung werden erst seit wenigen Jahrzehnten deutlich sichtbar: die Gefährdung von Natur und Umwelt als Lebensgrundlage der Menschen.
In diesem Kapitel könnt ihr erarbeiten,
- unter welchen Bedingungen die Industrialisierung entstanden ist und wie sie sich entwickelte,
- welche sozialen Probleme sie ausgelöst hat,
- welche Ziele die Arbeiterbewegung in der Auseinandersetzung mit dem Obrigkeitsstaat verfolgte,
- wie sich der industrielle Wandel auf die Arbeit von Kindern, Frauen und Männern auswirkte,
- welche Probleme die Menschen in der Industrie gesellschaft lösen müssen, um ihre Lebensgrundlagen zu erhalten.

**Bildpostkarte der Gewerkschaften.** Um 1910.

**1** **Bau eines Hochofenbetriebes in Lothringen.** Gemälde von Herman Heyenbrock. Um 1912.

**2** **Zug der Bergarbeiter zur Zeche.** Gemälde von Hermann Heyenbrock. Um 1912.

– *Beschreibt die Abbildungen dieser Doppelseite und sprecht darüber, wie Menschen, Technik und Umwelt dargestellt sind.*

– *Sammelt Material für eine Wandzeitung über die Industrialisierung an eurem Wohnort und ergänzt sie im Laufe der Unterrichtsreihe.*

**Spinnerin an einer Spinning Jenny.** Kupferstich, um 1775.

**Technische Neuerungen in der Textilherstellung**

**1733** John Kay verbessert den Webstuhl durch eine Vorrichtung, die die Bewegung des Weberschiffchens beschleunigte.

**1767** James Hargreaves erfindet eine Spinnmaschine, die „Spinning Jenny". Mit ihr konnten 16 Spindeln gleichzeitig angetrieben werden.

**1769** Richard Arkwright entwickelt eine Spinnmaschine, die mit Wasser- und Dampfkraft angetrieben werden kann.

**1779** Samuel Crompton erfindet eine Spinnmaschine für das Spinnen größerer und feinerer Mengen Garn.

**Entstehungsbedingungen der Industrialisierung in England**

Friedrich Engels (vgl. S. 146) hatte davon gesprochen, daß die Teilung der Arbeit, die Wasser- und Dampfkraft und die Maschinen die englische Gesellschaft umwälzten. Geschichtswissenschaftler, die sich mit der Frage beschäftigten, warum gerade in England die „Industrielle Revolution" begann, fanden weitere Ursachen heraus:

Der Adel wirtschaftete schon im 18. Jahrhundert in der Landwirtschaft, ähnlich wie das Bürgertum in Gewerbe und Handel, immer stärker gewinnorientiert. Als der Adel die Allmende, den gemeinsamen Besitz der Bauern, einschränkte, zwang er viele Bauern, ihre Höfe aufzugeben und sich in den Städten Arbeit zu suchen. Der entstehenden Textilindustrie standen dadurch genügend Arbeitskräfte zur Verfügung.

Im Bürgertum wirkte sich eine besondere religiöse Frömmigkeit positiv auf die Leistungsbereitschaft aus. Nach der Lehre des Reformators Calvin (1509-1564) war Arbeit die Pflicht des Christen, und Gewinn war der Segen Gottes (vgl. zu Arbeit und Beruf im Kapitel „Menschen unterwegs" den Abschnitt über die Hugenotten, besonders S. 12/13).

Von Bedeutung für den Beginn der Industrialisierung waren außerdem der Besitz von Kolonien und der umfangreiche Außenhandel. Das im Handel erwirtschaftete Kapital konnte in der Industrie eingesetzt werden. Das wirtschaftliche Streben des Bürgertums wurde durch das Parlament unterstützt, in dem die Abgeordneten, Adlige und reiche Kaufleute, über die Gesetzgebung und das Steuersystem mitbestimmten. Sie hatten sich seit dem 14. Jahrhundert Mitwirkungsrechte erkämpft und im 17. Jahrhundert eine Vormachtstellung gegenüber dem König erreicht (vgl. S. 70).

Der entscheidende Durchbruch zur Industrialisierung wurde jedoch erst möglich durch:
- einige „Schlüsselerfindungen*" in der Verarbeitung der Baumwolle (S. 149),
- eine neue Kraftmaschine (S. 150) und
- eine andere Aufteilung der Arbeit in der Güterproduktion (S. 151).

Wie das vor sich ging und welche Auswirkungen auf die Menschen und die Gesellschaft eintraten, könnt ihr auf den folgenden Seiten erarbeiten.

**Spinnerei in England.** Stahlstich, etwa 1830.

**1** *Beschreibt die Spinntechnik auf den Bildern dieser Doppelseite.*
**2** *Stellt fest, welche Personen die Arbeiten verrichten und versucht, Erklärungen dafür zu finden.*
**3** *Überlegt mit Hilfe der Daten „Technische Neuerungen in der Textilindustrie" (S. 148), welche Folgen die Verbesserung der Textiltechnik für die Menschen und die Wirtschaft hatte.*

**Folgen und Bedeutung der neuen Textiltechnik**
Der Schweizer Christian Bernoulli schrieb 1827 über die englische Baumwollspinnerei:

**Q** ... Eine der ersten, unmittelbarsten und bedeutendsten Folgen, welche die Erfindung der Spinnmaschinen hatte, war ohne Zweifel der fabrikmäßige Betrieb des Baumwollspinnens. Die Einführung großer Maschinen veränderte notwendig die Verhältnisse ganz. Sie erforderten große und dazu besonders eingerichtete Gebäude, große Kapitalien*, Tiere oder Elementarkräfte zum Betrieb, Arbeiter, die ausschließlich diesem Gewerbe ... sich ergaben, eine gehörige Verteilung und Anordnung aller Operationen usw. Mit dem Aufkommen des Maschinenspinnens ergab sich daher auch der fabrikförmige Betrieb dieser Industrie ... Die Arbeit der Spinner wurde ungleich produktiver. Keine Wirkung ist wohl auffallender als diese, und bei keiner Erfindung war dieses Ergebnis so erstaunenswürdig; sehen wir, was jetzt 100 oder 200 Menschen in einer mechanischen Spinnerei zu produzieren vermögen, und wieviel dieselbe Anzahl ehemals liefern konnte. Viele geben diese Steigerung der Produktivität wenigstens auf das 100 oder 120fache, manche sogar auf das 150fache an ...

Über die Bedeutung der Baumwollindustrie bei der Industrialisierung Englands urteilt der britische Historiker Eric J. Hobsbawm 1975:

**M** ... Keine andere Industrie ließ sich während der ersten Phase der britischen Industrialisierung an Wichtigkeit mit der Baumwollindustrie vergleichen ... (Sie) begann früher zu expandieren* und wuchs rascher als die übrige Industrie: sie bestimmte das Tempo der Wirtschaft ...

**4** *Arbeitet aus der Quelle heraus, welche Folgen die Erfindung der Spinnmaschine hatte.*
**5** *Vermutet, wie sich die neue Technik auf die Arbeit und das Leben der Menschen ausgewirkt haben könnte.*
**6** *Überprüft, ob die Meinung des Historikers Hobsbawm mit den Aussagen Bernoullis übereinstimmt.*

**1 Tretscheibe als „Fördermaschine“.** Zeichnung, 1556.

**2 Dampfmaschine von James Watt.** Modell.

## Eine neue Kraftmaschine

**1** *Beschreibt die Antriebstechnik auf Abbildung 1 und vergleicht mit Abbildung 1 auf Seite 40. Worin liegen Übereinstimmungen?*

Jahrhundertelang blieben die Techniken zum Fördern von Lasten im Bergbau unverändert. Das größte Problem war das in die Stollen und Schächte eindringende Wasser. Dadurch gab es oft Betriebsunterbrechungen. Manches Bergwerk mußte stillgelegt werden, weil es „abgesoffen“ war. Für ein auch in größerer Tiefe arbeitendes Pumpsystem fehlte eine wirksamere Antriebstechnik. Eine bedeutende Erfindung löste das „Kraftproblem“: die Dampfmaschine. In den Jahren 1709 bis 1712 gelang dem englischen Eisenmeister und Eisenhändler Thomas Newcomen (1663–1729) der Bau einer Dampfmaschine, die als Pumpenantrieb im Bergbau eingesetzt werden konnte. Sie arbeitete jedoch noch mit zu großem Energieverlust und konnte keine Drehbewegungen ausführen. Der schottische Instrumentenmacher James Watt (1736–1819) meldete im Jahre 1769 eine Dampfmaschine als Patent an. Sie verbrauchte weniger Kohle und konnte die Auf- und Abbewegung des Kolbens in eine Drehbewegung umsetzen.

**2** *Klärt mit Hilfe des Modells (Abb. 2) und weiterer Informationen aus Lexika die Funktionsweise der Dampfmaschine. Fragt im Physikunterricht nach.*

**3** *Informiert euch über James Watts Lebenslauf.*

**4** *Vergleicht den Einsatz der Dampfmaschine mit vorindustriellen Antriebstechniken.*

Der Ingenieur und Historiker Conrad Matschoss schrieb 1901 über die Zeit, als die Dampfmaschine erfunden wurde:

**M** ... Überall, wo in den Bergwerksbezirken das Klagelied über die nicht mehr besiegbaren Wasserzuflüsse ertönt, hört man jetzt von der neuen Kraft erzählen ... Aus Feuer und Wasser sei ein Riese entstanden, ... der nur Holz und Kohlen zur Nahrung brauche, der nie ermüde und willig sich jedem Befehl des Menschen füge ... Die einzelnen Gewerbe ... erhielten jetzt in der Dampfmaschine eine Kraftmaschine, mit der sich große Kräfte auf kleinem Raum konzentrieren ließen, die stets dem Menschen zur Verfügung stand, ... die ununterbrochen und ohne Ermüdung Tag und Nacht zu arbeiten vermochte ...

**5** Arbeitet heraus, wie Matschoss die Bedeutung der Dampfmaschine begründet.

**6** Überlegt, welche Auswirkungen die Dampfmaschine auf die Arbeit der Menschen hatte.

**7** Nennt Möglichkeiten, die Dampfmaschine zum Antrieb von Arbeitsmaschinen* einzusetzen.

**8** Erkundigt euch, ob in eurer Nähe noch eine Dampfmaschine, vielleicht als Modell in einem Museum, zu besichtigen ist. Fragt in der Klasse nach einem „Spielmodell“.

## Arbeitsteilung und Massenproduktion

**1** *Untersucht die Abbildung anhand folgender Fragen: Wo wird produziert? Wer produziert? Was wird produziert? Mit welchen Mitteln wird produziert?*

Der Volkswirtschaftler Adam Smith schrieb 1776 über die Arbeitsteilung:

**Q1** ... Um ein Beispiel ... zu geben, nämlich von der Stecknadelproduktion, so könnte ein für dies Geschäft ... nicht angelernter Arbeiter, der mit dem Gebrauch der dazu verwendeten Maschine nicht vertraut wäre, vielleicht mit dem äußersten Fleiße täglich kaum eine, gewiß aber keine 20 Nadeln machen ... Ich habe eine kleine Fabrik ... gesehen, wo nur zehn Menschen beschäftigt waren und manche daher zwei oder drei Verrichtungen zu erfüllen hatten. ... (Diese zehn Arbeiter) konnten ... täglich über 48 000 Nadeln ... machen. ... Hätten sie dagegen alle einzeln und unabhängig gearbeitet, ... so hätte gewiß keiner 20, vielleicht nicht eine Nadel täglich machen können ...

**2** *Faßt zusammen, worin nach der Meinung von Smith der Vorteil der Arbeitsteilung liegt.*

**3** *Vermutet, welche Folgen sich aus der neuen Produktionsmethode für die Wirtschaftsweise ergaben.*

**4** *Erkundet, in welcher Weise sich die Fabrikproduktion in unserer Zeit weiter verändert hat.*

**5** *Überprüft die Behauptung von Smith über den Vorteil der Arbeitsteilung gegenüber der Einzelarbeit. Ihr könnt beispielsweise Kugelschreiber einzeln oder in arbeitsteiliger Gruppenarbeit zerlegen und neu montieren.*

**6** *Prüft, welche „Merkmale der Fabrik“ auf dem Bild wiederzufinden sind.*

1. Kraftmaschine zum Antrieb
2. Arbeitsmaschinen zur Bearbeitung der Rohstoffe
3. Aufteilung der Arbeit in spezialisierte Tätigkeiten
4. zentrale Produktion in großen Gebäuden
5. größere Anzahl von Arbeitskräften
6. höhere Produktivität* gegenüber Handwerk und Manufaktur*

**1 Merkmale der Fabrik.**

**2 Montagesaal einer Maschinenbau-Anstalt; hier die Firma Maffei bei München.** Stahlstich, 1849.

## Folgen für die Gesellschaft

Friedrich Engels (vgl. S. 146 und 171) schrieb 1845:

**Q2** Die rasche Ausdehnung der Industrie erforderte Hände; der Arbeitslohn stieg, und infolgedessen wanderten Scharen von Arbeitern aus den Ackerbaubezirken nach den Städten ... So entstanden die großen Fabrik- und Handelsstädte des britischen Reichs, in denen mindestens drei Viertel der Bevölkerung der Arbeiterklasse* angehören ... An die Stelle der ehemaligen Meister und Gesellen traten große Kapitalisten* und Arbeiter ... Bisher hatte ... (der Geselle) immer die Aussicht gehabt, sich als ansässiger Meister irgendwo niederzulassen, später vielleicht einen Gesellen annehmen zu können; jetzt aber, wo die Meister selbst durch Fabrikanten verdrängt, wo zum selbständigen Betrieb einer ... (Fabrik) große Kapitalien nötig wurden, wurde das Proletariat erst eine wirkliche, feste Klasse* der Bevölkerung ... Wer jetzt als Arbeiter geboren wurde, hatte keine andere Aussicht, als lebenslang Proletarier* zu bleiben.

**7** *Beschreibt, welche Veränderungen in der englischen Gesellschaft Engels sieht.*

**8** *Faßt die Veränderung der Produktion und der Gesellschaft durch die Industrialisierung zusammen.*

**„Gewerbelandschaften" – Vorläufer der Industrie**
Als im letzten Drittel des 18. Jahrhunderts in England die Industrialisierung begann, war Deutschland – wie auch das übrige Europa – noch fast ausschließlich landwirtschaftlich geprägt. Dennoch gab es schon Regionen, wie das Rheinland und Westfalen, in denen Bergwerke betrieben und Metallwaren und Textilien in Handwerksbetrieben und Manufakturen produziert wurden (vgl. die Karte unten).

**Hindernisse für die deutsche Industrialisierung**
Die industrielle Entwicklung ging nur langsam voran. Das hatte verschiedene Gründe. Deutschland bestand um 1800 aus vielen Einzelstaaten. Es gab zahlreiche Zollgrenzen, verschiedene Währungen und kaum durchgehende Verkehrsverbindungen. Ein größerer Markt konnte deshalb nicht entstehen. Ferner fehlten Außenmärkte, wie sie zum Beispiel England in den Kolonien (vgl. S. 202 ff.) hatte. Auch war die englische Konkurrenz in der ersten Hälfte des 19. Jahrhunderts noch so übermächtig, daß sich die Textilindustrie nur langsam entwickeln konnte.

**Die Industrialisierung in Rheinland und Westfalen**
Ihr könnt die Anfänge der industriellen Entwicklung besonders gut anhand des Raumes Rheinland und Westfalen erarbeiten, weil diese Region zu denen in Deutschland gehört, wo die Textilindustrie, die Eisen- und Stahlindustrie und der Steinkohlenbergbau als erste Industriezweige entstanden sind. Auch in den folgenden Abschnitten werden die Menschen in der Industrialisierung im Raum Rheinland und Westfalen im Mittelpunkt stehen.

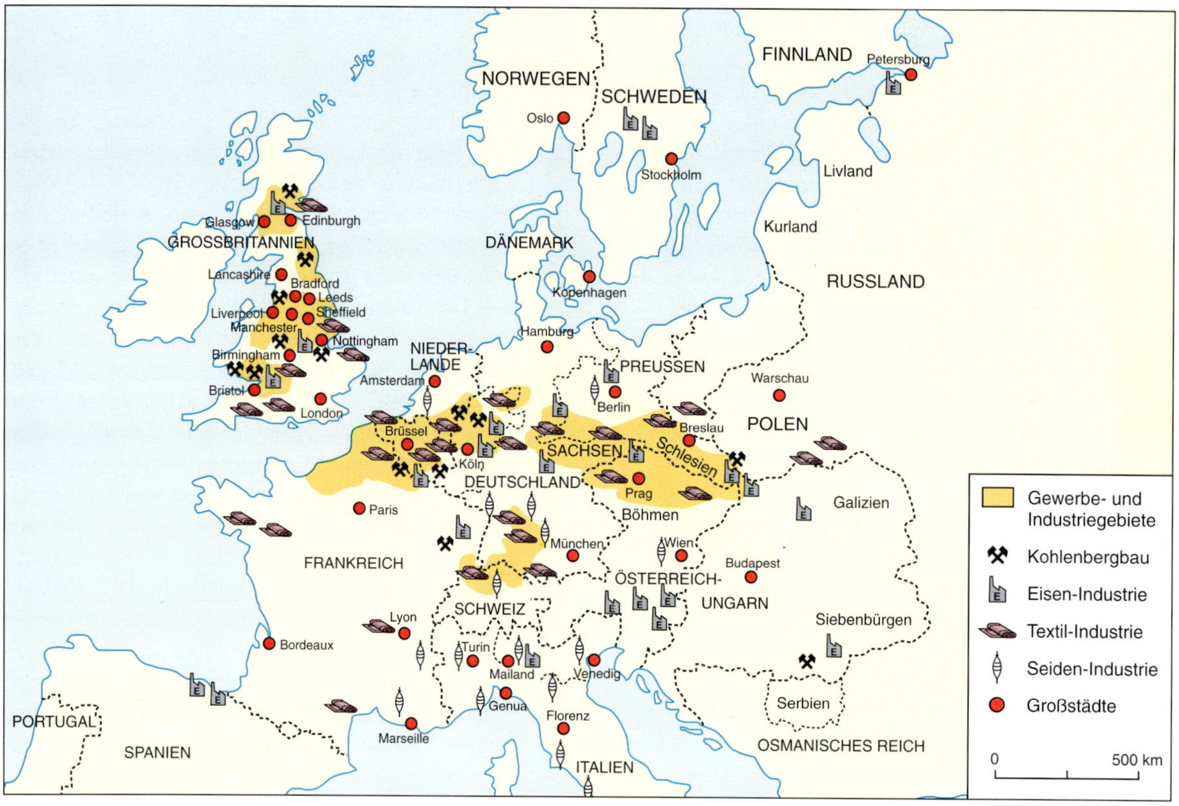

Industriegebiete in Mitteleuropa 1820-1840.

**Websaal in einer Textilfabrik.** Stahlstich, um 1830.

**Die ersten Textilfabriken**

**1** *Beschreibt anhand der Karte auf der Vorseite die Lage der Gewerbe- und Industriegebiete in Mitteleuropa und erklärt den Zusammenhang zwischen der Textilindustrie, der Eisenindustrie und dem Kohlenbergbau.*

**2** *Beschreibt die Abbildung. Verwendet dabei die Fragen aus Aufgabe 1, S. 151.*

**3** *Prüft, ob die Merkmale der Fabrik (S. 151) hier auch zutreffen.*

**4** *Überlegt, worin Übereinstimmungen und Unterschiede zwischen dieser und der Abbildung auf Seite 151 liegen.*

Ebenso wie in England, hatte das Textilgewerbe auch in Deutschland eine lange Tradition. Im rheinisch-westfälischen Raum wurde in vielen Gegenden neben dem bäuerlichen Betrieb oder als Handwerk Flachs zu Leinen verarbeitet. Gegen Ende des 18. Jahrhunderts gründeten Kaufleute und Unternehmer Spinnereien zur Verarbeitung eingeführter Baumwolle.
Der Unternehmer Johannn G. Brügelmann aus dem Rheinland schrieb 1783:

**Q** ... Endlich erfuhr ich, daß in England Baumwolle gesponnen wird, deren Faden gleichmäßiger und kräftiger ist. Das englische Garn war zu allerhand neuen, hier fremden Fabrikaten zu verwenden. Das Garn aus unserer Gegend ist dagegen ganz unrein, roh und locker. Ich konnte niemanden finden, der mir eine Textilmaschine aus England schickte. Das englische Parlament hatte die Ausfuhr verboten. Auch Arbeiter an diesen Maschinen durften nicht ausreisen. Wer dagegen verstieß, mußte mit schwerster Strafe rechnen. ...

Schließlich gelang es Brügelmann doch, ein Modell der Maschine für die Verarbeitung von Baumwolle zu bekommen.

**5** *Faßt die Qualitätsunterschiede der englischen Textilprodukte gegenüber den deutschen zusammen.*

**6** *Vermutet, warum das englische Parlament ein Ausfuhrverbot für Maschinen beschloß.*

**7** *Erkundet, ob an eurem Wohnort oder in der Nähe in einem Museum Techniken der Textilherstellung gezeigt oder vorgeführt werden.*

1 **Stahlwerk Friedrich Krupp in Essen.** 1819.

2 **Stahlwerk Friedrich Krupp (Teilansicht).** 1880.

## Ruhrstahl

Um Eisen und Stahl zu erzeugen, muß aus dem Eisenerz das Eisen herausgeschmolzen werden. Die englische Konkurrenz, die bereits seit dem Anfang des 18. Jahrhunderts mit Hilfe von Koks die Metallerzeugung kostengünstiger betrieb, spornte die Unternehmer aus dem Ruhrgebiet an, die heimische Kohle zur Eisen- und Stahlproduktion zu verwenden.

Im Jahre 1811 baute Friedrich Krupp (1787-1826) in Essen seinen ersten Eisenschmelzofen. Die Qualität des Gußstahls entsprach den englischen Produkten.

**1** *Erarbeitet anhand der Abbildungen, wie die Landschaft, die Lebens- und die Wohnbedingungen der Menschen verändert wurden.*

**2** *Informiert euch über die Geschichte des Unternehmens Krupp. Zieht dazu Lexika und andere Literatur heran. Versucht auch, etwas über den gegenwärtigen Stand des Unternehmens zu erarbeiten. Fertigt einen zusammenfassenden Bericht an und ergänzt eure Wandzeitung.*

Die Inbetriebnahme des ersten Kokshochofens im Jahre 1849 in Mülheim beschleunigte die Nachfrage nach Steinkohle. Die Hüttenindustrie wurde zum Großabnehmer der Steinkohle. Der steigende Bedarf an Erzen konnte durch die heimischen Vorkommen nicht mehr gedeckt werden. So wurde es nötig, ausländisches Erz, vor allem aus Lothringen (Frankreich), Belgien und Schweden einzuführen. Kamen 1872 erst 1,3 Prozent des Gesamtbedarfs aus dem Ausland, so waren es 1900 schon 51,7 Prozent. Um den wachsenden Kapitalbedarf zu decken, wurden Aktiengesellschaften* gegründet, bei denen Kapitalgeber ihr Geld anlegten. Neu gegründete Banken beteiligten sich mit Krediten an den Bergbau- und Hüttenbetrieben.

**3** *Beschreibt den Zusammenhang zwischen der Nachfrage nach Steinkohle und Erzen und dem Wachstum der Zechen und Hüttenwerke.*

**4** *Erkundet, ob an eurem Wohnort oder in der Umgebung Hüttenwerke standen oder noch vorhanden sind. Fragt nach Folgen für die Menschen, die sich aus den Veränderungen ergaben.*

## Ruhrbergbau

Im Tal der Ruhr war Steinkohle lange Zeit im Stollenbau an den Hängen des Ruhrtals von Bauern im Nebenerwerb abgebaut und vor allem für den Hausbrand verwendet worden. Nach 1815 förderte der preußische Staat in seinen Provinzen Rheinland und Westfalen den Steinkohlebergbau, weil die Kohle vor allem in den Niederlanden abgesetzt werden konnte. Als es zu Beginn der dreißiger Jahre des 19. Jahrhunderts gelang, den Tiefbau voranzutreiben, konnte die wachsende Nachfrage der Hüttenbetriebe nach Kohle befriedigt werden. 1835 hatten einige Schächte bereits 200 m Tiefe. Möglich wurde diese Entwicklung vor allem durch den Einsatz von Dampfmaschinen beim Schachtbau, beim Heben des Grundwassers und bei der Förderung der Kohle. Der Steinkohlenbergbau im Ruhrgebiet nahm im Laufe des 19. Jahrhunderts einen schnellen Aufschwung. So wuchs die Belegschaft von etwa 13 000 im Jahre 1850 auf fast 430 000 Ende 1913. Welche sozialen Probleme sich aus der Entwicklung der Eisen- und Stahlindustrie und des Ruhrgebiets ergaben, könnt ihr im nächsten Abschnitt erarbeiten.

**1** *Notiert, welche Gründe zur Entwicklung des Ruhrbergbaus führten.*

**2** *Beschreibt die Abbildungen und haltet eure Vermutungen über die Folgen für die Arbeits- und Lebensbedingungen der Menschen fest.*

**1 Schachtbau.** Um 1900. Foto.

**2 Zeche Victoria Mathias, Essen.** Foto um 1920.

**Soziale Folgen der Industrialisierung**
An der Industrialisierung in England hatte Friedrich Engels die tiefgreifenden Veränderungen für die Arbeiterschaft kennengelernt (vgl. S. 146 und 151). Ein ähnlicher Wandel der Arbeits- und Lebensverhältnisse fand im Laufe des 19. Jahrhunderts auch in Deutschland und in anderen europäischen Ländern wie Belgien und Frankreich statt.
Auf der Suche nach Arbeit wanderten die Menschen aus den Agrargebieten in die Industriestädte oder Industrieregionen, zum Beispiel in das Ruhrgebiet, ab. Im Laufe des 19. Jahrhunderts entstand dadurch eine große Wanderungsbewegung von den ländlichen Gebieten im Osten Deutschlands in die Industriegebiete im Westen. Es gibt Schätzungen, nach denen in Deutschland bis 1914 mehr als 20 Millionen Menschen ihre Heimat verließen und in die Industrieorte abwanderten.

Im folgenden Abschnitt könnt ihr an den drei Themen Alltagsleben, Zuwanderer in das Ruhrgebiet und Kinderarbeit untersuchen,
- welche Probleme sich für die Zuwanderer ergaben und wie versucht wurde, sie zu lösen,
- wie sich die Wohnungsnot auf das Familienleben auswirkte,
- welche Folgen die Fabrikarbeit für das Zusammenleben in der Familie hatte,
- welche Aufgaben- und Rollenverteilung in Familie und Beruf zwischen Frauen und Männern es gab und wie sie empfunden und beurteilt wurde,
- warum Kinder arbeiteten und heute noch arbeiten und welche Folgerungen daraus gezogen werden können.

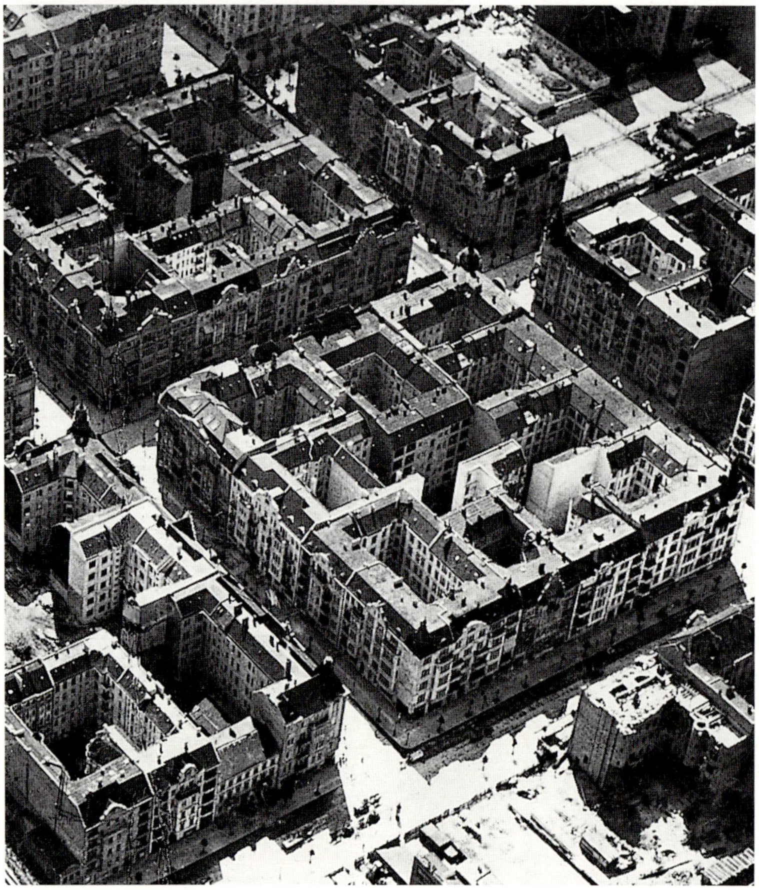

**1** Mietskasernen um 1900.

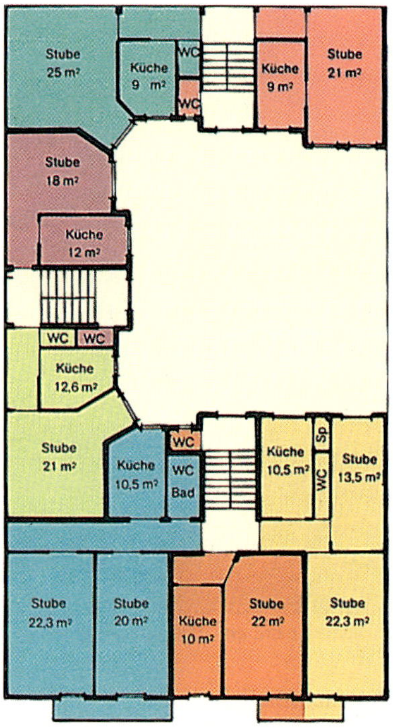


**2** Grundriß einer Berliner Mietskaserne.

**Wohnverhältnisse**

Noch im Jahr 1908 heißt es in einem Bericht von N. Joniak über das „Arbeiterwohnungselend im rheinisch-westfälischen Industriebezirk“:

**Q** … Wir betreten eine der berüchtigten Mietskasernen, welche im hiesigen Industriegebiet in so großer Anzahl vorhanden sind und noch täglich allerorts wie Pilze aus der Erde hervorschießen, eine natürliche Folge tatsächlichen Wohnungsmangels und das Produkt wahnsinniger Bodenspekulation … Fast 40–50 Prozent aller Arbeiterwohnungen bestehen aus 2 Zimmern, werden bewohnt von Familien, die 6–10 Köpfe stark sind, und … noch 2–3 Kostgänger beherbergen. In gesundheitlicher Beziehung jeder Beschreibung spottend, wie den elenden, krankhaft aussehenden Insassen unschwer anzusehen ist. Und erst die innere Wohnungseinrichtung. … In einem Schlafraum, mit zwei Bettgestellen ausgestattet, der nie gelüftet, noch seltener gereinigt wird und dessen Bettzeug daher einem Haufen stinkender Lumpen ähnlich ist, kampieren oft bis 10 Personen, vier Kinder in einem Bette, zwei am Kopf und zwei am Fußende, ohne Rücksicht auf Alter und Geschlecht. Wie viele Schlafräume gibt es außerdem, wo es sogar an diesem notwendigsten Hausrat völlig mangelt. Man schläft dann auf Dielen, auf ausgebreiteten Strohsäcken, die größtenteils durch allzureichliche Benutzung und seltene Erneuerung, durch häufige Durchnässung und durch Ungeziefer weit eher einem Misthaufen ähneln, denn einer Lagerstätte für Menschen. …

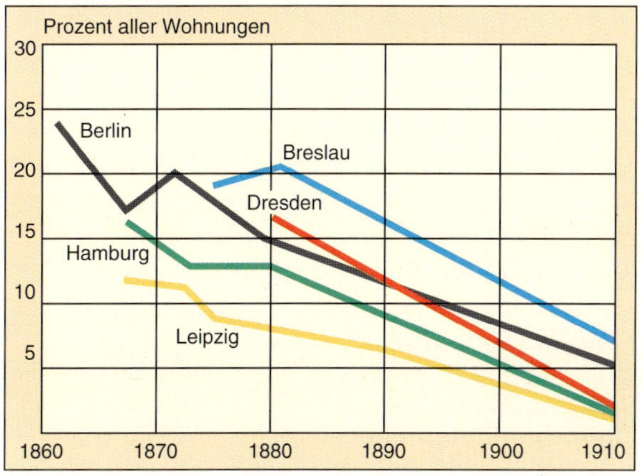


**1** Bewohner in übervölkerten Wohnungen 1861–1910.

Die Sozialwissenschaftler E. Gransche und F. Rothenbacher schreiben 1988 in einer Untersuchung der Wohnbedingungen im 19. Jahrhundert, der auch die nebenstehende Grafik entnommen ist:

**M** … Quellen der Wohnungsstatistik stellen in erster Linie die amtlichen Quellenwerke der statistischen Ämter der Städte dar. Daneben kommen die tabellarischen Zusammenstellungen im ‚Statistischen Jahrbuch Deutscher Städte' in Betracht …

Eine … Möglichkeit, die Versorgung mit Wohnraum zu messen, besteht in der Feststellung der überfüllten Wohnungen. …

(Zur Festlegung, welche Wohnung als überbevölkert galt, wurde von Gransche und Rothenbacher eine Bestimmung von 1883 aus Frankfurt am Main übernommen):

Wohnungen mit 1 Zimmer und 3 und mehr Bewohnern; 2 Zimmern und 5 und mehr Bewohnern; 3 Zimmern und 8 und mehr Bewohnern; 4 Zimmern und 10 und mehr Bewohnern …

**1** *Untersucht, worin N. Joniak die wichtigsten Ursachen des Wohnungsproblems sieht.*

**2** *Klärt, welche Einstellung zur Wohnungsnot der Autor hat.*

**3** *Erläutert die Grafik und formuliert Aussagen zur Entwicklung der Wohnbedingungen zwischen 1861 und 1910 nach der Statistik.*

**4** *Setzt die Aussagen zur Grafik in Bezug zur Quelle und zur Tabelle.*

**5** *Sammelt Informationen zur Wohnungsnot heute. Stellt Übereinstimmungen und Unterschiede fest.*

Das Wachstum der Großstädte 1850–1910 (in Tausend)

| | 1850 | 1880 | 1900 | 1910 |
|---|---|---|---|---|
| Berlin | 419 | 1122 | 1889 | 3730 |
| Breslau | 114 | 273 | 423 | 512 |
| Dresden | 97 | 221 | 396 | 547 |
| Hamburg | 132 | 290 | 706 | 932 |
| Leipzig | 63 | 149 | 456 | 588 |

**2** Bevölkerungswachstum in deutschen Großstädten 1850–1910.

## Zahlen über die Bevölkerungsentwicklung

Die Entwicklung der Bevölkerung in Ländern, Städten und Dörfern wird durch Statistiken dargestellt. Woher werden die Zahlen dafür genommen? Die wichtigste „Quelle“ für die früheren Jahrhunderte sind die Pfarregister über Geburten, Heiraten und Sterbefälle. Weitere Unterlagen sind die Ergebnisse von Volkszählungen. Die Regierungen führten sie durch, um die Steuern besser erheben zu können und die Männer leichter für das Militär zu erfassen. In neuerer Zeit können auch Wählerverzeichnisse und Behörden-Akten herangezogen werden.
Die folgende Statistik ist den „Statistischen Jahrbüchern des Deutschen Reiches“ von 1881, 1893 und 1914 entnommen. Sie beruht auf Volkszählungen von 1875, 1890 und 1910:

## Zahlenstatistik

| | Dortmund | Hannover | Duisburg | Bremen |
|---|---|---|---|---|
| 1875 | 57 742 | 106 677 | 37 380 | 102 532 |
| 1890 | 89 663 | 163 593 | 59 285 | 125 684 |
| 1910 | 214 226 | 302 375 | 229 438 | 217 437 |

**1 Die Tabelle: Bevölkerung deutscher Großstädte 1875, 1890 und 1910.**

Zwei Formen einer grafischen Darstellung der Zahlenstatistik zeigen die Abbildungen 2 und 3. (Abbildung 1 auf S. 157 ist ein Kurvendiagramm.)

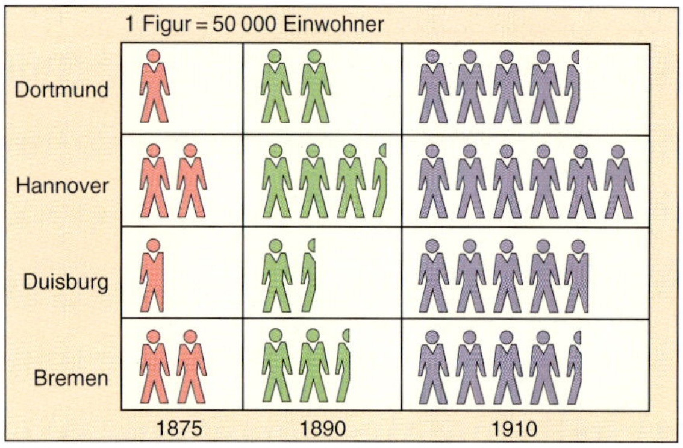


**2 Das Piktogramm: Bevölkerung deutscher Großstädte 1875, 1890 und 1910.**

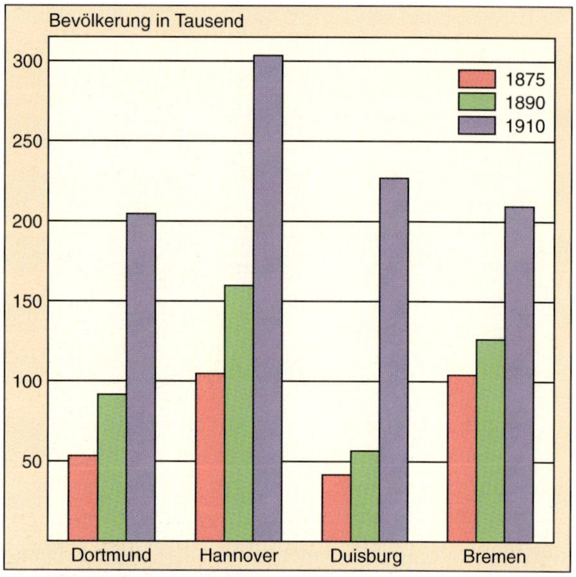


**3 Das Stabdiagramm: Bevölkerung deutscher Großstädte 1875, 1890 und 1910.**

| | Liverpool | Manchester | Sheffield | Cardiff |
|---|---|---|---|---|
| 1850 | 376 | 303 | 135 | 18 |
| 1880 | 553 | 341 | 285 | 83 |
| 1915 | 746 | 714 | 455 | 182 |

**4 Bevölkerungsentwicklung englischer Städte 1850, 1880 und 1915 (in 1000).**

**1** *Stellt fest, wie sich die Bevölkerung in den Städten entwickelte und formuliert Aussagen dazu.*
**2** *Vergleicht die Darstellungsformen 1-3. Beurteilt die Genauigkeit und die Anschaulichkeit der Darstellungen.*
**3** *Stellt die obenstehende Zahlenstatistik 4 als Stabdiagramm und als Piktogramm dar.*
**4** *Vergleicht die Bevölkerungsentwicklung mit den deutschen Städten.*
**5** *Stellt die Statistik auf Seite 157 als Stabdiagramm dar und vergleicht die Bevölkerungsentwicklung mit den Städten auf dieser Seite.*

**Arbeiterfamilie.** Foto von 1907. Der Mann und das älteste Mädchen (14 Jahre) fehlen in dieser Aufnahme; die Großmutter ist anwesend.

**Familienleben und Fabrikindustrie**

Über Auswirkungen der Fabrikindustrie auf das Familienleben berichtet R. Mohl 1835:

**Q** ... Vor allem fällt nämlich die Zerstörung des Familienlebens auf. Nicht nur der Familienvater ist den ganzen Tag vom Hause entfernt, ohne sich der Erziehung und Beaufsichtigung seiner Kinder ... irgend widmen zu können, sondern häufig ist auch die Mutter ihrerseits ebensolange täglich in derselben oder einer anderen Manufaktur beschäftigt. Sobald die Kinder irgend verwendbar sind ..., so werden auch sie aus dem Hause gestoßen; bis zu diesem Zeitpunkt aber sind sie ohne alle Aufsicht oder unter einer um eine Kleinigkeit gemieteten, welche schlimmer ist als gar keine. Nicht einmal zu dem gemeinschaftlichen Mahl versammelt sich die Familie immer. Die Entfernung des Fabrikgebäudes ... hält davon ab ... Häufig dient die armselige und unwohnliche Hütte nur zum gemeinschaftlichen Ausschlafen ...

Über die Auswirkungen der Fabrikarbeit in der Textilindustrie auf das Familienleben in einem ländlichen Bereich kommt der Historiker Max Lemmenmeier 1992 auf einer Tagung zu folgendem Ergebnis:

**M** 1. Von großer Bedeutung für das Überleben der Familie war die Arbeit der Kinder und Jugendlichen; es herrschten enge Beziehungen zwischen Eltern und Kindern, weil beide Teile für das Überleben der Familie beitragen mußten. Von einer Auflösung der Familie kann deshalb nicht gesprochen werden. Die Mechanisierung schweißte die Familie vielmehr zusammen. ...
2. Das Grundproblem der Mechanisierung war, daß die Arbeit aus dem Familienverband herausgelöst wurde. Hier setzte die zeitgenössische Kritik an ..."

**1** *Beschreibt die Abbildung und haltet fest, was sich über das Familienleben erkennen läßt.*

**2** *Stellt fest, wie das Familienleben in Q und M jeweils beschrieben wird.*

**3** *Vergleicht beide Auffassungen. Achtet auf die Textarten.*

**4** *Diskutiert, worin die Stärken und die Schwächen der beiden Meinungen liegen.*

**5** *Überlegt, was das Bild besser als die Texte darstellen kann. Worin liegen die Vorteile der Texte?*

**Zechenkolonie in Gelsenkirchen mit Stallungen und Freiflächen für Nutzgärten.** Foto um 1959.

**Leben in der Zechen-Kolonie**
Diese Doppelseite enthält Materialien über den Alltag in der Zechen-Kolonie. Das Schwergewicht liegt dabei auf Erinnerungen von Bergarbeiterfrauen. Die Erinnerungen (außer Q1, S. 160) wurden zwischen 1986 und 1989 aufgeschrieben und reichen bis in die zwanziger und dreißiger Jahre des 20. Jahrhunderts zurück. Sie sollen zeigen, wie die Arbeit der Männer auf der Zeche mit der „anderen Arbeit" der Frauen in der Zechen-Siedlung zusammenhing. Mit Hilfe der Materialien könnt ihr auch einen Einblick in das tägliche Leben und in die Gedanken der Bewohner einer Zechen-Kolonie erhalten.

**Ein Kostgänger erinnert sich**
Der Bergarbeiter Georg Werner schrieb 1929 über seine Zeit als Kostgänger um 1899:

**Q1** ... Der Mann war ein Berginvalide, der, um sich und die Familie zu erhalten, drei Kostgänger bei sich aufgenommen hatte. Zu der Familie gehörten außer Mann und Frau der erwachsene Sohn und zwei zur Schule gehende Jungen, sowie eine steinalte Mutter. Die Wohnung war für westfälische Verhältnisse sehr klein ... Sie bestand aus der Küche, einer Stube und einer großen Kammer. Das Haus lag in Gelsenkirchen-Neustadt, einem ausgesprochenen Arbeiterviertel. ... Mein Schlafraum war die große Kammer. Hier schliefen wir drei Kostgänger und der lange Franz in zwei Betten. ...

**Hausarbeit und mehr ...**
Eine Bergarbeiterfrau berichtet:

**Q2** Mein Mann hatte praktisch immer drei Schichten ... Das war furchtbar. Bei Morgenschicht bin ich um halb fünf aufgestanden, habe den Ofen angemacht ... und Frühstück gemacht. Mein Mann ist um Viertel nach fünf zum Pütt gegangen. Als die Kinder noch kleiner waren, konnte ich mich bis sieben Uhr noch einmal hinlegen. Dann mußte der erste in die Schule, dann mußte ich wieder da sein. Dann kam der zweite, dann mußte der versorgt werden. Anschließend mußten Haus und Garten gemacht werden ..., Schweine füttern, Hühner füttern ..., dann mußte die Wohnung in Ordnung gebracht werden: Wäsche waschen, putzen ... Um zwölf und ein Uhr, wenn der erste aus der Schule kam, dann haben die Kinder gegessen. Ich habe gewartet, bis mein Mann um halb drei von der Morgenschicht kam und habe mit ihm gegessen. Dann gespült. Ich habe ja immer zweimal gekocht. ...

### Die „alltägliche Angst" in der Zechen-Kolonie

Erinnerungen einer Bergmannsfrau (geboren 1903):

**Q1** ... Die Angst kriegte man nicht los. Die Angst war immer da. Ich bin ja selber Bergmannskind, und meine Brüder waren auch auf Zeche. Und wir hätten unseren Vater oder die Mutter nie auf Schicht gehen lassen, ohne ihnen 'gesunde Schicht' zu wünschen und eine gute Heimkehr! ... Mein Schwiegervater war auch auf Zeche, mein Mann war auf Zeche, mein Sohn war auch später auf Zeche. Die Angst war immer. Man schaute oft aus dem Fenster nach ihnen, wenn man wußte, die Schicht war zu Ende. Mein Bruder ist verunglückt. Er arbeitete an Schacht III. ...

### Berufswahl für die Kinder

**Q2** ... Früher mußten die Jungen das werden, was der Vater war, Bergmann, und die Töchter heirateten das, was der Vater war, einen Bergmann. Aber mein Mann hat gesagt: 'Der wird kein Bergmann.' Und da haben wir an meine Schwester geschrieben im Bayerischen Wald. Der Schwager ist irgendwo ein Hohes Tier beim Zoll gewesen. ... Und für die Mädchen habe ich gesagt: 'Wenn ich ein Mädchen habe, die kommt nicht in den Haushalt. Ich hab genug gearbeitet in Stellung, ich weiß, wie es da zugeht.' Sind auch beide nicht in den Haushalt gegangen. Die eine Tochter, die hat Weißnäherin gelernt und die andere Verkäuferin im Konsum. ...

### Ich war 15

Eine Bergmannsfrau (geboren 1921) erinnert sich an ihre Jugend:

**Q3** ... Ich war 15. Da war ich mit der Else immer zusammen, und sie wollte mal tanzen gehen. Und die Else hatte Lippenstift. 'Och, Trudchen', sagte sie, 'mach doch auch!' Und ich tu Lippenstift drauf und hab das vergessen. Und ich komm rein hinten, unsere Mama guckt mich an – ich habe eine rechts, eine links gekriegt – mich um mich selbst gedreht und wußte gar nicht warum!! Sowas gab es ja nicht, da war man ja schon verrufen. Dann habe ich es heimlich gemacht. ...

### Die „andere Arbeit" für den Bergbau

Die Historikerin Jutta de Jong schreibt 1989 über Bergarbeiterfrauen, die nicht berufstätig waren:

**M** ... Was aber sollen die Frauen von Bergarbeitern mit dem Bergbau zu tun haben, außer daß sie ihren Status* über einen Mann beziehen, der ‚vor Ort' Kohle macht? Ihr ‚Revier' sind Haus und Garten ... Bei näherer Betrachtung der vielfältigen hausfraulichen Aufgaben- und Tätigkeitsbereiche von Bergarbeiterfrauen ist die Abhängigkeit ihrer Arbeit von den Bedingungen der männlichen Erwerbsarbeitswelt unter Tage unverkennbar. ... Um mit dem knappen Lohn des Mannes das Überleben der Familie zu ermöglichen, versuchten viele Bergarbeiterfrauen, ihre Haushaltsführung auf mehr als eine Grundlage zu stellen: Sie bemühten sich nicht nur um sparsamstes Wirtschaften ... Sie verstanden sich auch auf eine nahezu autarke (unabhängige), auf den natürlichen Zyklus (Kreislauf) von Stall und Garten ausgerichtete Selbstversorgung und Vorratshaltung und waren bemüht, den für die eigene Familie schon nicht reichenden engen Wohnraum noch zusätzlich an Schlaf- und Kostgänger zu vermieten. ...

**1** *Vergleicht die Wohnsituationen auf den Abbildungen von S. 160 und 156.*

**2** *Erarbeitet, warum viele Familien Kostgänger aufnommen haben (Q 1, S. 160, M).*

**3** *Diskutiert die Vorteile und die Nachteile des Kostgängerwesens aus der Sicht des Kostgängers und der Mitglieder der aufnehmenden Familie.*

**4** *Listet die Tätigkeiten der Bergarbeiterfrau auf und erläutert die Formulierung „die andere Arbeit" für den Bergbau (Q 2, S. 160, M).*

**5** *Erläutert anhand Q 1, S. 161, wie sich die Gefahren für die Bergleute unter Tage in den Erinnerungen der Bergmannsfrau widerspiegeln.*

**6** *Erarbeitet an Q 2, S. 161, wie die Berufswahl abgelaufen ist. Vergleicht mit der Berufswahl in unserer Zeit.*

**7** *Nehmt zu den Erinnerungen in Q 3, S. 161, Stellung.*

**8** *Erkundet, ob es an eurem Wohnort eine Zechen-Kolonie oder vergleichbare Wohngegenden aus dem Zeitalter der Industrialisierung gibt und fragt nach Verbindungen der Bewohner mit dem heutigen Bergbau bzw. dem urspünglichen Gewerbe der Bewohner.*

**Zuwanderer aus Rybnik in Schlesien.** Foto um 1907.

### Menschen auf dem Weg ins Ruhrgebiet

Die Materialien auf dieser Doppelseite sollen euch anregen, die Zuwanderung von Menschen und ihr Leben im Ruhrgebiet zu untersuchen und eure Meinungen auszutauschen und zu vertreten. Bearbeitet dazu die folgenden Aufgaben:

**1** *Nehmt zu den Schüleräußerungen Stellung (S. 162).*

**2** *Erarbeitet anhand von M 2 und M 3 die Ursachen der Zuwanderung in das Ruhrgebiet und haltet fest, welche Probleme sich für die Zuwanderer im Ruhrgebiet ergaben und wie sie darauf reagierten.*

**3** *Überlegt, welche Bedeutung die Vereinsfahne (S. 163) für die Zuwanderer gehabt haben könnte.*

**4** *Stellt fest, welche Positionen der preußische Staat einerseits und die Bochumer Zeitschrift andererseits vertraten (Q 1, Q 2, S. 163). Setzt euch mit beiden Standpunkten kritisch auseinander.*

**5** *Untersucht anhand von M, S. 163, welche Bedeutung die Bergarbeit für das Zusammenleben mit den polnischen Zuwanderern hatte und nehmt zur Meinung des Autors Stellung.*

**6** *Vergleicht die „Ruhr-Zuwanderer" mit einem Beispiel aus dem Kapitel 1 („Menschen unterwegs"). Achtet besonders auf Ursachen und Ergebnisse der Wanderungen.*

**7** *Sucht in eurer Umgebung nach „Spuren" der Zuwanderer (Familien-, Straßen-, Ortsnamen, Bücher, Bilder, Briefe usw.).*

### Schülermeinungen über Ruhr-Zuwanderer im 19. Jahrhundert

**M1** Schülerinnen und Schüler äußerten 1989:
„Das ist doch wie heute: Menschen verlassen ihr Land, z.B. Polen, und kommen zu uns, weil sie hoffen, hier besser leben zu können! ..."
„Ist doch klar: Junge Leute wollen nicht auf dem Land versauern und gehen in die Stadt, auch wenn es eine weit entfernte Stadt ist, z. B. Gelsenkirchen im Kohlenpott, und auch wenn dort eine andere Sprache und Kultur herrscht. Das nimmt man als junger Mann oder junge Frau, die was erleben wollen, doch in Kauf! Ich bin sicher – und das müßte sich doch in Büchern nachlesen lassen – daß die Leute, die aus dem Osten kamen, sich halt arrangiert haben!"

### Ursachen der Zuwanderung

Der Geschichtswissenschaftler Ulrich Herbert schrieb 1986:

**M2** ... Der ebenso rapide Anstieg des Arbeitskräftebedarfs in der aufblühenden Schwerindustrie, allem voran im Bergbau, lenkte seit den 90er Jahren die Massenwanderung aus den Ostprovinzen (des Deutschen Reiches) von der Überseewanderung in die deutsche Binnenwanderung um – bis zum Ersten Weltkrieg wanderten etwa 2 Millionen Menschen nach Berlin, Mitteldeutschland und ins Ruhrgebiet ab – etwa 20 % von ihnen waren Polen, die im preußischen Teil Kongreß-Polens*, vor allem in der Provinz Posen, gelebt hatten, deren Muttersprache und nationale Zugehörigkeit also polnisch, deren Staatsangehörigkeit aber preußisch-deutsch war. ...

### Probleme der Zuwanderer

Ulrich Herbert (1986):

**M3** ... zu den Problemen, die alle Einwanderer hatten, die als besitzlose Landarbeiter oder Kleinbauern, angelockt von den oft volltönenden Versprechen der Werbeagenten der Zechenbesitzer, ... kamen für die Polen zusätzlich erschwerende Faktoren: das Sprachproblem sowie die zumindest virulent spürbare Abneigung ihnen gegenüber bei Behörden, Betrieben und Teilen der einheimischen Bevölkerung. Dieser schwierigen Situation versuchten die polnischen Arbeiter durch enge und nach außen hin abgeschlossene Kontakte untereinander zu begegnen; ein Phänomen (Erscheinung), wie wir es auch von Einwanderungsgruppen in anderen Ländern kennen. ...

### Zwei Positionen: Lösungen?

Der Oberpräsident der preußischen Provinz Westfalen schrieb 1896 in einer vertraulichen Denkschrift*:

**Q1** Die Anhäufung großer Arbeitermassen slawischer Abkunft im rheinisch-westfälischen Industriegebiete bringt, da es sich um Elemente handelt, welche dem Deutschthume feindlich gegenüberstehen, sich auf einer niedrigen Stufe der Bildung und Gesittung befinden und zu Ausschreitungen geneigt sind, in ruhigen Zeiten mannigfache Schwierigkeiten mit sich; in Zeiten innerer oder äußerer Unruhe und Verwicklungen bedeutet sie eine ernste Gefahr.
Es entspricht dem wichtigsten Lebensinteresse des Staates, wenn diese Elemente möglichst rasch verschmolzen werden ... Scharfe Überwachung der Agitation* und Vereinstätigkeit, Fernhaltung nationalpolnischer Geistlicher, Beschränkung des Gebrauches der polnischen Sprache in öffentlichen Versammlungen, ausschließlich deutsche Schulbildung, das werden die Mittel sein, mit denen das Polenthum im Westen der Monarchie dem Einflusse der deutsch-feindlichen Agitation entzogen und der Germanisierung* zugeführt wird.

In einer polnischsprachigen Bochumer Zeitschrift war 1913 zu lesen:

**Q2** Zehn Gebote für Polen
7. ... Du sollst mir meine Kinder nicht stehlen, indem du sie germanisieren läßt. Verbiete ihnen, untereinander deutsch zu sprechen und sprich niemals selbst mit ihnen deutsch. Erziehe deine Kinder in der Kenntnis und Hochschätzung der vaterländischen Literatur, Geschichte und Kultur, lehre sie die Muttersprache lieben. Lehre deine Kinder polnisch lesen und schreiben, kaufe ihnen gute polnische Bücher ...

### Ein Weg zur Integration*

Ulrich Herbert (1986):

**M** ...viele preußisch-polnische Zuwanderer verstanden ihren Aufenthalt im Westen zunächst als Zwischenstadium, um danach mit dem hier verdienten Geld in ihre Heimatgebiete zurückzukehren und dort ein besseres Leben führen zu können ...; je länger sie jedoch im Ruhrgebiet blieben, desto stärker lockerte sich die Bindung an zu Hause, und der Rückkehrwunsch verblaßte allmählich – aus Wanderarbeitern wurden Einwanderer ... Mit längerer Anwesenheitsdauer aber ... lehnten sich die ruhrpolnischen Bergleute stärker an die Haltung der deutschen Kollegen an, versuchten durch Anlernung in besser bezahlte Tätigkeiten unter Tage aufzurücken ... Von Bedeutung war dafür auch das Gedingesystem*, jene bergbauspezifische Form der Lohnfestsetzung im Gruppenakkord, durch die die Solidarität unter den Bergarbeitern stark gefördert wurde. Dieses Solidaritätsgefühl unter den Bergleuten unabhängig von ihrer Nationalität aber ist ebenso als Faktor der allmählichen Integration der Ruhrpolen zu bewerten ... So war es insbesondere der Arbeitsbereich, der eine schrittweise Integration der Ruhrpolen in die Einwanderergesellschaft des Ruhrgebiets beförderte ...

**Fahne des polnisch-katholischen St. Barbara-Vereins in Gladbeck (Westfalen) von 1903.** Zu sehen sind unter anderem: ein Bergmann im Gebet, die übereinandergekreuzten Hämmer (Schlägel und Eisen) als Zeichen des Bergbaus, ein Bienenkorb mit Bienen.

**Kinderarbeit in einer Baumwollspinnerei.** Stahlstich von Th. Onwyn, 1840.

## Kinderarbeit im 19. Jahrhundert

In einem Gedicht von Thomas Scherr (1801-1870) heißt es um 1850:

**Q1** Noch zählte ich acht Sommer kaum,
Mußt' ich verdienen gehn,
Mußt' dort in dem Maschinenhaus
Stets auf die Spindeln sehn,
Stand da gebannet Jahr und Tag,
Und Tag und Nächte gleich:
Drum welkten mir die Lippen blau
und meine Wangen bleich.

Aus einem Bericht über das Leben eines Fabrikkindes von 1853:

**Q2** ... Jetzt (im Winter) kommt wieder die Zeit, wo jener arme Junge früh um 4, um 5 Uhr von dem Lager sich erheben und eine Stunde weit durch naßkaltes Gestöber in seine Fabrik eilen muß. Dort mit kurzer Rast für ein karges Mahl ist er beschäftigt den ganzen, ganzen langen Tag. Er arbeitet an einer Maschine, welche Wellen von Staub aufjagend mit rasenden Schlägen die Baumwolle zerklopft, auflockert ... Die Arbeit ist nicht gerade schwer, weit eher fürchterlich einförmig, geisttötend und körperlich ungesund. Den ganzen langen, lieben Tag muß unser Junge in dieser mit dichtem Staub erfüllten Atmosphäre ausharren, sie einatmen, dies bis in die Nacht hinein, bis 9-10 Uhr abends. Dann endlich heißt es „Stopp", und er eilt seine Stunde Weges nach Hause ...

**1** *Beschreibt die Abbildung. Achtet auf die Menschen und die Einrichtung des Raumes.*

**2** *Arbeitet aus Q 1 und Q 2 die Informationen über die Arbeitsbedingungen der Kinder heraus.*

**3** *Stellt fest, welche gesundheitlichen Folgen angedeutet werden.*

**4** *Vergleicht die Aussagemöglichkeiten des Bildes mit denen von Q 1 und Q 2 über die Situation der Kinder.*

Kinderarbeit war schon vor der Industrialisierung verbreitet. Im Heimgewerbe, in der Landwirtschaft und im Handwerk mußten Kinder mitarbeiten. Ihre Arbeit war ein wichtiger Beitrag für die Existenzsicherung der Familien. Anders als in den Fabriken war ihre Arbeitszeit jedoch nicht starr festgelegt. Meistens wurde die Arbeit innerhalb der Familie geleistet. Der Staat stand der Kinderarbeit nicht ablehnend gegenüber, weil damit die Armut gemildert werden konnte. Außerdem sollten Kinder früh zur Arbeit erzogen werden, um sie von der Bettelei fernzuhalten.

Mit der Industrialisierung wurde die Kinderarbeit vor allem im textilen Bereich verändert. Die Textilproduktion mit Hilfe mechanischer Spinn- und Webmaschinen (vgl. Seite 148/149) erforderte weniger Muskelkraft als die von Hand betriebenen Einrichtungen. So konnten auch Kinder diese Arbeiten verrichten. Hinzu kam, daß die Textilfabrikanten ihre in- und ausländischen Konkurrenten zu unterbieten versuchten. Sie zahlten niedrige Löhne, um die Herstellungskosten gering zu halten. Weil die Arbeit der Kinder – wie schon vor der Industrialisierung – auch weiterhin für den Lebensunterhalt der Familien wichtig war, sahen sich die Eltern gezwungen, ihre Kinder in die Fabriken zu schicken.

**5** *Stellt die Ursachen der Kinderarbeit im 19. Jahrhundert zusammen. Lest auf S. 159 nach.*

**Schutz für Kinder**
Kritiker der Kinderarbeit forderten ein Eingreifen des Staates. Erst als sich herausstellte, daß viele dauerhaft in ihrer Gesundheit geschädigt wurden und männliche Jugendliche nicht mehr für den Militärdienst tauglich waren, schränkte der preußische Staat die Kinderarbeit gesetzlich ein (vgl. S. 166, Abb. 2).

**Zwei Stellungnahmen zur Kinderarbeit**
Der Pädagoge Friedrich A.W. Diesterweg (1790-1866) stellte 1827 fest:

**Q1** ... Das ist der Beruf der Kinder Montag, Dienstag, Mittwoch, Donnerstag, Freitag und Samstag, täglich ungefähr nicht weniger als 12 bis 14 Stunden, also den ganzen Tag, die ganze Woche, das ganze Jahr hindurch, mit der kurzen Unterbrechung einer Stunde des Tages und eines Tages in der Woche ... (Das) Fabrikkind hat am Feierabend, wo jeder Erwachsene ... seine Handwerksstube verläßt, noch nicht Feierabend. Es muß zur Schule ... Kaum ist der beweglichste Lehrer imstande, die Kinder halb munter und wach zu erhalten. ... So verlebt das Kind nun noch im Dunste der Kerzen und sich plagend mit den schweren Elementen der Lese-, Schreib- und Rechenkunst ... 1 1/2 oder 2 Stunden, bis die Zehn-Uhr-Glocke endlich zur Heimat geleitet. ... Mehr als des Bisherigen bedarf es nicht, um das Unnatürliche, Verkehrte, Tiefverderbliche der Fabrikarbeit der Kinder nachzuweisen ... Die Natur des Kindes verlangt Abwechslung der Arbeit und des Spieles, die Fabrik bringt ihm tötende Einförmigkeit, wodurch das Kind selbst notwendig zur Maschine wird ... An der Berechtigung des Staates, hier Einschreitungen zu machen und Menschen vor Mißhandlung zu schützen, ... wird gewiß niemand zweifeln ...

**1** *Erarbeitet Q 1 anhand folgender Fragen:*
*Wie beurteilt Diesterweg die Kinderarbeit?*
*Welche Gründe gibt er für seine Meinung an?*
*Aus welcher Sicht nimmt er Stellung?*
*Welche Lösung schlägt er vor?*

Aus einer Bittschrift der Firma Leyen, Krefeld, an den preußischen Landtag (1854):

**Q 2** ... Denn was wird zunächst die Folge jener Beschränkung sein? Wir können die Kinder nur nach Verhältnis ihrer Leistungen lohnen, da die ohnehin fast erdrückende Konkurrenz mit Lyon und der Schweiz, die wir auf allen ausländischen und überseeischen Märkten zu bestehen haben, eine Steigerung unserer Produktionskosten geradezu unmöglich macht. Der Verdienst der Kinder bei zehn, ja selbst bei neun Arbeitsstunden ist ein auskömmlicher ... zu den Erhaltungskosten der Familien. Vermindert sich dieser ..., dann lohnts und reichts nicht mehr, und es muss daher auf andere Erwerbswege Bedacht genommen werden. So werden denn die armen Kinder aus unseren weiten, luftigen, geruchlosen, im Winter mässig geheizten, im Sommer durch stete Luftbewegung gekühlten Sälen vertrieben, um in die dumpfen, ärmlichen Werkstätten der Sammet-, Seide- und Baumwoll-Weber zu wandern, wo das Gesetz sie nicht erreicht. Bei uns arbeiten die Kinder allerdings noch neun 1/2 à (bis) zehn Stunden täglich, sie geniessen dabei in einer eigens von uns zu diesem Zwecke in unserm eignen Lokale errichteten Schule, ganz unentgeltlich, da wir auch alles Schreibmaterial und die nöthigen Lehrbücher auf unsere Kosten anschaffen, täglich einen zweistündigen Unterricht, haben überdies bei dem Prediger wöchentlich drei Religionsstunden, für Frühstück, Mittagessen, Vesperbrod und die nöthigen Erholungen zwischen der Arbeit sind täglich zwei volle Stunden bestimmt ... und endlich wird im Sommer um sieben Abends und im Winter um acht die Fabrik geschlossen, so dass die Abendstunden ganz frei bleiben. ...

**2** *Stellt anhand der Tabelle (S. 166) zum „Kinderarbeitsschutz" fest, worauf sich die in der Bittschrift angesprochene „Beschränkung" bezieht. Achtet auf die Jahresangaben.*

**3** *Überprüft, welche Kinder (Alter) mit welcher Arbeitszeit im Jahre 1854 in der Firma Leyen beschäftigt werden durften.*

**4** *Vergleicht die Einstellung der Firma Leyen zur Kinderarbeit mit der Diesterwegs und nehmt zu den Positionen Stellung.*

**5** *Schreibt anhand der Materialien auf dieser Doppelseite aus der Sicht eines Reporters einen Bericht über Kinderarbeit im 19. Jahrhundert.*

**6** *Beschreibt anhand der Tabelle (S. 166) den Wandel im „Kinderarbeitsschutz" und versucht, die unterschiedlichen Regelungen zur Fabrik-, Heim- und Landarbeit zu erklären.*

### Kinderarbeit in der Bundesrepublik Deutschland

**1** *Sprecht über die Tätigkeit des Jungen auf der Abbildung und berichtet über eure Kenntnisse und Erfahrungen mit dem Zeitungsaustragen.*
**2** *Klärt anhand der Tabelle (unten), unter welchen Bedingungen Zeitungsaustragen erlaubt ist.*
**3** *Diskutiert, welche Gründe für und welche gegen das Zeitungsaustragen sprechen. Betrachtet das Problem aus unterschiedlicher Sicht (Kinder, Eltern, Zeitungsverlag, Abonnenten).*

Nach einer Untersuchung der Universität Münster von 1993 gingen etwa 40 % der Kinder im Alter von 13 bis 15 Jahren einer Arbeit nach. Die Hälfte von ihnen übte Tätigkeiten aus, die gesetzlich verboten waren, oder die Kinder arbeiteten zu lange.

| bei Unternehmern: | bei Kindern und Eltern: |
|---|---|
| – Interesse an Aushilfskräften<br>– Interesse an hohem Gewinn | – geringes Familieneinkommen<br>– zu wenig oder kein Taschengeld<br>– „Probearbeit“ für einen Ausbildungsplatz |

**1** **Gründe für Kinderarbeit**

**3** **Zeitungen austragen.** Foto um 1985.

**4** *Erläutert die Gründe für Kinderarbeit. Fallen euch weitere ein?*
**5** *Überlegt, welche Folgen die Arbeit für Kinder haben könnte. Denkt an Gesundheit, Schule, Freunde, Spiel.*

| | | Fabrikarbeit (ab 1903 auch andere gewerbliche Betriebe) | Heimarbeit | Landarbeit |
|---|---|---|---|---|
| 1839 | Preußisches Regulativ | Verbot unter 9 Jahren, ab 9 Jahren 10 Stunden | keine Begrenzung | keine Begrenzung |
| 1853 | Ergänzungsgesetz | Verbot unter 12 Jahren ab 12 Jahren 6 Stunden | keine Begrenzung | keine Begrenzung |
| 1891 | Gewerbeordnungsnovelle | Verbot unter 13 Jahren 6 Stunden ab 13 Jahren | keine Begrenzung | keine Begrenzung |
| 1903 | Kinderschutzgesetz | wie 1891 | Verbot unter 10 Jahren ab 10 Jahren 3 Stunden | keine Begrenzung |
| 1976 | Jugendarbeitsschutzgesetz | Verbot unter 14 Jahren | Verbot unter 14 Jahren | Verbot unter 13 Jahren ab 13 Jahren 3 Stunden |

Ab 3 bzw. 6 Jahren Theatervorstellungen, Werbung, Musikaufführungen, Rundfunkaufnahmen mit behördlicher Genehmigung. Ab 13 Jahren bis 2 Stunden Zeitungen und Zeitschriften austragen, Mithilfe bei Sportveranstaltungen.

**2** **Kinder- und Jugendarbeit im 19. Jahrhundert und heute:** Gesetzliche Regelungen über Verbote und höchstzulässige tägliche Arbeitszeiten (Auswahl).

**Kinderarbeit in der Dritten Welt**

Aus einer Informationsschrift zur Kinderarbeit in Indien (1986):

**Q** Indische Teppiche sind bei uns besonders deswegen so beliebt, weil sie äußerst billig sind. Sie können es vor allem darum sein, weil Kinder beim Knüpfen eingesetzt werden.
... Sie hocken vor dem Webrahmen und knoten mit gesenkten Köpfen an schweren Teppichen. Sie arbeiten zwölf Stunden am Tag. Manchmal ohne Pause. Tagein, tagaus. Ferien sind diesen Kindern unbekannt. Eine Untersuchung ... ergab, daß 92 Prozent der arbeitenden Kinder nicht einmal an Feiertagen ihre Eltern besuchen dürfen. Viele der Kinder haben durch ihre Arbeit Hautkrankheiten bekommen. Oft müssen zehn bis fünfzehn Kinder in einer engen Webhütte arbeiten. Nachts schlafen sie zwischen den Knüpfrahmen oder in einer Ecke auf dem nackten Lehmboden.
... Warum lassen Eltern ihre Kinder unter diesen Bedingungen arbeiten? Armut und Arbeitslosigkeit sind die Ursachen. ...

**1** *Vergleicht die Informationen in der Quelle mit euren Eindrücken aus dem Foto.*

**2** *Diskutiert, ob die Käuferinnen und Käufer solcher Teppiche eine Mitschuld an der Lage der Kinder tragen.*

**3** *Erörtert, ob ein Verbot der Kinderarbeit die Probleme lösen könnte. Welche Auswege seht ihr noch?*

In den wirtschaftlich armen Ländern der Welt reicht das Einkommen der Erwachsenen meist nicht aus, um die Familien zu ernähren. In diesen Ländern müssen die Kinder mitarbeiten, zum Beispiel Ziegel schleppen, Teppiche knüpfen oder in den Bergwerken arbeiten. 1994 gingen weltweit etwa 200 Millionen Kinder einer Arbeit nach. In Indien gibt es nach Schätzungen der Kinderhilfsorganisation terre des hommes (vgl. Aufgabe 4) 44 Millionen Kinderarbeiter und 8 Millionen Kindersklaven. Kindersklaven sind Kinder, die wegen Verschuldung ihrer Eltern zur Arbeit gezwungen werden. Mit ihrer Arbeit müssen sie die Schulden ihrer Eltern abarbeiten. Die Verschuldung entstand häufig, weil das Einkommen der Eltern zur Ernährung der Familie nicht ausreichte.

**Teppichknüpfen in Indien.** Foto 1993.

**4** *Informiert euch genauer über Kinderarbeit. Kontaktadresse: terre des hommes. Hilfe für Kinder in Not, Ruppenkampstr. 11a, 49084 Osnabrück.*

**5** *Vergleicht die Kinderarbeit im 19. Jahrhundert mit der in der Bundesrepublik und in der Dritten Welt. Mögliche Merkmale für den Vergleich: Gründe für die Arbeit, Arbeitsbedingungen, Folgen für die Kinder.*

**6** *Fertigt eine Wandzeitung zum Thema „Kinderarbeit“ an.*

## Ein schlimmer Verdacht

Basel um 1850. Lisa, ein sechzehnjähriges Mädchen, ist neu in der Stadt. Als Arbeiterin in einer Seidenbandfabrik lernt sie die ausweglose Lage vieler Arbeiterinnen kennen: geringe Löhne, harte Fabrikordnungen, Heiratsbeschränkungen und Gesetzesdruck. Elsa, eine ihrer Kolleginnen, gerät in einen schlimmen Verdacht.

In der engen, verrußten Küche herrschte gespannte Stille. Frau Grabers Kostgängerinnen hatten sich wie jeden Abend auf die schmalen Holzbänke gezwängt. Die vierzehn Frauen hielten ihre Köpfe tief über die weißen oder geblümten Teller gebeugt. Schweigsam löffelten sie ihre wäßrige Kartoffelsuppe. Keine sagte ein einziges Wort. Nur das Klappern der Teller und Bestecke war zu hören. Lisa rührte lustlos in der gelblichen Brühe. Obwohl sie den ganzen Tag kaum etwas gegessen hatte, brachte sie keinen Bissen hinunter. Ihre Kehle war wie zugeschnürt. Trotz der körperlichen Nähe der anderen Frauen fühlte sie sich vollkommen allein. Beklommen schielte sie über ihren Teller hinweg zu Bettina und Anna. Auch sie schwiegen. Gedankenverloren bissen sie in das harte Brot.

Kurz zuvor war es unter den Frauen zu einem heftigen Streit gekommen. Es ging um Elsa. Schon während des ganzen Tages war hinter vorgehaltener Hand über Elsa geflüstert worden. Die unglaublichsten Vermutungen hatten kursiert: Elsa habe ihr Kind zuerst mit ihren eigenen Händen erwürgt und erst dann in den Abtritt geworfen; oder sie habe mit wildem Lachen und den Worten: „Ich hasse dich, du Wurm!“ das kleine, hilflose Wesen in der Waschschüssel ertränkt. Und plötzlich wollten es viele schon immer gewußt haben: In Elsas scheuem Blick lag etwas Unehrliches. Was hatte sie sonst zu verbergen?

Immer fassungsloser hatte Lisa Bruchstücke dieser blutrünstigen Geschichte aufgeschnappt. Innerhalb eines Nachmittags war Elsa in den Erzählungen der Fabrikarbeiterinnen zu einer skrupellosen und gemeingefährlichen Person geworden. Diese Elsa besaß keine Ähnlichkeit mehr mit der unauffälligen Zettlerin von früher. Und dennoch - hatten diese Schauergeschichten nicht einen wahren Kern? Wie wäre es sonst zu erklären, daß sie ihr Kind getötet hatte? Gab es ein schlimmeres Verbrechen?

„Sie hat schließlich schon ihr erstes Kind beinahe zu Tode geprügelt!“ Grete am oberen Tischende nahm, ungerührt der bedrohlichen Spannung, das Thema wieder auf. Sie sah mit bedeutsamem Blick in die Runde. Nun explodierte Anna förmlich vor Wut.

„Spar dir endlich dein dummes Geschwätz“, fauchte sie, „woher willst du denn das wissen?“

„Meine Freundin hat einen Bekannten, und der hat es von einem Kollegen gehört ...“

„Und der von einem Freund und dieser wieder ...“, fiel Anna ihr wütend ins Wort. „Oh, diese Gedankenlosigkeit! Schämen sollst du dich. Plumpe Lügen erzählst du weiter! Dabei kennst du Elsa nicht einmal vom Sehen. Merkwürdig, daß gerade du soviel über sie weißt! Hör zu“, Anna beugte sich vor, ihre Stimme bekam einen drohenden Unterton. „Elsa ist eine ganz gewöhnliche Frau wie du und ich, vielleicht etwas unglücklicher, aber dafür um einiges anständiger und intelligenter als du. Die Geschichten von der brutalen Mörderin kannst du gleich vergessen. Wenn du weiterhin solche Hirngespinste verbreitest, kriegst du es mit mir zu tun! Das versprech' ich dir!“

Grete schnitt ein beleidigtes Gesicht. Doch war es wohl klüger, Anna nicht zu widersprechen. Ihr war alles zuzutrauen, wenn sie einmal in Zorn geriet. ...

„Aber die Polizei hat Blutspuren gefunden!“ wagte Bettina einzuwenden, „und schwanger war sie ganz bestimmt! Da kannst du sagen, was du willst.“

Der Streit entbrannte aufs neue.

Plötzlich platzte Frau Graber in die Küche, den nassen Scheuerlappen in den Händen.

„Besuch für Lisa“, sagte sie und deutete kurz mit dem Kopf auf den Flur. Lisa schrak hoch. Wer mochte das sein? Kathrin vielleicht? Oh, mit ihr würde sie gerne über die Ereignisse sprechen. Sie würden einander verstehen. Doch vor der Tür wartete, einen braunen Kittel locker über die Schulter gehängt, Carl. Verlegen räusperte er sich und streckte ihr die Hand entgegen.

„Guten Abend, eh, ich kam zufällig hier vorbei und dachte, du kommst vielleicht mit auf einen Spaziergang?“

Lisa fühlte sich überrumpelt. An Carl hatte sie überhaupt nicht mehr gedacht, und einen Augenblick lang zögerte sie. Dann lief sie rasch nach oben und zerrte ihren breiten Schal aus der Kommode. Ein bißchen Luft und ein paar Schritte würden ihr gut tun.

Karin Grütter/Annamarie Ryter: Stärker, als ihr denkt. Ein Kapitel verdrängter Geschichte, 2. Auflage, München 1992, dtv junior, Bd. 70227. (Der Ausschnitt steht auf den Seiten 57-59).

**Das Foto als „Quelle“**
Neben den sprachlichen Quellen spielen Fotos in der Geschichtswissenschaft eine wichtige Rolle für die Erkenntnisgewinnung. Das Foto erfüllt einige wichtige Funktionen: Es kann die Wirklichkeit überdauern. Es vergegenwärtigt das Vergangene. Es hilft, Vergangenheit zu verstehen und zu deuten. Aus der Sicht der Geschichtswissenschaft erweisen sich bestimmte Eigenschaften des Fotos als Schwächen: Sie halten nur einen bestimmten Augenblick fest und können für sich allein keine Entwicklung darstellen. Sie bilden keine Aussagen und keine Begriffe, wie ein Text sie bieten kann. Deshalb werden Fotos oft mit Bildunterschriften versehen, um dem Betrachter beim Verständnis zu helfen. Sie reduzieren die Wirklichkeit, denn sie zeigen nur den vom Fotografen gewählten Ausschnitt aus der Wirklichkeit und können durch einen „schönen Eindruck“ Schmutz, Leid, Elend und Armut verdecken. Sie sind in ihrer Echtheit und Vollständigkeit nur schwer zu überprüfen. So können Fotos „bearbeitet“ oder gestellt sein. Bekannt ist auch, daß Herrscher in Diktaturen Fotos zu ihrem eigenen Vorteil fälschen ließen.

**Fragen an Fotos**
Das Foto auf dieser Seite hat der Berliner Zeichner und Fotograf Heinrich Zille (1858–1929) aufgenommen. Er fertigte es – wie andere Fotos auch – als Erinnerungsstütze für seine zeichnerischen Arbeiten an. An Fotos können folgende Fragen gestellt werden. Nicht alle lassen sich für jedes Foto ohne weitere Informationen beantworten.

**Umzug. Heinrich Zille,** um 1900.

Zum Fotografen
1. Wer ist der Fotograf?
2. Läßt sich ein Anlaß oder ein Motiv für die Aufnahme feststellen?

Zum Foto
3. Was ist dargestellt?
4. Läßt sich ein bestimmtes „Thema“ erkennen? Gibt die Bildunterschrift einen Hinweis?
5. Welche Informationen enthalten Foto und Bildunterschrift? Welcher Ausschnitt aus der Wirklichkeit wird gezeigt?
6. Welche weiteren Informationen benötige ich zum tieferen Verständnis?

Zum Betrachter
7. Wie wirkt das Foto auf mich?
8. Was spricht mich besonders an? Was wirkt abstoßend? Warum?

Antworten zu einigen der oben gestellten Fragen:
Zu 3: Das Foto zeigt auf einer Straße zwei Männer mit einem mit Gegenständen beladenen Handwagen. Im Hintergrund sind Schaufenster und Eingänge einer Bäckerei und eines Cafés zu sehen, vor denen eine Frau, wahrscheinlich eine Servierin oder ein Dienstmädchen, steht.
Zu 5: Das Foto zeigt einen Augenblick aus dem Alltagsleben in der Zeit um 1900: Menschen ziehen um. Ihr Umzugsgut paßt auf einen Handwagen. Es ist zu vermuten, daß diese Menschen in sehr ärmlichen Verhältnissen lebten. Nicht zu erkennen ist, woher sie kommen, warum sie umziehen und wohin sie gehen.

**1** *Beantwortet die restlichen Fragen. Lest auf den Seiten 156–163 nach.*

**2** *Stellt die Fragen an einige andere Fotos in diesem Buch und versucht sie zu beantworten. Fragt auch nach alten Familienfotos.*

**Die Arbeiterbewegung - ein Weg zur Lösung der sozialen und politischen Probleme**

„Mann der Arbeit, aufgewacht!
Und erkenne deine Macht!
Alle Räder stehen still,
wenn dein starker Arm es will."

In dieser Strophe aus seinem Lied von 1863 (siehe die Abbildung der Bildpostkarte, Seite 146) hatte der Dichter Georg Herwegh, der wegen politischer Verfolgung zeitweise aus Deutschland fliehen mußte, die Arbeiter aufgerufen, ihre Macht zu erkennen und einzusetzen. Auf der Abbildung sind im Hintergrund viele Arbeiterinnen und Arbeiter zu erkennen. Offensichtlich sind sie zu einer Kundgebung zusammengekommen. Welche Gründe gab es für Arbeiter und Arbeiterinnen, sich zu versammeln?

Es waren zunächst die sozialen Probleme, wie ihr sie im letzten Abschnitt (Seite 156-167) erarbeiten konntet; dazu der fehlende Schutz bei Krankheit, Unfall, Invalidität und im Alter. Der Staat – regiert vom Adel und wirtschaftlich gestützt vom aufstrebenden Industrie-Bürgertum – hielt sich zurück.- Politisch war die Arbeiterschaft ohne Rechte, sozial stand sie ganz unten in der Gesellschaft. Was konnte sie tun? In diesem Abschnitt könnt ihr erarbeiten,
- wie es zur Entstehung der Arbeiterbewegung kam,
- welche Ziele sie aufstellte und wie sie sie durchzusetzen versuchte,
- mit welchen Widerständen sie sich auseinandersetzen mußte und
- wie die Arbeiterbewegung Staat und Gesellschaft politisch, sozial und rechtlich veränderte.

**Kapital und Arbeit.** Karikatur 1967.

**Der Gegensatz von „Kapital und Arbeit" - Ursprung der Arbeiterbewegung**

**1** *„Entschlüsselt" die Karikatur und vermutet, worin der Gegensatz zwischen Kapital und Arbeit begründet sein könnte.*

**2** *Setzt die Aussage der Karikatur in einen Bezug zur Industrialisierung.*

Mit der zunehmenden Industrialisierung wurde eine bestimmte Form der Arbeit, die Lohnarbeit, zum vorherrschenden Merkmal der Arbeitsverhältnisse. Die Historikerin Helga Grebing schreibt 1993 dazu:

**M** ... Sie (die Lohnarbeit) war gekennzeichnet durch die Verwertung der Arbeitskraft nach Marktkriterien*, durch den Tausch der Arbeitsleistung gegen Lohn, durch den Verkauf der Arbeitskraft, um Zugang zu den Produktionsmitteln, mit denen man die Arbeitsbereitschaft realisieren konnte: Boden, Werkzeug, Maschinen, Rohstoffe, zu bekommen. Der Kontrahent* der Besitzer von Arbeitskraft war der Besitzer von Produktionsmitteln; er besaß das Kapital, mit dem er Arbeitskraft kaufen, Produktionsmittel zur Verfügung stellen und jene Produkte – Waren – herstellen lassen konnte, die ihm, dem Kapitalisten, gehörten. ...
Die Allgemeingültigkeit der Lohnarbeit, die die menschliche Existenz allumfassende Arbeit war es dann auch, die unter den Arbeitern Solidarität* zu stiften begann ... So entstand die Arbeiterbewegung, deren Ziel es wurde, Arbeit nicht abzuschaffen, sondern die Arbeiter zu schützen vor den sozialen Auswirkungen der kapitalistischen Produktionsweise*, die Lebensbedingungen der Arbeiter zu verbessern und eigenständige Lebensformen zu gestalten, gesellschaftliche und politische Restriktionen (Beschränkungen) zu bekämpfen und sich Partizipationsrechte* zu erkämpfen. ...

**3** *Sammelt die euch unbekannten Begriffe aus M und klärt sie.*

**4** *Überprüft eure Vermutungen zu Aufgabe 1.*

## Die Arbeiterbewegung in Deutschland

Die Historikerin Helga Grebing schreibt 1971 in ihrer „Geschichte der deutschen Arbeiterbewegung":

**M** ... In Deutschland fehlte - im Gegensatz vor allem zu England - bis 1848 eine politische Arbeiterbewegung. Das lag in erster Linie nicht daran, daß hier die Industrialisierung später einsetzte als in den anderen westeuropäischen Ländern, sondern vor allem in der Unterdrückung aller freiheitlichen Regungen durch die deutschen Bundesstaaten vor 1848 (vgl. Seite 104–107). Während in England 1824/25 das Koalitionsverbot aufgehoben war, bestand in Deutschland das Verbot der politischen Vereinsbildung und der Koalition bis zur Revolution von 1848 uneingeschränkt; außerdem gab es eine strenge Zensurgesetzgebung. ... Eine politische Aktivität entfaltete sich ... erst in den Bildungsvereinen der wandernden Gesellen im Ausland: in Frankreich, in der Schweiz, in England. ...

Einer dieser sogenannten „Auslandsvereine" war der von Karl Marx und Friedrich Engels angeführte „Bund der Kommunisten". In ihrer Programmschrift, dem „Manifest der Kommunistischen Partei", im Februar 1848 in London veröffentlicht, heißt es:

**Q1** ... Die Geschichte aller bisherigen Gesellschaft ist die Geschichte von Klassenkämpfen. Freier und Sklave, Patrizier und Plebejer*, Baron und Leibeigener, Zunftbürger und Gesell, kurz, Unterdrücker und Unterdrückte, standen in stetem Gegensatz zueinander, führten einen ununterbrochenen, bald versteckten, bald offenen Kampf, der jedesmal mit einer revolutionären Umgestaltung der ganzen Gesellschaft endete oder mit dem gemeinsamen Untergang der kämpfenden Klassen. ... Unsere Epoche*, die Epoche der Bourgeoisie, zeichnet sich ... dadurch aus, daß sie die Klassengegensätze vereinfacht hat. Die ganze Gesellschaft spaltet sich mehr und mehr in zwei große feindliche Lager, in zwei große einander direkt gegenüberstehende Klassen - Bourgeoisie und Proletariat* ... Am Anfang kämpfen die einzelnen Arbeiter, dann die Arbeiter einer Fabrik ... gegen den einzelnen Bourgeois, der sie direkt ausbeutet ... Der Fortschritt der Industrie ... setzt an die Stelle der Isolierung der Arbeiter durch die Konkurrenz ihre revolutionäre Vereinigung ... Ihr (der Bourgeoisie) Untergang und der Sieg des Proletariats sind gleich unvermeidlich ...
(Der Schluß des „Manifests" lautet:)
Proletarier aller Länder vereinigt euch!

**1** Karl Marx (1818–1883)

**2** Friedrich Engels (1820–1895)

**1** *Gebt die Überlegungen von Marx und Engels mit euren eigenen Worten wieder.*

**2** *Haltet fest, worin Marx und Engels die Lösung des „Klassengegensatzes" zwischen Bourgeoisie und Proletariat sahen.*

## Kritik an den Lehren von Marx und Engels

Eduard Bernstein (1850-1932), Schriftsteller und Politiker der Sozialdemokratischen Partei Deutschlands, trat für eine Anpassung der Lehren von Marx und Engels an die seit der Mitte des 19. Jahrhunderts veränderten Verhältnisse ein. Er schreibt 1899:

**Q2** ... Die Zuspitzung der gesellschaftlichen Verhältnisse hat sich nicht in der Weise vollzogen, wie sie das (Kommunistische) „Manifest" schildert ... (Die Bourgeoisie weicht) in allen vorangeschrittenen Ländern Schritt für Schritt demokratischen Einrichtungen ... Fabrikgesetzgebung, die Demokratisierung der Gemeindeverwaltungen ..., die Befreiung des Gewerkschafts- und Genossenschaftswesens von allen gesetzlichen Hemmungen ..., kennzeichnen diese Stufe der Entwicklung ... Je mehr aber die politischen Einrichtungen der modernen Nationen demokratisiert werden, um so mehr verringern sich die Notwendigkeiten und Gelegenheiten großer politischer Katastrophen. ...

**3** *Schreibt in einem Brief an Marx, wie Bernstein die Theorie von Marx/Engels beurteilt hätte.*

**Festblatt zum 1. Mai. Holzschnitt von Otto Marcus.** Die Aufschriften auf den Fahnen usw. lauten: Hoch die Sozialdemokratie! Fort mit der Gesinde-Ordnung!* Hoch der 8 Stunden Tag! Frauen organisiert Euch. Freiheit, Gleichheit, Brüderlichkeit.

**Vom Bildungsverein zur Arbeiterpartei**

**1** *Beschreibt das Bild und erläutert die einzelnen Forderungen. Welche Bevölkerungsgruppen werden damit angesprochen?*

**2** *Klärt, auf welches Ereignis sich die Begriffe „Freiheit, Gleichheit, Brüderlichkeit" beziehen. Schlagt im Kapitel „Auf dem Weg zur Demokratie" (S. 70) nach.*

**3** *Stellt fest, woher der Satz „Proletarier aller Länder Vereinigt Euch!" stammt. Schlagt auf S. 171 nach.*

**4** *Faßt zusammen, was mit dem Maifestblatt ausgesagt werden sollte.*

**5** *Erkundet, was mit dem „1. Mai" gemeint ist. Schlagt im Lexikon unter „Mai", „Maifeier", „Maifest" nach.*

Mit dem Scheitern der demokratischen Kräfte in der Revolution von 1848 (vgl. S. 124/125) und ihrer Unterdrückung durch die Obrigkeit erlitt auch die Arbeiterbewegung einen Rückschlag. Erst in den sechziger Jahren kam es zu weiteren Organisierungsversuchen, mit denen die Emanzipation* der Arbeiter vorangetrieben werden sollte. Ferdinand Lassalle (1825–1864), ein Journalist, setzte sich für die Organisierung der Arbeiterschaft zu einer breiten demokratischen Volksbewegung ein. In verschiedenen Orten wurden Arbeitervereine gegründet.

Im Jahre 1863 schlossen sich unter der Führung Lassalles auf einem Kongreß in Leipzig örtliche Vereinigungen zum Allgemeinen Deutschen Arbeiterverein (ADAV) zusammen. Der Verein forderte das Wahlrecht für die Arbeiter. Die Fabriken sollten durch die Arbeiter verwaltet werden. Im ADAV waren vor allem Schuhmacher, Tischler, Heimarbeiter, Tabakarbeiter und Fabrikarbeiter organisiert. Frauen wurden nicht in den ADAV aufgenommen. Das Wahlrecht sollte nur den Männern zugestanden werden.

**6** *Entwerft eine Stellungnahme zu den Zielen des ADAV aus der Sicht eines Unternehmers.*

**Entstehung der Sozialdemokratie**

Eine zweite Arbeiterpartei wurde 1869 in Eisenach von dem Drechslermeister August Bebel und dem Zeitungsredakteur Wilhelm Liebknecht gegründet: die Sozialdemokratische Arbeiterpartei (SDAP). Sie wollte das Wahlrecht für die Arbeiter erringen und einen demokratischen Staat schaffen.

Im Jahr 1869 hatten beide Parteien zusammen etwa 30 000 bis 40 000 Mitglieder. Die deutschen Fürsten und der übrige Adel sahen in den Arbeiterparteien eine wachsende Gefahr für ihre Herrschaft. Auch die Unternehmer sahen ihre uneingeschränkte Macht in den Fabriken bedroht.

1875 schlossen sich die beiden Parteien in Gotha zur Sozialdemokratischen Arbeiterpartei Deutschlands zusammen. Diese Partei heißt seit 1891 Sozialdemokratische Partei Deutschlands (SPD).

Im „Gothaer Programm“ wurde 1875 gefordert:
- Allgemeines Wahlrecht für alle Staatsangehörigen, Männer und Frauen, vom 20. Lebensjahr an,
- direkte Gesetzgebung durch das Volk,
- Entscheidung über den Krieg und Frieden durch das Volk,
- Rechtsprechung durch das Volk.

**1** *Schlagt im Kapitel 3, S. 140–143, nach, wann das Wahlrecht für Frauen in Deutschland eingeführt wurde.*

**2** *Beurteilt die Forderungen des Gothaer Programms.*

**Die Reichsregierung bekämpft die Arbeiterbewegung – das Sozialistengesetz**

**3** *Beschreibt Abb. 2 und vermutet, mit welcher Absicht die Hausdurchsuchung durchgeführt wurde.*

| Wahljahr | Stimmen (in Prozent) | Zahl der Abgeordneten |
|---|---|---|
| 1871 | 3,2 | 2 |
| 1874 | 6,8 | 9 |
| 1877 | 9,1* | 12 |

*viertstärkste Partei

**1 Stimmen der Sozialdemokratie bei den Reichstagswahlen.**

**2 Hausdurchsuchung bei einem politisch verdächtigen Arbeiter.** Stich um 1885.

Aus dem „Gesetz gegen die gemeingefährlichen Bestrebungen der Sozialdemokratie“ (Sozialistengesetz) von 1878:

> **Q** …§ 1 Vereine, welche durch sozialdemokratische … Bestrebungen den Umsturz der bestehenden Staats- oder Gesellschaftsordnung bezwecken, sind zu verbieten …
> § 9 Versammlungen, in denen sozialdemokratische, sozialistische oder kommunistische auf den Umsturz der bestehenden Staats- oder Gesellschaftsordnung gerichtete Bestrebungen zutage treten, sind aufzulösen …
> Den Versammlungen werden öffentliche Festlichkeiten und Aufzüge gleichgestellt.

Nach § 11 dieses Gesetzes konnten auch alle Druckschriften der Sozialdemokraten verboten werden.

**4** *Beschreibt die Entwicklung der Wahlergebnisse der Sozialdemokratie zwischen 1871 und 1877.*

**5** *Nennt die Bestimmungen des Sozialistengesetzes.*

**6** *Stellt Vermutungen darüber an, warum die kaiserliche Regierung das Gesetz gegen die Sozialdemokratie erließ. Lest noch einmal die Forderungen des „Gothaer Programms“ nach.*

**Postkarte zum Wahlrecht.** Um 1912.

**Auswirkungen des Sozialistengesetzes**

**1** *Überlegt, welche Auswirkungen das Sozialistengesetz für die Sozialdemokraten hatte. Denkt auch an die Familienmitglieder.*

**2** *Entwerft und spielt eine Szene: Verfolgte Sozialdemokraten beraten, wie sie sich unter dem Sozialistengesetz verhalten sollen.*

Die 1875 gegründete SPD fand immer mehr Anhänger. Der Kaiser, der Adel und ein Teil des Bürgertums fürchteten ihren zunehmenden Einfluß. Für sie war die SPD eine „Umsturzpartei". Sie sollte mit dem von Bismarck durchgesetzten Sozialistengesetz bekämpft werden. Es galt zunächst zweieinhalb Jahre, wurde aber bis 1890 immer wieder verlängert.
August Bebel (1840–1913), einer der Gründer und langjähriger Vorsitzender der SPD, schrieb über die Folgen des Gesetzes in seinen Lebenserinnerungen:

**Q** ...Sobald das Gesetz ... in Kraft getreten war, fielen die Schläge hageldicht. Binnen weniger Tage war die gesamte Parteipresse mit Ausnahme des Offenbacher Tageblatts und der Fränkischen Tagespost in Nürnberg unterdrückt. Das gleiche Schicksal teilte die Gewerkschaftspresse ... Ebenso verfielen der Auflösung die zahlreichen lokalen sozialdemokratischen Arbeitervereine, nicht minder die Bildungs-, Gesang- und Turnvereine, an deren Spitze Sozialdemokraten standen ... 67 unserer bekanntesten Parteigenossen, bis auf einen sämtlich Familienväter, wurden ausgewiesen. Einige mußten binnen 24 Stunden die Stadt verlassen, die meisten anderen binnen 48 Stunden, einigen wenigen räumte man eine Frist von drei Tagen ein ...

Zu Gefängnis- oder Zuchthausstrafen wurden ungefähr 1500 Personen verurteilt, etwa 900 Personen ausgewiesen. Viele mußten auswandern. Der preußische Handelsminister forderte 1878 die Unternehmer auf, alle sozialdemokratischen Arbeiter zu entlassen.

**Die SPD wird stärkste Partei**

Obwohl die Partei durch das Sozialistengesetz aufgelöst worden war, konnten weiterhin Sozialdemokraten in den Reichstag gewählt werden. Sie bewarben sich als Einzelpersonen um einen Sitz im Reichstag und mußten nicht von einer Partei als Kandidat aufgestellt werden. Kurz nach der Aufhebung des Gesetzes im Jahre 1890 erreichte die Sozialdemokratie bei den Reichstagswahlen fast 20 Prozent der

**„Vorwärts mit Dampf!“ Der Fortschritt ist nicht aufzuhalten.–** Aus dem „Wahren Jacob“, 1892. Die Eisenbahnwagen tragen die Namen Deutschlands, Frankreichs und anderer Industriestaaten.

Stimmen. Damit war sie die stärkste Partei. 1912 erwarb sie fast 35 Prozent der Stimmen.

**1** *Faßt den Verlauf des Kampfes zwischen Sozialdemokraten und Staat zusammen.*

## Die SPD nach dem Sozialistengesetz

Über den weiteren Kurs der Sozialdemokratie nach dem Sozialistengesetz äußerte sich Karl Kautsky (1854–1938), der mit seinen Schriften den politischen Kurs der SPD stark beeinflußte (1893):

**Q** ...Wir sind die Revolutionäre, und zwar nicht bloß in dem Sinne, in dem die Dampfmaschine ein Revolutionär ist. Die soziale Umwälzung, die wir anstreben, kann nur erreicht werden mittelst einer politischen Revolution, mittelst der Eroberung der politischen Macht durch das kämpfende Proletariat. ...Wir wissen, daß unsere Ziele nur durch eine Revolution erreicht werden können, wir wissen aber auch, daß es ebenso wenig in unserer Macht steht, diese Revolution zu machen, als in der unserer Gegner, sie zu verhindern. Es fällt uns daher auch gar nicht ein, eine Revolution anstiften oder vorbereiten zu wollen. Und da die Revolution nicht von uns willkürlich gemacht werden kann, können wir auch nicht das Mindeste darüber sagen, wann, unter welchen Bedingungen und in welchen Formen sie eintreten wird. ...

**2** *Arbeitet aus Q heraus, wie Kautsky den weiteren Weg der Sozialdemokratie sah.*

**3** *Vergleicht seine Vorstellungen mit denen von Marx/Engels (Seite 171) und Bernstein (Seite 171).*

**4** *Versucht zu erklären, wie die Vorstellungen jeweils vom Entwicklungsstand der Arbeiterbewegung im Verlauf der Industrialisierung beeinflußt wurden.*

**5** *Beschreibt die Abbildungen auf dieser Doppelseite und stellt die Aussagen in einen Bezug zur Auffassung von Bernstein (Seite 171) und Kautsky.*

**6** *Überlegt, worin in der Abbildung oben eine Aussage zu erkennen ist, die über Deutschland hinausweist. Welche Folgerungen können daraus gezogen werden?*

**1 Der prassende Altersrentner.** Farblithographie aus dem Wochenblatt „Der wahre Jacob“, 1891.

**Die Auseinandersetzung um die Sozialgesetze**

**1** *Wiederholt den Verlauf der Auseinandersetzung zwischen Sozialdemokratie und Obrigkeitsstaat (Ergebnis aus Aufgabe 1, Seite 175).*

**2** *Erarbeitet, wie der Staat auf die Kritik der SPD reagiert hat (Abb. 2).*

**3** *Entschlüsselt die Karikatur (Abb. 1). Achtet auf die Bildunterschrift. Welcher Standpunkt des Zeichners ist an der Abbildung zu erkennen?*

Von 1883 bis 1889 ließ die Reichsregierung Gesetze verabschieden, durch die die Arbeiterschaft einen sozialen Schutz erhalten sollte: die Sozialgesetze zur Kranken-, Unfall-, Invaliditäts- und Altersversicherung. Sie reagierte damit auf den ungebrochenen Zulauf, den die Sozialdemokratie trotz des Verbots durch das Sozialistengesetz in der Arbeiterschaft hatte.

| Krankenversicherung 1912 in | Deutschland | England | Frankreich |
|---|---|---|---|
| Beiträge in Millionen Mark | 464 | besitzt | 41 |
| Leistungen in Millionen Mark | 426 | ähnliche | 24 |
| Verhältnis von Leistung zu Beitrag | 92% | Einrichtungen | 59% |
| Leistung pro Fall in Mark | 65 | erst seit 1912 | 40 |

**2 Sozialversicherung.** Plakat von 1913.

**Debatten um die Sozialgesetze**

Zur Unfallversicherung sagte Reichskanzler Bismarck am 2. April 1881 vor dem Reichstag:

**Q1** ...Das Almosen ist das erste Stadium christlicher Mildtätigkeit. ...Das ist die erste Pflicht; die gesetzliche Hilfe des Armenverbandes ist die zweite. Aber ich möchte gerne, daß ein Staat, der ... doch in seiner großen Mehrheit aus Christen besteht, die Grundsätze der Religion ... namentlich in bezug auf die Hilfe, die man dem Nächsten leistet, in bezug auf das Mitgefühl mit dem Schicksal, dem alte, leidende Leute entgegengehen, sich einigermaßen durchdringen läßt ...

Auf Bismarcks Rede antwortete am 4. April 1881 August Bebel von der SPD:

**Q2** ...Meine Herren, ich komme nun zunächst zu den Motiven dieses Gesetzentwurfs. ... Da heißt es, ... daß der gegenwärtige uns vorliegende Gesetzesentwurf seine Existenz dem Umstand verdanke, daß man die bei Beratung des Gesetzes vom 21. Oktober 1878, betreffend ... (das Sozialistengesetz), abgegebenen Versprechen, nämlich auch für positive Maßregeln zum Wohl der Arbeiter zu sorgen und damit die Sozialdemokratie zu bekämpfen, seinen Ursprung verdanke ... Meine Herren, das freut uns ganz außerordentlich, denn damit ist ja bewiesen, daß wir eigentlich die Urheber dieses Gesetzentwurfs sind. ...

In der Debatte zur Rentenversicherung sagte Bismarck am 18. Mai 1889:

**Q3** ...Es hat mich in keiner Weise überrascht, daß die Sozialdemokratische Partei gegen dieses Gesetz ist. ... Diese lehnen natürlich das Gesetz ab, weil es immer ... doch ein Schritt auf dem Wege und eine Abfindung mit unserem eigenen Gewissen ist, daß wir wirklich berechtigte Unzufriedenheiten nach der Möglichkeit, die sich uns bietet und die der Reichstag uns gestattet, mildern wollen ...

Am 20. Mai 1889 erwiderte August Bebel (SPD):

**Q4** ... Aber Sie können uns nicht verpflichten, die Institutionen (Einrichtungen), die Sie in Ihrem Interesse geschaffen haben, für gut und richtig zu halten. Hier kommt unser freies Bürgerrecht, unser Menschenrecht und unsere Überzeugung in Betracht, die uns kein Kaiser, kein Kanzler und kein Reichstag nehmen kann, mag er Gesetze machen, wie er will! ...

Bismarcks Sozialgesetzgebung verfehlte in ihrer Verbindung mit dem Sozialistengesetz ihr Ziel, die Arbeiterschaft von der Sozialdemokratie zu trennen. Die Sozialgesetze waren jedoch die ersten ihrer Art in der Welt und bildeten den Grundstein für die soziale Sicherung der Arbeiter und eine moderne Sozialpolitik.*

**1** *Erarbeitet anhand von Q1-Q4 die Motive Bismarcks und Bebels bei der Auseinandersetzung um die Sozialgesetze und vergleicht.*

**2** *Untersucht, welche Einwände Bebel gegen diese Art der Sozialgesetzgebung vorbringt. Informiert euch dazu noch einmal auf den Seiten 172-175 über die politischen Ziele der Sozialdemokratie.*

**3** *Erläutert den Ausdruck „soziales Netz" und die verschiedenen sozialen Leistungen (Abb.).*
*Klärt vorher die unbekannten Begriffe, zum Beispiel mit Hilfe eines Lexikons.*

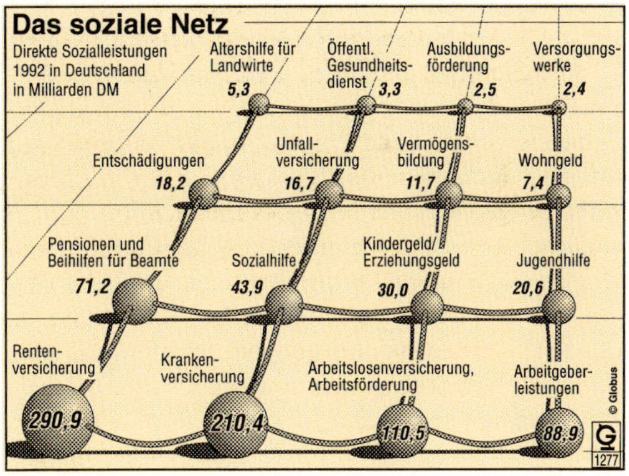


**Das soziale Netz in der Bundesrepublik Deutschland 1992.**

**4** *Vergleicht das „soziale Netz" in der Bundesrepublik Deutschland mit den Sozialleistungen im Deutschen Kaiserreich (Abb. 2 der Vorseite und Abb. auf dieser Seite).*

**5** *Informiert euch über die 1995 neu eingeführte Pflegeversicherung bei einer Ortskrankenkasse.*

**Sitzung des Leipziger Dienstmädchenvereins, 1848.** Zeichnung.

**Arbeiter und Arbeiterinnen organisieren sich in Gewerkschaften**

Schon vor der Industrialisierung wehrten sich Gesellen und Handwerker gegen schlechte Arbeitsbedingungen und zu niedrige Löhne durch Arbeitsniederlegungen (Streiks) und Protestumzüge. Sie schlossen sich aber nicht dauerhaft zusammen. Für die Industriearbeiterschaft waren Streiks ein wichtiges Mittel, um ihre Interessen gegenüber dem Fabrikbesitzer zu vertreten und möglichst durchzusetzen (vgl. das Beispiel des Ruhrbergarbeiterstreiks von 1889, S. 180/181). Arbeitsniederlegungen stärkten das Zusammengehörigkeitsgefühl und führten zu dauerhaften Zusammenschlüssen, die jedoch in einzelnen deutschen Staaten erst ab 1861 erlaubt waren, in ganz Deutschland seit 1872. Gewerkschaftliche Organisierung vollzog sich neben den schon bestehenden sozialdemokratischen Arbeiterparteien. Zu einer Massenbewegung wurde die Arbeiterbewegung erst durch die Gewerkschaften.

Gewerkschaftliche Vereine von Arbeiterinnen wurden zuerst in den achtziger Jahren des 19. Jahrhunderts gegründet. Sie setzten sich für höhere Löhne, eine geringere tägliche Arbeitszeit und eine Beseitigung der Nacht- und Sonntagsarbeit für Frauen ein. Das preußische Vereinsgesetz von 1850 verbot den Frauen aber jede politische Betätigung. So wurden viele Arbeiterinnenvereine von der Obrigkeit immer wieder aufgelöst. Erst 1903 fielen die Beschränkungen des Vereinsgesetzes von 1850. 1913 hatten die Gewerkschaften mehr als drei Millionen Mitglieder. Das entsprach rund 23 Prozent der Arbeiterschaft.

**Die Gewerkschaften – Reformflügel in der Arbeiterbewegung**

Gegenüber dem nach Revolution strebenden Teil innerhalb der Sozialdemokratie (vgl. Q, S. 175) bildete die Gewerkschaftsbewegung den Reformflügel in der Arbeiterbewegung. Eine Übernahme der Macht durch eine Revolution stand nicht mehr zur Debatte. Als wirksamstes Kampfmittel wurde der Streik angesehen und praktiziert. Über die Gründe für die Entwicklung einer solchen Reformstrategie der Gewerkschaften im Kaiserreich gibt es unterschiedliche Auffassungen: Manche sehen den gewerkschaftlichen Reformismus* als Zeichen für den Zusammenbruch der Revolutionstheorie, die keinen erkennbaren Erfolg brachte. Andere sehen in der Gewerkschaftsbewegung ein Druckmittel, mit dem sie schrittweise den Weg zum modernen Sozialstaat bereitete (vgl. S. 176/177) und die Klassengegensätze abbaute. Aus gewerkschaftlicher Sicht war der Reformweg keine Schwäche, sondern eine Etappe zur Gleichberechtigung der Arbeiterschaft im Staat.

**1 Arbeiter beim Fabrikanten.** Gemälde von Stanislaw Lentz, 1895.

**2 Ein Streik bricht aus.** Gemälde von Robert Köhler, 1886.

**1** *Bearbeitet anhand der Materialien auf dieser Doppelseite die folgenden Aufgaben:*
*– Stellt Gründe für die Entstehung von Gewerkschaften zusammen.*
*– Erarbeitet die Ziele der Gewerkschaften.*
*– Haltet fest, wie sie ihre Vorstellungen durchsetzen wollten.*
*– Diskutiert, warum Arbeiter und Arbeiterinnen sich in größerer Zahl in den Gewerkschaften als in den Arbeiterparteien organisierten.*
*– Erkundet, welche Gewerkschaften es heute gibt und wofür sie sich einsetzen.*

**Versammlung streikender Bergleute.** Gemälde von O. Graf. 1895.

### Ursachen des Streiks

**1** *Beschreibt die Abbildung und notiert Vermutungen, warum die Bergarbeiter sich versammelten und welche Forderungen sie aufgestellt haben könnten.*

Seit 1887 lief die wirtschaftliche Entwicklung im Ruhrbergbau gut. Die Zechenbesitzer machten kräftige Gewinne. Die Löhne der Bergarbeiter wurden jedoch nicht erhöht. Im Gegenteil: Die Unternehmer forderten von den Arbeitern, über die normale Arbeitszeit hinaus Überstunden zu leisten. Auf Versammlungen diskutierten die Bergarbeiter ihre Lage. Über ihre Forderungen heißt es in einem Bericht aus Essen vom 10. März 1889:

**Q1** …Da nun die Kohlenpreise eine nennenswerte Steigerung erfahren haben, so erachten wir es auch an der Zeit, daß unsere Löhne dem Verhältnis entsprechend aufgebessert werden. Als zur Zeit die Kohlenpreise sanken, mußten wir uns den Abzug an unseren Löhnen gefallen lassen. … Unsere Bestrebungen bezeichnen wir mit folgendem:

1. Aufbesserung der Löhne durch einen 15 prozentigen Zusatz für alle Bergarbeiter;
2. Abschaffung der Überproduktion durch zu lange Arbeitszeit:

a) der Überarbeit von 1/4 bis 1/2 oder 1 Schicht und somit

b) Einführung der (früher) üblich gewesenen 8stündigen Schicht, einschließlich der Ein- und Ausfahrt …

### Verlauf des Streiks

Die Zechenbesitzer lehnten die Forderungen nach Lohnerhöhung und kürzerer Arbeitszeit bis auf kleinere Lohnzulagen ab. Sie vertraten die Ansicht, der Streik sei ungesetzlich, da er ohne Kündigung des Arbeitsvertrages erfolge. Daraufhin legten ab 25. April 1889 die Schlepper und Pferdejungen, ab 3. Mai 1889 auch die Kohlenhauer die Arbeit nieder. Es kam zu Zusammenstößen mit der Polizei. Anders als im Regierungsbezirk Düsseldorf wurde in Bochum und anderen Orten Militär gegen die streikenden Bergarbeiter eingesetzt.

Die Zeitung „Tremonia“ berichtet am 10. Mai 1889:

**Q2** …Heute morgen hat die Arbeitseinstellung auf Zeche „Schleswig“ bei Aplerbeck leider Blut gekostet. Drei Menschen haben das Leben eingebüßt, vier sind schwer verwundet. Gestern mittag

**Die Delegierten des 1. Deutschen Bergarbeitertages in Halle vom 15.-19. September 1890.** Foto.

begann der Streik. ... Die Leute streikten Donnerstagabend, und einzelne Jungen warfen mit Holzstücken nach den Zechengebäuden. Schließlich kam es zu Tätlichkeiten. ... Gegen 3 Uhr nachts traf ... Militär ein. Dasselbe wurde mit Gejohle empfangen. Leutnant Page ... forderte die Menge zum Auseinandergehen auf und ließ die Trommeln wirbeln. Man nahm die Sache nicht ernst ... Da gaben die Soldaten eine Salve ab: Zwei Mann, Bergleute Struckholz und Wallhäuser, und die Ehefrau (des) Bergarbeiter(s) König ... stürzten sofort, zu Tode getroffen, zur Erde. ... Die Menge zerstreute sich dann. ...

Der Streik weitete sich aus. Mitte Mai 1889 waren 87 000 von 104 000 Bergarbeitern im Ausstand.

**Ergebnisse des Streiks**

Am 18. Mai 1889 bewilligten die Unternehmer die 8-Stunden-Schicht und eine geringe Lohnerhöhung. Manche Zechenbesitzer verweigerten die Zugeständnisse. Vereinzelt flammten noch einmal Streiks auf.

Am 27. Mai 1889 brachen die letzten Streiks zusammen. Die „Anführer" des Streiks wurden entlassen und vor Gericht gestellt. Ihre Ziele hatten die Bergarbeiter nur teilweise erreicht. Die Ursache dafür sahen sie vor allem in einer fehlenden Organisation, einem Verein, der als Gewerkschaft ihre Interessen vertreten konnte.

Am 18. August 1889 wurde der Deutsche Bergarbeiterverband gegründet, der Vorläufer der Industriegewerkschaft Bergbau und Energie.

**1** *Untersucht die Abbildungen und Texte auf dieser Doppelseite unter folgenden Fragestellungen:*
- *Welche Ursachen führten zum Streik?*
- *Wie verlief die Streikbewegung?*
- *Wie verhielten sich die verschiedenen Beteiligten?*
- *Welche Ergebnisse hatte der Streik?*

*Legt eine Tabelle an und tragt stichwortartig eure Überlegungen ein.*

**2** *Beurteilt den Streik jeweils aus der Sicht der Beteiligten (Bergarbeiter, Zechenbesitzer, Regierungsbehörden).*

**3** *Achtet auf Nachrichten und Berichte über Streiks. Sammelt die Informationen und berichtet in der Klasse darüber.*

**Näherinnen in einer Hutfabrik.** Foto 1909.

**Wandel von Arbeit und Industrie**

In den beiden letzten Abschnitten ging es um die sozialen Probleme der Menschen in der Industrialisierung (S. 156-169) und darum, wie die Betroffenen darauf reagierten (S. 170-181). Auf den folgenden Seiten wird an drei Beispielen der Wandel in der Industrialisierung dargestellt: zuerst am Arbeitsplatz „Textilfabrik" (S. 182-185), dann am Arbeitsplatz „Zeche" (S. 186-188) und danach am Beispiel des Wandels in der Region Ruhrgebiet (S. 189). Ihr könnt erarbeiten,

- wie die Betroffenen selbst ihre Arbeit erlebten,
- welche Auffassungen Geschichts- und Sozialwissenschaftler zur Industriearbeit vertreten,
- welcher Zusammenhang zwischen Männerarbeit und Frauenarbeit besteht und
- wodurch vor einigen Jahrzehnten eine industrielle Krise im Ruhrgebiet ausgelöst wurde.

**Menschen in der Textilproduktion**

Mit Hilfe der Materialien auf den folgenden beiden Doppelseiten könnt ihr die Entwicklung des Arbeitsplatzes „Textilfabrik" vom 19. Jahrhundert bis zur Gegenwart untersuchen. Die folgenden Aufgaben lassen sich am besten in Gruppen bearbeiten.

**1** *Erarbeitet, wie Arbeiter und Arbeiterinnen ihre Arbeit zu den verschiedenen Zeitpunkten beschreiben? Welche Übereinstimmungen und Unterschiede lassen sich erkennen? (S. 183, Q1, 2; S. 184, Q; S. 185, Q).*

**2** *Untersucht, welche Einstellungen zur Technik in den Berichten (siehe unter 1) deutlich werden.*

**3** *Erarbeitet, was sich an den Abbildungen über die Menschen, die Arbeit und die Technik erkennen läßt.*

**4** *Stellt fest, wie die Sozial- und Geschichtswissenschaftler die Textilarbeit beurteilen. Achtet auf Äußerungen über Männer- beziehungsweise Frauenarbeit. (S. 184, 185).*

**5** *Vergleicht die Quellen und die Fotos in ihren Aussagen über die Arbeit und die Technik. Worin liegen jeweils die Vorteile und die Nachteile?*

**6** *Schreibt aus der Sicht einer Reporterin (eines Reporters) einen Artikel für eine Illustrierte über „Textilarbeit früher und heute".*

**7** *Versucht Informationen über die gegenwärtige Lage der Textilindustrie im Rheinland zu bekommen. Ihr könnt bei der Industrie- und Handelskammer (in größeren Städten) und bei der Gewerkschaft Textil und Bekleidung, Bezirk Nordrhein, Brucknerallee 11, 41236 Mönchengladbach, nachfragen.*

**8** *Diskutiert in der Klasse, wie sich die Textilarbeit in der Zukunft vermutlich weiterentwickeln könnte.*

**Weberin am Webstuhl.**
Foto 1910.

**Textilarbeit im 19. Jahrhundert**
Ottilie Baader (1847-1925), Fabriknäherin und Heimarbeiterin, später in der sozialdemokratischen Frauenbewegung aktiv (vgl. S. 139), berichtet in ihren Lebenserinnerungen über die Zeit um 1860:

**Q1** ...Lange bin ich nicht in die Schule gegangen. Als ich dreizehn Jahre alt wurde, zog der Vater mit uns nach Berlin, und hier war es mit meinem Schulbesuch vorbei. Ich mußte arbeiten und mitverdienen. ... Die Frau eines Sattlergesellen hatte in der Neanderstraße eine Nähstube für Oberhemden. Es wurde noch alles mit der Hand genäht. Nähmaschinen waren noch recht wenig im Gebrauch. Einen Monat lernte ich unentgeltlich, dann gab es monatlich drei Taler (1 Taler: 3 Mark). Zwei Jahre später verdiente ich schon fünf Taler jeden Monat. Dabei blieb es dann auch einige Jahre. Um noch etwas nebenbei zu verdienen, nahm ich abends Manschetten zum Durchsteppen mit nach Hause. Durchsteppen - das hieß: mit der Hand immer über zwei Fäden. Einen Groschen gab es für das Paar. Wie oft mögen mir jungem Ding da wohl die Augen zugefallen sein, wie mag mir der Rücken geschmerzt haben! Zwölf Stunden Arbeitszeit hatte man immer schon hinter sich, von morgens acht bis abends acht, mit kurzer Mittagspause. ...

**Textilarbeit um 1930**
Aus dem Bericht einer Arbeiterin (1928):

**Q2** ...Im Betrieb arbeiteten wir fast alle im Akkord*. Das ist ein Rennen, ein Jagen und ein Schuften den ganzen Tag, von morgens 7 Uhr bis nachmittags 4 Uhr ununterbrochen mit nur einer halbstündigen Mittagspause ... Abends, wenn meine Lieben wieder bei mir sind, was wartet da noch für Arbeit auf mich. Kochen, waschen, flicken - kurzum, den ganzen Haushalt in Ordnung halten ... Aber wenn Samstag ist, da schlägt mein Herz doch höher ... Anderthalb Tage befreit aus der Sklavenkette! Ich darf mich als Mensch fühlen.
Wenn es Sonntag schön Wetter ist, dann gehen wir zu dreien hinaus aus der engen Proletarierhütte. Am Montag geht das Sechstagerennen wieder an ...

**Mehrstellenarbeit* in der Weberei.**
Foto um 1970.

**Textilarbeit um 1970**
Aus Berichten verschiedener Weber über ihre Arbeit (Kontrolle der Webeautomaten) um 1970:

**Q** ... Körperliche Anstrengung haben wir ja keine mehr, aber die Nerven werden zuviel in Anspruch genommen. Manchen Tag habe ich schon im Bett gewebt. ...
... Schlechte Seiten (meiner Arbeit): Erst einmal die Rationalisierung*, daß man immer mehr Stühle kriegt, und je mehr Stühle man kriegt, desto unzufriedener wird man. Die nervliche Belastung ist da schon mal ganz groß. Es kommt schon mal vor, wenn man von der Schicht heimkommt, da ist man mit den Nerven fertig, da sagt die Frau was, da geht man gleich hoch. Da pfeift man die Kinder an, ohne daß man das eigentlich will. ...
... Zufrieden kann ich nicht sagen, denn die Belastung ist zu groß, trotz der technischen Fortschritte. Das hat sich leider nicht auf uns ausgewirkt. ...

Über die Automatenkontrolle schreiben die Sozialwissenschaftler Hans Paul Bahrdt und seine Kollegen 1970:

**M** ... Zum einen braucht der Arbeiter eine große Fingerfertigkeit. Er muß aus vielen einzelnen Fäden – ihre Zahl reicht je nach Webstuhltyp von 900 bis zu 12 000 – den einen heraussuchen, der gebrochen ist; verworrene Fäden ordnen; Fäden verknüpfen; Fäden durch kleine Öffnungen fädeln usw. ... Da hierbei ein großes Tempo notwendig ist, kann der Arbeiter diese Arbeit nur ausführen, wenn er über eine sichere Hand und geschickte Finger verfügt. ... Automatenkontrolle ist darüber hinaus in hohem Maße belastend, vor allem wegen der starken nervlichen Beanspruchung des Arbeiters. Er steht unter ständigem Zeitdruck, weil er häufig an mehreren Stellen gleichzeitig gefordert wird. ... Hinzu kommen noch die Umgebungseinflüsse. Die zahlreichen Maschinen machen einen ungeheuren Lärm – mehr als 100 Phon. Ihm ist der Arbeiter ohne Schutz ausgesetzt. Sich mündlich mit seinem Kollegen zu verständigen ist nahezu ausgeschlossen. ...

**Textilarbeit 1992**

Aus dem Bericht einer Textilarbeiterin (1992):

**Q** … Ich bin Weberin und arbeite ständig in Spätschicht bis abends 22.00 Uhr. Mein Mann holt mich von der Arbeit ab mit dem Auto, die Kinder schlafen dann schon. In den drei Stunden zwischen 13.00 Uhr und 16.00 Uhr, in denen ich aus dem Haus bin und mein Mann noch nicht zu Hause ist, paßt meine Älteste auf ihre zwei Geschwister auf. In unserer Schicht sind sehr viele Frauen, obwohl diese Arbeit früher eine Männerdomäne war. Jetzt haben wir auch keinen Akkord mehr, denn wir treiben uns selber zum Äußersten an. Alle Maschinen haben ein Computerprotokoll, da wird jede Minute total erfaßt, und die Daten laufen im Meisterbüro zusammen. Dazu Termindruck und ständige Hetze. So wird der Mensch zur Maschine. Ich weiß nicht, was besser war: früher der Akkord, die vielen verschiedenen, zum Teil aber auch sehr unangenehmen Arbeiten, wie Ketten anlegen, andrehen, Spulen holen und putzen, oder heute die blitzschnelle Überwachung und die Hast bei Fadenbrüchen, die so fix wie nur irgend möglich behoben sein müssen. …

**Computergesteuerte Anlage in der Textilindustrie.** Foto um 1994.

**Urteile über „Frauen in der Industrie"**

Der Historiker Herbert Prokasky schreibt 1988:

**M1** … Die Frauenarbeit in der Industrie ist im 19. Jahrhundert kaum als Beitrag zur Emanzipation, sondern als Beweis für die Unmenschlichkeit der frühen Industrialisierung zu bewerten. Frauen erhielten fast nur die unqualifizierten und gering bezahlten Arbeitsplätze in den Textil- und anderen ‚Leicht'-industrien. … Um 1900 boten Elektro- und feinmechanische Industrie zahlreiche neue Arbeitsplätze für Frauen ohne berufliche Ausbildung, vor allem aber eröffnete die Entwicklung von Handel und Verwaltung das Feld der einfachen Büroarbeiten für die Frau. …

Die Historikerin Karin Zachmann äußert sich 1993:

**M2** … Als die Weber dennoch schließlich erkennen mußten, daß die Aufwertung der Handarbeit durch Qualifikation* den Untergang der Handweberei nicht aufhalten konnte, beklagten sie sich um so erbitterter über die billige Konkurrenz der weiblichen Arbeitskräfte. Besonders, als sich … nach 1865 die Verdrängung der Handweberei beschleunigte, häuften sich die Forderungen nach einem Verbot der Frauenarbeit an Kraftstühlen. Den Männern gelang es zwar nicht, die Frauen von den Kraftstühlen zu verdrängen. Doch es setzte sich … eine wirksame Trennung von Männer- und Frauenarbeitsplätzen in der Weberei durch, indem zusätzlich nach Maschinengröße, Warenqualität, Mehrstuhlbedienung und Umfang der Arbeitsaufgabe unterschieden wurde. … Da Frauen außerdem keinen Zugang zu den Werkmeisterlehrgängen hatten, … war sichergestellt, daß Aufsichts- und Leitungsfunktionen Männern vorbehalten waren. …

**Steinkohlenabbau 1894.** Foto.

### Wandel der Bergarbeit

In Deutschland haben die Eisen- und Stahlindustrie sowie der Steinkohlenbergbau die Industrialisierung entscheidend vorangetrieben (vgl. S. 154/155). Wie in der Textilindustrie, entstanden hier im Laufe des 19. und 20. Jahrhunderts neue Arbeitsplätze, die vielen Menschen eine berufliche Existenz gaben (vgl. S. 162/163). Im Laufe der Jahrzehnte hat sich die Bergarbeit verändert. Dieser Wandel und die Folgen für die Menschen stehen im Mittelpunkt der Materialien auf den folgenden beiden Doppelseiten.

**1** *Erarbeitet anhand der Abbildungen, wie sich die Arbeit und die Arbeitsbedingungen unter Tage verändert haben.*

**2** *Ergänzt eure Ergebnisse durch Informationen aus den Äußerungen von Bergarbeitern.*

**3** *Stellt zusammen, wie der Historiker Varchmin und der Journalist Vieser die Bergarbeit beschreiben.*

**4** *Faßt eure Ergebnisse aus 1-3 zusammen. Schreibt einen Bericht: Der Wandel der Bergarbeit vom Ende des 19. Jahrhunderts bis zur Gegenwart.*

**5** *Untersucht anhand von M, S. 187, wie die Verdrängung der Pferde durch Lokomotiven als Schlepper erklärt wird. Welche Interessen werden deutlich?*

**6** *Beurteilt den Einsatz von Pferden unter Tage.*

**7** *Nennt andere Beispiele aus der Vergangenheit und Gegenwart, an denen der Ersatz von Menschen- und Tierkraft durch Maschinen deutlich wird. Diskutiert über die Vor- und Nachteile für die jeweils Beteiligten.*

**8** *Erkundet, ob bei eurem Wohnort eine Zeche war oder in Betrieb ist. Beschafft Informationen über Berufe und Ausbildungsmöglichkeiten.*

### Arbeit unter Tage

Der Bergarbeiter Peter Molter berichtet über seine Arbeit in einer saarländischen Zeche (um 1880). Die Arbeitsbedingungen waren mit denen im Ruhrbergbau vergleichbar:

**Q** ... Auf Grube Dudweiler kam ich dann ans Schleppen in eine Arbeit, wo 30 Grad Hitze war, da machte ich zwei Schichten und mußte 5 feiern (wegen Krankheit aussetzen). Nun kam ich sofort auf die schwarze Liste. Da tat mich der Steiger (Vorgesetzte) ein halbes Jahr ans Bergeversetzen* ... (zur) Strafe ... Nachher hatten sie eine Arbeit, in der (sich) keiner halten wollte, und so steckte man mich dann als 30. Schlepper hinein. Ich war aber froh, daß ich wenigstens wieder mehr verdienen konnte. In 7-8 Monaten war die Arbeit fertig ... Nachher dachte ich etwas Besseres zu bekommen, aber die Arbeit war noch schlechter, bei 35-38 Grad Hitze mußten wir 12 Stunden (täglich) arbeiten ...

Der Historiker Joachim Varchmin schreibt 1991 über die Bergarbeit um 1900:

**M** ... Die Arbeit vor Ort, die Gewinnung der Kohlen, wurde in kleinen Gruppen, in sog. ‚Kameradschaften', geleistet. ... In der Regel gehörten zu einer Kameradschaft ein oder mehrere Hauer, denen ein oder mehrere Lehrhauer untergeordnet waren. Je nach den örtlichen Verhältnissen waren ein oder zwei Schlepper für den Abtransport der gewonnen Kohle zuständig. ... Die Arbeit unter Tage war anstrengend und gefährlich. ...

Joachim Varchmin urteilt 1991 über die Schlepperarbeit im 19. Jahrhundert:

**M** … Nachdem die Kohle vor Ort gelöst worden war, mußte sie … bis zum Füllort am Schacht transportiert werden. Das war eine mühselige Plackerei, die jeder Bergmann als Schlepper bei geringem Lohn erst einmal einige Jahre durchstehen mußte, ehe er zu den besser bezahlten Hauerarbeiten zugelassen wurde. … Bereits Anfang der 1850er Jahre hatten die Schlepper allerdings neue 'Kollegen' erhalten: Grubenpferde verfuhren nun ebenfalls Arbeitsschichten unter Tage. Genau wie die Arbeiter wurden sie zunächst frühmorgens mit dem Förderkorb in die Tiefe gefahren und kehrten abends nach getaner Arbeit wieder auf die Weide zurück. Sukzessive (schrittweise) verschlechterten sich allerdings ihre Bedingungen: Alsbald wurden unter Tage Ställe eingerichtet, und die Tiere erblickten nur noch an den Wochenenden das Tageslicht, bis auch dies für überflüssig gehalten wurde. … Bei gesteigerter Arbeitsanforderung waren Pferde allerdings auch in zunehmenden Maße krankheitsanfällig. Im Vergleich zu Maschinen arbeiteten sie wenig kalkulierbar: Dementsprechend ist es nicht verwunderlich, daß die Zechen maschinelle Alternativen zur Pferdeförderung erprobten. … Nach 1900 begann die Umstellung auf Lokomotivförderung. …

Paul Breder, ein ehemaliger Bergmann, erinnert sich 1984 an seine Erlebnisse als Pferdejunge:

**Q** … Hector war klug. Daß er bis acht zählen konnte, war nicht einmal etwas besonderes, das verstanden fast alle seiner Stallgefährten. Um nämlich die Tiere nicht zu überanstrengen … durfte ein Zug aus höchstens acht Wagen bestehen. Mit dem Befolgen dieser Anordnung nahm es Hector sehr genau und zeigte sich trotz seines guten Verhältnisses zu mir unnachgiebig. Sofern ihm mehr als die zugelassene Zahl von Wagen angehängt wurde, blieb er sofort stehen und war auch durch Schläge nicht von der Stelle zu bringen. …

**1 Arbeit mit dem Abbauhammer um 1920.** Foto.

**2 Förderarbeit mit einem Grubenpferd.** Um 1900. Foto

**1** Kohlegewinnung mit dem Schrämlader. Foto 1977.

**2** Computertechnologie im Ruhrbergbau um 1990. Foto.

**Steinkohlenbergbau heute**

Der Journalist Helmut Vieser berichtet 1989 über Arbeit und Technik im heutigen Kohlenbergbau:

**M** … Dieter Gawlik, 49, bezeichnet sich schlicht als Bergmann. Kennzeichnend für seinen Beruf sind noch immer die Arbeit in der Tiefe und das kohlengeschwärzte Gesicht. Doch das Bild des Mannes in der Dunkelheit, der die Hacke schwingt und sich die Staublunge aus dem Leib hustet, ist Klischee*. Wer Gawlik im Kohlenflöz 'Girondelle 5' besucht, 885 m unter der Erdoberfläche, wird rasch von ihm belehrt: ‚Hacke und Staublunge gehören der Vergangenheit an.' Der sogenannte Streb auf Bauhöhe 531 der Schachtanlage Friedrich-Heinrich unweit von Moers ist vollgestopft mit High-tech-Maschinen, die mit ihren Chips, Programmen und ihrer Mechanik zu den leistungsfähigsten der Welt gehören. … Wenn Gawlik beispielsweise den riesigen Walzenschrämlader einschalten will, der die Kohle bis zu 1 m tief aus dem Flöz herausschneidet, muß er erst das Ventil einer Spritzdüse öffnen.
Mit dieser Sicherheitsschaltung wird Wasser in den Streb gedüst - das schlägt den Staub nieder und verhindert gefährliche Staubexplosionen sowie die nicht minder gefürchtete Staublunge der Bergleute, für deren Entstehen vor allem der feine Staub des Gesteins verantwortlich ist. …

**Unfallgefahren**

| Ursachen tödlicher Unfälle im Ruhrbergbau 1896-1908 (in Prozent) | |
|---|---|
| Stein- und Kohlenfall | 38 |
| Förderung | 20 |
| Absturz | 19 |
| Gas- und Kohlenstaub-Explosionen | 10 |
| Maschinenbetrieb | 9 |
| Sprengarbeit | 4 |

**Berufskrankheiten der Bergleute:**
Silikose (Staublunge), Tuberkulose*, Meniskus- und Gelenkerkrankungen, Drucklufterkrankungen, Augenzittern*, Rheuma, Lärmschwerhörigkeit, Siliko-Tuberkulose, Wurmerkrankungen*.
* Diese Krankheiten treten heute durch technische Verbesserungen, Arbeitsschutz- und Hygiene-Maßnahmen nicht mehr auf.

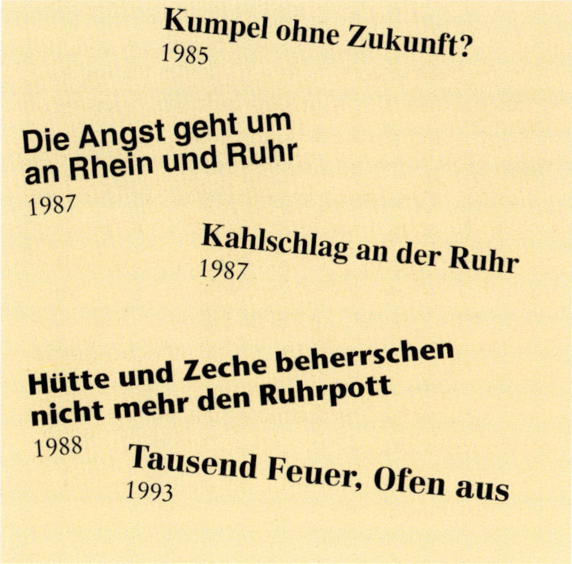


**1 Kohle und Stahl in der Krise.** Schlagzeilen aus Zeitungen der letzten Jahre.

**2 Gesprengte Altbauten der Zeche Osterfeld in Oberhausen.** Foto 1994.

Industriebeschäftigte im Ruhrgebiet 1950-1986.

| | 1950 | 1961 | 1970 | 1986 |
|---|---|---|---|---|
| Gesamte Industrie | 775 329 | 949 872 | 770 729 | 512 049 |
| Steinkohlenbergbau | 414 008 | 363 266 | 200 142 | 122 252 |
| Eisenschaffende Industrie | 103 241 | 173 813 | 147 019 | 88 449 |

**Ursachen der Krise 1958-1969**

Durch die Modernisierung der Kohleproduktion mit Hilfe neuer Abbautechniken (vgl. S. 188) wurden weniger Arbeitskräfte benötigt. Dazu kam die weltweite Konkurrenz der Anbieter von Steinkohle sowie von Eisen und Stahl. Über eine weitere Ursache der Krise im Ruhrgebiet schreibt der Historiker D. Petzina 1990 in dem Buch „Das Ruhrgebiet im Industriezeitalter“:

**M** ... Im Jahre 1958 ... begann die große Krise des Steinkohlenbergbaus, die erst ... mit der Gründung der Ruhrkohle AG im Jahre 1969 zum vorläufigen Abschluß gebracht wurde ... Die zentrale Ursache der Krise ist einfach zu benennen: ... Das Vordringen von billigem Mineralöl, das die Kohle sowohl innerhalb der Industrie als auch in den privaten Haushalten innerhalb weniger Jahre auf den zweiten Platz verwies ...

**1** *Versucht die Gedanken eines Bergarbeiters beim Anblick des Bildes zu beschreiben.*

**2** *Arbeitet die Übereinstimmungen in den Schlagzeilen heraus und tragt eure Kenntnisse über die Kohle- und Stahlkrise im Ruhrgebiet und den heutigen Stand der Entwicklung zusammen.*

**3** *Stellt die Entwicklung der Industriebeschäftigten grafisch dar.*

**4** *Sammelt weitere Informationen über die Folgen für die Menschen. Fragt zu Hause, in der Nachbarschaft, bei Einzelhändlern, Büchereien, Archiven, Museen, beim Arbeitsamt nach.*

**5** *Sammelt Informationen über neue Industrien an eurem Wohnort. Fragt bei der Gemeinde- oder Stadtverwaltung und bei der Industrie- und Handelskammer (in größeren Orten) nach.*

**6** *Ergänzt eure Wandzeitung.*

**1** **Roboter sucht Arbeit.** Karikatur 1985.

**2** **Entwicklungen in der „Medienwelt" 1975 bis 1995.**

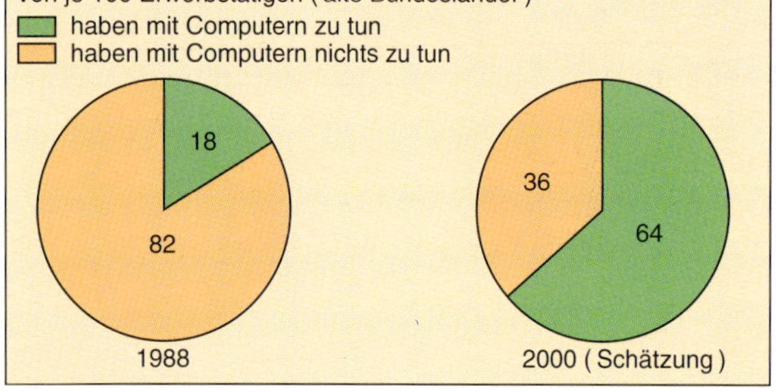


**3** **Computer in der Arbeitswelt.** Prognose 1994.

## Die Industrialisierung als Problem für Menschen und Natur

Für Friedrich Engels waren im 19. Jahrhundert die sozialen Auswirkungen der Industrialisierung am auffälligsten (vgl. S. 146). Im Laufe der Industrialisierung zeigten sich weitere Probleme: Mehr Technik in der Arbeitswelt kann Arbeitslosigkeit verursachen. Neue Technologien können andere Arbeitsbelastungen nach sich ziehen. Die industrielle Wirtschaftsweise hat Folgen für Natur und Umwelt. Die Industrialisierung der Dritten Welt wirft schwierige Fragen auf. In diesem Abschnitt könnt ihr erarbeiten,
- wie sich die neuen Technologien auf den Arbeitsmarkt auswirken,
- welche Folgen die neue Technik für die Arbeitsbedingungen haben kann,
- wie Energieverbrauch und Klimaveränderung zusammenhängen,
- wie sich die weitere Industrialisierung auf die Länder der Dritten Welt auswirken könnte.

## Neue Technologien verändern den Arbeitsmarkt

*Bearbeitet anhand der Materialien auf dieser Doppelseite in Gruppenarbeit die folgenden Aufgaben:*

**1** *„Entschlüsselt" die Karikatur.*

**2** *Stellt Übereinstimmungen und Unterschiede zwischen Bild (S. 191) und Karikatur fest.*

**3** *Erläutert, wie sich die Verwendung des Computers in der Arbeitswelt seit 1980 entwickelt (Abb. 3).*

**4** *Stellt fest, welche Veränderungen in der „Medienwelt" dargestellt sind und vermutet, welche Folgen sich für den Arbeitsmarkt ergeben (Abb. 2).*

**5** *Erarbeitet, wie der Kommunikationsforscher Ehrhardt die Entwicklung der Arbeitsplätze und der Arbeitslosigkeit sieht (S. 191).*

**6** *Setzt euch kritisch mit den Aussagen Ehrhardts auseinander. Überlegt, wo er sehr pauschal formuliert und wie er die Rolle der Arbeitnehmer sieht.*

**7** *Nennt Arbeitsbereiche und Berufe, auf die die „Multimediawelt" wohl Einfluß nehmen wird.*

**8** *Beschreibt die Entwicklung der Arbeitslosigkeit in den westlichen Industrieländern und überlegt, inwiefern sie mit dem technischen Wandel zusammenhängen könnte (Abb. 3, S. 191).*

**9** *Diskutiert mit Hilfe der Abb. 4, S. 191, welche Bedeutung der Umweltschutz für den Arbeitsmarkt hat.*

**1 Industrieroboter in der Autoproduktion.** Foto 1985.

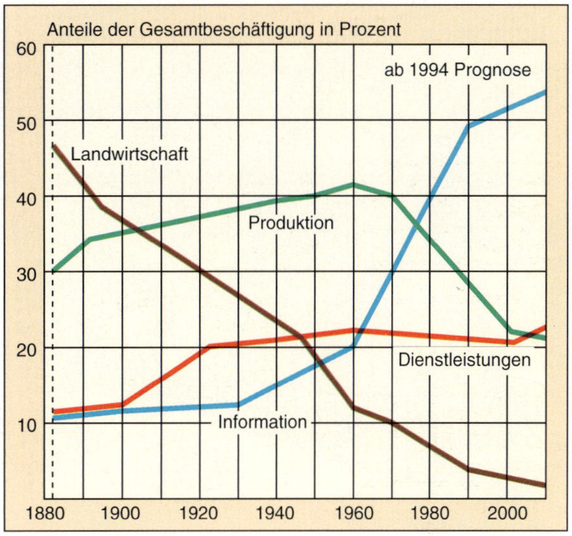


**2 Beschäftigung nach Sektoren in Deutschland.** Prognose 1994.

Aus einem Interview des Nachrichtenmagazins FOCUS mit dem Kommunikationsforscher Johannes Ehrhardt (1994):

**M** *Frage*: Wie verändert Multimedia die Arbeitsplätze?
*Antwort*: Die neuen Kommunikationstechniken ändern nicht nur Jobs, sie schaffen sie ab. Den herkömmlichen Arbeitsplatz wird es bald nicht mehr geben.
*Frage*: Also noch mehr Arbeitslose?
*Antwort*: Die Arbeitslosigkeit im traditionellen Sinn wird sicher steigen. Arbeitsplätze mit genau definierter Aufgabe, klarer Kompetenz und festem Vertrag fallen weg. Man wird nur noch für eine bestimmte Aufgabe eingekauft.
*Frage*: Aber die Arbeit wird doch nicht weniger.
*Antwort*: Im Gegenteil, der Bedarf an Leistung steigt sogar. Die Bewältigung der Aufgaben wird aber anders organisiert. Man trennt zwischen der Arbeit, die getan werden muß, und dem festen Arbeitsverhältnis. ... Ein Rest an Festangestellten bleibt sicher, zum Beispiel im Staatsdienst oder bei besonderen Aufgaben wie Piloten oder Krankenhausärzten. Die anderen aber müssen sich die Arbeit für ihre Fähigkeiten selbst suchen.
*Frage*: Und wie finden sie die?
*Antwort*: Durch Teamarbeit bilden sich schnell persönliche Netzwerke. Außerdem bieten die Unternehmen ja die Projekte an.

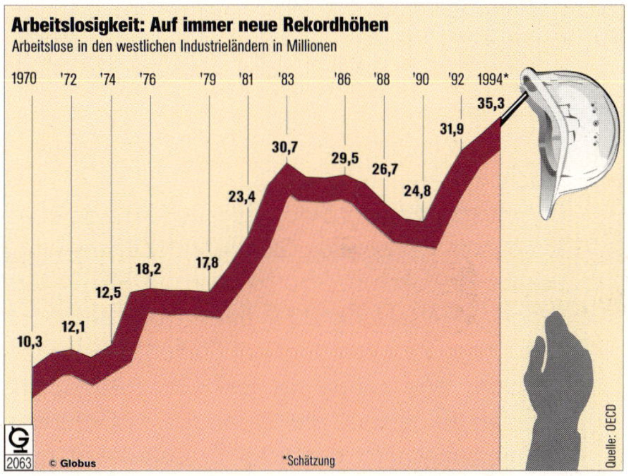


**3 Arbeitslosigkeit in den westlichen Industrieländern 1974 bis 1994.**

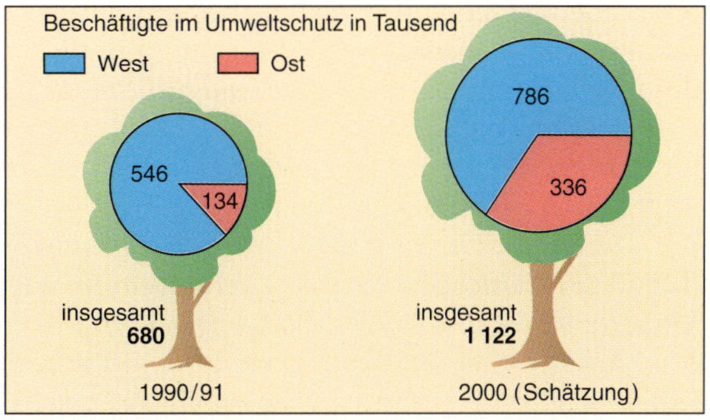


**4 Arbeitsplätze und Umweltschutz.** Prognose 1994.

**Französische Karikatur über die Industriearbeit,** um 1910.

## Arbeitsbedingungen um 1910

Im Februar 1912 traten die Arbeiter der französischen Renault-Werke in einen Streik und gaben am 13. Februar das Flugblatt „Weg mit den Stoppuhren!" heraus:

**Q** Wie man aus einem Arbeiter ein Tier für die Überproduktion macht

Das Zeitnehmen mit Stoppuhren muß ausgerottet werden ... Die Unternehmer wollen das Stoppuhren-Zeitmessungssystem einführen, um die Produktion ... zu steigern. ... Sie wollen die Arbeiter jeder Initiative (Entschlußkraft) in ihrer Arbeit berauben. Sie wollen ihnen den letzten Rest von direktem Einfluß auf den Gang der Produktion nehmen. Wie gehen sie vor? Ganz einfach. Sie verbieten dem Arbeiter zu denken; die für ihn nötige Gehirnanstrengung wird im Zeitmessungsbüro gemacht. Er selbst hat nur noch schnell und immer wieder eine der zahlreichen Grundbewegungen auszuführen, in die die Arbeitsgänge zerlegt werden ...

**1** *Entschlüsselt die Karikatur. Benutzt dazu die Fragen von S. 23.*

**2** *Vergleicht die Aussage der Karikatur mit dem Flugblatt (Q) und faßt zusammen, worin die Kritik an den Arbeitsbedingungen besteht.*

**3** *Tragt aus den Abschnitten „Kinderarbeit" (S. 164-167) und „Menschen im industriellen Wandel" (S. 182-189) Informationen über die Arbeitsbedingungen im Laufe der Industrialisierung zusammen und ergänzt eure Ergebnisse zu Aufgabe 2.*

**4** *Untersucht im Abschnitt „Arbeiterbewegung im Obrigkeitsstaat" (S. 170-181), welche Forderungen der Arbeiterbewegung sich auf die Verbesserung in den Arbeitsbedingungen bezogen.*

**5** *Diskutiert, wo sich heute Verbesserungen in den Arbeitsbedingungen gegenüber früher ergeben haben und welche Probleme es noch gibt.*

## Folgen neuer Technologien

In dem Buch „Arbeitswelt 2000" von H. Franke und Fr. Buttler heißt es (1991):

**M** ... Mit der technologischen Entwicklung eng verknüpft ist der Begriff der ‚Humanisierung der Arbeit'. ... Durch die technisch-organisatorische Fortentwicklung treten neue Probleme bei der Gestaltung der Arbeitswelt auf. Der physische (körperliche) Verschleiß am Arbeitsplatz wird in vielen Berufen, in denen Maschinen kontrolliert werden müssen, zwar zurückgehen, an seine Stelle treten aber psychische Belastungen. ...

**6** *Vergleicht die Aussagen von Franke und Buttler mit dem Ergebnis von Arbeitnehmer-Befragungen (Abb. 1, S. 193).*

**7** *Untersucht, wie Manager die Multimedia-Technik beurteilen (Abb. 2, S. 193). Vergleicht mit den Aussagen von Arbeitnehmern (Abb. 1, S. 193).*

**8** *Prüft einen möglichen Zusammenhang zwischen Abb. 4, S. 193, und der zunehmenden Technisierung der Arbeitswelt. Zieht Schlußfolgerungen für eure spätere Berufswahl.*

**9** *Diskutiert, inwiefern die Entwicklung der Arbeitszeit (Abb. 3, S. 193) etwas mit der „Humanisierung der Arbeit" zu tun hat.*

**10** *Überprüft, welche der Rechte (Q1, 2, S. 193) bei uns durchgesetzt sind und welche nur schwer zu verwirklichen sind.*

**11** *Fragt zu Hause nach Arbeitsplätzen mit neuen Technologien (Roboter, Computer). Laßt euch erzählen, ob sich die Arbeitsbedingungen und das Arbeitsklima am Arbeitsplatz verändert haben. Vergleicht mit Abb. 1, 2, S. 193.*

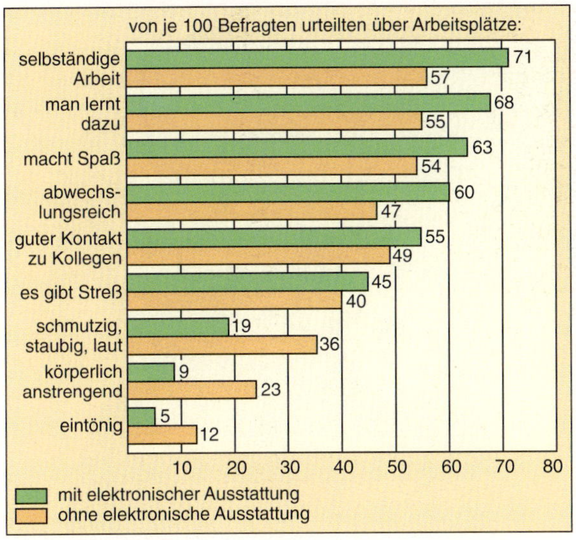


**1** **Neue Technik und Arbeitsklima im Urteil von Arbeitnehmern 1994.**

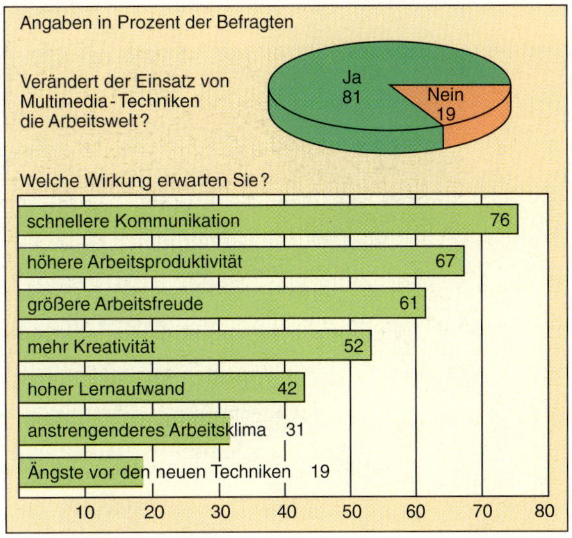


**2** **Multimedia-Technik im Urteil von Managern 1994.**

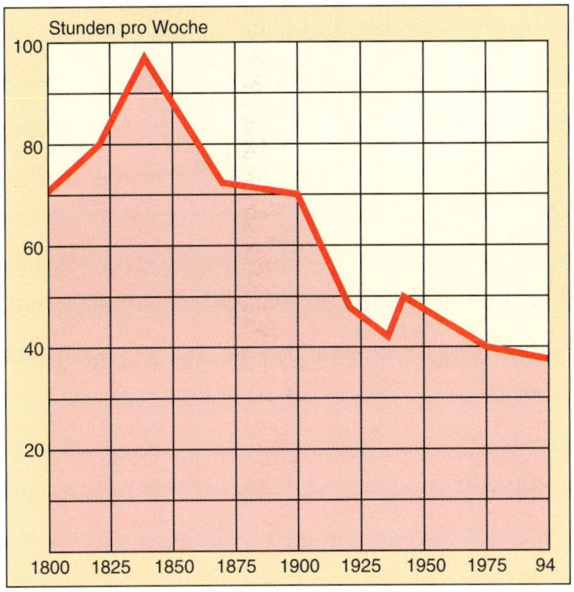


**3** **Durchschnittliche wöchentliche Arbeitszeit von Arbeitern in Deutschland 1800 bis 1994.**

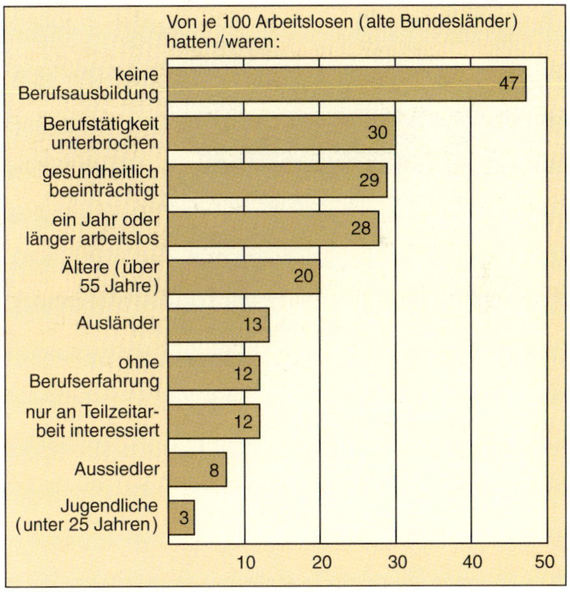


**4** **Wer ist arbeitslos?** Statistik September 1991.

## Menschenrecht auf humane Arbeit

Aus der Allgemeinen Erklärung der Menschenrechte der Vereinten Nationen von 1948 (Art. 23, Abs. 1):

**Q1** Jedermann hat das Recht auf Arbeit, auf freie Berufswahl, auf angemessene und befriedigende Arbeitsbedingungen sowie auf Schutz gegen Arbeitslosigkeit.

Aus der Verfassung des Landes Nordrhein-Westfalen vom 18. Juni 1950 (Art. 24, Abs. 1).

**Q2** Im Mittelpunkt des Wirtschaftslebens steht das Wohl des Menschen. Der Schutz seiner Arbeitskraft hat den Vorrang vor dem Schutz materiellen Besitzes. Jedermann hat ein Recht auf Arbeit.

**1 Arbeitsplätze schaffen.** Zeichnung von Horst Haitzinger, 1981.

**2 Lebensstandard.** Zeichnung von Gerd Mester 1993.

**Energiehunger – eine Folge der Industrialisierung**

**1** *Beschreibt die beiden Abbildungen und überlegt, was die Zeichnungen jeweils aussagen könnten.*
**2** *Stellt einen Zusammenhang zwischen beiden Abbildungen her.*
**3** *Formuliert eine Antwort auf die Äußerung des Mannes (Abb. 1). Bezieht dabei Abb. 2 mit ein.*
**4** *Tragt eure Kenntnisse über die Gefährdung der Erde als Lebensraum zusammen.*
**5** *Nennt Energiearten und klärt die „Quellen“.*

Die Industrialisierung begann vor etwa zweihundert Jahren in England (vgl. S. 148). Sie hat die Lebensbedingungen der Menschen in den industrialisierten Ländern drastisch verändert.
Die industrielle Wirtschaftsweise befreite die Menschen von unmittelbaren Hungerkatastrophen, wie sie in der vorindustriellen Zeit auftraten.

Der Lebensstandard in den Industrieländern stieg stark an. Gleichzeitig wurde aber auch der Abstand zu den industriell nicht oder nur wenig entwickelten Ländern der Dritten Welt immer größer.
Sie sind für die Industrieländer oft nur billige Energie- und Rohstofflieferanten, die wegen ihrer wirtschaftlichen und finanziellen Schwäche in die Abhängigkeit von den Industrieländern geraten sind. Die weltweite Industrialisierung stellt sich immer stärker als ein Problem des Energie- und Rohstoffverbrauchs und der Verteilung der nicht erneuerbaren Vorräte – wie Kohle, Erdöl und Gas – zwischen Industrieländern und Entwicklungsländern dar. Mitte der neunziger Jahre des 20. Jahrhunderts verbrauchte jeder Bewohner eines Industrielandes zehnmal mehr Energie als der Bewohner eines Entwicklungslandes. Über die Folgen des „Energiehungers“ für Industrie- und Entwicklungsländer und Möglichkeiten zur Lösung dieser Probleme informieren die folgenden Seiten.

**1 Kohlekraftwerk.** Foto um 1992.

**2 Windenergieanlage.** Foto um 1992.

### Klimaveränderung – eine Folge des Energiehungers

Die amerikanischen Klimaforscher Houghton und Woodwell schreiben 1989:

**M** Die Erde wird wärmer. Klimazonen verschieben sich, Gletscher schmelzen, und der Meeresspiegel steigt. Dies sind ... reale Geschehnisse unserer Gegenwart. Sie werden - so erwarten wir jedenfalls - im Laufe der nächsten Jahre noch schneller ablaufen, wenn die Konzentration an Kohlendioxid*, Methan* und anderen Spurengasen, die sich in der Atmosphäre durch menschliche Aktivitäten ansammeln, weiter zunehmen. Die Erwärmung, jetzt schon ein rascher Prozeß, könnte sich durch Eigendynamik weiter beschleunigen. Sie wird sich in unbestimmte Zukunft fortsetzen, wenn wir sie nicht mit durchdachten Maßnahmen drosseln oder gar stoppen. ... Der weltweite Verbrauch an fossilen* Brennstoffen muß um die Hälfte reduziert*, die Abholzung der Wälder beendet und ein umfassendes Wiederaufforstungsprogramm begonnen werden.
Es bleibt keine andere Wahl. Eine schnelle und stetige Erwärmung wäre nicht nur für die Landwirtschaft verheerend, sondern würde auch einen Großteil des Waldbestandes zerstören, die Wasserversorgung gefährden und eine Überflutung der Küstengebiete mit sich bringen. ...

**1** *Stellt fest, welche Klimaveränderungen die Autoren nennen und worin sie die Ursachen sehen.*
**2** *Nennt die Maßnahmen, die sie vorschlagen, und bildet euch eine eigene Meinung.*
**3** *Beschreibt anhand der Abbildungen die beiden Arten der Energiegewinnung und stellt jeweils ihre Vor- und Nachteile zusammen.*

### Die Industriegesellschaft umbauen?

Um Schäden durch die Industrialisierung zu verringern und zu vermeiden, wird in der Politik seit einigen Jahren von einem „ökologischen* Umbau" der Industriegesellschaft gesprochen. Damit ist eine Wirtschaftsweise gemeint, die die Lebensgrundlagen der Menschen erhält und nicht weiter schädigt oder zerstört. Wirtschaft und Umwelt sollen dabei nicht als Gegensätze betrachtet werden. Ziel ist es auch, neue Arbeitsplätze und neue Produkte im Umweltbereich zu schaffen und den öffentlichen Nahverkehr auszubauen. Außerdem wird die Einführung einer „Ökosteuer" vorgeschlagen. Sie soll auf den Verbrauch von Rohstoffen und Energie gezahlt werden und zum Sparen anregen.

**4** *Beschreibt mit euren eigenen Worten, was mit dem „ökologischen Umbau" der Industriegesellschaft gemeint ist.*
**5** *Beurteilt die Einführung einer Ökosteuer.*
**6** *Überlegt, wo und wie ihr in eurem Lebensbereich Energie einsparen könnt. Stellt eine „Energiesparliste" zusammen.*

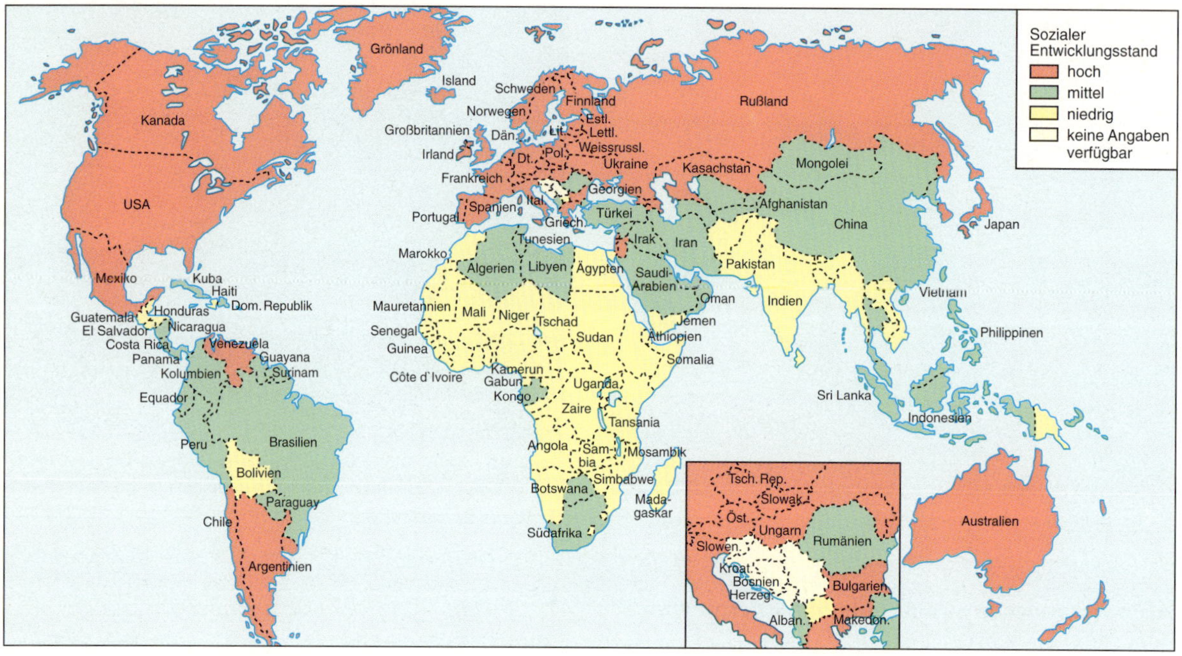


**1 Einstufung der Länder nach der „sozialen Entwicklung" auf der Grundlage des Weltentwicklungsberichts der Vereinten Nationen. 1993.** Zur Einteilung wurden im Bericht herangezogen: Lebenserwartung, Analphabetenrate und Pro-Kopf-Einkommen.

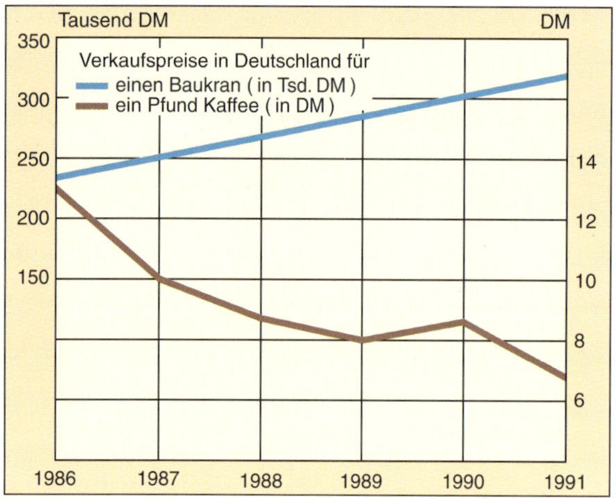


**2 Preisentwicklung bei Kaffee und Industriegütern 1986–1991.**

## Probleme der Entwicklungsländer

**1** *Erläutert anhand der Karte die Einstufung der Länder und stellt fest, auf welche Erdteile beziehungsweise Regionen die unterschiedlichen Entwicklungsstände konzentriert sind.*

**2** *Stellt eure Überlegungen zu 1 in einen Bezug zur Industrialisierung.*

**3** *Beschreibt die Preisentwicklungen bei Kaffee und Industriegütern und vergleicht (Abb. 1, 2).*

**4** *Zieht Folgerungen aus euren Ergebnissen zu Aufg. 3. Zieht die Abb. auf der nächsten Seite mit heran.*

Die Bestimmung, welches Land als „Entwicklungsland" gilt, ist umstritten. Häufig wird eine Einteilung nach der Höhe des Einkommens der Einwohner eines Landes vorgenommen (Bruttosozialprodukt* pro Einwohner) und nach bestimmten Einkommensgrenzen in „niedrig", „mittel" und „hoch" klassifiziert. Immer mehr werden aber auch Merkmale der „sozialen" Entwicklung mit herangezogen, wie die Lebenserwartung und die Anzahl der Analphabeten eines Landes (vgl. die Karte oben). Ein wichtiges Merkmal eines Entwicklungslandes ist das Vorherrschen der Landwirtschaft als Wirtschaftszweig.
Gegenüber den Industrieländern befinden sich die Entwicklungsländer in einer wirtschaftlich schwächeren Position: Die landwirtschaftlichen Produkte sind nicht ohne weiteres in den Industrieländern abzusetzen, weil diese ihre eigene Landwirtschaft häufig durch Zölle und Importbeschränkungen vor den Einfuhren schützen. Benötigte Industriewaren müssen

von den Entwicklungsländern teuer in den Industrieländern eingekauft werden. Dafür reichen die Erlöse aus dem Verkauf von Rohstoffen an die Industrieländer nicht aus. Die bei den Industrieländern aufgenommenen Kredite führen zu einer Verschuldung, die die eigene Entwicklung bremst. Hemmend wirken sich auch instabile politische Verhältnisse im eigenen Land aus. Viele Entwicklungsländer haben ihre Ziele bisher nicht erreicht, den Abstand zu den Industrieländern zu verkleinern oder aufzuholen. Erfolge haben dabei bisher einige asiatische Länder.

**5** *Faßt die Probleme der Entwicklungsländer zusammen und erklärt den Zusammenhang mit den Industrieländern.*

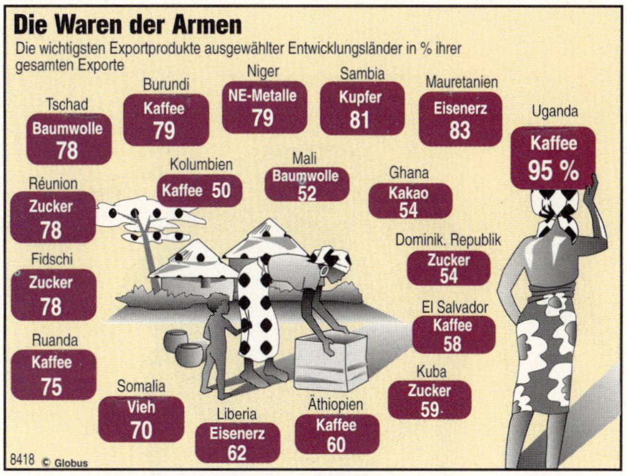


Exportprodukte der Entwicklungsländer. 1990.

## Die europäische Industrialisierung – Modell für die Entwicklungsländer?

Die mit der Industrialisierung entstandenen Umwelt-, Energie- und Rohstoffprobleme (vgl. S. 194, 195) werfen inzwischen die Frage auf, ob das Modell der Industrialisierung, wie sie vor etwa zweihundert Jahren von Europa ausging, noch das Entwicklungsmodell der Zukunft sein kann. Vertretern der wohlhabenden Länder wird immer mehr bewußt, daß ein Lebensstandard, wie ihn Europa und Nordamerika haben, schon aus ökologischen Gründen dauerhaft nicht möglich sein wird. Vertreter der Entwicklungsländer versuchen Einfluß auf die ungebremste Entwicklung der Industrieländer zu nehmen.

Der Wirtschaftsjurist und Politiker Kurt Biedenkopf schrieb 1991:

**M1** ... Dieser Ressourcenverbrauch geht nicht nur zu Lasten der Umwelt, sondern auch zu Lasten der Dritten Welt (Entwicklungsländer). ... die hochentwickelten Industrienationen haben wirtschaftliche Systeme entwickelt, die offenbar nicht für alle Menschen auf der Erde in gleicher Weise anwendbar sind. ... Denn es ist offensichtlich, daß die Energieerzeugung auf der Erde nicht in dem Umfang gesteigert werden kann, der notwendig wäre, um alle Bewohner dieser Erde in den Genuß des gleichen Energieverbrauchs zu bringen, wie er den Einwohnern in den hochindustrialisierten Ländern selbstverständlich erscheint; vom Verbrauch der Energie und seinen ökologischen Folgekosten ganz zu schweigen. Also müssen wir uns überlegen, auf welche Weise man die Spannungen abbauen kann, die sich aus unserer Privilegierung (Vorrechten) ergeben werden. Und auf diesem Wege müssen wir bei uns selbst beginnen. ...

Der Journalist G. Simon schrieb 1991:

**M2** ... Die Gesellschaften des Südens brauchen Einfluß auf die weltwirtschaftliche Entwicklung im Norden, weil hier die Weichen gestellt werden, die in der Dritten Welt als Zwang der Modernisierung, zum Mithalten, zur Export-Orientierung in Erscheinung treten. Unsere Souveränität steht also zur Debatte ...
Deutlich höhere Rohstoffpreise würden den Ländern der Dritten Welt eine Chance bieten, weniger zu exportieren und die Ressourcen Land, Wald und Wasser denen zu überlassen, die davon seit Jahrhunderten leben, ohne sie zu zerstören. ... Der Norden kann nur durch den Süden diszipliniert werden, durch die Einschränkung seiner Souveränität, vor allem in der Wirtschafts- und Energiepolitik ...

**6** *Untersucht, wie beide Autoren (M1, 2) das Verhältnis zwischen Industrie- und Entwicklungsländern sehen und welche Lösungen sie vorschlagen.*

**7** *Schreibt anhand der Materialien auf dieser Seite und eurer eigenen Kenntnisse aus der Sicht eines Schülers (einer Schülerin) eines Entwicklungslandes einen Brief an einen Schüler (eine Schülerin) in einem Industrieland über das Problem der weiteren Industrialisierung. Entwerft auch eine Antwort.*

**1** Karikatur von Horst Haitzinger. 1993.

**2** Karikatur von Finn Graff. 1992.

**3** Karikatur von Peter Leger. 1988.

**Die Industriegesellschaft in der Karikatur**

Die Industriegesellschaft und ihre Probleme sind bei Karikaturisten ein wichtiges Thema. Die Karikaturen auf dieser Seite sind in den vergangenen Jahren veröffentlicht worden. Zur methodischen Arbeit mit Karikaturen vgl. S. 23.

**1** *Beschreibt die Karikaturen und überlegt, was die Zeichner aussagen wollten.*

**2** *Formuliert Unterschriften für jede Karikatur.*

**3** *Diskutiert, worin Übertreibungen in der Darstellung liegen könnten.*

**4** *Sucht nach Karikaturen in diesem Kapitel und ordnet sie den Karikaturen auf dieser Seite thematisch zu und vergleicht.*

**5** *Fertigt eigene Karikaturen zur Industriegesellschaft.*

**Entstehungsbedingungen der Industrialisierung**

Was Friedrich Engels (vgl. S. 146) um die Mitte des 19. Jahrhunderts in England beobachtete, hatte dort etwa ein Jahrhundert früher begonnen: die Industrialisierung. In England waren die Bedingungen für die Entstehung industrieller Strukturen am günstigsten. Dabei trafen mehrere Faktoren zusammen: Technische und arbeitsorganisatorische Neuerungen wälzten die handwerklichen Produktionsweise um und verbesserten die Produktivität. Es entstanden Fabriken als zentrale Produktionsstätten. Ein neues Wirtschaftsdenken war ein weiterer Faktor für die Auslösung der Industrialisierung. Der Besitz von Kolonien erleichterte die Beschaffung von Rohstoffen und eröffnete Möglichkeiten, die Kolonien als Absatzgebiete für Industrieprodukte zu nutzen. Auch die politischen Bedingungen waren in England günstiger als anderswo. Das Bürgertum hatte gegenüber König und Adel schon seit längerer Zeit Mitwirkungsrechte durchgesetzt. Das Streben nach demokratischen Rechten und die Industrialisierung beeinflußten sich in England, wie später auch auf dem europäischen Kontinent, gegenseitig.

**Soziale Wirkungen der Industrialisierung**

Die Industrialisierung – einhergehend mit einem starken Anstieg der Bevölkerung im 18. und 19. Jahrhundert – veränderte die Wohn-, Arbeits- und Lebensformen der Menschen grundlegend. Arbeitslosigkeit auf dem Lande ließ die Arbeit suchenden Menschen in die Industriestädte ziehen. Es entstanden umfangreiche Wanderungsbewegungen, wie man sie am Beispiel des Ruhrgebiets untersuchen kann. Die Fabrikarbeit trennte Wohnung und Arbeitsplatz. Das hatte Auswirkungen auf das Familienleben. Außerdem litten viele Arbeiterfamilien unter der Überbelegung von Wohnungen und deren unzureichender Ausstattung. Die Arbeitsbedingungen waren aus heutiger Sicht für die Arbeiterinnen und Arbeiter sehr ungünstig: niedrige Löhne, überlange Arbeitszeiten und gesundheitsschädliche Einflüsse am Arbeitsplatz. Besonders benachteiligt waren Frauen und Kinder. Dennoch: Im Laufe der Industrialisierung trat eine Verbesserung der Arbeits- und Wohnsituation und auch der materiellen Lebensverhältnisse ein. In der Gegenwart verändert die technologische Entwicklung die Arbeitsplätze erneut tiefgreifend. Roboter, Computer und neue Kommunikationstechnologien beeinflussen die Arbeitsplätze. An die Stelle der Entlastung von körperlicher Arbeit tritt immer mehr eine nervliche (psychische) Belastung, wie sie von den Beschäftigten zum Beispiel an computergesteuerten Maschinen empfunden und von Sozialwissenschaftlern bestätigt wird.

**Streben nach Mitbestimmung und Demokratie in der Industrialisierung**

Die sozialen Probleme, die Schutzlosigkeit vor Unfall, Krankheit, Invalidität, Arbeitslosigkeit und Alter, waren es vor allem, die eine Organisierung der Arbeiterschaft bewirkten. Im Rückblick stellt sich der Zusammenschluß der Arbeiter und Arbeiterinnen „zweigleisig" dar: eine gewerkschaftliche Bewegung, die die unmittelbaren Lebensbedingungen verbessern wollte und eine politische Bewegung, die eine Lösung der sozialen Probleme in Deutschland in der Überwindung des monarchischen Obrigkeitsstaates sah. Das Streben nach Demokratie sollte vor allem die negativen Folgen der Industrialisierung mildern. Über den Weg zu einer menschlichen Arbeitswelt und zu politischer Macht für die Arbeiterschaft gab es unterschiedliche Auffassungen. Anhängern einer Revolution standen Befürworter von Reformen gegenüber. Das Streben nach Demokratie, auch von seiten des Bürgertums, wurde in Deutschland im 19. Jahrhundert vom Obrigkeitsstaat unterdrückt (vgl. das Kapitel 3.2: Deutschland im 19. Jahrhundert). Aber es gab im Laufe der Jahrzehnte auch Erfolge, vor allem in der gewerkschaftlichen und politischen Stärkung der Arbeiterschaft und im Bereich der Sozialgesetzgebung.

**Ökologische Wirkungen der Industrialisierung**

Die industrielle Wirtschaftsweise hat sich in den vergangenen zweihundert Jahren mit fast ungebremster Kraft entwickelt und weite Teile der Erde erfaßt. Seit wenigen Jahrzehnten wird vielen Menschen immer klarer bewußt, daß eine weiterhin ungehemmte Industrialisierung der Erde die natürlichen Lebensgrundlagen der gesamten Menschheit gefährdet. Wird es gelingen, die industrielle Wirtschaftsweise in Einklang mit dem ökologischen System der Erde zu bringen und dabei die Forderungen der Entwicklungsländer nach den Vorzügen der Industrialisierung nicht abzuweisen? Wie sich die Dynamik der Industrialisierung, verbunden mit dem Streben nach Vorherrschaft, über die ganze Erde ausbreitete, zeigt das folgende Kapitel.

# 5. Der Imperialismus

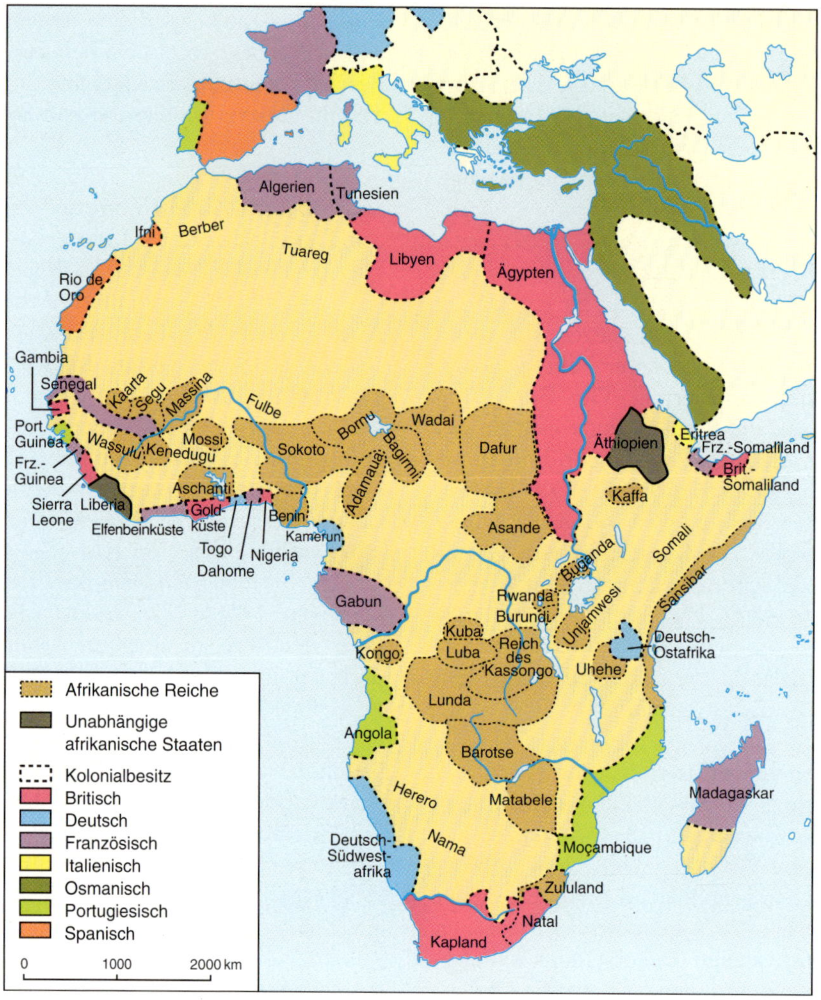


**Afrika um 1880.**

In der Zeit nach 1870 dehnten die europäischen Industriestaaten und die USA ihre Herrschaft über die ganze Erde aus und nahmen in Asien und Afrika fremde Länder als Kolonien in ihren Besitz. Die europäischen Staaten wetteiferten miteinander, fremde Gebiete zu besetzen. Im Unterschied zu heute galt dies in Europa als ein allgemein akzeptiertes Ziel der Politik. Alle größeren europäischen Staaten strebten danach, ein Weltreich (lateinisch: Imperium) nach dem Vorbild Großbritanniens zu errichten.
Der Imperialismus knüpfte an den Kolonialismus des 16. Jahrhunderts an (vgl. S. 49). Großbritannien und Frankreich erweiterten ihren bisherigen Kolonialbesitz im großem Umfang; Deutschland versuchte, den alten Kolonialmächten nachzueifern.
Der Imperialismus hatte eine bedeutende Antriebskraft in der Industrialierung, die die technischen Möglichkeiten schuf und die finanziellen Mittel zur Eroberung fremder Länder bereitstellte. Sie war angewiesen auf die billigen Rohstoffe der nicht industrialisierten Länder. Für den Absatz der in Europa über den Bedarf produzierten Waren war es nötig, einen Weltmarkt zu schaffen. Begleitet wurde dieser Prozeß von einem Gefühl europäischer Überlegenheit gegenüber den Bewohnern außereuropäischer Länder.

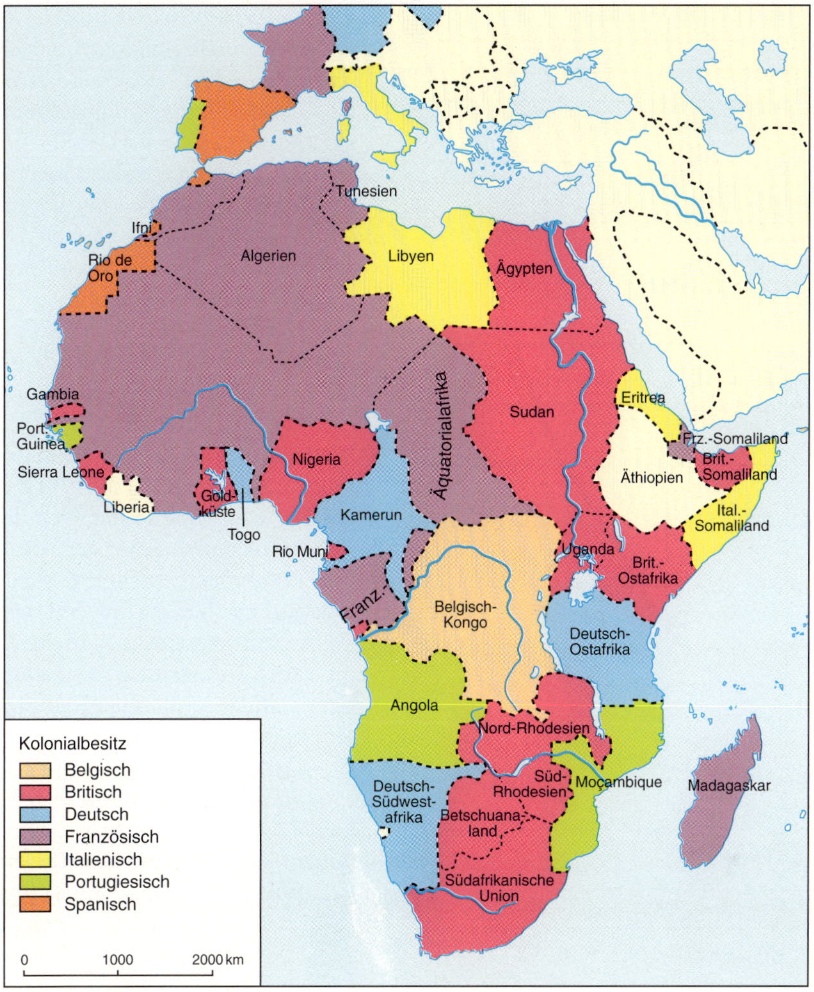


**Afrika um 1914.**

In diesem Kapitel könnt ihr untersuchen
– welche Kräfte den Imperialismus speisten,
– wie die in Afrika lebenden Menschen den Imperialismus erlebten und welche Folgen er für sie hatte
– und welche sozialen und ökologischen Folgen der Imperialismus bis heute in den Ländern der sogenannten „Dritten Welt" hat.

Der letzte Abschnitt dieses Kapitels führt zurück nach Europa. Er gibt euch die Möglichkeit, am Beispiel des Ersten Weltkrieges zu untersuchen, wie sich die Rivalität der europäischen Staaten untereinander in der Zeit des Imperialismus auswirkte und welche Folgen der Krieg für Europa hatte.

Lord Frederik Lugard (1858-1945) schrieb 1922:

**Q** ... Die Tropen sind das Erbgut der Menschheit; weder hat die herrschende Macht ein Recht auf ihre alleinige Ausbeutung, noch haben die Rassen (die Eingeborenen), die dieses Gebiet bewohnen, ein Recht, ihre Freigiebigkeit denen zu versagen, die ihrer bedürfen ...

– *Vergleicht die Karten von Afrika um 1880 und 1914 und notiert die wichtigsten Unterschiede.*
– *Stellt mit Hilfe der Karte die europäischen Staaten und ihre Kolonien in einer Tabelle zusammen.*
– *Vermutet, warum die Europäer Afrika aufteilten.*
– *Diskutiert die Aussage von Lord Lugard.*

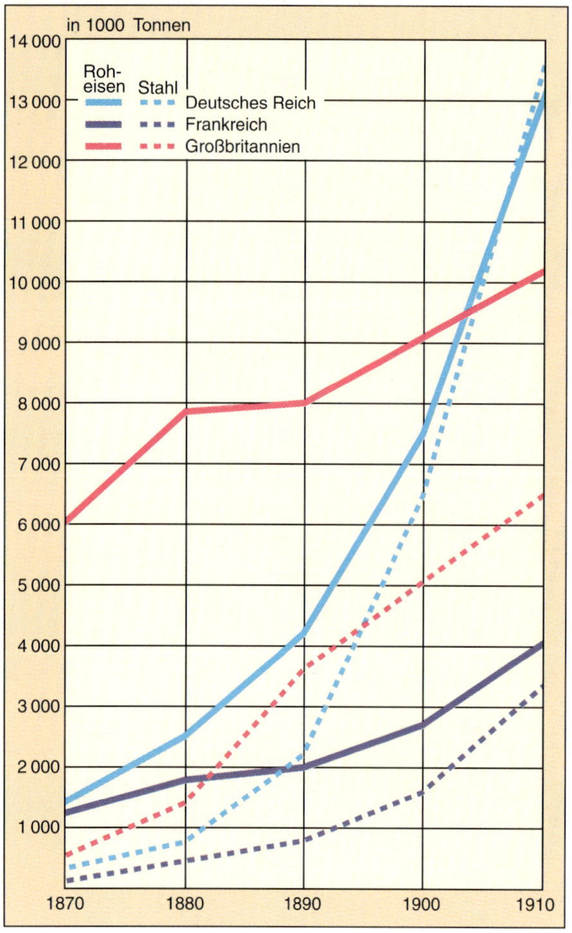


**1** **Roheisen und Stahlproduktion 1870-1910.**

## Großbritannien, Frankreich, Deutschland

Um 1890 wetteiferten die drei großen Staaten Europas, Großbritannien, Frankreich und Deutschland auf fast jedem Gebiet miteinander. Alle drei Staaten hatten in unterschiedlichem Tempo ihre Wirtschaft industrialisiert. In Deutschland war dieser Prozeß besonders schnell und heftig abgelaufen (vgl. S. 152 ff.). In wichtigen Bereichen holte Deutschland Großbritannien, das Vorbild aller Staaten, ein, oder überflügelte es sogar. Dies galt besonders für die Leitsektoren, Kohle und Stahl, die das Bild der Industrialisierung damals prägten. Auf dem Gebiet der Chemie und Elektrowirtschaft war Deutschland 1890 führend.

**1** *Untersucht an Schaubild 1 die Entwicklung in Großbritannien und beschreibt sie mit einem Stichwort. Betrachtet nun die deutsche Entwicklung.*

**2** *Vergleicht die Stahlproduktion Frankreichs mit der Deutschlands und Großbritanniens.*

**3** *Betrachtet die Karte 1 auf S. 203 und beschreibt die Anteile Europas an der Weltwirtschaft.*

**4** *Stellt für Großbritannien, Deutschland und Frankreich in Karte 1 ihren Anteil an der Weltproduktion von Roheisen fest.*

**5** *Untersucht mit Hilfe der Tabelle 3, wie viel Menschen von je 100 Einwohnern in den drei Staaten ihr Einkommen aus der Landwirtschaft bezogen.*

## Weltmarkt und Kapitalverkehr

Großbritannien blieb bis 1914 die führende Handelsnation, die überall in der Welt ihre Waren anbot und Rohstoffe kaufte. Aber der Abstand zu Deutschland und Frankreich verringerte sich, die USA holten im Wettlauf mit Europa auf. Mit dem größer werdenden Weltmarkt setzten europäische Unternehmer ihr Kapital auch weltweit ein. Sie bauten Fabriken, gründeten Banken oder kauften Unternehmen. Sie investierten* Kapital im Ausland.

**6** *Untersucht mit der Karte 2, Seite 203, die unterschiedlichen Kapitalinvestitionen von Großbritannien, Deutschland und Frankreich. Berücksichtigt dabei auch die Anlage von Kapital in Europa (Kartenausschnitt). Schreibt eure Ergebnisse in eine Tabelle.*

| | Großbritannien | Frankreich | Deutschland | Rußland |
|---|---|---|---|---|
| Mutterland | | | | |
| Größe in km² | 0,3 | 0,5 | 0,5 | 5,4 |
| Einwohner | 46,5 | 39,6 | 64,9 | 136,2 |
| Kolonien | | | | |
| Größe in km² | 33,5 | 10,6 | 2,9 | 17,4 |
| Einwohner | 393,5 | 55,5 | 12,3 | 33,2 |

**2** **Größe und Einwohnerzahl der europäischen Länder 1914 und Größe und Einwohnerzahlen ihres Kolonialbesitzes** (Angaben jeweils in Mio).

| Von 100 Personen leben 1891 von der Landwirtschaft | |
|---|---|
| Großbritannien | 10 |
| Frankreich | 42 |
| Deutschland | 39 |

**3** **Einkommen aus der Tätigkeit in der Landwirtschaft 1891.**

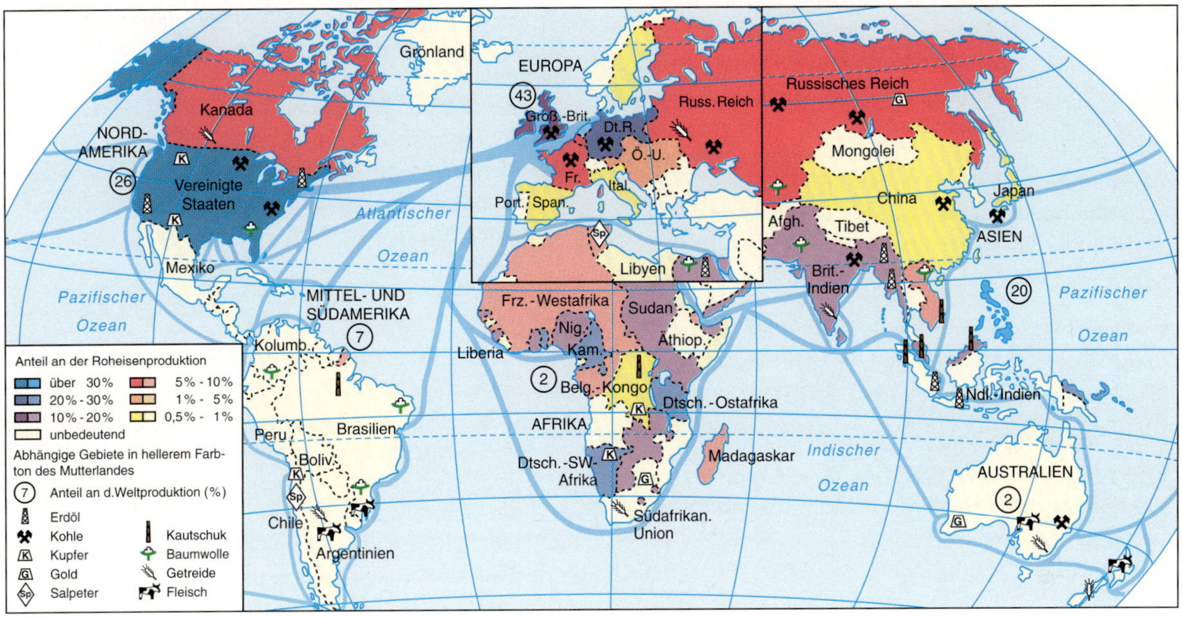


**1 Weltwirtschaft 1914.**

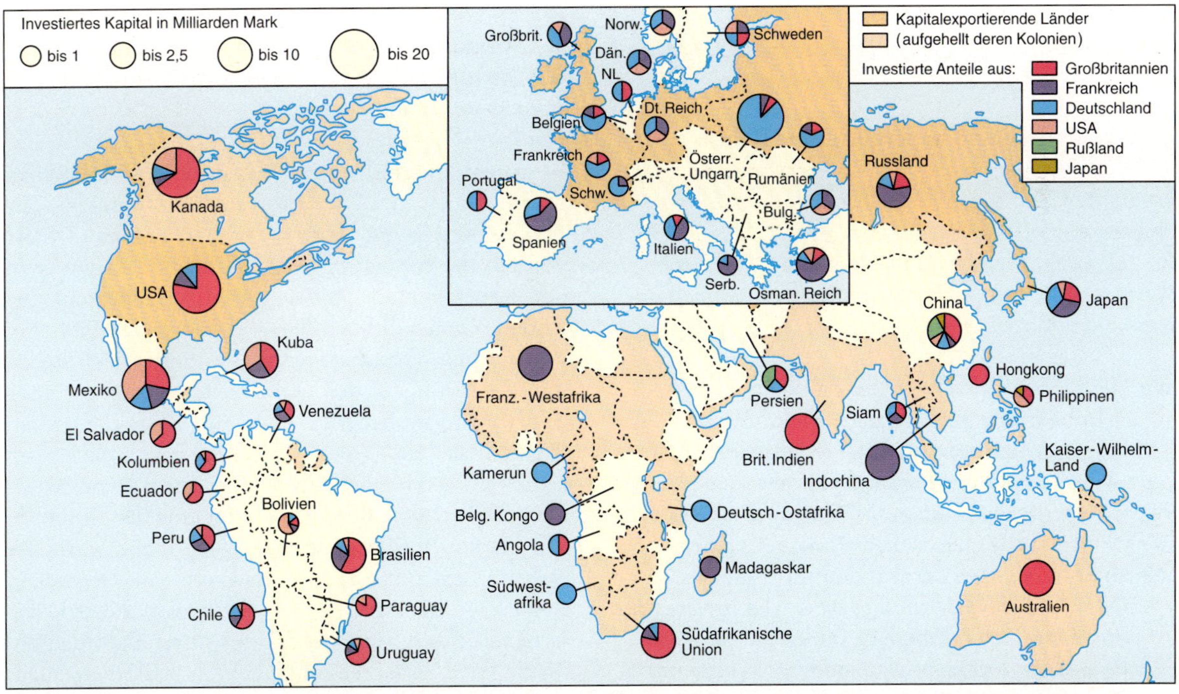


**2 Kapitalinvestitionen der wichtigsten europäischen Industrieländer, der USA und Japans im Jahre 1914.** Die Größe der Kreise gibt die Summe des investierten Kapitals in dem jeweiligen Land an, die Farbe kennzeichnet das Land, aus dem das Kapital stammt. Lesebeispiel: In Mexiko wurden 1914 mehr als 10 Mrd. Mark investiert. Das Kapital stammt aus den USA, Großbritannien, Frankreich und Deutschland. Noch 1914 investieren Frankreich, Großbritannien und die USA mehr als eine Mrd. Mark in Deutschland.

**Aufruf!**

Die Frage der deutschen Colonisation wird von Tage zu Tage dringender.
Die Nothwendigkeit der Erweiterung unseres Absatzgebietes, die steigende Bedeutung des überseeischen Handels ... für unser sociales und wirtschaftliches Leben ... haben in immer größerem Umfange die allgemeine Aufmerksamkeit auf diese Frage gelenkt. Durch den restlosen Eifer anderer Nationen und die fortschreitende Ausdehnung ihres Machtgebietes, wird es mit jedem Jahre, ja mit jedem Tage schwieriger, den geeigneten Boden für deutsche Colonisation zu finden.
Unter dem Gewicht dieser Erwägungen ist am 6. Dezember 1882 Der Deutsche Colonialverein mit dem Sitz in Frankfurt am Main ins Leben gerufen. Männer aller Parteien und Stände haben sich zur Lösung einer nationalen Aufgabe verbunden, welche hoch über den Zeit- und Tagesfragen steht.

Der Vorstand des Deutschen Colonialvereins:
H. Fürst zu Hohenlohe-Langenburg,
Langenburg. Württemberg
Präsident

### Wirtschaftslage und imperialistische Politik

**1** *Stellt die Argumente des Kolonialvereins zusammen, mit denen für deutsche Kolonien geworben wird.*

**2** *Überlegt, welche Länder mit den „anderen Nationen“ gemeint sein können. Seht dazu noch einmal die Karte auf S. 200 an.*

Seit 1873 herrschte weltweit eine Wirtschaftskrise. In allen Industriestaaten gingen viele Betriebe in Konkurs*. Unternehmer und Kaufleute suchten neue Märkte für ihre Waren. Dabei wurden sie von ihren Regierungen unterstützt. Im Juli 1885 erklärte Jules Ferry im französischen Parlament kurz nach seinem Sturz als Ministerpräsident Frankreichs:

**Q1** ... Die Kolonialfrage ist für die Länder, die durch die Natur ihrer Industrie selbst zur Ausfuhr in großem Maße bestimt sind, wie unser Land, eben eine Frage der Absatzmärkte...in der Krise, die alle europäischen Industrien durchlaufen, bedeutet die Gründung einer Kolonie die Schaffung eines Absatzmarktes ...

Die Unternehmer und Regierungen hofften auch, in Afrika und Asien Rohstoffe billig erwerben zu können.

**3** *Erklärt mit Hilfe von Q1, warum Frankreich Kolonialpolitik betreibt.*

**4** *Vergleicht die Aussagen des ehemaligen französischen Ministerpräsidenten mit dem Aufruf des deutschen Kolonialvereins.*

### Innenpolitische Krisen und imperialistische Politik

1895 schrieb der britische Politiker Cecil Rhodes in einem Brief:

**Q2** ...Ich war gestern im Ostende von London und besuchte eine Arbeiterversammlung. Als ich nach den dort gehörten wilden Reden, die nur ein Schrei nach Brot waren, nach Hause ging, war ich von der Wichtigkeit des Imperialismus mehr denn je überzeugt. ...Um die ...Einwohner (Großbritanniens) ... vor einem mörderischen Bürgerkrieg zu schützen, müssen wir Kolonialpolitiker neue Ländereien erschließen ... Das Empire*... ist eine Magenfrage. Wenn sie den Bürgerkrieg nicht wollen, müssen sie Imperialisten werden ...

**5** *Nennt die Gründe, mit denen Rhodes für den Erwerb von Kolonien eintritt.*

In allen Industrieländern lebten viele Menschen in sozialem Elend. Die Protestversammlungen der Arbeiterbewegung hatten großen Zulauf. Dort wurden die Enteignung der Besitzenden zugunsten der Arbeiter und politisches Mitspracherecht gefordert. Genau dies wollten aber führende Männer in Politik und Wirtschaft nicht. Sie fühlten sich durch die Forderungen der Arbeiterbewegung in ihrer Machtposition bedroht (vgl. S. 170 ff.). Deshalb suchten sie ein Ventil, um den innenpolitischen Druck zu verringern. Durch den Erwerb von Kolonien erhofften sie sich eine Beruhigung der Situation. Die Kolonialpolitik wurde vor allem von der Arbeiterbewegung scharf kritisiert. Im Deutschen Reichstag prangerten die Sozialdemokraten die Unterdrückung der Menschen in den Kolonien an. Nach ihrer Überzeugung dienten Kolonien allein dem Zweck, die Menschen von der Not abzulenken und Reformen im eigenen Land zu verhindern.

**6** *Schreibt eine Antwort an Rhodes. Benutzt dazu die Argumente aus der Arbeiterbewegung.*

**Reisen in Zentralafrika.**
Ein Europäer um 1885.
Foto.

**Weiße Rasse und imperialistische Politik**

**1** *Sprecht über das Bild. Achtet auf Kleidung und Gesichtsausdruck der abgebildeten Personen.*

**2** *Bestimmt, wer nach eurer Meinung Herr und wer Untergebener ist.*

In der Zeitung „Usambara Post" war zu lesen:

> **Q1** ...Der Afrikaner muß zu dem Weißen aufsehen mit Achtung und Vertrauen als zu einem Höherstehenden ... Er soll und darf den Europäer jedoch nicht betrachten, als sei er seinesgleichen. Denn das ist er nicht, und daran ändert keine Mission etwas!...

**3** *Überprüft eure Meinung aus Arbeitsauftrag 2 mit Hilfe von Q1.*

Viele Weiße glaubten, daß sie den Völkern in den Kolonien grundsätzlich überlegen seien. Diese Einstellung nennt man Rassismus. Dieser Rassismus kam auch in den Bezeichnungen für die einheimische Bevölkerung zum Ausdruck: Europäer nannten afrikanische Menschen Neger, Eingeborene, Wilde, Kaffern. Afrikanische Völker wurden umbenannt: Nama in Hottentotten, Dama in Klippkaffern.

**4** *Überprüft eure eigene Sprache auf den Gebrauch von rassistischen Begriffen, indem ihr euch gegenseitig auf den Gebrauch solcher Begriffe aufmerksam macht.*

**5** *Untersucht Berichte und Gespräche über Ausländer bei uns darauf, ob in ihnen rassistische Begriffe verwendet werden.*

Für viele Europäer war ihre technische Überlegenheit ein Beweis dafür, daß sie das Recht, ja sogar die Pflicht hatten, über die Völker in den Kolonien zu bestimmen. Die europäische Lebensart hielten sie für die einzig richtige.
Der Engländer Rudyard Kipling (1865 bis 1936), der 1907 den Literaturnobelpreis erhielt, schrieb:

> **Q2** ...Nehmt auf Euch des weissen Mannes Bürde
> Schickt die Besten, die Ihr erzieht, hinaus!
> Laßt sie schwer bewaffnet wachen
> Über eine Menge, wankelhaft und wild –
> Eure frisch eingefangenen Völkerschaften,
> die halb Kinder sind, halb Teufel ...

**6** *Schreibt aus Q2 die Wörter heraus, mit denen die dort lebende Bevölkerung gemeint ist.*

**7** *Welche Einstellung hat der Schriftsteller zur imperialistischen Politik?*

**8** *Versucht, aus der Sicht afrikanischer Menschen über diese Ansichten zu sprechen.*

**9** *Stellt euch eine Schulklasse vor, der ihr einige Ursachen imperialistischer Politik erklärt. Dazu könnt ihr ein Schaubild anfertigen.*

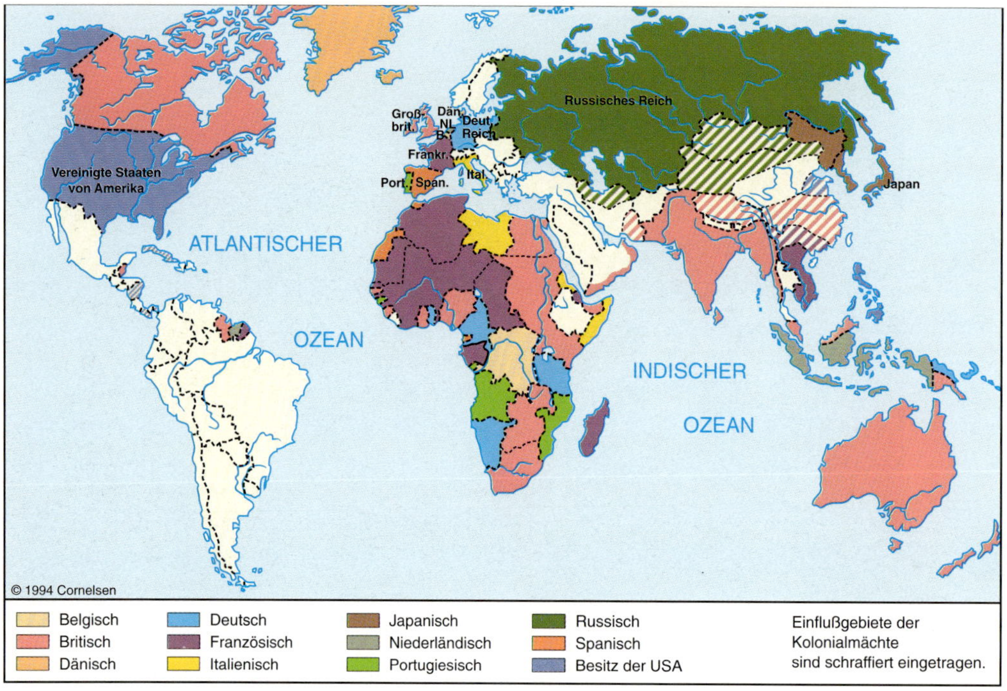


**Die koloniale Aufteilung der Welt 1914.**

## Antriebskräfte imperialistischer Herrschaft

Die Ursachen für den Imperialismus der europäischen Staaten sind vielfältig. Die Geschichtsforschung hat verschiedene Antriebskräfte für die Ausbreitung der europäischen Herrschaft erarbeitet. Nicht alle diese Kräfte wirkten gleichzeitig oder in jedem Fall. In der Regel wirkten aber einige dieser Kräfte zusammen.

– Die Basis des Imperialismus war die Industrialisierung. Durch sie wurden in Europa die technischen Möglichkeiten und die finanziellen Mittel bereitgestellt, die es ermöglichten, fast die ganze Welt in Besitz zu nehmen.

– Wesentliche Momente waren das Machtinteresse und militärische Sicherheitsüberlegungen der einzelnen Staaten, die im Wettstreit mit den anderen europäischen Staaten versuchten, ein möglichst großes Gebiet in Afrika und Asien unter ihre Herrschaft zu bringen. Wo eine direkte europäische Herrschaft nicht durchzusetzen war, versuchte man, fremde Länder durch Verträge abhängig zu machen, um auf diese Weise indirekten Einfluß auszuüben (vgl. Karte).

– Die Industrie in Europa suchte unter dem Eindruck von Konjunkturschwankungen nach neuen Absatzmärkten und Rohstoffen für ihre wachsende Produktion. Die Unternehmer erhofften sich von Investitionen in den Kolonien hohe Gewinne. Von den jeweiligen Regierungen erwarteten Unternehmer und Kaufleute den militärischen Schutz und die politische Unterstützung ihrer Geschäfte.

– Der Imperialismus war auch der Versuch, innenpolitische Spannungen abzumildern. Durch die Förderung nationalistischer Gefühle, die Behauptung einer Überlegenheit der westlichen Kultur und der europäischen politischen und religiösen Ansichten wurde ein Überlegenheitsgefühl bei den Menschen in Europa erzeugt, das von den schlechten sozialen Bedingungen für die Masse der Menschen in Europa ablenken sollte.

– Verstärkt wurde dies weiterhin durch Behauptung einer Überlegenheit der „weißen Rasse" über die „Farbigen". Einen Beleg für diese These sah man auch in der militärischen Unterlegenheit der Länder in Afrika und Asien gegenüber den imperialistischen Mächten.

– Die Eroberung der Kolonien sollte auch dazu dienen, Teile der schnell wachsenden Bevölkerung der europäischen Industrieländer aufzunehmen.

**1** *Erläutert die verschiedenen Antriebskräfte des Imperialismus mit euren Worten an Beispielen.*

**1 Carl Peters bei einer Besichtigungsfahrt.** Foto um 1890.

**Begegnung in Afrika**

**1** *Beschreibt beide Bilder und schreibt auf, was an ihnen gemeinsam ist und worin sie sich unterscheiden.*

**2** *Versetzt euch in die gezeigten Personen und erzählt, was ihr dabei empfindet oder denkt.*

**3** *Sammelt Berichte aus Zeitschriften, Zeitungen und Reisekatalogen über Reisen nach Afrika. Achtet dabei besonders auf die Schilderung über die Begegnung zwischen den Touristen und den Einheimischen.*

**2 Reisen in Afrika.** Foto 1990.

**1 Der Herrscher von Benin mit Würdenträgern und Musikern.** Bronzeguß aus dem 17. Jahrhundert.

**2 Figur eines Hofzwerges in Benin.** Bronzeguß zwischen 1200 und 1450 n. Chr., vor Ankunft eines Europäers.

**Afrikanische Reiche und Kulturen**

In Afrika lebten seit Jahrtausenden Völker mit einer eigenen Kultur. Sie arbeiteten als Bauern, Fischer, Hirten, Handwerker, Jäger und Sammler. Einige Völker lebten vom Karawanenhandel. Andere Völker wußten etwa seit 1200 n. Chr., wie man Eisen aus Erz gewinnt und Werkzeuge und Waffen schmiedet. Im Königreich Benin ( heutiges Nigeria) war die Kunst des Bronzeguß bereits vor der Ankunft der ersten Europäer hoch entwickelt. Auf arabischen und spanischen Afrikakarten aus dem Mittelalter sind etliche Reiche, zahlreiche Städte und ausgedehnte Handelswege eingezeichnet. Lieder, Mythen* und Figuren erzählen von den alten afrikanischen Kulturen.

Die afrikanischen Reiche waren nicht mit europäischen zu vergleichen. Einige hatten keine festen Grenzen, keine Hauptstadt, keine Verwaltung im europäischen Sinn. Manche Reiche hatten einen Häuptling oder Sultan. Andere Völker lebten auch ohne Herrscher zusammen.

Viele Europäer sahen Afrika als ein herrenloses Land ohne Kultur an. Die Kunstschätze der afrikanischen Völker wurden als primitiv abgetan.

**1** *Betrachtet die Bilder und sprecht darüber, welchen Eindruck sie auf euch machen. Sucht Gründe dafür, daß solche Gegenstände von Europäern als „primitiv" angesehen wurden.*

**2** *Überprüft mit der Karte auf S. 200 die Meinung, Afrika sei ein herrenloses Land gewesen.*

Europäische Geringschätzung gegenüber den Afrikanern hatte es nicht immer gegeben. Noch 1705 berichtete der Forscher Peter Kolb über das Leben der Nama im südlichen Afrika:

**Q1** ...Bei jedem Kral oder Dorf gibt es eine Herde von Großvieh wie Ochsen, Kühe, Kälber, die aber nicht einem allein ... gehört ..., sondern jeder, der in dem Kral wohnt, hat seinen Anteil daran ...

Beim Viehhüten wechselten die Nama sich ab. Sie arbeiteten auch als Handwerker in der Fell- und Lederverarbeitung, in der Töpferei, in der Eisengewinnung und -verarbeitung. Zum Kürschner- und Riemenschneiderhandwerk schreibt Kolb:

**Q2** ... Sie können die Schaf- und andere Felle wenigstens ebenso gut bereiten, sich diese so nett und zierlich zusammennähen und ihnen die richtige Form geben, wie es ein Kürschner in Deutschland oder anderswo in Europa machen kann ...

Zur Eisenverarbeitung notierte er:

**Q3** ...Sie nehmen ein Stück Eisen und suchen einen Stein, der sehr fest und hart ist. Auf diesen legen sie das Eisen und schlagen es so lange mit einem anderen Stein, ... bis sie es in die ihnen beliebige Form gebracht haben. Sodann schleifen sie es an einem Stein und polieren es so schön, daß man meinen möchte, es habe ein rechter deutscher Waffenschmied verfertigt...

**1** *Sucht das Siedlungsgebiet der Nama auf der Karte Seite 212.*
**2** *Berichtet über das Leben der Nama, wie es Kolb schilderte.*
**3** *Sammelt Argumente gegen die Meinung vieler Europäer der damaligen Zeit, Afrika sei ein kulturloses Land.*

**Afrika – ein besetztes Land**

Großbritannien und Frankreich hatten sich im 19. Jahrhundert den größten Anteil an Afrika gesichert. Deutsche hatten bis 1884 nur privat afrikanische Gebiete erworben.
Der Abenteurer Carl Peters erzählte in seinen Erinnerungen 1912 über sein Vorgehen in Ostafrika 1884:

**Q1** ...Ich selbst hatte mir, um den Sultanen ebenbürtiger zu erscheinen, eine Reihe von Fahnen mitgenommen, die ich aufziehen ließ, ... Außerdem waren Gerüchte von meiner Macht und meinem Einfluß in Umlauf gesetzt ... In Mbusine bei Mbuela knüpften wir sofort ein recht herzliches Verhältnis an, indem wir den Sultan zwischen uns auf ein Lager ... nahmen, von beiden Seiten unsere Arme um ihn schlagend. Wir tranken dann einen Trank guten Grogs und brachten seine Hoheit von vornherein in vergnügliche Stimmung ... Alsdann begannen die diplomatischen Verhandlungen, und aufgrund derselben wurde der Kontrakt geschlossen. Als dies geschehen war, wurden die Fahnen ... gehißt, der Vertrag in deutschem Text verlesen. Ich hielt eine kurze Ansprache, wodurch ich die Besitzergreifung vornahm, die mit einem Hoch auf Seine Majestät den deutschen Kaiser endete ... drei Salven führte(n) den Schwarzen vor Augen, was sie im Falle einer Kontraktbrüchigkeit zu erwarten hätten...

Wenn Peters auf diesem Weg nicht zum Ziel kam, wendete er Gewalt an. Er schrieb:

**Q2** ...Ich wandte mich nun in die benachbarten Dörfer der Wadsagga, um noch vor Einbruch der Nacht den Leuten eine ernstliche Lektion zu erteilen. Ich befahl, alles, was für uns von Wert war, schnell herauszuräumen, und ließ dann nacheinander sechs von diesen Dörfern in Brand stecken.
Was an Dörfern der Wadsagga erreichbar war während des Marsches, wurde in Brand gesteckt ... Um den Leuten von Busiba zu zeigen, daß es nicht unsere Gewohnheit sei, uns von den Schwarzen hinhalten zu lassen, ließ ich sofort alles, was an Viehherden in Sicht war, zusammentreiben und in Besitz nehmen und drohte ihnen, falls sie sich nicht noch am Abend unterwürfen, ihnen die ... Dörfer anzustecken...

**4** *Zählt der Reihe nach die einzelnen Maßnahmen von Peters auf.*

Aus einem Vertrag, den Peters am 23.11. 1884 mit einem Sultan* abschloß:

**Q3** ...Masungu Biniani, Herr der Kwatunge, Kaniani, ... Sultan von Nguru tritt hiermit durch sein Handzeichen ... das ihm ... gehörige Land ... für ewige Zeiten und zu völlig freier Verfügung an Herrn Dr. ... Peters als den Vertreter der Gesellschaft für deutsche Kolonialisation, Herrin von Useguha, ab. Die Rechte ... sind ... unter anderem das Recht, überall, wo es Herrn Dr. Peters oder der von ihm vertretenen Gesellschaft ... gefällt, Farmen, Straßen, Bergwerke usw. anzulegen; das alleinige Recht, Grund und Boden, Forsten und Flüsse usw. in jeder ihm beliebigen Weise auszunutzen; das alleinige Recht, Kolonisten* in das Land zu führen, eigene Justiz und Verwaltung einzurichten, Zölle und Steuern aufzuerlegen. Dafür übernimmt die Gesellschaft, ... den Sultan ... und sein Volk gegen jedermann zu schützen, soweit es in ihren Kräften steht, sein ... Eigentum ... zu respektieren und ihm außer den am heutigen Tage übermittelten Geschenken jährlich eine mündlich vereinbarte Rente, in Vieh und Handelsartikeln zahlbar, zu gewähren...

**5** *Stellt die Rechte und Pflichten von Peters den Rechten und Pflichten des Sultans in einer Tabelle gegenüber.*
**6** *Urteilt darüber, wer die größten Vorteile hat.*
**7** *Überlegt, was dieser Vertrag für die dort lebenden Menschen bedeutete. Erinnert euch an die Berichte Peter Kolbs über die Nama.*

Ab 1884 wurden die privat erworbenen Gebiete unter den „Schutz" des Deutschen Reiches gestellt und damit deutsche Kolonien: Deutsch-Ostafrika (heute Tansania), Deutsch-Südwestafrika (heute Namibia), Togo (heute Togo), Kamerun (heute Kamerun). Damit beteiligte sich auch Deutschland an der Besetzung Afrikas.

**Hereros.** Foto um 1900.

**Veränderter Alltag**

**1** *Vergleicht die Bilder dieser Doppelseite und beschreibt die Veränderungen.*

Die Menschen in Afrika hatten bisher in Großfamilien zusammengelebt. Eine Kleinfamilie nach europäischem Muster kannten sie nicht. Sie arbeiteten als Handwerker oder Händler, Jäger, Hirten. Jetzt wurden sie als Arbeitskräfte im Straßen- und Eisenbahnbau, auf den Farmen, in den Fabriken, Bergwerken und Häusern der Europäer dringend benötigt. Arbeitskräfte waren knapp, da viele Einheimische nicht ohne weiteres bereit waren, für die Weißen zu arbeiten.

Über das Vorgehen der Europäer bei der Beschaffung von einheimischen Arbeitskräften und über die Arbeitsbedingungen berichtete aus Kamerun im August 1900 die Zeitung „Deutsche Reichspost“:

**Q** ... Empörend ist, daß man sich nicht scheute, im Balandulande in Ermangelung von Erwachsenen selbst eine Menge Kinder, darunter sogar Mädchen, gewaltsam fortzuführen und in die Plantage zu bringen. Die Balanduleute beklagten sich oft bitter über die ihnen widerfahrene Behandlung und erzählten, daß man alle jungen Männer geholt habe und die Alten allein nicht im Stande seien, neue Hütten zu bauen ... In den Pflanzungen angekommen, müssen sich die an ihre Landesspeise gewöhnten Arbeiter mit einem Male an Reis und getrockneten Fisch gewöhnen, die Leute vertragen in den ersten Monaten diese Kost sehr schlecht und werden massenhaft krank ...

Besonders schlimm daran sind die Arbeiter in der Regenzeit, wo sie beim strömendsten Regen ununterbrochen im Freien arbeiten müssen. Die Leute frieren dabei sehr und werden massenhaft krank ... Als Wärme- und Universalmittel erhalten sie gewöhnlich Rum, der auch als Belohnung für besonders anstrengende Arbeit ausgeteilt wird ... So werden also auch die Neger, die bisher den Schnaps noch nicht kannten, förmlich gezwungen, dieses für sie so verderbliche Getränk liebzugewinnen, und all das im Namen der Zivilisation ...

**2** *Sucht Kamerun auf der Karte S. 201.*

**3** *Spielt ein Gespräch, in dem die Balanduleute ihre Situation erklären.*

**4** *Überlegt, welche Folgen das regelmäßige Ausschenken von Alkohol hatte.*

**5** *Prüft, ob der Verfasser des Berichts mit dem Verhalten der Europäer einverstanden ist. Begründet eure Meinung.*

**1 Manasse von Omaruru (später einer der Führer im „Herero-Aufstand" von 1904).** Foto um 1900.

**2 Eine der ersten deutschen Einwandererfamilien in Südwestafrika.** Foto um 1900.

**Die weiße Frau**

Im Alltag der Kolonien* spielte die weiße Frau eine große Rolle. Bei vielen Weißen galten die afrikanischen Menschen als „faul, dumm, häßlich, schmutzig und hinterhältig". Durch das Vorbild der weißen Frau sollten sie „zivilisiert" werden und europäische Sitten übernehmen. Weiße Frauen arbeiteten z. B. als Missionsschwestern in der christlichen Mission, in Grundschulen, Kindergärten, Waisenhäusern und Krankenstationen.

Über die Missionsschwestern Hedwig, Charlotte und Christine heißt es 1883 in einer Bildunterschrift der deutschen Zeitung „Boten von der Sklavenküste Westafrikas":

**Q1** ...Die Schwestern ... sitzen mit einigen ihrer schwarzen Schülerinnen auf der Veranda des Diakonissenhauses. Die Kinder wohnen ganz im Hause und werden in allen häuslichen Arbeiten unterrichtet. Es ist manchmal ein hartes Stück Arbeit für die Schwestern, die Kinder auf den rechten Weg zu bringen. Manche bösen Geister müssen erst ausgetrieben werden...

Nach Aussagen einer Missionarsgattin sollten die schwarzen Mädchen lernen, „zu nähen, zu stopfen, zu flicken, zu stricken, den Haushalt zu führen und auf Ordnung und Sauberkeit zu sehen".

Auch als Siedlerfrauen waren weiße Frauen zur Unterstützung der Männer auf der Farm gern gesehen. Die weiße Frau war noch in einem weiteren Bereich sehr wichtig. 1905 wurden in der Kolonie Südwestafrika eheliche Verbindungen zwischen europäischen Männern und Afrikanerinnen offiziell verboten. Weiße Frauen wurden also als Ehefrauen und Mütter benötigt. Sie sollten als Hausfrauen auf den Farmen über das farbige Personal herrschen und die Kinder erziehen. Dadurch trugen sie zur Festigung der weißen Vorherrschaft in den Kolonien bei.

Im November 1908 war in der Zeitschrift des deutschen Frauenbundes „Kolonie und Heimat" zu lesen:

**Q2** ...Der deutsche Soldat hat das Land mit dem Schwerte erobert, der deutsche Farmer und Kaufmann sucht seine wirtschaftliche Nutzbarmachung, aber die deutsche Frau ist allein berufen und imstande, es deutsch zu erhalten ...

**1** *Stellt die Aufgaben weißer Frauen in den Kolonien zusammen.*

**2** *Erklärt ihre Bedeutung für die Verbreitung europäischer Sitten. Betrachtet nochmals die Bilder.*

Viele weiße Frauen verhielten sich in den Kolonien so, wie es von ihnen erwartet wurde. Der weiße Mann fühlte sich als Herr, die weiße Frau als Herrin der einheimischen Bevölkerung.

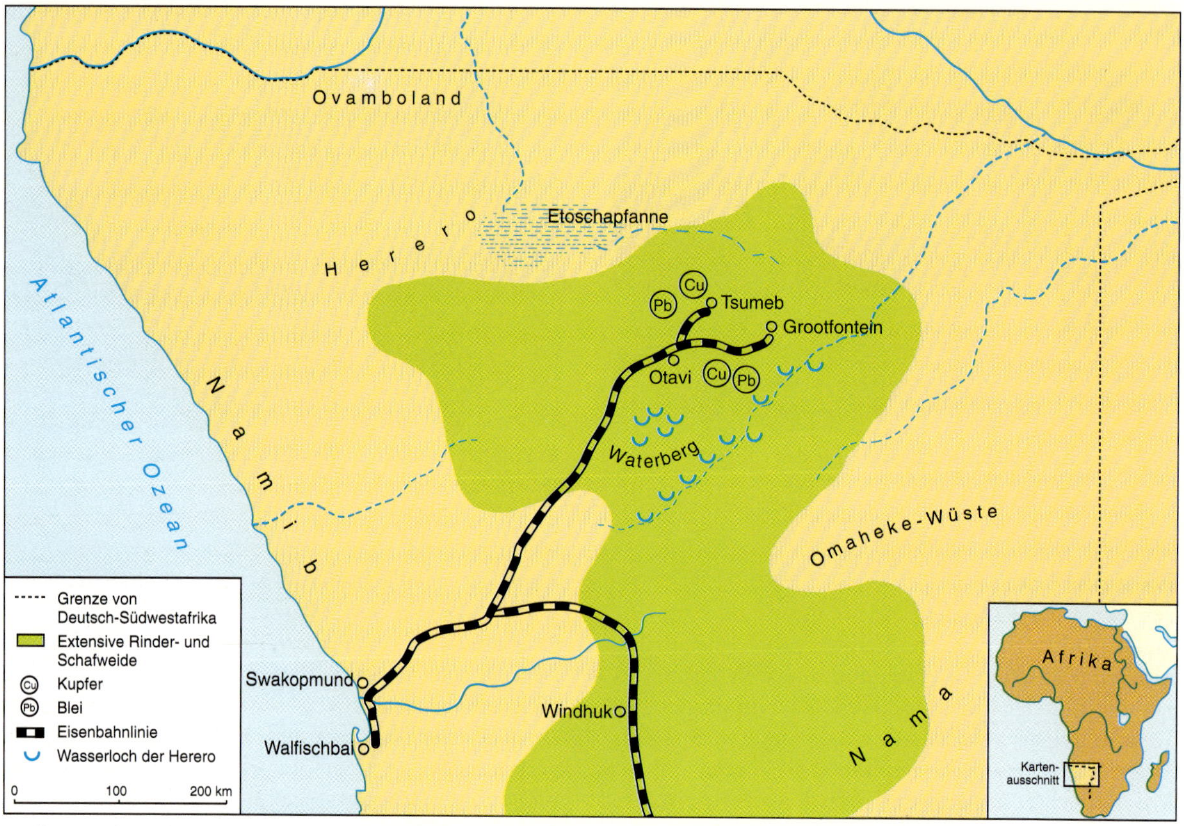


**Siedlungsgebiete der Hereros und Nama um 1900.**

**Der Aufstand der Hereros**
In Afrika führten Großbritannien, Frankreich und Deutschland kostspielige Kriege, denn afrikanische Völker machten häufig Aufstände gegen die europäische Kolonialherrschaft. Ein Beispiel für die Behandlung der einheimischen Bevölkerung ist das Schicksal der Hereros und Nama.
Der Bremer Kaufmann Lüderitz hatte den Herero einen Teil ihres Landes durch einen betrügerischen Vertrag abgenommen. 1884 wurde auf diesem Gebiet die deutsche Kolonie „Deutsch-Südwest-Afrika" errichtet und unter den Schutz des Deutschen Reiches gestellt. Die Hereros und Nama waren stolze Völker, die vor allem von der Viehzucht lebten. Mit ihren Herden zogen sie durch das Land zu den Weidegründen. Die Nama und Hereros hatten sich zunächst gegenseitig bekämpft. Im November 1892 schlossen sie aber Frieden.

Am 12. Januar 1904 überfielen die Hereros Farmen und Militärposten der Weißen. Der Befehl dazu stammte von Samuel Maherero, dem Oberhäuptling der Hereros.
Er schrieb an den deutschen Gouverneur Leutwein:

**Q** An den großen Gesandten des Kaisers, Gouverneur Leutwein 6. 3. 1904
Deinen Brief habe ich erhalten ... Ich und meine Großleute antworten folgendermaßen: Der Anfang des Krieges ist nicht jetzt in diesem Jahr durch mich begonnen worden, sondern er ist begonnen worden von den Weißen. Du weißt, wie viele Hereros durch die weißen Leute, besonders durch Händler, mit Gewehren und in Gefängnissen getötet worden sind. Und immer, wenn ich diese Sache (in) Windhuk (vor)brachte, immer kostete das Blut meiner Leute (nicht mehr) als einige Stücke Kleinvieh, ... Die Händler

vermehrten die Not noch in der Weise, daß sie meine Leute zum Schuldenmachen verleiteten. Die Händler raubten meine Leute aus. Für ein oder zwei Pfund Sterling Schulden nahmen sie meinen Leuten zwei oder drei Rinder gewaltsam weg. Diese Dinge sind es, die den Krieg in diesem Land erweckt haben ... Sie gingen so weit, daß sie zwei Herero des Häuptlings Tjetjo töteten ... Leutnant N. fing an, meine Leute im Gefängnis zu töten. Es starben zehn, und es hieß, sie seien an Krankheit gestorben, aber sie starben durch die Arbeitsaufseher ... Jetzt muß ich die Weißen töten, (sei es selbst) daß ich sterbe ... Ich bin der Häuptling Samuel Maherero.

Der unmittelbare Anlaß für den Aufstand der Herero war der Bau einer Eisenbahn von der Küste nach den Otavi-Minen. In der Nähe der Stadt Otavi waren Erze gefunden worden. Eine deutsche Kolonialgesellschaft baute die Bodenschätze ab. Die Hereros waren mit dem Bau der Eisenbahn nicht einverstanden, weil ihre Herden durch die Eisenbahnlinie von den Wasserlöchern getrennt wurden. Ein Versuch des Gouverneurs Leutwein, die Hereros vor der mächtigen Kolonialgesellschaft und den Händlern zu schützen, scheiterte.

**1** *Notiert die Vorwürfe, die der Häuptling Samuel Maherero gegen die Deutschen erhob.*

**2** *Stellt fest, warum die Herero-Viehzüchter über die Streckenführung empört waren. Ergänzt eure Notizen aus Arbeitsauftrag 1.*

**3** *Spielt eine Versammlung der Herero, auf der die einzelnen Vorwürfe vorgetragen und über die Lage beraten werden soll.*

### Krieg zwischen Hereros und Deutschen

Die Herero und später auch die Nama erklärten den Deutschen den Krieg. Mit dem Ruf „Wem gehört Hereroland? Uns gehört Hereroland!" unterstützten die Hererofrauen die kämpfenden Männer. Das Volk der 80000 Herero hatte aber gegen die modern bewaffneten deutschen Soldaten keine Chance. Am Waterberg kesselten die deutschen Truppen 50000 Hereros, Männer, Frauen und Kinder, ein. Viele wurden getötet. Die Überlebenden wurden in die wasserlose Omaheke-Wüste getrieben. Sie verdursteten.

Der kommandierende General von Trotha erließ am 2. Oktober 1904 folgenden Befehl:

**Q1** Der große General der deutschen Soldaten an das Volk der Herero:

Herero sind nicht mehr deutsche Untertanen. Sie haben gemordet, gestohlen, haben verwundeten Soldaten Ohren und Nasen und andere Körperteile abgeschnitten und wollen jetzt aus Feigheit nicht mehr kämpfen. Das Volk der Herero muß jetzt das Land verlassen. Wenn das Volk dies nicht tut, werde ich es mit dem „Groot Rohr"* dazu zwingen. Innerhalb der deutschen Grenzen wird jeder Herero mit oder ohne Gewehr, mit oder ohne Vieh, erschossen. Ich nehme keine Weiber oder Kinder mehr auf, treibe sie zu ihrem Volk zurück und lasse auf sie schießen. Das sind meine Worte an das Volk der Herero. Der große General des mächtigen deutschen Kaisers

gez. v. Trotha

**4** *In dem Befehl ist von „deutschen Untertanen" und „deutschen Grenzen" die Rede. Welche Menschen und welches Land sind damit gemeint?*

**5** *Sagt eure Meinung zu diesem Befehl.*

Viele weiße Siedler in Südwestafrika unterstützten das brutale Vorgehen des Militärs. So hatte ein Farmer 1904 nach dem Überfall der Hereros, bei dem 123 Weiße getötet worden waren, in der deutschen Zeitung „Alldeutsche Blätter" gefordert:

**Q2** ...Für solch unbarmherziges Rauben, Morden und Schänden kann es nur eine Strafe geben: den Tod ... Wer da von Schonung spricht, ist ein Verräter an seiner Rasse ... Von den überlebenden Mördern ... müssen für jeden erschlagenen Weißen mindestens fünf Stück aufgehängt werden ... Für die ... Überlebenden: Frondienst, bis diese sich ... bewußt sind, der Weiße, und ganz speziell der Deutsche, ist Herr und nicht gesonnen, seine Herrschaft abzutreten...

**6** *Beschreibt die Einstellung des deutschen Farmers.*

Fast das gesamte Volk der Hereros wurde vernichtet. Von ehemals 80000 Hereros lebten nach dem Krieg 1909 noch ungefähr 16000, von 20000 Nama lebten noch 10000. Die Überlebenden wurden in Reservate* abgeschoben.

So wie diese Aufstände wurde von allen europäischen Kolonialmächten jeder Widerstand grausam niedergeschlagen.

**Beispiel Indien**

Indien war im 19. Jahrhundert die wichtigste Kolonie des britischen Weltreiches. Es wurde als „Perle" des britischen Kolonialbesitzes und „Quelle des britischen Reichtums" bezeichnet. Den Nutzen und die Folgen der britischen Kolonialpoltik wurden aus britischer und indischer Sicht verschieden beurteilt.

**Die britische Sicht**

Lord Curzon, der von 1899-1905 als britischer Vizekönig in Indien der oberste britische Beamte in Indien und ab 1919 britischer Außenminister war, hielt 1909 einen Vortrag über die britische Politik gegenüber Indien.

**Q1** ... Zuerst lassen Sie mich Ihnen vor Augen führen, was Indien England und dem Reiche darbietet: Seine Volksmasse liefert uns Arbeitskräfte, um unsere Länder, die wir überall auf der Erde besitzen, auszubeuten ... Wir wären niemals imstande gewesen, unsere südamerikanische Kolonie Guyana ohne indische Arbeitskräfte auszubeuten; unter 278 000 Einwohnern sind dort 105 000 Ostindier ... Die Ugandabahn wurde von mehr als 20 000 Kulis* gebaut ... Jedes Jahr verlassen 15 000 bis 20 000 Kulis die indischen Häfen ... Natürlich hat auch Indien seinerseits große Vorteile hiervon: sein Menschenüberfluß verringert sich und die große Zahl der armen Bevölkerung findet Beschäftigung und Unterhalt ...

Unser Indien ist ein Hauptfeld für die Verwendung britischen Kapitals; denn es liefert uns im Überfluß das Rohmaterial für einen großen Teil unserer Industrie und bedeutende Mengen an Nahrungsmitteln; daß es den reichsten Markt für unsere Industrierzeugnisse bildet, ist hinlänglich bekannt ... Indien ... ist die Hauptkornkammer Großbritanniens: seine Einfuhr nach dem United Kingdom* in Weizen, Mais und Mehl übertrifft noch die Kanadas und ist doppelt so groß wie die Amerikas. Gleichzeitig ist Indien der beste Käufer für englische Erzeugnisse, insbesondere für Baumwollwaren ...

Dieses Indien, wo vor unserem Eindringen keine Kunststraße und kaum eine Brücke vorhanden war, haben wir mit einem Netz von Wegen überzogen und seine Flüsse mit Brücken überspannt. Wir haben mehr als 3000 Meilen Eisenbahnen gebaut, die im letzen Jahre 300 000 000 Menschen beförderten. Wir haben die Küsten mit Leuchttürmen versehen, und wir haben herrliche Häfen, Docks und Werften geschaffen. Prächtige öffentliche Bauten schmücken die Hauptstädte. Alle größeren Städte besitzen Wasserleitungen und Kanalisation. Die Hospitale können es mit denen Großbritanniens aufnehmen ... Der Telegraphen- und Postdienst ist billiger ... Tausende von Meilen öden, unbewohnten Landes sind durch Bewässerungsanlagen anbaufähig gemacht ...

Die schlimmsten und immer wiederkehrenden Plagen in Indien aber sind Hungersnot, Cholera und Pest ..., so dürfen wir besonders hinsichtlich der Hungersnot behaupten,...daß Hungertod so gut wie gar nicht mehr vorkommt und die Sterblichkeit infolge Entkräftung und Krankheit ganz bedeutend zurück gegangen sind ...

**1** *Stellt in einer Tabelle aus dem Vortrag von Lord Curzon den Nutzen der britischen Kolonialpolitik für Großbritannien und den Nutzen für Indien aus der Sicht von Lord Curzon zusammen.*

**2** *Beurteilt den in eurer Tabelle genannten Nutzen für Indien aus der Sicht eines Inders.*

**3** *Beurteilt aus eurer Sicht, inwieweit Indien Nutzen aus der britischen Kolonialpolitik zog.*

**Die indische Sicht**

Im Jahre 1947 wurde Indien von Großbritannien nach langen blutigen Kämpfen in die Unabhängigkeit entlassen. Es entstanden zwei Staaaten: Indien mit einer mehrheitlich hinduistischen Bevölkerung und Pakistan mit einer mehrheitlich muslimischen Bevölkerung.

Erster Ministerpräsident Indiens wurde Jawaharlal Nehru. Von 1930-1934 war er von den Briten wegen seiner Beteiligung am Freiheitskampf der Inder mehrmals für längere Zeit in Indien inhaftiert worden. Im Gefängnis schrieb er Briefe an seine Tochter Indira über die Geschichte Indiens. Sie wurden später als Buch veröffentlicht. In einem Brief vom 1.12.1933 heißt es:

**Q2** ...der Beginn der britischen Macht in Indien (war) die Blütezeit kaufmännischer Abenteurer, die gewissenlos Handel trieben und das Land ausplünderten... Indien wurde auf diese Weise eines großen Teils seines alten Reichtums beraubt, und dieser half bei der industriellen Entwicklung Englands in einer entscheidenden Übergangsperiode ...Die zweite Phase britischer Herrschaft erstreckte sich auf das 19. Jahrhundert, als Indien für die Fabriken in England eine große Rohstoffquelle sowie ein Markt für britische Fertigwaren wurde.

Das ging auf Kosten indischen Fortschritts und wirtschaftlicher Entwicklung...

Um diese Zeit (1757) hatte sich Indien also weit über den rein dörflichen und agrarischen Stand hinaus entwickelt ... neben der Landwirtschaft hatte sich auch ein städtisches Leben entwickelt. In diesen Städten schlossen sich die Handwerker und Kunsthandwerker zusammen, und es fand eine gemeinsame Produktion statt – es gab also kleine Fabriken, in denen hundert oder mehr Handwerker beschäftigt waren. Natürlich ist zwischen diesen Fabriken und den riesigen Werken des Maschinenzeitalters kein Vergleich ...

Die indische Textilindustrie war so hoch entwickelt, daß sogar die aufstrebende englische Maschinenindustrie nicht damit konkurrieren konnte und durch einen Zoll von annähernd 80 Prozent geschützt werden mußte. Zu Beginn des neunzehnten Jahrhunderts wurden indische Seiden- und Baumwollstoffe auf dem britischen Markt zu einem weit niedrigeren Preis verkauft als die in England hergestellten Waren. Natürlich mußte das aufhören, als England, die in Indien herrschende Macht, die indische Industrie rücksichtslos niederzuknüppeln begann ...

So kam es, daß Indien ... seine Position als Industrieland einbüßte und zu einem Konsumenten britischer Waren wurde. Die Maschine kam nicht nach Indien, wie das bei einem regulären Verlauf der Dinge sicherlich der Fall gewesen wäre; aber Maschinenprodukte wurden eingeführt ...

**Armut in Indien.** Foto 1985.

Die Textilindustrie Indiens war die erste, die unter diesem Schlag zusammenbrach. Mit dem Fortschreiten der Maschinenindustrie in England folgten andere indische Gewerbezweige ...Die Ostindien-Kompanie ... unterdrückte alles, was der britischen Industrie ins Gehege kommen konnte. Der indische Schiffsbau ging ein, die Metallarbeiter kamen nicht vorwärts, und auch die Herstellung von Glas und Papier brach zusammen ...

**1** *Nehru verglich die indische Textilindustrie im 18. Jahrhundert mit der englischen. Zu welchem Ergebnis kam er?*

**2** *Schreibt aus dem Text die Ursachen heraus, die nach Nehrus Meinung für den Untergang der indischen Textilindustrie verantwortlich sind.*

**3** *Sucht Ursachen dafür, warum die Briten kein Interesse hatten, neue Techniken nach Indien einzuführen.*

**4** *Versucht mit Hilfe eurer tabellarischen Aufzeichnungen, euch ein Urteil über die Vor- und Nachteile der Kolonialpolitik für Indien zu bilden.*

**5** *Sammelt Zeitungsberichte über die heutige Situation Indiens für eine Wandzeitung.*

**6** *Diskutiert über die Karikatur auf S. 214.*

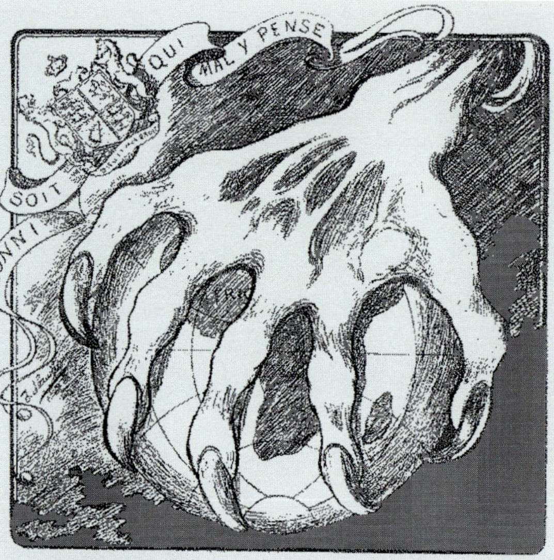


**1** Französische Karikatur aus dem Jahre 1899 mit dem Titel „Englands Teufelskralle umfaßt den Erdball".

**2** Titelbild des Nachrichtenmagazins „Der Spiegel" 1992 zur internationalen Umweltschutzkonferenz in Rio de Janeiro 1992

## Globale Folgewirkungen

Nach 1945 und vor allen in den Jahren ab 1960 wurden die bisherigen Kolonien Frankreichs und Großbritanniens und anderer europäischer Staaten und der USA selbstständige Staaten. Deutschland hatte seine Kolonien bereits am Endes des Ersten Weltkrieges 1918 verloren. Diese wurden von Frankreich und Großbritannien übernommen. Formal war der Imperialismus mit der Selbständigkeit der Staaten Afrikas und Asien zu Ende gegangen.

Die imperialistische Herrschaft, besonders aber die weltweite Ausbreitung des europäischen Wirtschaftssystems mit seiner Aufteilung der Weltwirtschaft in Produzenten von technisch hochentwickelten Waren und Lieferländern von Rohstoffen, beziehungsweise der Ausrichtung der Kolonien auf die Produktion bestimmter landwirtschaftlicher Produkte in Monokulturen, wirkt bis heute fort.

Neben die alten Abhängigkeiten und sozialen Folgen des Imperialismus sind neue Probleme für die von uns in Europa in der Regel als Entwicklungsländer bezeichneten Staaten getreten. Schon in der Bezeichnung dieser Länder spiegelt sich ein wichtiges Problem: Was heißt Entwicklung und welches Ziel hat diese Entwicklung? Bisher gilt, daß diese Länder dem Vorbild der Industrieländer nacheifern und sich ebenso industriell entwickeln sollen, wie die bisherigen Industrieländer.

Die Folgen dieses Weges unter der Beibehaltung der bisherigen Rahmenbedingungen der Weltwirtschaft nach den Regeln der Industrieländer wurden immer deutlicher: Trotz aller Entwicklungszusammenarbeit (früher Entwicklungshilfe) ist die Kluft zwischen den reichen und den armen Ländern in den Jahren nach 1980 immer größer geworden. Die Verschuldung der Länder Afrikas gegenüber den Industrieländern zerstörte fast jedes wirtschaftliche Wachstum.

Eine Entwicklung fand nicht statt, vielmehr ging es in vielen Ländern Afrikas und Lateinamerikas allein um das Überleben der Menschen. Weltweite Flüchtlingsströme (vgl. S. 28–30), immer wiederkehrende Hungerkatastrophen und Bürgerkriege kennzeichneten das Bild der Entwicklungsländer.

Auf den nächsten drei Seiten könnt ihr untersuchen, welche Probleme sich für die ehemaligen Kolonien bis heute ergeben. Dabei könnt ihr auch die andauernden ungleichen Lebensverhältnisse auf der Welt erarbeiten und erörtern, welche ökologischen Folgen ein fortschreitender Industrialisierungsprozeß nach europäischem Muster für die Welt hätte.

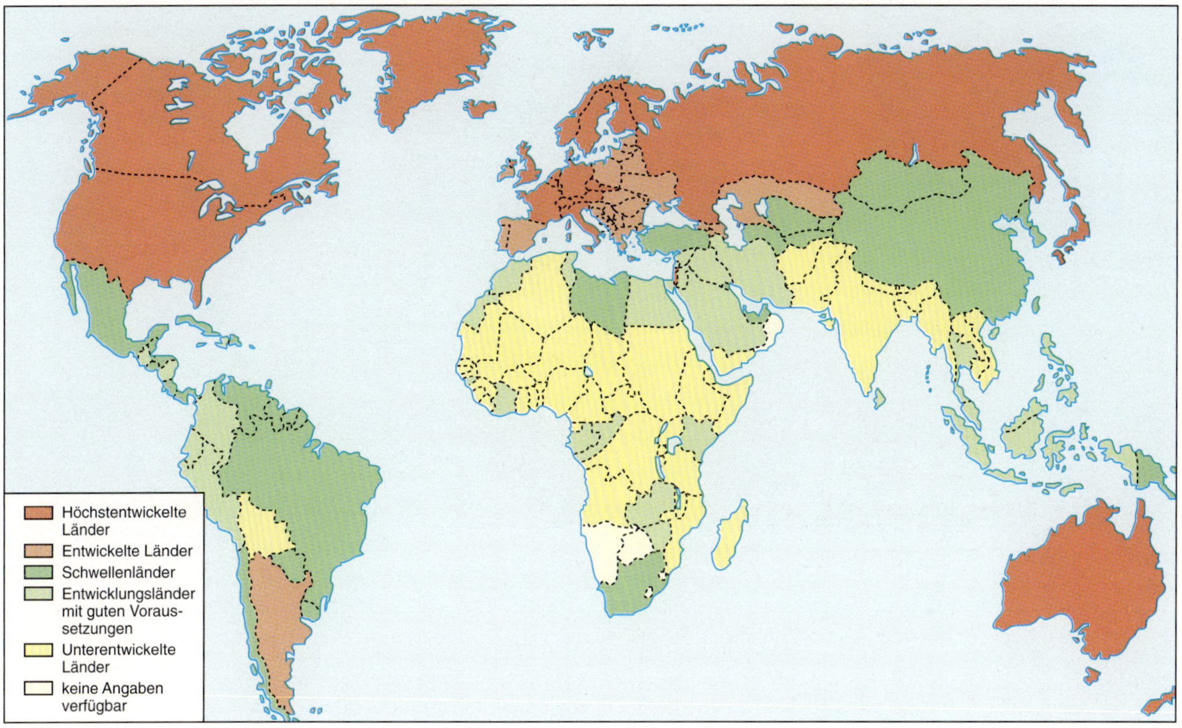


**1 Entwicklungsstand der Länder der Erde.** 1994.

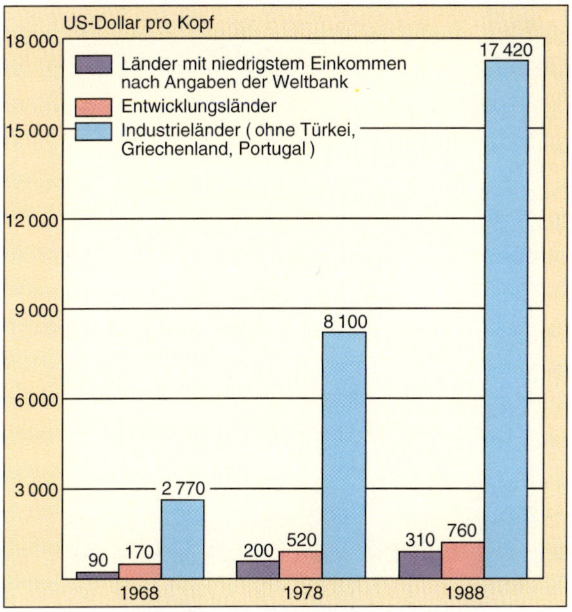


**2 Bruttosozialprodukt pro Kopf in US-Dollar 1989.**

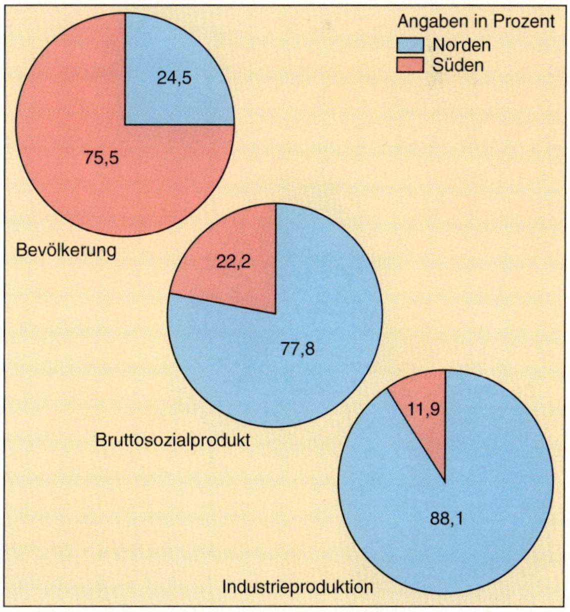


**3 Das wirtschaftliche Nord-Süd-Gefälle 1989.**

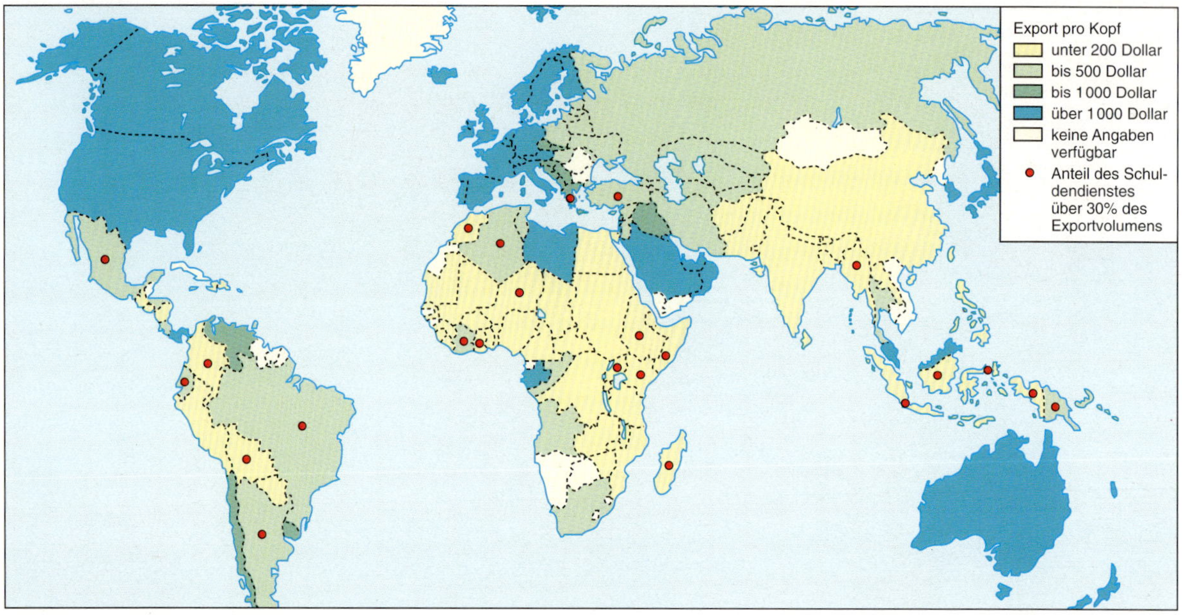


**1 Export pro Kopf der Bevölkerung in US Dollar 1989.** Der Wert der Waren, die von den 24 Industrieländern mit 770 Millionen Menschen ausgeführt werden, ist dreimal größer als der Außenhandel aller 135 Entwicklungsländer mit 4, 1 Milliarden Menschen. Die wirtschaftliche Leistung jedes Menschen in den Industrieländern ist statistisch 19 mal größer als die in den Entwicklungsländern. Die Rückzahlung der Schulden (Zinsen und Tilgung) für Kredite der Industrieländer an die Entwicklungsländer verhinderte in vielen Ländern die Verbesserung der Wirtschaftslage.

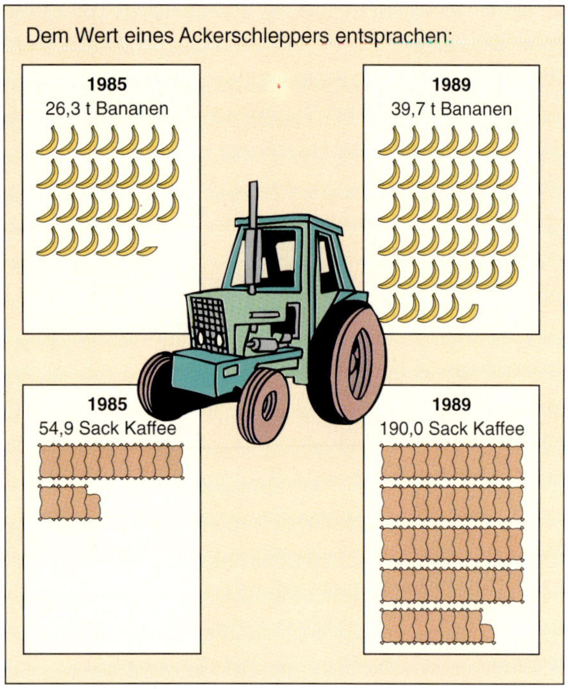


**2 Der Gegenwert eines Ackerschleppers 1985 und 1889.**

Exportprodukte ausgewählter Entwicklungsländer in % ihrer gesamten Exporte

| | | |
|---|---|---|
| Uganda | Kaffee | 95 % |
| Mauretanien | Eisenerz | 83 % |
| Sambia | Kupfer | 81 % |
| Niger | NE-Metalle | 79 % |
| Burundi | Kaffee | 79 % |
| Tschad | Baumwolle | 78 % |
| Reunion | Zucker | 78 % |
| Somalia | Vieh | 70 % |
| Kuba | Zucker | 59 % |
| Ghana | Kakao | 54 % |
| Mali | Baumwolle | 52 % |
| Kolumbien | Kaffee | 50 % |

**1** *Stellt die Folgen des Imperialismus anhand der Materialien von S. 217–219 zusammen.*

**2** *Vergleicht Abb. 2 mit Abb. 2 von Seite 196.*

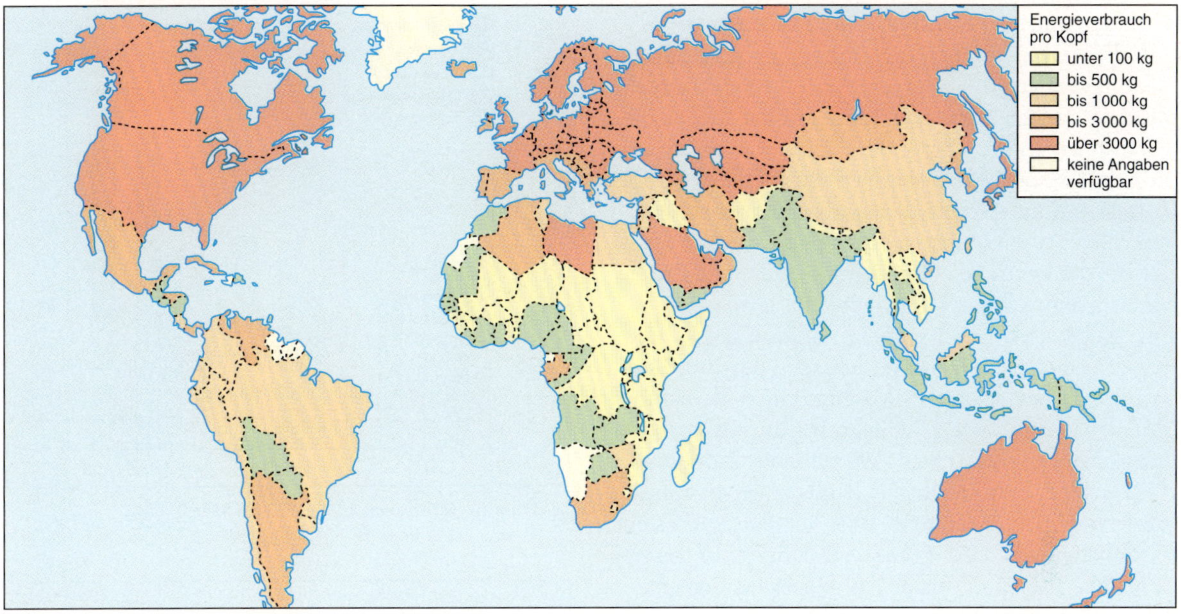


**1 Energieverbrauch pro Kopf 1989 in kg Öleinheiten.** Jeder Nordamerikaner verbraucht 8900 kg an kommerzieller Energie (umgerechnet in Öleinheiten), jeder Chinese 600 kg, jeder Äthiopier 20 kg.

## Konferenz für Umwelt und Entwicklung

1992 trafen sich in Rio de Janeiro die Regierungschefs von 167 Ländern der Erde, um Vereinbarungen über weltweiten Umweltschutz und Entwicklung zu treffen. In einer Vereinbarung über die Erhaltung der Tropenwälder erklärten die Entwicklungsländer das Recht, diese zu nutzen. Die Industrieländer forderten, diese Wälder wegen ihrer weltweiten Bedeutung zu erhalten. In einem Aktionsprogramm heißt es:

**Q** ... Armut ist ein komplexes, mulitidimensionales Problem mit Ursachen sowohl im nationalen wie im internationalen Bereich. Es gibt keine allgemeine Lösung, die weltweit angewendet werden könnte. Entscheidend für eine Lösung dieses Problems sind vielmehr länderspezifische Armutsbekämpfungsprogramme und die internationale Unterstützung nationaler Maßnahmen, wie auch der parallele Prozeß der Schaffung geeigneter internationaler Rahmenbedingungen. Die Ausrottung von Armut und Hunger, eine gerechtere Einkommenverteilung und die Entwicklung der menschlichen Möglichkeiten bleibt überall auf der Welt eine große Herausforderung. Der Kampf gegen die Armut ist gemeinsame Verantwortung aller Länder...

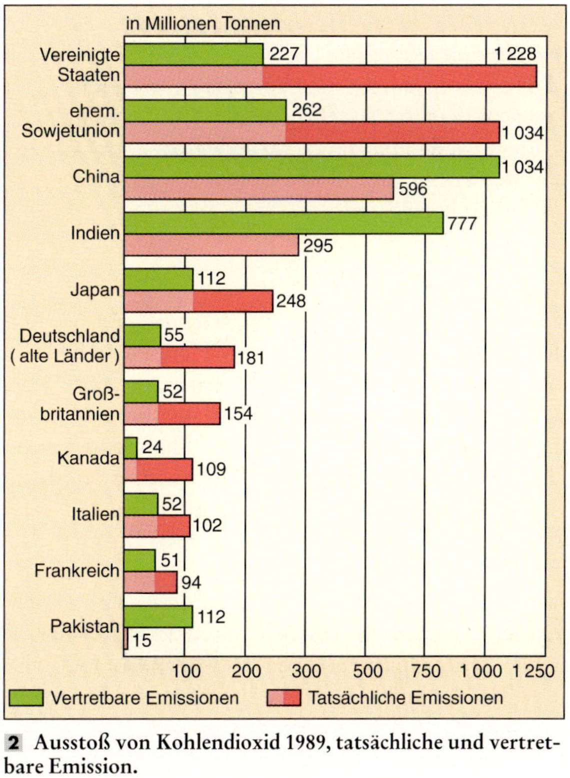


**2 Ausstoß von Kohlendioxid 1989, tatsächliche und vertretbare Emission.**

## Konkurrenz und Konflikte auch in Europa

Der Wettlauf zwischen den imperialistischen Staaten um Gebiete in Afrika und Asien verstärkte auch die Spannungen in Europa. Immer höher stiegen die Rüstungsausgaben. Besonders stark war die Rivalität zwischen Großbritannien und Deutschland. Jedes Land unterstellte dem anderen Kriegsabsichten. Den Ausbau einer deutschen Flotte auf zwei Drittel der britischen Flottenstärke sahen die Briten als Bedrohung ihrer Weltmachtstellung an.

Im Zuge der gegenseitigen Bedrohungs- und Rüstungspolitik veränderte sich auch das Bündnissystem der europäischen Mächte. Unter dem Einfluß des neuen Kaisers Wilhelm II. führte Deutschlands Außenpolitik nach 1890 zu einer Isolierung. 1892 schloß Frankreich mit Rußland einen Bündnisvertrag, den Zweibund. 1904 verständigten sich Großbritannien und Frankreich über ihre Interessen in Afrika und vermieden so gerade noch einen Krieg. Ihrem Bündnis von 1904 schloß sich 1907 Rußland an. Auch Großbritannien und Rußland verständigten sich über Einflußgebiete in Mittel- und Ostasien. Deutschlands Bündnispartner blieben Österreich-Ungarn und Italien, das jedoch schon 1902 einen geheimen Nichtangriffspakt mit Frankreich schloß.

Auf den folgenden Seiten könnt ihr erarbeiten,
- wie es in dieser Situation zum Weltkrieg kam,
- und welche Formen dieser Krieg annahm, in dem die Konkurrenz der imperialistischen Mächte ihren Höhepunkt erlebte.

## Krisenherd Balkan

Im Laufe des 19. Jahrhunderts hatten sich die Völker des Balkans von der türkischen Herrschaft befreit. Griechenland, Serbien und Bulgarien waren selbständige Staaten geworden. Die staatliche Zuordnung von Albanien und Bosnien blieb umstritten. Die Großmächte Österreich-Ungarn und Rußland versuchten, ihren Einfluß auf dem Balkan zu vergrößern. Österreich-Ungarn nahm 1908 Bosnien, das zur Türkei gehörte, in seinen Besitz. Dagegen protestierte das mit Rußland verbündete Königreich Serbien. Zwei Kriege wurden um die Frage der staatlichen Neuordnung auf dem Balkan nach 1900 geführt, 1912 konnte durch Verhandlungen ein großer europäischer Krieg vermieden werden

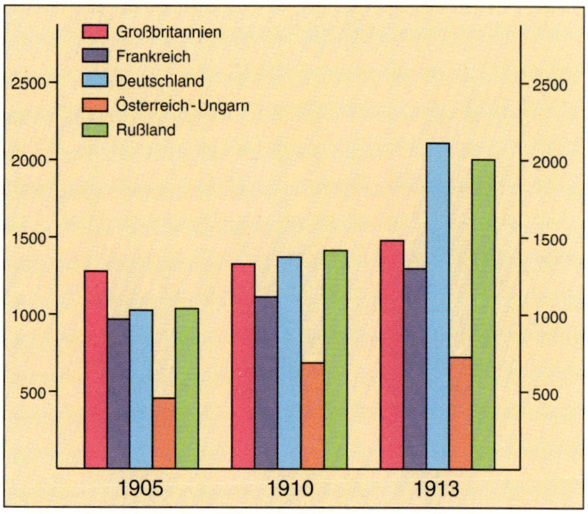


**1 Rüstungsausgaben 1905-1913** (in Mio. Mark).

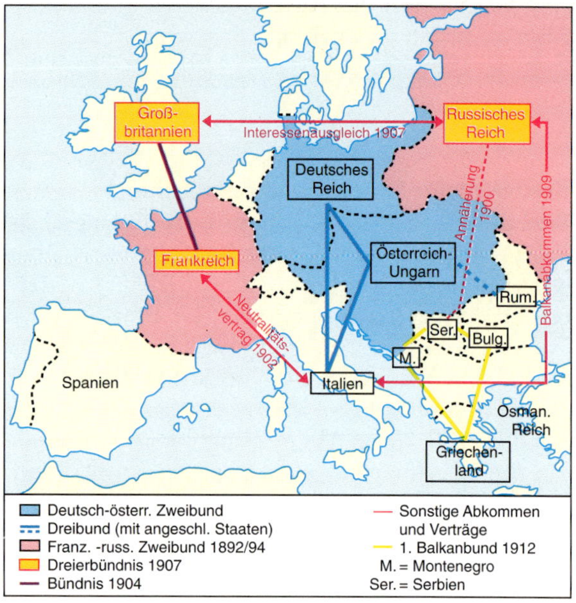


**2 Das europäische Bündnissystem vor dem Ersten Weltkrieg.**

**1** *Erläutert Bild 1 über die Rüstungsausgaben der europäischen Staaten.*

**2** *Beschreibt die Bündnisse Deutschlands und Frankreichs anhand von Bild 2*

## Juli-Krise und Kriegsausbruch 1914

Die Ermordung des österreichischen Thronfolgers Franz Ferdinand und seiner Frau Sophie durch einen serbischen Attentäter in Sarajewo am 28. Juni 1914 war der Auslöser einer internationalen Krise, die zum Ersten Weltkrieg führte.
„Mit den Serben muß aufgeräumt werden, und zwar bald," schrieb Kaiser Wilhelm II. an den Rand des ersten offiziellen Berichtes der deutschen Botschaft aus Wien am 30. Juni 1914 als Reaktion auf das Attentat. Damit war die Richtung der Politik des Deutschen Reiches gewiesen. Entsprechend sicherte die Reichsregierung bereits am 6. Juli Österreich bedingungslose Unterstützung zu, wie auch immer dessen Entscheidung gegen Serbien ausfallen werde. Damit war den Österreichern – wie die Historiker es nennen – eine „Blankovollmacht" ausgestellt. Die deutsche Regierung schränkte ihren Handlungsspielraum ein. Sicher war jedoch, daß Rußland Serbien im Fall eines Krieges unterstützen würde. Dann ließ sich ein Krieg aber kaum noch auf Serbien begrenzen. Die deutsche Regierung wußte genau um die Gefahr eines Krieges gegen Rußland. Dennoch setzte sie in der Juli-Krise mehr auf eine militärische als auf eine friedliche Lösung des Konflikts. Die Gründe für das Handeln der deutschen Regierung und seine Bewertung sind in der Wissenschaft bis heute strittig.

## Der Schlieffenplan

Die deutsche militärische Planung ging aufgrund der europäischen Bündnissysteme davon aus, daß Deutschland bei einem Krieg in Europa an zwei Fronten zugleich kämpfen müsse: gegen Frankreich und gegen Rußland. Der sogenannte Schlieffenplan sah deshalb seit 1905 vor, zunächst in einem schnellen Kampf Frankreich zu besiegen und dann den Krieg gegen Rußland alleine zu führen.
Dieser Plan konnte nach Ansicht der deutschen Militärs nur bei einer raschen Mobilisierung der Truppen und einem überfallartigen Angriff auf Frankreich gelingen. Dazu sollten deutsche Soldaten auch durch das neutrale Belgien marschieren. Der Schweizer Historiker Förster hat 1994 herausgefunden, daß die deutschen Generäle schon vor 1914 wußten, daß Frankreich nicht so schnell zu besiegen war. Trotzdem hielten sie am Schlieffenplan fest und drängten die deutschen Politiker zu einer raschen Mobilisierung der Truppen und zu Kriegserklärungen an Frankreich und Rußland.

| | |
|---|---|
| 28.6. | Ermordung des österreichisch-ungarischen Thronfolgers, Franz Ferdinand, in Sarajewo. |
| 6.7. | Berlin sicherte Wien die volle Unterstützung zu (Blankoscheck). |
| 23.7. | Österreichs Ultimatum an Serbien, absichtlich unannehmbar formuliert. |
| 25.7. | Serbiens Antwort nimmt die Bedingungen des Ultimatums größtenteils an; serbische Teilmobilmachung. Rußland beschließt Unterstützung Serbiens. |
| 28.7. | Österreich-Ungarn erklärt Serbien den Krieg. Teilmobilmachung Rußlands. |
| 29./30.7. | Deutschland rät Österreich zum Einlenken |
| 30.7. | Russische und österreichisch-ungarische Gesamtmobilmachung. |
| 1.8. | 16.55 Uhr Französische Mobilmachung*.<br>17.00Uhr Deutsche Mobilmachung.<br>19.00 Uhr Deutsche Kriegserklärung an Rußland. Mobilmachung der englischen Flotte. |
| 3.8. | Deutsche Kriegserklärung an Frankreich. Deutscher Einmarsch in das neutrale Belgien (nach Luxemburg bereits am 2.8.). Neutralitätserklärung Italiens. |
| 4.8. | Englische Kriegserklärung an Deutschland. |
| 6.8. | Österreichisch-ungarische Kriegserklärung an Rußland, serbische Kriegserklärung an Deutschland. |
| 11./12.8. | Kriegserklärung Frankreichs und Englands an Österreich-Ungarn. |

**Datenliste zum Kriegsausbruch 1914.**

Der deutsche Historiker Gerhard Ritter, 1964:

**Q1** ... Die hilflose Abhängigkeit der deutschen politischen Führung von den Plänen des Militärs war der wesentliche Grund für ihr Versagen im entscheidenden Augenblick: am Abend des 30. Juli [1914]. Das war nicht einfach Schwäche, sondern Not: Nur Deutschland hatte mit einem Zweifrontenkrieg zu rechnen, war also in jedem Fall darauf angewiesen, den Angriffsplänen seiner Gegner zuvorzukommen, wenn es siegen wollte...

Der deutsche Historiker Fritz Fischer urteilt bereits 1961:

**Q2** ... Da Deutschland den österreichisch-serbischen Krieg gewollt, gewünscht und gedeckt hat, und, im Vertrauen auf die deutsche militärische Überlegenheit, es im Jahre 1914 bewußt auf einen Konflikt mit Rußland und Frankreich ankommen ließ, trägt die deutsche Reichsführung einen erheblichen Teil der historischen Verantwortung für den Ausbruch des allgemeinen Krieges ...

**1** *Berichtet über den Ausbruch des 1. Weltkrieges und setzt euch mit Q1 und 2 auseinander.*

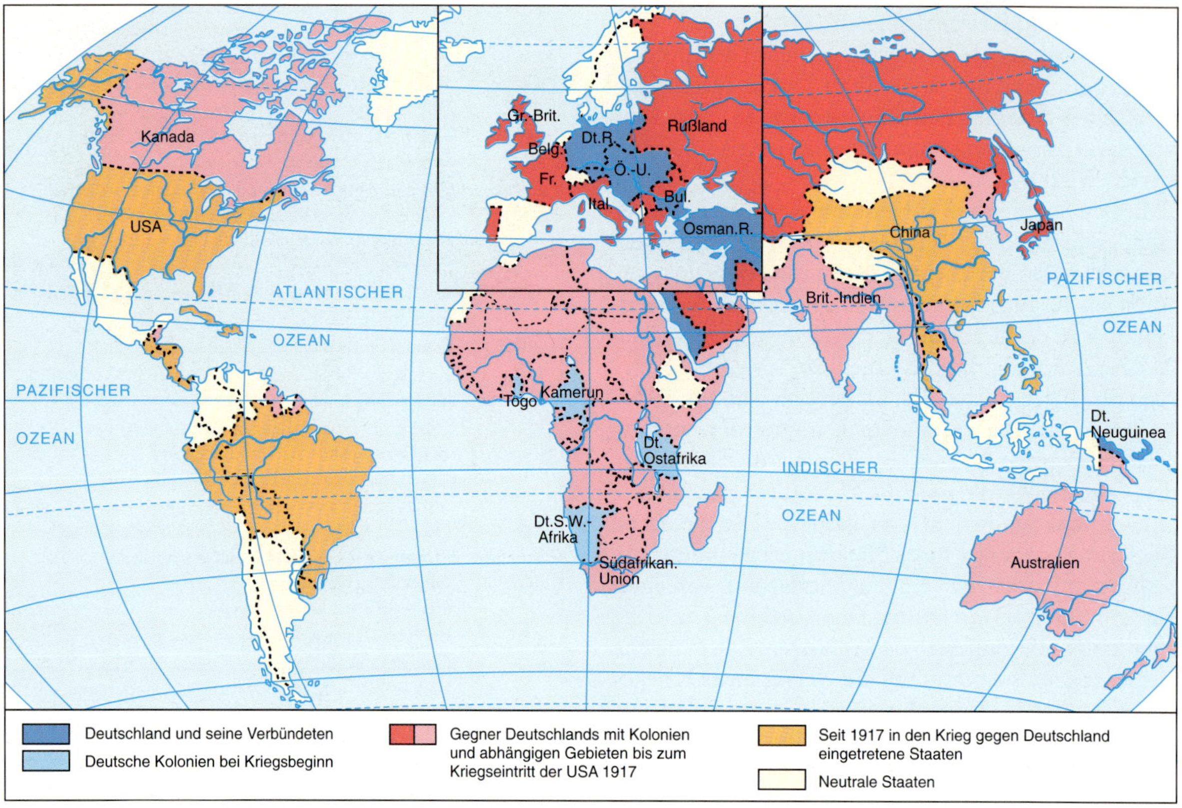


**Die Kriegsgegner im Ersten Weltkrieg.**

## Jubel und Angst bei den Mobilmachungen

Der Ausbruch des Krieges in Europa im August 1914 wurde in der Öffentlichkeit der großen Länder von vielen Menschen mit großer Begeisterung aufgenommen. Zuhause und in privaten Gesprächen herrschte vielerorts dagegen die Angst vor dem Krieg vor.

Trotzdem meldeten sich viele junge Männer freiwillig zum Kriegsdienst. Viele glaubten, für eine gute und gerechte Sache zu kämpfen. Kaum einer konnte sich vorstellen, daß es einen langen Krieg geben würde.

Der friedensliebende österreichische Schriftsteller Stefan Zweig schrieb 30 Jahre später über den öffentlichen Jubel:

> **Q** ... Aufzüge formten sich in den Straßen, plötzlich loderten überalle Fahnen, Bänder und Musik, die jungen Rekruten marschierten im Triumph dahin, und ihre Gesichter waren hell, weil man ihnen zujubelte, ihnen, den kleinen Menschen des Alltags, die sonst niemand beachtet und gefeiert... Wie nie fühlten sich Tausende und Hunderttausende Menschen, was sie besser im Frieden hätten fühlen sollen: daß sie zusammengehörten...

Diesem nationalen Gemeinschaftsgefühl konnten sich auch die Sozialdemokraten in ganz Europa nicht entziehen. Unter dem Druck ihrer Parteiführung stimmte die SPD, allerdings erst nach internen Auseinandersetzungen, geschlossen im Reichstag für die vom Kaiser geforderten Kriegskredite.

Auch in Frankreich, Großbritannien und Österreich-Ungarn stellten sich die Sozialdemokraten hinter ihre Regierungen, da sie glaubten, nun ihr Vaterland verteidigen zu müssen.

Wie wenig es der deutschen Reichsleitung um die Verteidigung des Vaterlandes ging, zeigen Überlegungen zu den deutschen Kriegszielen aus dem September 1914: durch die Angliederung nordfranzösischer und belgischer Industriegebiete sollte die wirtschaftliche Vormacht Deutschlands ausgebaut werden.

**1** *Erklärt, warum es zu einer großen öffentlichen Begeisterung über den Beginn des Krieges kam.*

**1 Deutsche Kriegsfreiwillige.** Foto 1914.

**2 Kriegsverletztenfürsorge: Übungen für Beinamputierte.** Foto um 1916.

**Tage des Entsetzens**

Ein junger französischer Maler schrieb seiner Mutter am 22. Februar 1915 kurz vor seinem Tod:

**Q1** … Um drei Uhr wurde der Sturm entfesselt: Sprengungen von sieben Minengängen unter den Schützengräben des Feindes; es war wie ein fernes Donnern. Dann machten die fünfhundert Geschütze einen Höllenlärm, währenddessen wir losgestürmt sind … Die Nacht brach an, als wir uns in den obersten Stellungen festsetzten. Die ganze Nacht war ich tätig, um für die Sicherheit unserer Truppen, die bis dahin wenig gelitten hatten, Vorkehrungen zu treffen. Ich mußte weite nächtliche Strecken zurücklegen, auf denen ich die Toten und Verwundeten beider Parteien antraf. Mein Herz neigte sich über alle, ich hatte aber nur Worte für ihren Jammer.

Morgens wurden wir mit ernstlichen Verlusten bis zu unseren früheren Stellungen zurückgetrieben; aber am Abend … haben wir wieder alles zurückgewonnen, und auch hierbei habe ich meine Pflicht getan … Du kannst Dir nicht vorstellen, geliebte Mutter, was der Mensch dem Menschen anzutun vermag … Endlich, nach fünf Tagen des Entsetzens, die uns zwölfhundert Opfer gekostet haben, sind wir aus diesem Ort der Greuel zurückgezogen worden …

Am 17. Juli 1916 schrieb ein deutscher Soldat nach Hause:

**Q2** …Die ganze Zeit war es stockdunkel, da wir nur ein paar Kerzenstangen hatten. Dann war ein schrecklicher Geruch da unten, ein Modergeruch von Toten. … Am vierten Tage, Freitag, ging's dann schon in der Frühe los mit der schweren Artillerie bis abends 1/2 10 Uhr. Was das heißt: zehn Stunden im Unterstand liegen unter Granatfeuer, zehn Stunden den Tod des Lebendigbegrabenwerdens vor Augen oder die Aussicht, in die Luft zu fliegen, falls eine Granate da einschlägt, wo der Sprengstoff liegt – es sollte anders kommen: Ein Loch war schon ganz zusammengeschossen, das andere so stark verschüttet, daß mit knapper Not ein Mann, jedoch ohne Gehänge, durchschlüpfen konnte. Wir bekamen also, da unser Keller sechs Meter hinter dem Loch und dann noch zwei Meter in der Tiefe war, fast keine Luft mehr. Zum Schluß feuerten die Franzosen wahrscheinlich Gasgranaten vor unser Loch. Auf einmal steht der Feldwebel auf, es wird ihm schlecht; ein paar weitere stehen auf und fallen um. Da schreit auch schon der Feldwebel: „Hinaus, hinauf, was noch kann!" Ich und die übrigen liegen auf unseren Tornistern. Als wir aufstehen, fallen wir samt und sonders um. …

**1** *Vergleicht die beiden Briefe miteinander.*

**2** *Malt unter Bezug auf die Texte und die Bilder ein Plakat: Das Gesicht des Krieges.*

**1** **Unsere Helden.** Postkarte aus dem Jahre 1915.

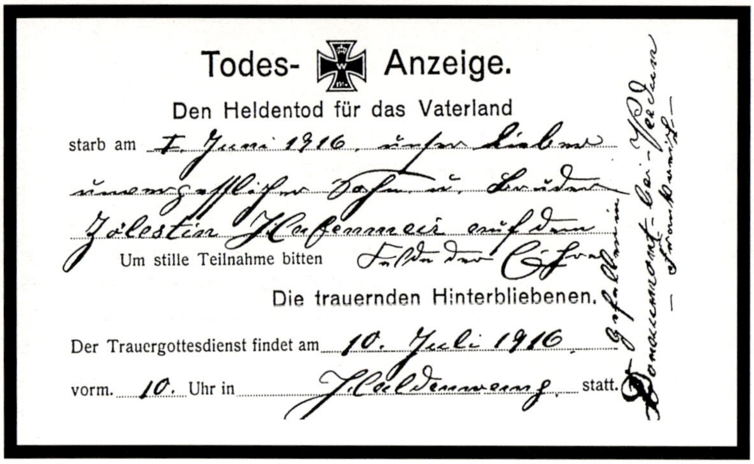
Todes- Anzeige.

Den Heldentod für das Vaterland

starb am 7. Juni 1916, ...

Um stille Teilnahme bitten ...

Die trauernden Hinterbliebenen.

Der Trauergottesdienst findet am 10. Juli 1916, vorm. 10. Uhr in ... statt.

**2** **Postkarte von 1916.**

## Mörderische Materialschlachten

**1** *Gebt den Eindruck wieder, den die Postkarten auf euch machen.*

Nach Anfangserfolgen Deutschlands und Rußlands erstarrte der Krieg zu einem erbarmungslosen Stellungskrieg. Eine bisher noch nie gesehene Materialschlacht mit neuen Waffen, Maschinengewehren, Handgranaten, Giftgasgranaten, Minen, Panzern und Flugzeugen, setzte ein. Man hoffte, durch gegenseitiges Dauerfeuer den Gegner zu zermürben. 240 000 Deutsche und 275 000 Franzosen und Engländer starben so in der Schlacht von Verdun. Der mörderische Stellungskrieg kostete Millionen von Soldaten das Leben.
Auch im Seekrieg kamen neue Waffen auf. Die britische Marine verhängte eine Blockade, die Deutschland von allen Einfuhren abschnitt. Diese beantwortete Deutschland mit dem Einsatz von U-Booten, die ohne Warnung Kriegsschiffe und sogar Handelsschiffe angriffen.

Am 15. Mai 1915 versenkte ein deutsches U-Boot den britischen Passagierdampfer „Lusitania". Dabei starben 1198 Menschen. Unter ihnen 139 Amerikaner. Da die amerikanische Regierung energisch gegen die Versenkung des Schiffes protestierte, schränkte Deutschland den U-Boot-Krieg ein.
Am 22. Dezember 1916 erklärte Admiral Holtzendorff in einer geheimen Denkschrift:

**Q** ...Gelingt es, England das Rückgrat zu brechen, so ist der Krieg sofort zu unseren Gunsten entschieden. Englands Rückgrat ist aber der Schiffsraum, der den großbritannischen Inseln die notwendige Zufuhr sichert. Unter so günstigen Vorbedingungen verspricht ein mit aller Kraft geführter Schlag ... unbedingt sicheren Erfolg. Ein bald einsetzender uneingeschränkter U-Boot-Krieg ist also trotz der Gefahr eines Bruchs mit Amerika das richtige Mittel, den Krieg siegreich zu beenden...

**2** *Berichtet über die Kriegsführung im Ersten Weltkrieg.*

**3** *Erklärt mit euren Worten, welchen Standpunkt der deutsche Admiral Holtzendorff vertritt.*

Trotz amerikanischer Warnungen eröffnete Deutschland am 1. Februar 1917 den uneingeschränkten U-Boot-Krieg. Zahlreiche Handelsschiffe wurden durch die U-Boote versenkt. Der uneingeschränkte U-Boot-Krieg war der letzte Anstoß für den Eintritt der Vereinigten Staaten von Amerika in den Krieg gegen Deutschland. Diesem Schritt schlossen sich fast alle südamerikanischen Staaten an.

## Deutscher Siegfrieden – Brest-Litowsk

In Rußland hatten im Oktober 1917 Lenin und die Bolschewiki*die Macht erobert (vgl. Bd. 3). Um ihre revolutionäre Herrschaft zu sichern, erfüllten sie im Frühjahr 1918 die Forderungen der russischen Bevölkerung nach einem sofortigen Friedensschluß und verhandelten mit Deutschland über einen Friedensvertrag.
Deutschland diktierte Rußland einen Siegfrieden: Im Friedensvertrag von Brest-Litowsk mußte Rußland Polen, Litauen, Lettland und Estland abtreten. Finnland und die Ukraine sollten Staaten unter deutscher Oberhoheit werden. Diese Gebiete sollten Deutschland mit Rohstoffen und Getreide beliefern.

**1** *Sucht auf der Karte die Gebiete, die Rußland im Friedensvertrag von Brest-Litowsk aufgeben mußte.*

**1** **Russische Gebietsverluste durch den Friedensvertrag von Brest-Litowsk 1917/1918.**

## Materielle Überlegenheit entscheidet den Krieg

Bis zum Oktober 1918 entsandten die Vereinigten Staaten 1,8 Millionen gut ausgerüstete Soldaten auf den französischen Kriegsschauplatz. Zusätzlich unterstützten sie Frankreich und England mit Krediten und Kriegsmaterial.
Im August 1918 erlitt die deutsche Armee eine große Niederlage in Frankreich, die deutsche Abwehrfront löste sich auf. Dem massenhaften Einsatz von Panzern durch Großbritannien und der besseren Ausrüstung der alliierten Soldaten hatten die deutschen Truppen nichts mehr entgegenzusetzen.
Im Oktober 1918, als für die deutsche Oberste Heeresleitung klar war, daß Deutschland den Krieg nicht mehr gewinnen konnte, baten die deutsche Reichsregierung und die Regierung Österreich-Ungarns um einen Waffenstillstand auf der Grundlage der Friedensbedingungen des amerikanischen Präsidenten Wilson. Dieser hatte bereits im Frühjahr 1918 vierzehn Punkte für einen künftigen Frieden in Europa formuliert.
Deutschland willigte in die Räumung des russischen Gebietes, die Räumung Belgiens sowie die Rückgabe Elsaß-Lothringens an Frankreich ein.
Das Kaiserreich Österreich-Ungarn löste sich auf, Kaiser Karl dankte ab. Auf dem bisherigen Staatsgebiet entstanden neue Staaten: Österreich, die Tschechoslowakei, Jugoslawien und Ungarn.
Auch in Deutschland brach das bisherige Regierungssystem zusammen. In Wilhelmshaven weigerten sich Matrosen, mit ihren Schiffen in einen sinnlosen Kriegseinsatz zu fahren. Aus dieser Befehlsverweigerung entwickelte sich eine revolutionäre Bewegung, die schnell ganz Deutschland erfasste. Am 9. November 1918 wurde die Republik in Berlin ausgerufen, Wilhelm II. mußte abdanken.
Die neue demokratische Regierung mußte als erstes die schweren Waffenstillstandsbedingungen der Sieger unterschreiben und diese in Deutschland durchsetzen.

| | | |
|---|---|---|
| Rußland | †††††††††††††††††††† | 2 000 000 |
| Deutschland | ††††††††††††††††††† | 1 936 000 |
| Großbritannien | ††††††††††† | 1 184 000 |
| Frankreich | ††††††††††† | 1 140 000 |
| Österreich-Ungarn | †††††††††† | 1 000 000 |
| Italien | †††††† | 615 000 |
| Serbien | ††† | 360 000 |
| Türkei | ††† | 325 000 |
| Rumänien | †† | 250 000 |
| USA | † | 125 000 |

**2** **Im Ersten Weltkrieg gefallene Soldaten.**

**1** **Der Zerfall des Vielvölkerstaates Jugoslawien.**

**2** **Flüchtlingsfamilien aus Srebenica haben eine Unterkunft in einer Turnhalle in Tusla gefunden.** Foto 1993.

**Krieg auf dem Balkan seit 1991**

„Die Geschichte kehrt wieder" lautete im Mai 1993 die Überschrift in einer Zeitung. Der Versuch, Frieden im Bürgerkrieg in Bosnien-Herzegowina zu stiften, war gescheitert. Der Kommentator erinnerte an die Krisen und Kriege auf dem Balkan: Große Volksgruppen erhoben sich zunächst gegen die türkische Fremdherrschaft 1876-78 und dann gegen die Vormacht Österreichs-Ungarns und Rußlands (vgl. S. 221). Der Konflikt auf dem Balkan war auch der Auslöser des Ersten Weltkrieges .

1991 verließen zunächst die Slowenen und Kroaten den 1945 gegründeten jugoslawischen Staatsverband. Im restlichen Jugoslawien behielten die Serben die Vorherrschaft. Um die Macht im neugegründeten Bosnien-Herzegowina entbrannte ein blutiger Bürgerkrieg zwischen Kroaten, Serben und Bosniern, den auch die UNO bisher nicht beenden konnte.

**1** *Sammelt aus Medienberichten aktuelle Informationen über Versuche, den Konflikt im ehemaligen Jugoslawien beizulegen.*

**Imperialismus**

Zwischen 1870 und 1914 nahmen europäische Staaten ganz Afrika und weite Teile Asiens in Besitz. Afrika wurde direkt, die Gebiete in Asien wurden überwiegend indirekt beherrscht. Die Machtausübung der Weißen über die Völker in den Kolonien wurde unterschiedlich begründet. Die Kolonien sollten als neue Märkte und als Rohstofflieferanten eine wichtige Rolle für die europäische Wirtschaft spielen. Innenpolitisch sollte der Erwerb von Kolonien die Menschen von den wirtschaftlichen und sozialen Problemen im eigenen Land ablenken.

Nach rassistischer Überzeugung vieler Europäer waren die Weißen verpflichtet, die europäische Lebensart zu verbreiten. Weiterhin waren viele Europäer der Meinung, den Völkern Afrikas und Asiens überlegen zu sein. Der übersteigerte Nationalismus der Europäer führte zum Wettlauf um „freie" Gebiete. Er verstärkte die Spannungen zwischen den europäischen Staaten bedrohlich. Einzelne Maßnahmen der Europäer kamen den Menschen in den Kolonien zugute (Gesundheitswesen, Schulen, Verkehrswege). Insgesamt waren aber die Folgen imperialistischer Politik zerstörerisch. Alte Kulturen, Lebens- und Wirtschaftsformen wurden zerschlagen.

Die wirtschaftlichen, politischen und sozialen Schwierigkeiten in den Entwicklungsländern haben ihre Wurzeln auch in der imperialistischen Politik der Europäer. Die andauernde Arbeitsteilung in der Weltwirtschaft zwischen Produzenten technisch hochentwickelter Waren und „Rohstofflieferanten" und die die monokulturartige Ausrichtung der Landwirtschaft in den Entwicklungsländeren gehört zum Erbe des Imperialismus. Hinzu kommen neue Probleme: die Verschuldungskrise der Entwicklungsländer seit 1980 mit ihren entwicklungshemmenden Auswirkungen, Hungerkatastrophen und Bürgerkriege. Die Konferenz über Umwelt und Entwicklung 1992 in Rio de Janeiro brachte zwar weitgehende Übereinstimung über ein Programm zur Entwicklung und den Schutz der Umwelt, ohne aber bisher konkrete Wirkungen zu erzielen.

**Der Weg in den Ersten Weltkrieg**

Auch in Europa standen sich die imperialistischen Mächte gegenüber. Für mögliche Kriege versuchten Diplomaten, ihren Ländern starke Bündnispartner zu sichern. Frankreich verbündete sich mit Rußland, das Deutsche Reich mit Österreich-Ungarn. Das Wettrüsten zwischen den großen Industriestaaten verstärkte sich nach 1900. Besonders der deutsche Kriegsflottenbau forderte Rüstungsanstrengungen Großbritanniens heraus.

Die Ermordung des österreichischen Thronfolgers am 28. Juni 1914 löste eine internationale Krise aus. Die deutsche Regierung unterstützte Österreich-Ungarn ohne Vorbehalte. An einer möglichen politischen Lösung war ihr wenig gelegen. Deutsche Politiker und Militärs glaubten, daß sie jetzt noch einen schnell geführten Krieg gegen Frankreich und Rußland gewinnen könnten. Aber auch die anderen Mächte waren an einem Ausgleich nicht sehr interessiert. So kam es am 1. August 1914 zum Krieg.

Der Krieg wurde zu einer langwierigen, mörderischen Materialschlacht. Erst das Eingreifen der USA auf der Seite der Alliierten brachte die Entscheidung. Für die Zeit nach dem Krieg hatte der amerikanische Präsident in vierzehn Punkten eine neue Weltfriedensordnung vorgeschlagen. Nach vier Jahren Krieg bat Deutschland auf dieser Grundlage um einen Waffenstillstand.

**Das Erbe des Krieges**

Am Ende des Ersten Weltkrieges war die bisherige politische Ordnung in Europa zusammengebrochen. Das Kaiserreich Österreich-Ungarn zerfiel, an seine Stelle traten neue Staaten. Deutschland wurde durch die Revolution im November 1918 Republik. Die neue demokratische Regierung mußte die schwierigen Friedensverhandlungen führen und die schweren Bedingungen des Versailler Friedensvertrages erfüllen.

Im Versailler Vertrag wurde die Schuld am Ersten Weltkrieg, der auf beiden Seiten viele Millionen Tote gekostet hatte, alleine Deutschland zugesprochen. Die Diskussion über die Verantwortung für den Kriegsausbruch wird in der Geschichtswissenschaft mit unterschiedlichen Bewertungen bis heute fortgeführt.

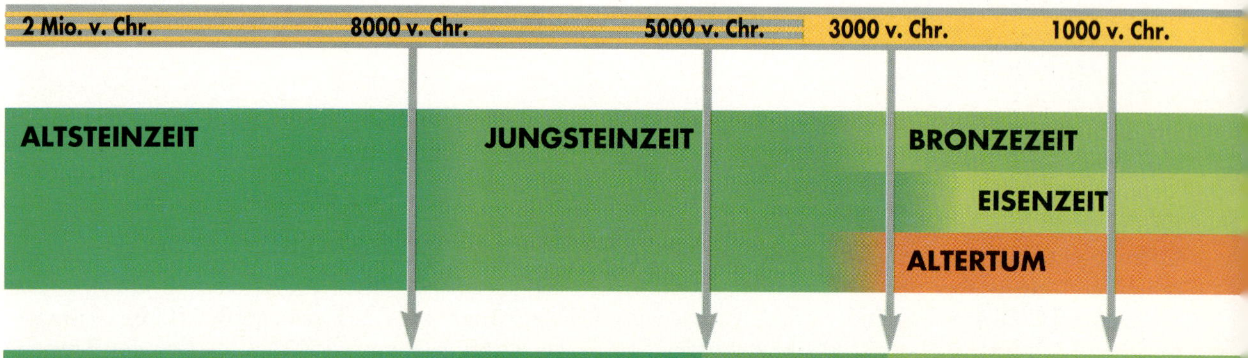


## Altsteinzeit

| | |
|---|---|
| vor ca. 2 Mio. Jahren | erste Menschen |
| 500 000 v. Chr. | ältester Menschenfund in Deutschland |
| ab 25 000 v. Chr. | Cro-Magnon-Mensch |

In der gesamten Altsteinzeit lebten die Menschen als Jäger und Sammler

## Jungsteinzeit

| | |
|---|---|
| 8000 v. Chr. | erster Getreideanbau und erste Viehzucht im Vorderen Orient |
| 4000 v. Chr. | erste bäuerliche Siedlung in Holland |
| 2500 v. Chr. | Siedlung in Köln-Lindental |

## Bronzezeit

**Bronzezeit/Eisenzeit**

| | |
|---|---|
| Um 3000 v. Chr. | erste Metallverarbeitung im Vorderen Orient |
| um 1600 v. Chr. | Ausdehnung der Bronzetechnik bi |
| | Mitteleuropa |
| um 1300 v. Chr. | erste Eisenverarb tung in Kleinasie |
| um 500 v. Chr. | jüngere Eisenzeit ganz Deutschlan |

## Eisenzeit

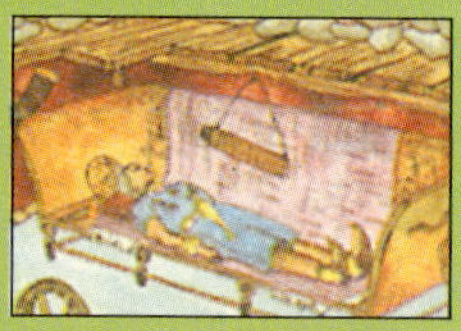

## Ägypten

| | |
|---|---|
| 3000 v. Chr. | Staatsgründung in Ägypten |
| 2500 v. Chr. | Bau der Pyramiden |
| 1900 v. Chr. | Ägypten wird Großma |
| 1000 v. Chr. | Ägyptens Großreich ze |
| 30 v. Chr. | Ägypten wird römisch Provinz |

500 v. Chr. | Christi Geburt | 500 | 1000

## MITTELALTER

### Christentum / Islam

## ömisches Reich

| | |
|---|---|
| 53 v. Chr. | Gründung Roms (Sage) |
| m 500 v. Chr. | Beginn der römischen Republik |
| m 250 v. Chr. | Rom ist stärkste Landmacht im westlichen Mittelmeerraum |
| 46 v. Chr. | Zerstörung Karthagos |
| 3–51 v. Chr. | Eroberung Galliens unter Caesar |
| v.–14 n. Chr. | Augustus |

## riechische Stadtstaaten

| | |
|---|---|
| 776 v. Chr. | erste überlieferte olympische Spiele |
| 750–550 v. Chr. | griechische Kolonisation |
| 507 v. Chr. | Verfassung des Kleisthenes |
| 500–480/79 v. Chr. | Perserkriege |
| 490 v. Chr. | Sieg der Athener bei Marathon |
| 443–429 v. Chr. | Blütezeit Athens unter Perikles |

## udentum

| | |
|---|---|
| 1000 v. Chr. | König David |
| 70 n. Chr. | Zerstörung des Tempels in Jerusalem, Beginn der Diaspora |

## Islam

| | |
|---|---|
| 570 | Geburt Mohammeds in Mekka |
| 622 | Mohammed flieht nach Medina (Hedschra, Beginn der islamischen Zeitrechnung) |
| 630 | Mohammed erobert Mekka |
| 632–715 | Ausbreitung des Islam bis Indien und Europa |
| 711 | Araber dringen in Europa (Spanien) ein |

## Christentum

| | |
|---|---|
| ca. 7 v. Chr. | Jesus von Nazareth geboren |
| 391 n. Chr. | Christentum wird Staatsreligion des Römischen Reiches |
| 529 | Gründung des Klosters Monte Cassino in Italien |
| 754 | Märtyrertod des Germanenmissionars Bonifatius |
| 910 | Gründung des Klosters Cluny |
| 1077–1122 | Investiturstreit zwischen Kaiser und Papst |

## Wanderungen in der Geschichte

3.–6. Jahrhundert Völkerwanderung

1200 | 1300 | 1400 | 1500 | 1600

NEUZEIT

## Christentum / Islam

## Das Deutsche Reich im Mittelalter

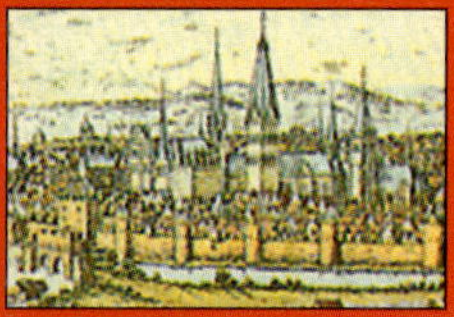

| | |
|---|---|
| 936–973 | Otto I. (der Große) |
| 955 | Sieg über die Ungarn auf dem Lechfeld |
| 1056–1106 | Kaiser Heinrich IV. |
| 1096–1099 | 1. Kreuzzug |
| 1152–1190 | Kaiser Friedrich Barbarossa |
| 12. und 13. Jh. | Deutsche Ostsiedlung |
| 14. Jh. | Die Hanse beherrscht Nordeuropa |

## Eine neue Zeit

| | |
|---|---|
| um 1450 | Gutenberg erfindet den Buchdruck mit beweglichen Metallettern |
| 1453 | Türken erobern Konstantinopel |
| 1473–1543 | Nikolaus Kopernikus |
| 1474 | Weltkarte Toskanellis |
| 1492 | Kolumbus landet auf Guanahani |
| 1498 | Vasco da Gama landet in Indien |
| 1519 | Cortez landet in Mexiko |
| 1519–1522 | erste Weltumsegelung |

## Christentum

| | |
|---|---|
| 1483–1546 | Martin Luther |
| 1559–1564 | Johann Calvin |
| 31.10.1517 | Luther veröffentlicht die Thesen gegen den Mißbrauch des Ablasses |
| 1618–1648 | Dreißigjähriger Krieg |

## Judentum

## Wanderungen

| | |
|---|---|
| 1096 | 1. Kreuzzug; Vernichtung vieler jüdischer Gemeinden in Deutschland |
| 1348 | Judenverfolgung in der Pestzeit |

| | |
|---|---|
| 1685 | Flucht der Hugenotten aus Frankreich |

1700 1750 1800 1810 1820

Wege zur Demokratie

Industrialisierung

## Frankreich 1789–1804

| | |
|---|---|
| 1789 | Versammlung der Generalstände |
| 1789 | Sturm auf die Bastille |
| 1789 | Erklärung der Menschenrechte |
| 1791 | 1. Verfassung |
| 1793/94 | Schreckensherrschaft |
| 1799 | Napoleon übernimmt die Herrschaft |
| 1804 | Kaiserkrönung Napoleons |
| 1806 | Rheinbund |
| 1813 | Napoleons Feldzug nach Rußland |

## Deutschland im 19. Jahrhundert

| | |
|---|---|
| 1814/15 | Wiener Kongreß |
| 1815–1866 | Deutscher Bund |
| 1819 | Demagogenverfolgung |
| 1834 | Deutscher Zollverein |
| 1844 | Weberaufstand in Schlesien |

## Industrialisierung

Nachdem der Inhaber dieses ... vor der Polizei-Obrigkeit seines Wohnorts erklärt hat, daß er den Namen ... als Familien-Namen ferner beibehalten will, so wird in Gemäßheit des §. 4. der Verordnung vom 11ten März 1812 hierdurch bezeuget, daß der ...

ab 1780 Beginn der Judenemanzipation in den USA und Europa

1830 | 1840 | 1850 | 1860 | 1870 | 1880

**NEUZEIT**

**Christentum / Islam**

**Wege zur Demokratie**

**Industrialisierung**

## Deutschland im 19. Jahrhundert

1848 Märzaufstand in Wien, Berlin und München
1848 Mai Nationalversammlung in Frankfurt a. M.; Beratung der Grundrechte und der Verfassung
1849 Friedrich Wilhelm IV. von Preußen lehnt die Kaiserkrone ab. Auflösung der Nationalversammlung.

1870/71 Deutsch-französischer Krieg
1871 Gründung des deutschen Reiches, Otto von Bismarck wird Reichskanzl
1878 Sozialistengesetz
1882 Dreibund: Deutschland, Österreich, I

## Industrialisierung

## Judentum

## Wanderungen

19. Jh. Massenauswander in die USA

1890 1900 1910 1920 1930 1940 2000

## mperialismus

ab 1870 Eroberungspolitik europäischer Staaten in Afrika und Asien
1899–1902 Burenkrieg
1904 Hereroaufstand
ab 1900 Wettrüsten der europäischen Staaten
1914 Ausbruch des Ersten Weltkriegs

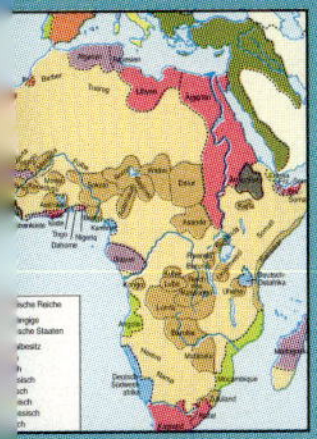

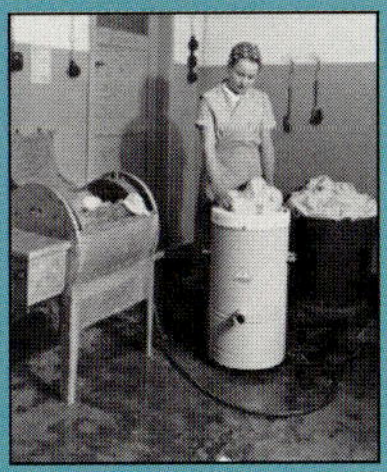

1767 Spinning Jenny
1769 James Watt, Dampfmaschine
1814 George Stephenson, 1. Lokomotive
1861 Erste Gewerkschaften in Deutschland
1863 „Allgemeiner Deutscher Arbeiterverein“ gegründet
1865 „Allgemeiner Deutscher Frauenverein“ gegründet
1886 Benz und Daimler entwickeln das 1. Auto

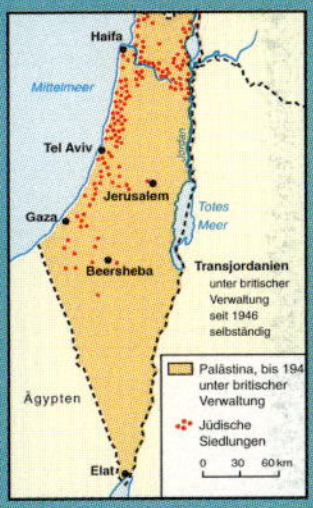


1939–1945 planmäßige Ermordung der Juden
1948 Gründung des Staates Israel

seit 1945 weltweite Flüchtlingsbewegungen

**Artikel 1**
(1) Die Würde des Menschen ist unantastbar. Sie zu achten und zu schützen ist Verpflichtung aller staatlichen Gewalt.
(2) Das deutsche Volk bekennt sich darum zu unverletzlichen und unveräußerlichen Menschenrechten als Grundlage jeder menschlichen Gemeinschaft, des Friedens und der Gerechtigkeit in der Welt ...

**Artikel 2**
(1) Jeder hat das Recht auf die freie Entfaltung seiner Persönlichkeit, soweit er nicht die Rechte anderer verletzt und gegen die verfassungsmäßige Ordnung oder das Sittengesetzt verstößt.
(2) Jeder hat das Recht auf Leben und körperliche Unversehrtheit. Die Freiheit der Person ist unverletzlich. In diese Rechte darf nur auf Grund eines Gesetzes eingegriffen werden.

**Artikel 3**
(1) Alle Menschen sind vor dem Gesetz gleich.
(2) Männer und Frauen sind gleichberechtigt. Der Staat fördert die tatsächliche Durchsetzung der Gleichberechtigung von Frauen und Männern und wirkt auf die Beseitigung bestehender Nachteile hin.
(3) Niemand darf wegen seines Geschlechts, seiner Abstammung, seiner Rasse, seiner Sprache, seiner Heimat und Herkunft, seines Glaubens, seiner religiösen oder politischen Anschauungen benachteiligt oder bevorzugt werden. Niemand darf wegen seiner Behinderung benachteiligt werden.

**Artikel 4**
(1) Die Freiheit des Glaubens, des Gewissens und die Freiheit des religiösen und weltanschaulichen Bekenntnisses sind unverletzlich ...
(3) Niemand darf gegen sein Gewissen zum Kriegsdienst mit der Waffe gezwungen werden ...

**Artikel 5**
(1) Jeder hat das Recht, seine Meinung in Wort, Schrift und Bild frei zu äußern und zu verbreiten und sich aus allgemein zugänglichen Quellen ungehindert zu unterrichten. Die Pressefreiheit und die Freiheit der Berichterstattung ... werden gewährleistet. Eine Zensur findet nicht statt ...

**Artikel 8**
(1) Alle Deutschen haben das Recht, sich ohne Anmeldung oder Erlaubnis friedlich und ohne Waffen zu versammeln.
(2) Für Versammlungen unter freiem Himmel kann dieses Recht durch Gesetz ... beschränkt werden.

**Artikel 9**
(1) Alle Deutschen haben das Recht, Vereine und Gesellschaften zu bilden.
(2) Vereinigungen, deren Zweck oder deren Tätigkeit den Strafgesetzen zuwiderläuft oder die sich gegen die verfassungsmäßige Ordnung oder gegen Gedanken der Völkerverständigung richten, sind verboten.

**Artikel 10**
(1) Das Briefgeheimnis sowie das Post- und Fernmeldegeheimnis sind unverletzlich.
(2) Beschränkungen dürfen nur auf Grund eines Gesetzes angeordnet werden ...

**Artikel 11**
(1) Alle Deutschen genießen Freizügigkeit im ganzen Bundesgebiet ...

**Artikel 12**
(1) Alle Deutschen haben das Recht, Beruf, Arbeitsplatz und Ausbildungsstätte frei zu wählen. Die Berufsausübung kann durch Gesetz ... geregelt werden ...
(2) Zwangsarbeit ist nur bei einer gerichtlich angeordneten Freiheitsentziehung zulässig.

**Artikel 12a**
(1) Männer können vom vollendeten achtzehnten Lebensjahr an zum Dienst in den Streitkräften, im Bundesgrenzschutz oder in einem Zivilschutzverband verpflichtet werden.
(2) Wer aus Gewissensgründen den Kriegsdienst mit der Waffe verweigert, kann zum Ersatzdienst verpflichtet werden ...

**Artikel 13**
(1) Die Wohnung ist unverletzlich.
(2) Durchsuchungen dürfen nur durch den Richter, bei Gefahr im Verzuge auch durch die in den Gesetzen vorgesehenen anderen Organe angeordnet und nur in der dort vorgeschriebenen Form durchgeführt werden ...

**Artikel 14**
(1) Das Eigentum und das Erbrecht werden gewährleistet. Inhalt und Schranken werden durch die Gesetze bestimmt.
(2) Eigentum verpflichtet. Sein Gebrauch soll zugleich dem Wohl der Allgemeinheit dienen.
(3) Eine Enteignung ist nur zum Wohle der Allgemeinheit zulässig ...

**Artikel 15**
Grund und Boden, Naturschätze und Produktionsmittel können zum Zeck der Vergesellschaftung durch ein Gesetz, das Art und Ausmaß der Entschädigung regelt, in Gemeineigentum ... übergeführt werden ...

**Artikel 16**
(1) Die deutsche Staatsangehörigkeit darf nicht entzogen werden ...
(2) Kein Deutscher darf an das Ausland ausgeliefert werden.

**Artikel 16 a**
(1) Politisch Verfolgte genießen Asylrecht.
(2) Auf Absatz 1 kann sich nicht berufen, wer aus einem Mitgliedsstaat der Europäischen Gemeinschaften oder aus einem Drittstaat einreist, in dem die Anwendung des Abkommens über die Rechtsstellung der Flüchtlinge und der Konvention zum Schutze der Menschenrechte und Grundfreiheiten sichergestellt ist ...

**Artikel 17**
Jedermann hat das Recht, sich einzeln oder in Gemeinschaft mit anderen schriftlich mit Bitten oder Beschwerden an die zuständigen Stellen und an die Volksvertretung zu wenden.

**Artikel 18**
Wer die Freiheit der Meinungsäußerung, insbesondere die Pressefreiheit, die Lehrfreiheit, die Versammlungsfreiheit, die Vereinigungsfreiheit, das Brief-, Post- und Fernmeldegeheimnis, das Eigentum oder das Asylrecht zum Kampfe gegen die freiheitliche demokratische Grundordnung mißbraucht, verwirkt diese Grundrechte. Die Verwirkung und ihr Ausmaß werden durch das Bundesverfassungsgericht ausgesprochen.

**Artikel 19**
... (2) In keinem Fall darf ein Grundrecht in seinem Wesensgehalt angetastet werden.

**Artikel 20**
(1) Die Bundesrepublik Deutschland ist ein demokratischer und sozialer Bundesstaat.
(2) Alle Staatsgewalt geht vom Volk aus. Sie wird vom Volk in Wahlen und Abstimmungen und durch besondere Organe der Gesetzgebung, der vollziehenden Gewalt und der Rechtsprechung ausgeübt ...
(4) Gegen jeden, der es unternimmt, diese Ordnung zu beseitigen, haben alle Deutschen das Recht zum Widerstand, wenn andere Abhilfe nicht möglich ist.

**Artikel 21**
(1) Die Parteien wirken bei der politischen Willensbildung des Volkes mit ...

**Wanderungen in der Geschichte**

F. Hetman, *Amerika-Saga,* Hamburg 1986.
Pierre Miquel, *So lebten sie zur Zeit der Völkerwanderung,* Tessloff, Hamburg.
Wolf Dieter Tipelskirch, *Die Stunde der Germanen,* Düsseldorf 1978.
Fanon, Frantz, *Die Verdammten dieser Erde,* Rowohlt Taschenbuch Verlag, Reinbek bei Hamburg.
Loetscher , Hugo (Hg.), *Die Welt ist groß und gehört den andern,* Lesebuch der Dritten Welt, Frauenfeld/ Schweiz, Huber.
*Akuabo – sei willkommen,* München 1991, dtv pocket 780009.
*Hamid spielt Hamid,* München 1990, dtv junior 7864.

**Die Entstehung der Neuzeit und die „Entdeckung" der Welt**

Urs M. Fiechtner/Sergio Vesely, *Erwachen in der neuen Welt. Die Geschichte von Las Casas.* Signal, Baden-Baden 1988.
Gerd Lobin, *Mit Kolumbus nach Amerika.* Arena Verlag Würzburg 1992.
Pierre Marc/Jindra Capek, *Die Reisen des Kapitän Cook.* bohem press 1992.
Pierre Marc/Michael Brix, *Kolumbus entdeckt Amerika.* bohem press 1992.
Ernst Nöstlinger, *Den Osten im Westen suchen. Das Leben des Christoph Kolumbus.* Beltz & Gelberg Weinheim 1991.
Carlo Ross, *1492 – Aufbruch ins Abenteuer.* C. Bertelsmann Verlag München 1992.
Karl Josef Seufert, *Kurs West – Christoph Kolumbus entdeckt die neue Welt.* Loewe Verlag Bindlach 1992.

**Auf dem Weg zur Demokratie: Frankreich 1789-1804**

L. Garfield, *Der betrogene Betrüger,* Stuttgart 1976.
W. Hansen, *Der Detektiv von Paris,* Wien/Heidelberg 1980.
K. Held, *Der Trommler von Faido,* Frankfurt a. M. 1969.
E. Kyle, *Die Hofmalerin von Versailles,* Stuttgart 1964.
O. Meyer, *Gesprengte Fesseln,* Aarau/Frankfurt a. M. 1961.
H. P. Richter, *Saint Just und die Französische Revolution,* Balwe 1975.
T. Röhrig, *Mathias Weber, genannt der Fetzer,* Würzburg 1981.
G. Sachse, *Das Floß der armen Leute,* München 1983.
G. v. Stotzingen, *Das Boot auf der Marne,* Freiburg 1961.
C. Wethekam, *Tignasse,* dtv-junior 7388, 1980.
C. Wethekam, *Mamie,* dtv-junior 7409, 1980.

**Auf dem Weg zur Demokratie: Deutschland im 19. Jahrhundert**

F. Hetman, *Bettina und Achim,* Weinheim/Basel 1984.
I. Kleberger, *Eine Gabe ist eine Aufgabe,* Käthe Kollwitz, Berlin, dtv-junior 79020.
M. Krausnick, *Beruf Räuber,* rotfuchs 172.
D. Preuß, P. Dietrich, *Bericht vom poetischen Leben,* Modautal-Neunkirchen.
D. Reiche, *Der verlorene Frühling,* Modautal-Neunkirchen 1981.
W. Wegner/E. Steinke, *Jan Ochsenknecht,* Stuttgart 1988.
W. Fährmann, *Der lange Weg des Lukas B.,* Würzburg 1992.
H. Glaser/W. Pützsch, *Ein deutsches Bilderbuch 18701918,* München 1982.
H. v. d. Mehden, *Ich hab mich ergeben,* Freiburg 1980.
H. Meyer, *Der Zeitungsschmuggler,* Ravensburger TB 674.
Th. Zottmann, *Aufbruch aus dem Schatten,* Würzburg 1972.

**Industrialisierung**

H. Burton, *Die Aufrechten,* dtv-junior 70040
M. Darke, *Eine Frage des Mutes,* Ravensburger TB 664.
M. Darke, *Eine Freiheit ohne Glück,* Ravensburger TB 898.
Ch. Dickens, *Oliver Twist,* Ravensburger TB 139, 1992.
J. London, *Die Menschen des Abgrunds,* Dortmund 1974.
A. Popp, *Jugend einer Arbeiterin,* Berlin/Bonn 1983.
F. Selmeier, *Eisen, Kohle, Dampf,* rororo 7712.

**Imperialismus**

G. Fink, *Mich hungert,* Ullstein Buch 20050.
A. Frank, *Der Junge, der seinen Geburtstag vergaß,* Ravensburg 1983.
C. Höcker, *Ein Kind von damals,* Berlin 1977.
D. Kherdian, *Der Schatten des Halbmonds,* Wien/ Heidelberg 1981.
H. Pleticha, *Geschichte aus erster Hand. Von den Entdeckungsreisen bis zum 2. Weltkrieg,* Würzburg 1983.
H. Pleticha, *Entdeckungsgeschichte aus erster Hand. Afrika und Asien,* Würzburg 1984.
M. I. Rostkowski, *Ich kann es nicht vergessen,* Wien 1988.
M. Selber, *Hendrik Witboy,* rotfuchs 215.
B. v. Suttner, *Vision vom Frieden,* Berlin 1985.

**absolut** (lat.) uneingeschränkt, unabhängig
**absolutistisch** In Bezug auf die Regierung gebraucht, bedeutet absolutistisch, ohne Einschränkungen zu herrschen.
**Agglomeration** (lat.) Zusammenballung
**Agitation** intensive politische Werbung, Propaganda
**Akkord** System der Lohnbemessung in der Industriearbeit, bei dem nicht nur die Arbeitszeit entlohnt wird, sondern die Menge der tatsächlich produzierten Waren der Lohnbemessung zugrundeliegt.
**Aktiengesellschaft** Eine Aktiengesellschaft ist ein Unternehmen, dessen Grundkapital durch den Verkauf von Aktien zusammengekommen ist. Die Gründung einer Aktiengesellschaft eröffnet dem Unternehmer die Möglichkeit, schnell große Mengen Kapital für den Auf- oder Ausbau seines Unternehmens zu erhalten, ohne dafür Zinsen an eine Bank zahlen zu müssen. Jeder Aktionär besitzt einen Anteil an dem Unternehmen, der dem Nennwert seiner Aktien entspricht. Auf der jährlichen Hauptversammlung der Aktionäre kann er die Unternehmenspolitik seinem Anteil entsprechend mitbestimmen. Die Aktionäre können ihre Aktien normalerweise an der Aktienbörse frei verkaufen. Neben einem jährlichen Anteil am Unternehmensgewinn („Dividende") sind mögliche Kursgewinne der Hauptanreiz für den Kauf von Aktien. In den Kursschwankungen liegt aber auch das Risiko dieser Form der Geldanlage.
**Alarich (I.)** König der Westgoten (von 395 bis 410), der mit seinen Soldaten u.a. mehrfach in Italien einfiel und dieses verwüstete.
**Amnestie** Straferlaß für Straftaten.
**Anarchie** herrschaftsloser, gesetzloser Zustand, in dem weder Obrigkeit noch Gesetze anerkannt werden.
**Antisemitismus, antisemitisch** judenfeindlich, gegen Juden gerichtet. Der Begriff Antisemismus entstand erst 1879, obwohl es vor allem aus religiösen Gründen schon seit der Antike und im Mittelalter Judenfeindschaft gab. Ab 1860 verstärkte sich eine rassistische Begründung für die Judenfeindschaft. Die Juden galten als minderwertige Rasse. Dieser rassisch begründete Antisemitismus wurde später zu einer der Grundlagen des Nationalsozialismus.
**Arbeiterklasse** siehe Proletariat und Klasse.
**Arbeitsmaschine** Maschine, die bestimmte Arbeiten ausführt. Sie benötigt in der Regel für ihre Funktion eine Energiezufuhr.
**Aristokrat, Aristokratin** Adliger, Adlige.
**aristokratisch** adlig.
**Assoziation** Vereinigung, Zusammenschluß..
**Aufklärung** Geistige Bewegung vom Ende des 17. bis Ende des 18. Jahrhunderts. Sie war von der Vorstellung bestimmt, daß die Vernunft das Denken der Menschen bestimmen sollte. Aufklärer wie Voltaire, Montesquieu und Kant forderten die Menschen auf, sich mit Hilfe der Vernunft aus ihrer Unmündigkeit zu befreien. Vernunft, Erfahrung und Experiment sollten Glauben und Tradition als Grundlage der Erkenntnis ablösen. Das Denken der Aufklärung entfaltet bis in unsere Zeit große Wirkung.
**Barbaren** (griech.) eine (abwertende) Bezeichnung für alle, die außerhalb des griechisch-römischen Welt lebten, hier: Ungebildeter, Rohling.
**Befreiungskriege** (1813-1815) In den Befreiungskriegen kämpfte eine breite Volksbewegung gemeinsam mit deutschen Fürsten, um die napoleonische Fremdherrschaft über Deutschland abzuschütteln. Nachdem Napoleon 1812 eine schwere Niederlage gegen Rußland hinnehmen mußte, trat im Frühjahr 1813 zunächst Preußen auf die Seite der alliierten Gegner Frankreichs. Die anderen deutschen Staaten folgten nach dem Sieg der Alliierten – England, Rußland, Österreich, Preußen und Schweden – in der Völkerschlacht bei Leipzig.
**Berge versetzen** Forträumen des Abraums (Berge) im Bergbau.
**Berliner Mauer** eine scharf bewachte und mit Minen und Selbstschußanlagen bestückte, streng bewachte Grenzbefestigung zwischen dem früheren Westen und Osten Berlins, die ohne Erlaubnis nicht überschritten werden durfte. Die Berliner Mauer wurde am 13.8.1961 errichtet und bestand bis zum Zusammenbruch der DDR 1989/90.
**Biographie** Lebensbeschreibung.
**Bolschewiki** Bezeichnung für die russischen Kommunisten.
**Bourgeoisie** wohlhabendes Bürgertum, bei Marx und Engels Besitzer von Fabriken, Kapitalisten.
**Bruttosozialprodukt** (BSP) Summe des Wertes aller Waren und Dienstleistungen, die innerhalb einer Volkswirtschaft produziert werden, zumeist im Jahreszeitraum bewertet. Das BSP gilt als Maßstab für die Bewertung der Leistungsfähigkeit einer Volkswirtschaft.
**Dämonen, Dämonenfurcht** In der Spätantike und im Mittelalter galten Dämonen als Vertreter der bösen Mächte, die die Menschen zu beherrschen suchten und sie mit Krankheiten belasteten oder zu verbrecherischem Handeln verführten. Weit verbreitet war die Furcht vor ihnen.
**Dekret** Erlaß, Anordnung mit Gesetzeskraft
**Denar** Silbermünze
**Denkschrift** schriftliche Darlegung zu einem bestimmten Problem, oft im amtlichen Auftrag oder an eine Behörde gerichtet.
**Denunzierung** Verrat. Eine meist aus unehrenhaften Beweggründen erfolgende, oft falsche Anzeige bei der Polizei oder anderen Staatsorganen.
**Deputierter** Abgeordneter.
**despotisch** schrankenlos, rücksichtslos herrschend
**Dioxin** Kurzbezeichnung für ein äußerst giftiges Nebenprodukt bei der Herstellung bestimmter Chemikalien. Dioxin kann auch bei Brandunfällen durch unkontrollierte Verbrennung bestimmter, ansonsten ungefährlicher Materialien entstehen.
**Diskriminierung** Benachteiligung bestimmter Personen oder Personengruppen im öffentlichen Bereich, beispielsweise aus politischen oder rassistischen Gründen (von lat. discrimere, unterscheiden)
**Distrikt** Bezirk.
**Dreißigjähriger Krieg** (1618–1648) Krieg aus religiösen Gegensätzen in Deutschland und vor allem um die Vorherrschaft zwischen (katholischem) Kaiser und (protestantischen) Landesfürsten
**Dritte Welt** vereinfachend gebrauchter Name für die Länder auf der Südhalbkugel der Erde, die im Vergleich zu den Industriestaaten (sogenannte „erste Welt") wirtschaftlich gering entwickelt sind. Die vormals kommunistischen Länder im Osten (frühere Sowjetunion, DDR, Polen usw.) bezeichnete man mit dem Begriff „Zweite Welt".

**Dynastie** Herrscherfamilie.
**ethisch** sittlich.
**Emanzipation** Befreiung von Abhängigkeit und Bevormundung.
**Emigration** Auswanderung.
**Empire** Bezeichnung für das britische Weltreich mit seinen Kolonien. Anfang des 20.Jahrhunderts umfaßte es ein Viertel der Erdoberfläche und der Bewohner der Erde.
**Epoche** Bezeichnung für einen Zeitraum, der auf Grund charakteristischer Merkmale als Einheit gesehen wird.
**Exekutive** die ausführende Gewalt im Staat, Tätigkeit der Regierung und Behörden auf der Grundlage der Gesetze.
**Exil** Zuflucht im Ausland vor politischer Verfolgung.
**Existenz** Dasein, Vorhandensein.
**expandieren** sich ausdehnen, erweitern.
**Feudalsystem** Bezeichnung für die ständische Gesellschaftsordnung, die sich auf Vorrechte und Privilegien stützte, Form der sozialen, wirtschaftlichen und politischen Ordnung, in Europa während des Mittelalters und der frühen Neuzeit. Der Adel, die Kirchen und Klöster waren Obereigentümer des Bodens und zugleich Gerichtsherren sowie für die Verwaltung und die Polizei zuständig. Die Bauern, Landarme und Landhandwerker bearbeiteten den Boden und waren abgabe- und dienstpflichtig. Oft waren sie unfrei und an den Boden gebunden.
**Flachs** Gewächs, aus dem durch verschiedene Arbeitsgänge Leinen gewonnen wird.
**fossil** versteinert. In Bezug auf Brennstoffe: Kohle, Mineralöl.
**Frevel** schändliches Verbrechen, bösartige Handlung.
**freventlich** verbrecherisch.
**Friedensresolution** öffentliche Aufforderung zum Friedensschluß unter Einschluß bestimmter Bedingungen.
**Garnison** 1. Soldaten, die in einer Stadt stationiert sind. 2. Ort, in dem eine militärische Einheit stationiert ist.
**Gedingesystem** Akkord-Lohn im Bergbau unter Tage.
**Generalstände** allgemeine Ständeversammlung in Frankreich (siehe unter Stände). Im vorrevolutionären Frankreich die Versammlung der Vertreter des Klerus, des Adels und des Dritten Standes aus allen Provinzen. Der König rief die Generalstände zusammen, wenn er neue Steuern bewilligt haben wollte. Die Generalstände hatten auch das Recht, Beschwerden vor den König zu bringen.
**Germanisierung** Eindeutschung. Hier: Politik des Deutschen Kaiserreichs, nationale Minderheiten im Reichsgebiet „einzudeutschen". Das erfolgte durch die Unterdrückung sprachlicher und kultureller Eigenständigkeit der Minderheiten, zum Beispiel durch das Verbot, die polnische Sprache in der Schule zu verwenden. Betroffen waren verschiedene Minderheiten, wie Franzosen, Dänen, vor allem aber Polen.
**Gesinde-Ordnung** Rechtsordnung, die die Beschäftigten in der Landwirtschaft auch im privaten Bereich weitgehend dem Willen des Großgrundbesitzers unterwarf.
**Girondisten** Bezeichnung für eine politische Gruppe während der französischen Revolution, die sich für die konstitutionelle Monarchie eingesetzt hatte. Sie umfaßte vor allen Dingen das wohlhabende Bürgertum und geriet in Konflikt mit den Sansculotten und Jakobinern. Während der Schreckensherrschaft 1792-1794 wurden die Girondisten politisch verfolgt. Der Name stammt von der französichen Flußlandschaft Gironde her, deren Bevölkerung sich gegen die Jakobinerherrschaft erhob.
**Groot Rohr** (afrikaans:) große Kanone.
**Guillotine** Hinrichtungsgerät (Fallbeil), das nach seinem Erfinder, dem Arzt Guillotin benannt worden war. Vor der Erfindung der Guillotine waren Hinrichtungen oft mit langen, qualvollen Schmerzen für den Verurteilten verbunden, weil bei den verschiedenen Hinrichtungsmethoden Pannen passieren konnten. Die Guillotine sollte im Sinne einer humaneren Bestrafung durch ihren Mechanismus eine rasche, schmerzlose Tötung des Verurteilten sichern. Die Guillotine wurde aber schließlich zum Symbol der massenhaften, mechanisierten Tötung während der Phase der Schreckensherrschaft der Französischen Revolution.
**human** (lat.) menschlich, auf den Menschen bezogen, dem Menschen angemessen.
**Humanismus** philosophische Strömung, die aus dem Spätmittelalter heraus entstand und im Rahmen christlicher Weltanschauung im Menschen einen von Gott geschaffenen Maßstab aller Dinge erkannte. Sie setzte sich damit vom mittelalterlichen Denken ab, das seine Erkenntnisse allein aus der Auslegung der Bibel ziehen wollte. Die Humanisten griffen bei ihren Forschungen verstärkt auf antike – vorchristliche – griechische und lateinische Schriften zurück, in denen sie die Methoden vorfanden, die sie zur Erforschung des Diesseits benötigten.
**Humanist** Anhänger oder Vertreter des Humanismus.
**Indigo** aus Pflanzen gewonnener Farbstoff zum Blaufärben von Textilien, zunächst aus Indien nach Europa importiert.
**Industriekapitalismus** Bezeichnung für die Wirtschaftsform, die durch Einsatz von Kapital in der Industrie einen möglichst hohen Gewinn erzielen will.
**Industrielle Revolution** Bezeichnung für den Prozeß der Industrialisierung im 19. Jahrhundert, der auf die weitreichenden Folgen der Industrialisierung in alle Lebensbereiche hinein hinweisen soll.
**Initiative** einen Gedanken aufgreifen und mit seiner Verwirklichung beginnen, der erste Schritt zu einer Handlung.
**Institutionen** Behörden, Amtsstellen, Einrichtungen für bestimmte Dienste.
**Integration** Eingliederung.
**Intervention** Einmischung, vor allem benutzt für die gewaltsame Einmischung eines Staates in die Angelegenheiten eines anderen bzw. ihre Androhung.
**Invalide** Behinderter aufgrund einer Verletzung, früher oft aufgrund einer Kriegsverletzung
**investieren** Kapital in ein Unternehmen einzahlen.
**Jahresverdienst** Verdienst, den ein Arbeiter oder ein Angestellter während eines ganzen Jahres insgesamt erzielt.
**Jakobiner** Mitglieder des wichtigsten politischen Klubs der Französischen Revolution. Unter Führung von Robespierre organisierten die Jakobiner eine Gewaltherrschaft, um ihre revolutionären Ziele durchzusetzen. Die Bezeichnung steht allgemein für radikale Anhänger der Französischen Revolution, die Gleichheit nicht nur vor dem Gesetz, sondern auch in der Besitzfrage forderten.
**Judenemanzipation** Judenbefreiung. In der Ständegesellschaft des Mittelalters und der Frühen Neuzeit waren die Juden an bestimmte Ordnungen gebunden. Dadurch blieben

sie beispielsweise von vielen Berufen ausgeschlossen und aus dem öffentlichen Leben verdrängt. Wohnen durften sie nur in bestimmten, dafür vorgesehenen Gebieten. Für ihre städtischen Wohnviertel wird der Name „Ghetto" gebraucht, der ursprünglich das Judenviertel von Venedig bezeichnete.
Im Zeitalter der Französischen Revolution wurden diese Regelungen nicht nur in Frankreich, sondern auch in anderen europäischen Ländern aufgehoben, so in Preußen 1812. Die Juden wurden damit nahezu gleichberechtigte Mitbürger, was sie als Befreiung empfanden. Die Mehrheit der übrigen Bevölkerung begegnete den Juden jedoch oft weiterhin mit Vorurteilen.

**Justiz** Rechtspflege, Gerichtsbarkeit, sämtliche Gerichte

**Kapital, Kapitalien** feste Geldsumme oder Vermögenswerte, die verwendet werden sollen, um daraus in einem Unternehmen Gewinn zu erzielen, beispielsweise bei einer Unternehmensgründung zur Finanzierung aller für den Produktionsprozeß nötigen Güter (Maschinen, Grundstücke, Fabrikgebäude, Rohstoffe, Transportmittel).

**Kapitalist** Im 17. Jahrhundert entstandene Bezeichnung für Personen, die hohe Geldsummen (Kapital) zinstragend anlegten oder Vermögen besaßen und von deren Ertrag lebten. Im 19. Jahrhundert von Vertretern der Arbeiterbewegung verwendeter Begriff zur Bezeichnung der gesellschaftlichen Gruppe der Fabrikanten und Personen, die in die Industrie Kapital investierten.

**kapitalistische Produktionsweise** Unter der Produktionsweise versteht man im Sinne der Theorien von Karl Marx und Friedrich Engels die Eigentumsverhältnisse an den Produktionsmitteln. Die kapitalistische Produktionsweise zeichnet sich dadurch aus, daß sich die Produktionsmittel – Maschinen, Rohstoffe, Energie usw. – im Privatbesitz der sogenannten „Kapitalisten" befinden.

**Kategorie** hier: Art, Sorte.

**Klasse** hier: soziale Schicht, der die Menschen aufgrund ihrer wirtschaftlichen Verhältnisse fest zugeordnet sind.

**Klischee** allgemein übliche, weit verbreitete Vorstellung, die man sich von einer Sache macht, die jedoch meist unzutreffend ist.

**Koalition** Zusammenschluß Verbindung zu gemeinsamem Handeln, Bündnis, hier: Arbeitervereinigung.

**Kohlendioxid** chem. $CO_2$, bei Verbrennungsprozessen entstehendes Abgas, das als ein Verursacher des vermuteten Treibhauseffektes angesehen wird.

**Kolonialismus** Politisches und wirtschaftliches Streben nach Erwerb von Gebieten außerhalb des eigenen Landes (Kolonien).

**Kolonie** Das Wort hat verschiedene Bedeutungen:
1. Wohngebiet, das von Unternehmern für die in ihrem Betrieb beschäftigten Arbeiter und Angestellten angelegt worden ist, z.B. als sogenannte Zechenkolonie.
2. Gebiet außerhalb des eigenen Landes, das zur Ansiedlung von Auswanderern bestimmt ist. Daraus entwickelte sich die Bezeichnung für sämtliche Gebiete außerhalb von Europa, die von europäischen Staaten abhängig wurden.

**Kolonist** Siedler, der sich in einer Kolonie niederlassen will, zumeist als Landwirt.

**Komitee** Vereinigung von Bürgern zu einem bestimmten politischen Zweck.

**Kongreß-Polen** Bezeichnung für den Teil Polens, der auf dem Wiener Kongreß der Herrschaft des Zaren unterstellt worden war. Kongreßpolen war zunächst ein eigenes Königreich, das als neutraler Kleinstaat unter dem Schutz der Großmächte stehen sollte, bevor es der Zar gänzlich in seinen Machtbereich eingliederte. Zu Kongreßpolen gehörte nicht die preußische Provinz Posen, von der in diesem Zusammenhang jedoch in M2, S. 162 die Rede ist. Der Autor diesesTextes benutzt den Begriff offensichtlich falsch.

**Konkurs** wirtschaftlicher Zusammenbruch eines Unternehmens, Zahlungsunfähigkeit.

**konservativ** darauf bedacht, bestehende Zustände zu bewahren. Seit der Französischen Revolution entwickelten sich die Konservativen zu einer politischen Partei.

**konstitutionell** im Rahmen der Vorschriften einer Verfassung, auf eine Verfassung bezogen, verfassungsgemäß.

**Konsistorialrat** hoher evangelischer Kirchenvorsteher.

**Kontinuität** Beständigkeit.

**Kontrahent** hier: Gegner.

**Kraftmaschine** Maschine zur Gewinnung von Energie, mit der Arbeitsmaschinen angetrieben werden können.

**Kuli** Bezeichnung für einen asiatischen Lastträger oder Tagelöhner, billige Arbeitskraft, zumeist abschätzig gebraucht.

**legitim** berechtigt, rechtmäßig, durch das Recht geboten.

**Legislative** Gesetzgebende Gewalt, in der Bundesrepublik Deutschland Bundestag und Bundesrat, Land- und Kreistage.

**liberal** freiheitlich (lat. liber = frei) (siehe auch unter national). Gebildete Bürger schloßen sich im 19. Jahrhundert zur Partei der Liberalen zusammen, die sich für Gewaltenteilung, eine Verfassung, die Verwirklichung der Menschenrechte und größtmögliche Freiheit für den Einzelnen in Staat und Gesellschaft einsetzte. Hauptgegner der Liberalen waren die Anhänger der unumschränkten Fürstenherrschaft.

**List, Friedrich** (1789–1846) Volkswirt und Politiker, geriet wegen seiner politischen Vorstellungen zur Aufhebung von Zollgrenzen in Deutschland in Gegnerschaft zur württembergischen Regierung, wurde zur Haft verurteilt und wanderte deswegen für einige Zeit nach Amerika aus. Er trat später vor allem für den Bau eines Eisenbahnnetzes in Deutschland ein.

**Livres** französische Silbermünze.

**logieren** hier: plazieren, unterbringen.

**Lüster** prunkvolle, häufig mit Kristall verzierte, mehrflammige Deckenbeleuchtung.

**Manufaktur** Gewerbebetrieb des 17. und 18. Jahrhunderts, in dem zahlreiche Arbeiter große Mengen einer Ware arbeitsteilig in Handarbeit herstellten. Die Arbeit war oft in einzelne Schritte eingeteilt (Arbeitsteilung), um die Leistung des einzelnen Arbeiters zu steigern. Die Manufaktur gilt als Vorläufer der Fabrik.

**Markt** Der Ort, wo sich zu bestimmten Zeiten Verkäufer und Käufer zusammenfinden. Das Verhältnis von Angebot und Nachfrage bestimmt den Preis, wenn es keine Eingriffe in die Konkurrenz gibt, etwa durch behördliche Preisfestsetzungen. In den mittelalterlichen Städten waren Marktplätze und -hallen die Zentren des Wirtschaftslebens. In der heutigen Zeit werden die wichtigsten Geschäfte nicht mehr auf Marktplätzen abgewickelt. Trotzdem bezeichnet man das Zusammenspiel von Angebot und Nachfrage allgemein als Marktgeschehen.

**Marktkriterien** hier: Auf den Arbeitsmarkt bezogen die Bedingungen, unter denen die Arbeitskraft „verwertet" wird im Sinne von: Tausch der Arbeitskraft gegen Lohn. Das Arbeitsverhältnis wird hier ausschließlich unter wirtschaftlichem Gesichtspunkt gesehen.
**Masuren** Landschaft im südlichen Ostpreußen, heute polnisch. Die Masuren sprachen teilweise deutsch, teilweise polnisch mit einem eigenen masurischen Dialekt.
**Mehrstellenarbeit** Fortschreitende Automatisierung hat immer wieder dazu geführt, daß herkömmliche Arbeitsplätze durch Maschinen ersetzt wurden, die nur noch überwacht werden müssen. Die Überwachung kann zumeist eine Arbeitskraft für mehrere der bisherigen Stellen übernehmen. Dabei spricht man von Mehrstellenarbeit. Auch wenn tatsächlich nicht öfter als früher in die Maschinen eingegriffen werden muß: Diese Arbeit ist oft sehr anstrengend, weil sie andauernde Aufmerksamkeit für einen Bereich erfordert, der um ein Vielfaches größer ist, als an dem herkömmlichen Arbeitsplatz.
**Mestize** spanische Bezeichnung für Mischlinge zwischen Spaniern und Indianern.
**Methan** Gas, das als ein Verursacher des vermuteten Treibhauseffektes angesehen wird.
**Metropole** Stadt mit zentraler Funktion, Hauptstadt, Weltstadt.
**Meuterei** Auflehnung gegen Vorgesetzte, Gehorsamsverweigerung von Soldaten oder Matrosen.
**Militärkabinett** In Preußen bis 1918 die dem König persönlich zugeordnete Behörde, die alle Militärangelegenheiten entschied. Durch die Abtrennung dieser Angelegenheiten von den übrigen Regierungsangelegenheiten im Zivilkabinett waren sie einer Kontrolle durch das Parlament vollständig entzogen.
**Monarchie** (gr.) Alleinherrschaft, Bezeichnung für die Königsherrschaft. Wenn in einem Staat, an dessen Spitze ein König steht, ein Parlament wichtige politische Rechte hat, wie etwa in England, dann spricht man von einer parlamentarischen Monarchie. Wenn in einem Königreich die wichtigstens politischen Fragen und Funktionen in einer Verfassung geregelt sind, wie etwa in Belgien oder den Niederlanden, spricht man von einer konstitutionellen Monarchie.
**Montur** Uniform.
**Mythos, Mythen** griech.) teilweise phantastische Erzählung, die zur Erklärung und Begründung von Tatsachen dienen sollte.
**national** auf die Nation bezogen. Im 19. Jahrhundert verbreitete sich der Gedanke, daß Menschen gleicher Sprache und Abstammung (lat.: natio = Abstammung) auch politisch zusammengehörten. Menschen gleicher Nationalität lebten oft unter der Herrschaft verschiedener Fürsten, die sogar häufig einer fremden Nation angehörten, beispielsweise in Italien. Die Anhänger des nationalen Gedankens forderten dagegen den Nationalstaat, in dem die Menschen von dieser Fürstenherrschaft befreit zusammenleben sollten. Nationale und freiheitlich-liberale* Gedanken waren zunächst eng verbunden. Oft lebten jedoch Menschen verschiedener Nationen in einem Gebiet und erhoben darauf Anspruch, wie zum Beispiel Polen und Deutsche in den preußischen Ostgebieten. Deshalb kam es bei der Verwirklichung der Nationalstaaten häufig zu Streitigkeiten zwischen den Nationen. Der nationale Gedanke steigerte sich dadurch zum Nationalismus. Dem Nationalismus ging es nicht mehr um die Befreiung von Fürstenherrschaft, sondern um die Durchsetzung eigener Ansprüche gegen fremde Nationen.
**Nationalliberale Partei** 1866 zerbrach in Preußen die Liberale Partei, weil sie sich über die Haltung gegenüber Bismarcks Politik nicht einigen konnte. Die Nationalliberale Partei stimmte nach Preußens Sieg über Österreich den Militärausgaben Bismarcks zu und unterstützte ihn.
**Nationalkonvent** Französisches Parlament 1792-1795
**NSDAP** Nationalsozialistische deutsche Arbeiterpartei. Sie vertrat unter ihrem Führer Adolf Hitler rassistisches und totalitäres Gedankengut. 1933 gelangte sie an die Regierung und errichtete eine Diktatur. Die NSDAP ist für den Ausbruch des Zweiten Weltkrieges, für den Völkermord an den europäischen Juden sowie für zahlreiche andere Verbrechen verantwortlich und seit 1945 verboten.
**ökologisch** hier: umweltgerecht.
**Offizierskorps** Gesamtheit der Offiziere einer Armee.
**optieren** sich entscheiden.
**Omen** Vorzeichen, zumeist als Ankündigung eines bevorstehenden Unglücks. In der Quelle auf S. 121 wird der Ausdruck insofern ironisch gebraucht.
**Partizipationsrechte** Rechte auf Mitbestimmung, Recht, an politischen Entscheidungen teilzunehmen, zum Beispiel durch Wahlen.
**Patriot** Anhänger einer gefühlsbetonten Bindung an das Vaterland.
**Petition** Bittschrift.
**pfäffisch** von „Pfaffe", abwertender Ausdruck für einen Geistlichen.
**Pfühl** veraltetes Wort für Kissen oder Federbett.
**Plantage** „Pflanzung", großflächiger landwirtschaftlicher Betrieb in außereuropäischen Gebieten, der ein bestimmtes Produkt, beispielsweise Kaffee oder Bananen, in großer Menge zumeist für den Export nach Europa herstellt.
**Plebejer** Unterschicht in der Römischen Republik, die Oberschicht waren die Patrizier.
**Pöbel** abschätzige Bezeichnung für Volksmassen.
**Pogrom** (russ.) gewaltsame Ausschreitung gegen Angehörige nationaler oder religiöser Minderheiten.
**Präambel** Vorwort in offiziellen Schriftstücken, beispielsweise bei Verträgen.
**Präventivkrieg** Krieg, den man führt, um dem sicher erwarteten Angriff des Gegners zuvorzukommen.
**Privilegien** Besondere Rechte für einzelne Personen oder Gruppen, z.B. brauchten die Hugenotten in Brandenburg-Preußen nach 1685 bestimmte Steuern nicht zu bezahlen.
**Premierminister** „erster Minister", Regierungschef.
**Produktivität** Wenn ein Arbeiter mit demselben Aufwand an Zeit und Material mehr produziert als sein Kollege, erreicht er eine höhere Produktivität. Man kann die Produktivität von einzelnen Arbeitern vergleichen, aber auch von ganzen Firmen, Gewerbezweigen oder sogar von Ländern untereinander.
**Proklamation** öffentliche Bekanntmachung.
**Proletarier** Bezeichnung für Arbeiterinnen und Arbeiter, die allein vom Verkauf ihrer Arbeitskraft lebten.
**Proletariat** zusammenfassende Bezeichnung für alle Proletarier. Das besitzlose Proletariat sollte nach den Erwartun-

gen von Karl Marx und Friedrich Engels zahlenmäßig immer mehr zunehmen. Schließlich sollte es sich durch eine Revolution die Herrschaft erkämpfen. Dann sollte es keine Privateigentümer von Produktionsmitteln, wie Fabriken, Maschinen oder Rohstoffen, mehr geben. Diesen Zustand nennt man eine „kommunistische Gesellschaftsordnung". Die Gedanken von Marx und Engels haben im 19. und vor allem im 20. Jahrhundert große Wirkung gehabt. In Rußland begann 1917 mit enormen Anstrengungen und Opfern der Versuch, gewaltsam eine kommunistische Gesellschaftsordnung aufzurich-ten. Er teilte die Welt in zwei Blöcke, die sich feindlich gegenüberstanden. Sie bedrohten sich etwa seit 1950 mit gegenseitiger Vernichtung durch Atomwaffen. Seit 1989 ist der Versuch zur Einführung des Kommunismus jedoch in den meisten Ländern aufgegeben worden. Allein China, Kuba und Nordkorea halten heute an diesem Gedanken fest.

**Provence** (lat.: provincia) Landschaft in Südfrankreich, die seit dem Römerreich eine politische Einheit bildete.

**Puritaner** Mitglied einer außerordentlich strengen, reformierten Religionsgemeinschaft in England, die die Kirche von England von allen katholischen Elementen reinigen wollten (Lat. purus = rein). Sie stießen mit ihren strengen Glaubensvorstellungen bei König und Kirche in England auf Widerspruch und sahen sich gezwungen, das Land zu verlassen.

**Qualifikation** durch Ausbildung erworbene Befähigung.

**Rassist** Anhänger der Vorstellung, daß Menschen anderer Rassen minderwertig seien, regelmäßig verbunden mit dem Glauben an die Überlegenheit der eigenen Rasse. Rassistische Vorstellungen steigern sich oft zum Haß, der sich in Gewalt und Mord entladen kann.

**Rationalisierung** Um eine Ware zu produzieren, ist ein bestimmter Aufwand an Rohstoffen und Arbeitskraft erforderlich. Rationalisisierung ist der Versuch, diesen Aufwand durch geschickte Organisation, beispielsweise Mechanisierung und Automatisierung, zu verringern. Rationalisierung führt oft zu Entlassungen von Arbeiterinnen und Arbeitern, die für den neuen Produktionsablauf überflüssig sind.

**Rebell** Aufständischer, Empörer, Aufrührer.

**Rechtsradikale** Radikal sind Menschen, die etwas von Grund auf verändern möchten, ohne zu Kompromissen bereit zu sein. Rechtsradikale kann man – sehr vereinfacht gesagt – u. a. daran erkennen, daß sie das eigene Volk, die eigene Rasse für höherwertig halten als andere und deshalb fremdenfeindlich sind, daß sie zur Gewaltbereitschaft neigen.

**reduzieren** verringern.

**Reformation** (von lat. reformare, wiederherstellen) In der Reformation versuchten Christen in Deutschland in der ersten Hälfte des 16. Jahrhunderts, die katholische Kirche von Mißbräuchen zu befreien. Die Kirche sollte sich nur noch an den Aussagen der Heiligen Schrift, dem Evangelium, orientieren. Weil sich die Ansichten der Reformatoren aber nicht in der ganzen Kirche durchsetzten, führte ihr Vorhaben in Deutschland zu einer Spaltung in eine katholische und eine evangelische Kirche. Auch in vielen anderen europäischen Ländern kam es zu dieser Zeit zu reformatorischen Bewegungen.

**Reformismus** Hier: Ideologie eines Teils der Arbeiterbewegung, die das Staats- und Gesellschaftssystem nicht durch revolutionäre, gewaltsame Maßnahmen, sondern Reformen verändern wollte. Reformistische Kräfte sammelten sich vor allem in den Gewerkschaften, hatten aber auch zunehmenden Einfluß in der Sozialdemokratie.

**Refrain** Verse eines Liedes oder Gedichtes, die Strophe für Strophe wiederholt werden.

**Repressalien** Vergeltungsmaßnahmen, Unterdrükkungsmittel.

**Republikaner** Im 19. Jahrhundert Anhänger der republikanischen Staatsform. In den USA bilden die Republikaner heute eine der größten Parteien. In der Bundesrepublik Deutschland hat sich Ende der 80er Jahre eine Partei gleichen Namens gebildet, die als rechtsextrem gilt.

**Reservat** Bezeichnung für Gebiete in den Kolonien oder in den USA, die die Europäer der ansässigen Bevölkerung als Lebensraum zubilligten. Dabei handelte es sich zumeist um Gegenden, die aus europäischer Sicht vollkommen wertlos waren. Wenn sich das änderte – etwa weil Bodenschätze entdeckt wurden – änderten die Europäer häufig eigenmächtig die Grenzziehung.

**Resolution** Beschluß.

**respektive** hier: beziehungsweise.

**Restauration** Wiederherstellung eines alten Zustandes im politischen Bereich. Als Bezeichnung für die Epoche von 1815 bis 1830 betont der Begriff die Bestrebungen dieser Zeit, die politischen Verhältnisse von vor der Französischen Revolution wieder herzustellen.

**revolutionär** umwälzend, umstürzend.

**Revolutionstheorie** Theorie über Revolutionen, z. B. Theorie von Karl Marx und Friedrich Engels, die eine weltweite Revolution des Proletariats* erwarteten.

**Royalist** Anhänger der Königsherrschaft.

**Salon** (franz.) Großer Saal, Bezeichnung des Empfangszimmers in der adligen oder großbürgerlichen Wohnung; seit dem 18. Jahrhundert Bezeichnung für die Empfänge von Damen und deren intellektuelle, besonders literarische oder politische Kreise.

**Schafott** Gerüst, auf dem öffentliche Hinrichtungen vollzogen wurden. Im Mittelalter und in der Frühen Neuzeit zogen Hinrichtungen viele Schaulustige an. Der Vorgang sollte auch zur Abschrekung dienen und deshalb gut sichtbar sein.

**Schlüsselerfindung** Erfindung, deren breite Anwendung eine Fülle von technischen Veränderungen und weiteren Erfindungen nach sich zieht.

**Schlüsselindustrie** Industriezweig, der ein so großes Wachstum erzielt, daß er das Wachstum anderer Industriezweige und der Gesamtwirtschaft bestimmt.

**Scythien** Landschaft rund um die Donaumündung westlich des Schwarzen Meeres im heutigen Rumänien.

**Semit** hier: Jude.

**Sentimentalität** hier: Handeln, das nicht von der Vernunft, sonden von Gefühlen gelenkt wird.

**Siebenjähriger Krieg** (1756–1763) Krieg Österreichs, Frankreichs und Rußlands sowie Teile des Deutschen Reichs gegen Preußen und Großbritannien sowie seine Verbündeten um den Wiedergewinn Schlesiens, auch Krieg zwischen Großbritannien und Frankreich um die Vorherrschaft in den Kolonien.

**Sklave** persönlich unfreier Mensch, der Eigentum eines anderen ist, der ihn gekauft oder geerbt hat. Der Sklavenhalter kann den Sklaven wie eine Sache verkaufen. Millionen Afrikaner wurden als Sklaven nach Nordamerika verschleppt, um vor allem in den Südstaaten auf den Plantagen zu arbeiten.

**Solidarität** Zusammengehörigkeitsgefühl, Gemeinschaftsempfinden.

**Sous** frz. Kupfermünze, Kleingeld.

**Souveränität** Im modernen Staat die höchste allumfassende Hoheitsgewalt nach innen und außen. In absoluten Monarchien ist der König, in demokratischen Staaten das Volk der Souverän. („Alle Gewalt geht vom Volk aus.")

**Sozialpolitik** Maßnahmen des Staates zur Verbesserung der sozialen Verhältnisse der Bevölkerung, vor allem wirtschaftlich schwacher Gruppen.

**Staatsstreich** gegen die Verfassung gerichteter, zumeist gewaltsamer Machtumsturz, der - anders als eine Revolution - von einer kleinen Zahl von Handelnden, beispielsweise Generälen, ausgeführt wird.

**Stand, Stände** (lat. ordo) Im Mittelalter und der Frühen Neuzeit war die ganze Gesellschaft in Stände eingeteilt. Durch Geburt war man Bauer, Bürger oder Adliger. Es war sehr schwierig, den angeborenen Stand zu wechseln und in der Gesellschaft aufzusteigen. Die Geistlichen bildeten einen eigenen Stand. Adel und Geistlichkeit, aber auch die Bürger in ihren Städten, besaßen Privilegien. Das waren besondere Vorrechte gegenüber den anderen Ständen, in Frankreich beispielsweise die Steuer- freiheit des Adels und der Geistlichkeit. In den Staaten dieser Zeit hatten die Ständeversammlungen (lat. status) festgelegte politische Mitwirkungsrechte. Die Fürsten benötigten die Zustimmung der Stände, um beispielsweise neue Steuern einzuführen. Deshalb gab es oft Konflikte zwischen den Ständeversammlungen und den Fürsten, die absolutistisch regieren wollten. In der Rangordnung der französischen Ständeversammlung bildeten die Geistlichen den ersten Stand, der Adel den zweiten Stand und die Bürger den dritten Stand. Diese Bezeichnungen haben sich für die gesellschaftlichen Stände durchgesetzt.

**Ständegesellschaft** Gesellschaftsordnung während des Mittelalters und der Frühen Neuzeit, bestimmt durch die Einteilung der Gesellschaft in Stände.

**Status** (lat.) Stand, Stellung in einer Rangordnung, in der Gesellschaft; bestimmt unter anderem durch Wertschätzung anderer Menschen (Gruppen), durch die Höhe des Einkommens, die Herkunft und den Bildungsgrad.

**suggestiv** beeinflussend, wobei der Einfluß oft verdeckt bleibt.

**Sultan** muslimischer Herrschertitel.

**Supplikat** Petition, Bittschrift. Ein Brief, in dem man den Fürsten um eine bestimmte Erlaubnis bat. Der Fürst konnte die Erlaubnis nach eigenem Willen geben oder abschlagen.

**Taler** deutsche Silbermünze.

**Taille** Steuer in Frankreich, die auf dem Dritten Stand lastete.

**Tohuwabohu** Durcheinander.

**tolerant sein** einen Andersdenkenden oder Andersgläubigen dulden.

**Trottoir** Bürgersteig.

**Trumeau** mit Spiegeln verzierter Pfeiler.

**Tugend** positive menschliche Eigenschaft, wie Tüchtigkeit, Tapferkeit, Fleiß, Treue.

**Tyrannei** Gewaltherrschaft.

**ultramontan** (lat.: ultra montes = jenseits der Berge, der Alpen) Schlagwort für Menschen und politische Richtungen, die sich als papstfreundlich verstanden. Nach 1870 wurde der Begriff mit antipatriotisch, reichsfeindlich und undeutsch gleichgesetzt.

**United Kingdom** (engl.) Vereinigtes Königreich, Kurzform von „United Kingdom of Great Britain und Northern Ireland"

**USPD** Unabhängige Sozialdemokratische Partei Deutschlands. Partei, die sich im Ersten Weltkrieg von der SPD abgespalten hatte, weil sie mit der Zustimmung der SPD zu den Kriegskrediten nicht einverstanden war.

**Vaterlandslose Gesellen** Schimpfwort der Kaiserzeit für Sozialdemokraten, weil sie sich angeblich nicht für ihr Vaterland einsetzten.

**Verlagssystem, Verleger** Ein Verleger ist ein Unternehmer, der Heimarbeiterinnen und -arbeitern Arbeitsgeräte leiht, Rohstoffe liefert und den Verkauf der Fertigprodukte organisiert. Heimarbeiterinnen und -arbeiter waren bei der Arbeit in diesem Verlagssystemoft sehr stark vom Verleger abhängig, weil er Preise und Löhne häufig nach eigenem Ermessen festlegen konnte.

**Veto** (lat.: ich verbiete) das Recht eines einzelnen politischen Funktionsträgers, neue Gesetze zu verbieten oder aufzuschieben.

**Völkerschlacht bei Leipzig** siehe unter Befreiungskriege.

**Wohlfahrtsausschuß** 1792–94 Bezeichnung für die Regierung Frankreichs. Der Ausschuß sollte sich in der Kriegszeit um das Wohlergehen („Wohlfahrt") des Staates kümmern.

**Zentrum** 1870 gegründete Partei, in der sich die deutschen Katholiken politisch organisierten. Während sich die anderen Parteien dieser Zeit eher als Interessenvertretung für einzelne Gruppen (Arbeiterschaft, Unternehmer, Landwirte, Mittelstand, Bildungsbürgertum) verstanden, fanden sich im Zentrum Vertreter aller Schichten zusammen – sofern sie katholisch waren. Das Zentrum gilt deshalb mit Einschränkungen als erste deutsche Volkspartei im heutigen Sinn.

**Zensuswahlrecht** Ein ungleiches Wahlrecht, bei dem das Recht zu wählen vom Besitz oder der Steuerleistung abhängt. In verschiedenen europäischen Staaten galten Zensuswahlrechte im 19. Jahrhundert, in Preußen bis 1918. Mit modernen demokratischen Vorstellungen von der Gleichheit der Wähler ist das Zensuswahlrecht nicht vereinbar.

**Textquellen:**

## 1. Wanderungen in der Geschichte

**S. 8**: Jordanes Gotengeschichte. Übersetzt von N. Martens. Leipzig 1913; zitiert nach: Maczynska, Magdalena: Die Völkerwanderung. Geschichte einer ruhelosen Epoche. Artemis & Winkler Zürich 1993. S. 38 f. – **S. 9**: (M) Schilderung eines Autors. – **S. 11**: (1) GiQ I. S. 791. – (2) GiQ I. S. 829. – **S. 12**: Horsta Krum, Preußens Adoptivkinder, 300 Jahre Edikt von Potsdam unter Verwendung von „Mémoires pour servir à l'histoire des réfugies francois dans les états dur roi" von J.P. Ermann und E. Reclam 1782–1799. Berlin 1985, S. 46. – **S. 13**: (1) Michelle Magdelaine: Frankfurt am Main: Drehscheibe der Refugiée, in: R.v. Thadden, M. Magdelaine (Hrsg.), Die Hugenotten 1685–1985, München 1985, S. 29 (2) Edikt von Potsdam, moderne Übertragung d. Aut. nach dem Text des Edikts in: Horsta Krum, a.a.O., S. 49 f. – **S. 14**: Tollin, Henri: Geschichte der Französichen Colonie von Magdeburg. 6 Bde. Halle/Magdeburg 1886 ff. Bd. II. S. 472; zit. nach: Thunich, Martin: Sie kamen wie gerufen. Hugenotten in der Wirtschaft Brandenburg-Preußens. S. 26. In: Praxis Geschichte. Heft 3 (Mai)/1992. S. 23–28 (und vom Autor in der Schreibweise angepaßt). – **S. 15**: Beheim-Schwarzbach, Max. Hohenzollernsche Colonisationen. Ein Beitrag zur Geschichte des preußischen Staates und der Colonisation des östlichen Deutschlands. Leipzig 1874. S. 128–130; zit. nach: Thunich, Martin: Sie kamen wie gerufen, a.a.O., S. 23–28. – **S. 16**: Moltmann, Günter (Hrsg.): Aufbruch nach Amerika. Friedrich List und die Auswanderung aus Baden und Württemberg 1816/17. Dokumentation einer sozialen Bewegung. Rainer Wunderlich Verlag Hermann Leins Tübingen 1979. S. 134–135, 162, 137. – **S. 17**: Schöberl, Ingrid: Amerikanische Einwandererwerbung in Deutschland 1845–1914. Franz Steiner Verlag Stuttgart 1990. S. 178. – **S. 18**: – aus dem Brief von Anna Maria Klinger vom 18.3.1849 in: W. Helbich (Hrsg). Briefe aus Amerika 1830–1930. München 1988, S. 505, leicht vereinfacht. – (M) Heinrich Krohn: Und warum habt ihr denn Deutschland verlassen? 300 Jahre Auswanderung nach Amerika. Bergisch-Gladbach 1992. S. 307. – **S. 19**: Louis Dilger, in: W. Helbich, a.a.O., S. 170. – **S. 21**: (M1) M7 in: Geschichte lernen, 12/89, Artikel von Johannes Zech, Die Aussiedler, S. 74, nach: K.-D. Schulz-Vobach, Die Deutschen im Osten. Hamburg 1989, S. 278 f. – (M2) M10 in Zech, a.a.O., S. 74, nach: DIE ZEIT 45.4.11.88, S. 4. – (M3) Schülerwettbewerb. a.a.O., S. 5. – (M4) Vera Gaserow, Die besserer Deutscher kommen, in: die tageszeitung, 2.9.88, S. 3 (M5) Rheinische Post vom 3.11.1988. – **S. 25**: (M1) Geyer, E. et al. (Hrsg.): Geographie Mensch und Raum 7/8. Cornelsen Berlin 1994. S. 60. – (M2) Geyer, a.a.O., S. 60. – **S. 26**: (M1) Zuwandererkinder an unserer Schule. Unterrichtsprojekt der Gesamtschule West Bremen. Landeszentrale für politische Bildung Bremen/Bremische Zentralstelle für die Integration von Zugewanderten (Hrsg.). Bremen 1990. S. 34; zit. nach: Bundeszentrale für politische Bildung (Hrsg.): Informationen a.a.O., S. 17 – **S. 29**: M Flüchtlingsfrauen heute, Faltblatt des UNHCR. Bonn, o.J. – **S. 30** M1 Bundeszentrale für politische Bildung (Hrsg.), Menschenrechte, Dokumente und Deklarationen, Bonn 1991, S. 34– M2 J. Buchsteiner/M. Klingst, Ein abschreckender Erfolg, in: DIE ZEIT Nr. 27, 1.7.94, S. 9 – **S. 31**: M1 Eva König, Weibliche Flüchtlinge setzen sich seltener durch, in: DIE GRÜNEN im Landtag Nordrhein-Westfalen (Hrsg.), Dort konnten wir nicht bleiben. Frauen und Flucht. Düsseldorf 1993, S. 52 M2 Yasemin Öztürk/Annette Lindemann, Abhängig und kontrolliert, a.a.O. S. 50 f.

## 2. Eine neue Zeit

**S. 34**: übers. nach: Denis Hay, The Renaissance Debate. New York 1965, S. 9 f. – **S. 35**: zit. nach: M. Seidlmeyer, Conrad Celtis, in: Unbekanntes Bayern, Bd. 7. München o.J., S. 218. – **S. 36**: (1) G. Manetti, zit. nach: Hale, Fürsten, Künstler, Humanisten. Rowohlt-Life 35, Hamburg 1973, S. 26. (2) Agricola, zit. nach: Der Mensch und seine Welt, Bd. 2. Dümmler, Bonn 1974, S. 105. – **S. 39**: (1) Guggenbühl-Weiß, Quellen zur allgemeinen Geschichte, Bd. 2., Schulthess, Zürich 1954, S. 265. (2) zit. nach: Geschichtsbuch 2. Cornelsen 1994, S. 148. – **S. 40**: Johannnes Cochlaeus, Brevis Germaniae Descriptio (1512). Hrsg. von Karl Lagosch. Darmstadt 1976, S. 91. – **S. 44**: Zit. nach: Otto Zierer, Bild der Jahrhunderte, Doppelbd. 25/26. Lux, München 1953, S. 218. – **S. 45**: Eberhard Schmitt, Dokumente zur Geschichte der europ. Expansion, Bd. 2. Beck, München 1984, S. 85. – **S. 46**: Lautemann/Schlenke, Geschichte in Quellen (im folgenden GiQ), Bd. III, S. 40. – **S. 47**: (1) Schmitt, Dokumente, a.a.O. Bd. 2, S. 99. (2) Christoph Kolumbus, Das Bordbuch 1492. Hrsg. v. Robert Grün. Erdmann 4. Aufl., Tübingen/Basel 1978, S. 86. – **S. 48**: (1) Schmitt, Dokumente, a.a.O., S. 113. (2) dito, S. 113 ff. – **S. 50**: (1) Richard Konetzke, in: Geschichte des spanischen und portugiesischen Volkes. Leipzig 1939, S. 116 ff. (2) Zvi Dor-Ner, Kolumbus und das Zeitalter der Entdeckungen. vgs. Köln 1991, S. 1. – **S. 51**: (M) Encyclopaedia Britannica (Macropaedia) Bd. 4, 15. Auflage 1982, S. 937. – **S. 52**: (M) Zvi Dor-Ner, a.a.O., S. 1. – **S. 54**: Zvi Dor-Ner, a.a.O., S. 196. – **S. 56**: (1) Hernan Cortez, Die Eroberung Mexikos. Erdmann, Tübingen/Basel 1975, S. 91 ff. (2) Peter Martyr von Anghiera, Acht Dekaden über die neue Welt, Bd. 2. Darmstadt 1976, S. 50. – **S. 58**: (1) Bernal Diaz del Castillo, Wahrhafte Geschichte der Entdeckung und Eroberung Mexikos. Steingrüben Verlag Stuttgart 1965, S. 240. (2) Codex florentinus, in: Rückkehr der Götter. München 1965, S. 46. – **S. 59**: Kolonialismus. Die Entstehung der Unterentwicklung am Beispiel Lateinamerikas. Beltz Verlag Weinheim 1978, S. 65. – **S. 60**: (1) Th. de Bry, Das vierdte Buch von der neuen Welt. Bibliophile TB, Harenberg Kommunikation, Dortmund 1977, S. III. (2) Schmitt, Dokumente, a.a.O. Bd. 3. Der Aufbau der Kolonialreiche. München 1986, S. 151. – **S. 61**: (1) Schmitt, Dokumente, a.a.O. Bd. 3, S. 503. (2) GiQ III, S. 69 ff. (3) Urs Bitterli (Hg.), Entdeckung und Eroberung der Welt, Dokumente und Berichte, Bd. 1. Beck, München 1981, S. 59. – **S. 62**: (M) Jaime Eyzaguirre, Historia de Chile, Empresa Zig-Zag, Santiago de Chile, 1964, S. 102; übersetzt von: K.H. Müller. (Q) Amerika 1492–1992. Neue Welten – Neue Wirklichkeit – Geschichte – Gegenwart – Perspektiven. Hg. vom Ibero-Amerika Institut. Westermann, Braunschweig 1992, S. 48. – **S. 64**: (M) Jaime Eyzaguiree, a.a.O., S. 111. – **S. 66**: (1) GiQ III, S. 76. (2) GiQ IV, S. 81 ff. (M1) Edoardo Galeano. Die offenen Adern Lateinamerikas. Hammer, Wuppertal 1980, S. 54, (M2) Alvin M. Josephy (Hg): Amerika 1492. Die Indianervölker vor der Entdeckung. Fischer, Frankfürt/M. 1992, S. 14 f. – **S. 67** Enclopädia Britannica, a. a. O.

## 3. Auf dem Weg zur Demokratie

**S. 72**: W. Wachsmuth, Geschichte Frankreichs im Revolutionszeitalter, Bd. 1, Hamburg 1840–1844, S. 592 ff.; zit. nach: Lautemann, a.a.O., S. 199–201. – **S. 75**: (1) Lempereur: L'etat du diocése de Rodez en 1771. Aus: Owen H. Hufton: The poor in Eighteenth Century France 1750–1789, Oxfort 1974, S. 20 f., zit. nach: E. Schmitt/H. Volkmann, Absolutismus und Französische Revolution, Oldenburg 1984. (2) J.M. Robertsa (Hg.), French Revolution Dokuments, Bd. 1, Oxford 1966, S. 78 ff., zit. nach: Ulrich Friedrich Müller (Hg.). Lust an der Geschichte: Die Französische Revolution 1789–1799. R. Piper, München, 2. Aufl. 1989, S. 30. Übersetzung: Ulrich Friedrich Müller. – **S. 76**: (1) Montesquieu: De l'Esprit des Lois, Genf 1748; zit. nach: I. u. P. Hartig, Französiche Revolution. Klett, Stuttgart 1990, S. 13 (2) Denis Diderot: Enzyklopädie, München dtv 1969, S. 198 ff.; zit. nach Volker Wittmütz (Hrsg.): Die Französische Revolution, Frankfurt am Main: Hirschgraben 1983, S. 16. – **S. 77**: (1) Archives parlamentaires I, S. 189 ff.; zit. nach: I. u. P. Hartig, a.a.O., S. 27 f. (2) Bibliotheque Nationale Lb. 39.817; zit. nach: I. u. P. Hartig, a.a.O., S. 32. S. 79: E. J. Sieyes: Politische Schriften 1788 – 1790, übers. u. hrsgg. v. F. Schmitt u. R. Reichardt, München/Wien, Oldenburg 2. Aufl. 1981, S. 117. – **S. 80**: (1) J.-B. Duvergier: Collection compléte des lois, decrets, ordonnances, reglements et avis du conseil d'état de 1788 à 1824, Paris 1824, Band 1, S. 27; zit. nach: I. u. P. Hartig a.a.O., S. 41. (2) Buchez et Roux: Histoire parlementaire de la Revolution francaise. Paris 1834–1838, Bd. II, S. 3; zit. nach: I. u. P. Hartig, a.a.o., S. 42. –**S. 81**: (1) Amerikanische und Französische Revolution. München 1981, S. 195. (2) Buchez et Roux: Histoire parlementaire II, S. 242 f.; zit. nach: W. Lautemann, a.a.O., S. 197 f. – **S. 82**: W. Wachsmuth, Geschichte Frankreichs im Revolutionszeitalter, Bd. 1, Hamburg 1840–1844, S. 592 ff.; zit. nach: Lautemann, a.a.O., S. 199–201. – **S. 83**: Louis Sala-Molius: Le Code Noir, ou le Calvaire de Canaan, Paris 1987, S. 94 ff.; zit. nach: Christian Tichy/Lutz Tornow, Französische Revolution. Diesterweg, Frankfurt/Main 1989, S. 48 f. Übersetzung: CH. Tichy/L. Tornow. – **S. 84**: (1) Unveröffentlichtes Hektogramm der ai-Koordinationsgruppe Uruguay; zit. nach: Otfried Gericke, Menschenrechte und Folter. Vandenhoeck + Ruprecht, Göttingen, 4. Aufl. 1984, S. 8 f. (2) Amnesty international, Jahresbericht 1993. Fischer TV, Frankfurt/Main 1993. S. 561 f. – **S. 85**: (1) Theo Sommer; Einmischen oder wegsehen? in: ZEIT-Punkte Nr. 2/1993, S. 5. ZEITVERLAG Hamburg (2) Amnesty international, Jahresbericht 1993; a.a.O., S. 11. – **S. 86**: Archives parlamentaires, XI, S. 310; zit. nach: I. u. P. Hartig, a.a.O., S. 59 f. – 1789, 2. Aufl. Paris 1930; zit. nach: S. Petersen, Die große Revolution und die kleinen Leute. Pahl-Rugenstein, Köln 1988, S. 48-51. (M) Susanne Petersen, Marktweiber und Amazonen. Papyrossa, Köln 1991, S. 63. – **S. 89**: (1) Ch. A. Dauban, la demagogie en 1793 à Paris ou Histoire jour à jour de la annee 1793, Paris 1886, S. 105–109; zit. nach: S. Petersen, Marktweiber und Amazonen, a.a.O., S. 184. (2) Archives parlamentaires, Bd. 78, S. 50; zit. nach: S. Petersen, Marktweiber und Amazonen, a.a.O., S. 221. **S. 90**: Paul Noack, Olympe de Gouges, 1748–1793: dtv, München 1992, S. 164–168. – **S. 91**: (M1) Peter Felixberger, Olympe de Gouges: Im November 1793 guillotiniert; in: Süddeutsche Zeitung Nr. 8 vom 12.1.1993, S. 16. (M2) Marieluise Christadler, Nachwort; in: P. Noack, a.a.O., S. 181. – **S. 92**: (1) W. Markov/A. Soboul (Hrsg.); Die Sansculotten von Paris, Berlin 1957, S. 3; zit. nach: P. Alter u.a., Geschichte und Geschehen III, Stuttgart 1991, S. 69. (2) W. Markov/A. Soboul (Hrsg.), a.a.O., S. 136–140; zit. nach: I. u. P. Hartig, Die Französische Revolution, a.a.O., S. 95 f. – **S. 93**: (1) H. Walter, Tribunal Revolutionaire I, S. 289 f., zit. nach: W. Lautemann, a.a.O., S. 341 f. (2) M. Robespiere, Oeuvres Bd. 10, Paris 1967; zit. nach: I. u. P. Hartig, a.a.O., S. 99 f. – **S. 94**: (1) S. Petersen, Marktweiber und Amazonen, a.a.O., S. 260 f. (2) S. Petersen, a.a.O., S. 263 f. – **S. 95**: (1) S. Petersen, a.a.O., S. 150. (2) S. Petersen, a.a.O., S. 168 f. – **S. 98**: (1) Denkschrift Hardenbergs „Über die Reorganisation des preußischen Staates". In: Leopold von Ranke: Hardenberg und die Geschichte des preußischen Staates von 1793–1819, 3. Band, 2. Aufl., Leipzig 1881, S. 364 ff.; zit. nach: Irmgard und Paul Hartig, a.a.O., S. 89. (2) Friedrich Schlegel: Philosophie der Geschichte. In: Zehn Vorlesungen, gehalten zu Wien 1828, Wien 1929, S. 285 ff.; zit. nach: wie (1) (Hardenberg), S. 39 f. (3) Ludwig Börne: Studien über Geschichte und Menschen der Französischen Revolution. In: Sämtliche Schriften. Neubearbeitet und hrsg. von Inge und Peter Rippmann. München 1964, 2. Band, S. 1095; zit. nach: wie (1) (Hardenberg), S. 48. – S. 99: – **S. 103**: Weltgeschichte im Aufriß, Arbeits- und Quellenbuch, Bd. III, 18. Aufl., Frankurt 1972, S. 50–52. – **S. 104**: Geschichte, Politik und Gesellschaft 1. Cornelsen Hirschgraben, Frankfurt/M., S. 95 – **S. 107**: (1) nach: Johann Jakob Siebenpfeiffer, Der deutsche Mai. Neustadt 1832, S. 10. (2) nach: Georg August Wirth, Das Nationalfest der Deutschen zu Hambach. Neustadt 1832, S. 14 f. – **S. 108**: Gerhard Schildt, Aufbruch aus der Behaglichkeit. Deutschland im Biedermeier 1815-1847. Braunschweig 1989, S. 141 f. – **S. 109**: (1) Gerhard Schildt, a.a.O. S. 158 f. (2) Die Kunst der bürgerlichen Revolution von 1830 bis 1848/49. Berlin 1973, S. 198. – **S. 110**: Preußen – Versuch einer Bilanz, a.a.O., Bd. 3, S. 280 f. – **S. 111**: Preußen – Versuch einer Bilanz, a.a.O., Bd. 3, S. 275 f. – **S. 112**: Deutsches Bürgorbuch für 1845; neu herausgegeben von R. Schloesser, Köln 1975, S. 266–271. – **S. 113**: (1) + (2) Deutsches Bürgerbuch, a.a.O., S. 174–199. – **S. 115**: (1) Zit. nach: Franz X. Vollmer, Vormärz und Revolution in Baden. Diesterweg, Frankfurt/Main 1979, S. 66. (2) Karl Obermann, Flugblätter der Revolution, VEB Verlag der Wissenschaften, Berlin 1970, S. 55. – **S. 116**: (1) Karl Obermann, Flugblätter, a.a.O., S. 65 f. (2) Karl Obermann, Flugblätter, a.a.O., S. 65 f. (2) Karl Obermann, Flugblätter, a.a.O, S. 70. – **S. 117**: Walter Grab (Hg.), Die Revolution von 1848. Nymphenburger Verlagsanstalt, München 1980, S. 59 f. – **S. 119**: Zit. nach: Reichsgesetzblatt 1849, S. 101 ff; nach: Walter Grab, a.a.O., S. 251 ff. – **S. 120**: (1) Franz Wigard (Hg.), Stenograph. Berichte über die Verhandlungen der deutschen Konst. Nationalversammlung. Frankfürt 1848/49. (2): M. Freund (Hg.), Der Liberalismus, Stuttgart 1965, S. 146 f. (3). M. Freund (Hg): Der Liberalismus. Stuttgart 1965, S. 146 ff. – **S. 121**: (1) Oberrheinische Zeitung, Freiburg, Nr. 216–218 vom 3.–5.8.1848; zit. nach: Gerlinde Hummel-Hassis, Schwestern zerreißt eure Ketten. dtv, München 1982, S. 37 f. (2) zit. nach: FFM 1200, Traditionen und Perspektiven einer Stadt, hrsg. von Lothar Gatt. Thorbecke, Sigmaringen 1994, S. 222. – **S. 124**: H. Jessen (Hg.), Deutsche Revolution in Augenzeugenberichten: Droste, Düsseldorf 1968, S. 244. – **S. 125**: (1) Leopold von Ranke, Aus dem Briefwechsel Friedrich Wilhelm IV. mit Bunsen. 1847, S. 147. (2) zit. nach: Franz X. Vollmer, Vormärz und Revolution 1848/49 in Baden. Diesterweg, Frankfurt 1979, S. 154. – **S. 127**: (1) + (2) Bismarck, Die gesammelten Werke, Bd. 15. Berlin 1924–1935, S. 178 f. (3) GiQ 5, S. 343. – **S. 128**: Reichsgesetzblatt Januar 1871. – **S. 129**: (1) Karl Fischer, Denkwürdigkeiten und Erinnerungen eines Arbeiters; hrsg. von P. Göhre. Leipzig 1903; Bd. 1, S. 291 ff. (2) Wilhelm Mommsen, Deutsche Parteiprogramme. Olzog, München 1960, S. 216. (3) ebend. S. 148 f. (4) ebend. S. 68. – **S. 130**: (1) Franz Rehbein: Das Leben eines Landarbeiters; hrsg. von P. Göhre, Jenau 1911, S. 4, © Christiansen, Hamburg. (M) W. Pauly: Der Landrat in Ostpreußen. Würzburg 1957, S. 36. (2) W. Bloem: Der krasse Fuchs. Berlin 1910, S. 73. (3) S.O. Stillich: Die Lage der weiblichen Dienstboten in Berlin: Berlin 1902, S. 125. – **S. 131**: (1) Verhandlungen des Reichstages vom 14.1.1913. Stenograph. Berichte, Bd. 286. Berlin 1913, S. 2949. (2) Lily Braun: Memoiren einer Sozialdemokratin. Berlin o.J. Bd. III, S. 4. (3) L. Quidde: Der Militarismus im Deutschen Reich. Eine Anklageschrift. Von einem deutschen Historiker. Stuttgart 1893, S. 27 ff. (4) Johann F. Freiherr von Schulte, Lebenserinnerungen Bd. III, Gießen 1908/09, S. 59 f. – **S. 132**: (1) E. Bernstein: Die Geschichte der Berliner Arbeiterbewegung, Bd. 2. Berlin 1907, S. 59. (2) Hellmut Gerlach: Von rechts nach links. Zürich 1937, S. 113 ff. – **S. 133**: (1) H. v. Treitschke: Ein Wort über unser Judentum. Berlin 1880, S. 3 f. (2) Th. Mommsen: Auch ein Wort über unser Judentum. Berlin 1880, S. 11 f. (3) J. Wassermann: Mein Weg als Deutscher und Jude. Berlin 1912, S. 38 f. – **S. 134**: M. Broszat; Zweihundert Jahre deutsche Polenpolitik. München 1963, S. 95. – **S. 135**: (1) + (2) Stenograph. Berichte des preußischen Abgeordnetenhauses, 14. Legislaturperiode 1885/88, 1. Session 1886, Bd. 1, S. 173 f. und 177. – **S. 136**: (1) Fanny Lewald: Meine Lebensgeschichte. Berlin 1863, S. 159 f.; zit. nach: Frauenemanzipation im deutschen Vormärz, Stuttgart 1978, S. 13 f. (2) zit. nach: U. Frevert, Frauengeschichte zwischen bürgerlicher Verbesserung und neuer Weiblichkeit. Frankurt/Main 1986, S. 121. (3) Fanny Lewald, a.a.O., Bd. 3, S. 258 ff. – **S. 137**: (1) zit. nach: O. Baader, ein steiniger Weg. Berlin 1979, S. 13 f. (2) U. Trevert, Frauengeschichte, a.a.O., S. 138. (M) U. Trevert, a.a.O., S. 138. – **S. 138**: (1) Helene Lange. Begleitschrift; zit. nach: Helene Lange, Die Frauenfrage – Deutschland 1865–1914. Stuttgart 1981, S. 220 f. (2) O. Sommer, 1888; zit. nach: Agnes v. Zahn-Harnack, Die Frauenbewegung. Berlin 1928, S. 128. – **S. 139**: O. Bader, a.a.O., S. 35 f. – **S. 140**: Helene Lange, in: Die Frau, 11. Jahr 1903/04, S. 711; zit. nach: Bärbel Clemens, Der Kampf um das Frauenwahlrecht in Deutschland; in: Ch. Wickert (Hg.), Heraus mit dem Frauenwahlrecht. Centaurus, Pfaffenweiler 1990, S. 62. – **S. 141**: (1) Lida Gustava Heymann, Deutscher Verein für Frauenstimmrecht; zit. nach: Die Frauenfrage, a.a.O., S. 401. (2) Die Frauenfrage, a.a.O., S. 402 – **S. 142**: (1) Sozialistenkongresse 1906, S. 98; zit. nach: B. Clemens, a.a.O., S. 66. (2) zit. nach: B. Clemens, a.a.O., S. 73. – **S. 143**: Zit. nach: B. Clemens, a.a.O., S. 111.

#### 4. Die Industrialisierung

**S. 149**: (Q) Christian Bernoulli, Rationelle oder theoretisch-praktische Darstellung der gesamten mechanischen Baumwollspinnerei. Basel 1827, S. 7 ff.; zit. nach: W. Treue/K.H. Mangold: Quellen zur Geschichte der industriellen Revolution. Göttingen 1979, S. 103 f. (M) Eric J. Hobsbawm, Industrie und Empire I. 5. Aufl., Frankfurt/Main 1975, S. 68. – **S. 150**: (M) Conrad Matschoss: Geschichte der Dampfmaschine (1901), Nachdruck 3. Aufl. Hildesheim 1983, S. 13 f. – **S. 151**: (1) Adam Smith: Inquiry into nature and causes of the wealth of nations. London 1776; deutsche Ausgabe von: E. Grünfeld, 3. Aufl., Bd. 1, Jena 1923, S. 6 ff.; zit. nach: J.–W. Götte, Die Industrielle Revolution, Stuttgart 1982, S. 53 f. (2) Friedrich Engels: Die Lage der arbeitenden Klasse in England. München 1973, S. 34 f. – **S. 153**: K.-H. Ludwig: Der Aufstieg der Technik im 19. Jh., Stuttgart 1974, S. 10 (vereinfacht).

**S. 157**: (Q) N. Joniak: Das Arbeiterwohnungselend im rheinisch-westfälischen Industriebezirk. Frankfurt/Main 1908, S. 4; zit. nach H. de Buhr/M. Regenbrecht, Industrielle Revolution und Industriegesellschaft Frankfurt/Main 1987, S. 46. (M) Elisabeth Gransche/Franz Rothenbauer: Wohnbedingungen in der zweiten Hälfte des 19. Jahrhunderts 1861–1910; in: Geschichte und Gesellschaft, 14. Jg., 1988, H. 1, S. 65 u. 77. – **S. 159** (Q) R. Mohl, Über die Nachteile, welche sowohl den Arbeitern selbst, als dem Wohlstande und der Sicherheit der gesamten bürgerlichen Gesellschaft von dem fabrikmäßigen Betrieb der Industrie zugehen und über die Notwendigkeit gründlicher Vorbeugungsmittel, 1835; in: C. Jantke/D. Hilger (Hrg.), Die Eigentumslosen. Alber, München 1965, S. 299 f., zit nach: H. de Buhr/M. Regenbrecht (Hrg.), a.a.O., S. 47 – (M) Rudolf Braun: Einführung und Auswertung; in: Karl Ditt/Sidney Pollard (Hg.): Von der Heimarbeit in die Fabrik, Paderborn: F. Schöningh 1992, S. 361: (Forschungen zur Regionalgeschichte, Bd. 5). – **S.160**: (1) K. Saul u.a. (Hrsg.): Arbeiterfamilien im Kaiserreich, Düsseldorf 1982, S. 143 f. – (2) Jutta de Jong (Hrg.): Kinder, Küche, Kohle – und viel mehr:. Klartext Verlag, Essen 1991, S. 34. – **S. 161**: (1) Anke Schiller-Martens: Frauen vor Ort, Essen: Klartext Verlag 1990, S. 44 f. – (2) Jutta de Jong (Hrsg.), a.a.O., S. 108. – (3) Anke Schiller-Martens, a.a.O., S. 39. – (M) Jutta de Jong: Bergarbeiterfrauen – oder die andere Arbeit für den Bergbau; in: Frauen und Bergbau. Zeunisse aus fünf Jahrhunderten. Katalog zur Ausstellung des Deutschen Bergbau-Museum 1989, S. 10 – **S. 162**: (M1) Harm Mögenburg: „Aus der Polackei herbeigeschleppt ...", in: Geschichte lernen, Heft 12, November 1989, S. 23. – (M2) Ulrich Herbert: Geschichte der Ausländerbeschäftigung in Deutschland 1880 bis 1980, Berlin/Bonn: Dietz 1986, S. 71. – (M3) U. Herbert: a.a.O., S. 72. – **S. 163**: (1) P. Leidinger (Hg.), Deutsche und Polen im Kaiserreich und in der Industrialisierung; in: Geschichte, Politik und ihre Didatik, Sonderheft 2. Paderborn 1982; zit. nach: Geschichte lernen, a.a.O., S. 29. – (M) a.a.O., S. 73 f. – **S. 164**: (1) + (2) J. Kuczynski, Geschichte des Alltags des deutschen Volkes, Bd. 3, Köln 1981, S. 258. – **S. 165**: (1) S. Quandt (Hg.), Kinderarbeit und Kinderschutz in Deutschland 1783–1976. Paderborn 1978, S. 32 f. – (2) Walter Steitz (Hrsg.): Quellen zur deutschen Wirtschafts- und Sozialgeschichte im 19. Jahrhundert bis zur Reichsgründung, Darmstadt: Wissensch. Buchgesellschaft 1980, S. 313 f.; zit. nach: Herbert Prokasky: Das zeitalter der Industrialisierung, Paderborn: Schöningh 1988, S. 82. – **S. 167**: Hans Martin Große-Oetringhaus: Wenn die Kindheit im Knüpfrahmen hängenbleibt. Diaserie von terre des hommes, zit. nach. Wochenschau Nr. 3, 37. Jg., 1986, S. 104 f. – **S. 170**: (M) Helga Grebing: Die deutsche Arbeiterbewegung, Mannheim usw.: BI Taschenbuchverlag 1993, S. 11 f. (Meyers Forum, 20). – **S. 171**: (M) Helga Grebing: Geschichte der deutschen Arbeiterbewegung, 2. Aufl., München. Deutscher Taschenbuchverlag 1971, S. 40 f. – (1) D. Dowe/K. Klotzbach (Hg.): Programmatische Dokumente der Deutschen Sozialdemokratie: Berlin 1973, S. 52 f. und 64. – (2) E. Bernstein: Die Voraussetzungen des Sozialismus und die Aufgaben der Sozialdemokratie (1899), Nachdruck der 2. Aufl. 1921, eingeleitet von D. Schuster. Berlin 1973, S. 6 ff. – **S. 173**: Reichsgesetzblatt, Nr. 1978; zit. nach: Katalog zur Ausstellung Preußen, Bd. 3. Reinbek 1981, S. 256. – **S. 174**: A. Bebel: Aus meinem Leben, Teil 3, S. 20f; zit. nach: Unsere Geschichte 2, Frankfurt/Main 1985, S. 253. – **S. 175**: Karl Kautsky: Ein sozialdemokraticher Katechismus. In: Die Neue Zeit, 12, 1893/94, Bd. 1, S. 361-369; zit. nach: Helga Grobing: Arbeiterbewegung, München: Deutscher Taschenbuchverlag 1985, S. 153. – **S. 177**: (1) Die Deutsche Arbeiterbewegung 1848–1919 in Augenzeugenberichten, hrsg. von Ursula Schulz, 3. Aufl., München: Deutscher Taschenbuch Verlag 1981, S. 236 f. – (2) a.a.O., S. 237. – (3) a.a.O., S. 258. – (4) a.a.O., S. 269. – **S. 180**: (1) H. Prokasky, a.a.O., S. 94 f. (2) W. Köllmann (Hg.): Der Bergarbeiterstreik von 1989 und die Gründung des „Alten Verbandes" in ausgewählten Dokumenten der zeit. Bochum 1969, S. 67. – **S. 183**: (1) Ottilie Baader: Aus meinem Leben; 3 Teile, Stuttgart/Berlin 1910–1914; Abdruck nach der Neuauflage, Dietz Verlag, Berlin 1961, S. 43 ff., zit. nach: Proletarische Lebensläufe, hrsg. von Wolfgang Emmerich, Bd. 1. Rowohlt, Reinbek 1974, S. 132 f. – (2) Ch. Weber-Herfor: Termindruck und ständige Hetze. Berichte von Arbeiterinnen 1928 und 1992; zit. nach: Frankfurter Rundschau vom 2.5.1992. S. ZB 5; zit. nach: Neue Technologien. Wochenschau Nr. 1/1994, S. 5. – **S. 184**: (Q) Hans Bahrdt u. a.: Zwischen Drehbank und Computer. Industriearbeit im Wandel der Technik, Reinbek bei Hamburg: Rowohlt 1970, S. 74. – (M) Hans Bahrdt u. a., a.a.O., S. 73 f. – **S. 185**: (Q) Ch. Weber-Herfor, a.a.O., S. 6. – (M1) H. Prokasky: Das Zeitalter der Industrialisierung, Paderborn: Schöningh 1988, S. 72 f. – (M2) Karin Zachmann: Männer arbeiten, Frauen helfen; in: Karin Hausen (Hg.): Geschlechterhierarchie und Arbeitsteilung, Göttingen: Vandenhoeck & Ruprecht 1993, S. 83. **S. 186**: (Q) Aus der Tiefe. Arbeiterbriefe. Beiträge zur Seelenanalyse moderner Arbeiter, hrsg. von A. Levenstein. Berlin 1909, S. 99–104; zit. nach. W. Emmerich (Hg.), Proletarische Lebensläufe, Bd. 1. Reinbek 1974, S. 203. – (M) Joachim Varchmin: Die Zeche Hannover 1847–1914. Hagen: v.d. Linnepe 1991, S. 55 f. (Westfällsches Industriemuseum, Schriften, Bd. 9). – **S. 187**: (M) J. Varchmin, a.a.O., S. 63–66. – (Q) Paul Breder: Erlebnisse als Pferdejunge; in: Walter Köpping (Hg.): Lebensberichte deutscher Bergarbeiter, Oberhausen: 1984, S. 167; zit. nach: Joachim Varchmin: Die Zeche Hannover 1847–1914, Hagen: v.d. Linnepe 1991, S. 65. – **S. 188**: Helmut Vieser: Die Zukunft des Kohlebergbaus. High-tech unter Tage; in: bild der wissenschaft, April 1989, Deutsche Verlags-Anstalt, Stuttgart, S. 47. – **S. 189**: (M) Dietmar Petzina, Wirtschaft und Arbeit 1945–1985; in: Das Ruhrgebiet im Industriezeitalter. Geschichte und Entwicklung, hrsg. von Köllmann/Korte/Petzina/Weber. Schwann/Patmos., Düsseldorf 1990, S. 518. – **S. 191**: (M) Interview Ehrhardt: Focus, Nr. 39, 26.09.1994, S. 291. – **S. 192**: (Q) André Héron: Der Taylorismus; in: Kursbuch Nr. 43, 1976, S. 8f., Kursbuch Verlag Berlin, Übers. a.d. Französischen: Ernst Gerhards. (M) Heinrich Franke/Friedrich Buttler: Arbeitswelt 2000, Frankfurt am Main: Fischer Tb Verlag 1991, S. 87 f. – **S. 193**: (1) Recht auf Arbeit (UN – 1948) ZEIT-Punkte, Nr. 2/1993, S. 87. – (2) Recht auf Arbeit – NRW-Verfassung, zit. nach: Agnes Hüfner (Hg.): Recht auf Arbeit. Ein Lesebuch, Fischerhunde: Atelier im Bauerhaus 1978, S. 35. – **S. 195**: (M) Richard A. Honghton/George M. Woodwell: Globale Veränderung des Klimas; in: Spektrum der Wissenschaft, 6/1989, S. 106–114. – **S. 197**: (M1) Kurt Biedenkopf in: DIE ZEIT vom 26.09.1991: zit. nach. Metzler aktuell. Arbeitsblätter für Geographie und Wirtschaft, Zeitgeschichte und Politik, Stuttgart: J.B. Metzler, Nr. 20, Januar 1992. – (M2) G. Simon: Von Bürgern und Armen; in: DIE ZEIT vom 08.11.1991; zit. nach: Christoph Bosse u. a.: Strukturwandel, Weltprobleme, Konflikte und Sicherheit, Stuttgart: Ernst Klett Schulbuchverlag 1992, S. 58.

**5. Der Imperialismus**

**S. 201**: Lord Lugard: The Dual Mandate in British Tropical Africa. Edinbourgh 1965; zit. nach: Franz Ansprenger, Afrika. Geschichte, Politik, Gesellschaft. Klett, Stuttgart 1988, S. 26; Übersetzung: F. Ansprenger. – **S. 204**: (1) GiQ V, S. 582. – (2) Cecil Rhodes: Speeches and Letters. London 1914, S. 8 – **S. 205**: (1) L. Helbig, a.a.O., S. 31. – (2) English and American Poetry – English and American Authors. Hg. von H. Zehrer. Bielefeld o.J., S. 139 – **S. 208**: (1) H. Patemann, Lernbuch Namibia. Wuppertal 1984, S. 24. – (2) H. Patemann, a.a.O., S. 23 – (3) ebenda. – **S. 209**: (1) – (3) Carl Peters, wie Deutsch-Ostafrika entstand. 1940, S. 7 ff. – **S. 210**: Hinz, Patemann, Meier (Hrsg.): Weiß auf Schwarz. Elefantenpress, Berlin 1986, S. 82. – **S. 211**: (1) Hinz, Patemann, Meier (Hrg.), a.a.O., S. 112. – **S. 212**: Paul Rohrbach, Deutsche Kolonialwirtschaft. Berlin 1907, S. 333; zit. nach: Imperialismus. Beltz, Weinheim/Basel 1978, S. 35. – **S. 213**: (1) Bley: Kolonialherrschaft und Sozialstruktur in Deutsch-Südwestafrika 1894-1914. Hamburg 1968, S. 204. – (2) Alldeutsche Blätter, Nr. 12 vom 19.3.1904. – **S. 214**: Felix Salomon: Die britische Reichsbildung 1869–1925, Leipzig-Berlin o.J., S. 18 ff.; zit. nach GiQ V, 659–661. – **S. 215**: Jawaharlal Nehru: Briefe an Indira. Weltgeschichtliche Betrachtungen. Progress Verlag Johann Fladung GmbH, Düsseldorf 1958, 2. Aufl., S. 485 ff. – **S. 219**: Zit. nach: Eine Welteine Umwelt. Hg. vom Bundesministerium für wirtschaftliche Zusammenarbeit und Entwicklung. Bonn 1992. S. 52. – **S. 221**: (1) Herbert Lüthy: In Gegenwart der Geschichte. Köln Berlin 1967, S. 295. (2) G. Ritter, Staatskunst und Kriegshandwerk. Das Problem des Militarismus in Deutschland. München 1964, S. 15 und 18. (3) F. Fischer, Griff nach der Weltmacht. Kronberg 1977, S. 82 ff. – **S. 222**: (Q) Stefan Zweig: Die Welt von Gestern, Erinnerungen eines Europäers, Frankfurt 1955, S. 206 (Erstausgabe 1942). – **S. 223**: (1) Briefe eines Soldaten, Zürich 1918. Amerikanisches Flugblatt. Bundesarchiv Koblenz. – (2) zit. nach: Philip Witkop, Kriegsbriefe gefallener Soldaten. München 1928, S. 231 ff. – **S. 224**: GiQ VI, S. 52 f. (gekürzt).

**Bildquellen**

Archiv der soz. Demokratie, Bonn 139, 174, 178 – Archiv für Kunst und Geschichte Berlin 16, 17, 35, 37, 41 (3), 42, 50, 60, 75, 106, 171 (1, 2) – Archiv Gerstenberg, Wietze 107, 112, 159, 173 – Archiv IG Bergbau und Energie 181 – Bavaria Bildagentur Gauting 184, 185, 207 (2) – Bergbaumuseum Bochum 186, 187 (1, 2), 188 (1) – Berlinische Galerie 169 – Bibliotheque nationale, Paris 79, 91 – Bildarchiv Foto Marburg 10 – Bildarchiv Preußischer Kulturbesitz 57 (1), 59 (1, 2), 97, 101, 104, 105, 113, 116, 117, 124, 127, 140, 153, 175, 176, 179, 180, 205, 207 (1), 216 (1) – Bodleian Library, Oxford 65 – Brodersen, Kai, Oberschleißheim 33 (1) – Bund der Polen, Bochum 163 – Cartoon-Caricature-Contor München, © Haitzinger, Horst 194 (1), 198 (1), © Gerd Mester 194 (2) – © Pepsch Gottschaber 198 (2), © Peter Leger 198 (3) – Deutsche Presseagentur Berlin 20, 24, 27 (2), 30, 32, 38 (3), 71, 195 (1), 226 (2) – Deutsches Historisches Museum 146 – Deutsches Hugenotten-Museum, Bad Karlshafen 12, 14 – Deutsches Museum München 40 (1, 2), 148, 149, 150 (1, 2), 164 – DMT Bochum 155 (1, 2), 160 – Dokumentenkabinett Vlotho (Foto: Dolezalek, A.) 172 – Edition Helga Lengenfelder, München 33 (2) – Empresa Editora Zig-Zag, S. A., Santiago/Chile 63 – Erinnerungsstätte Freiheitsbewegung Rastatt 96 – foto present, Essen 27, 166 – © Friedrich Verlag Seelze 72, 84 (1, 2), 85 (1, 2) – Germanisches Nationalmuseum Nürnberg 41 (1, 2) – Globus 177, 191 (1, 2, 4), 193 (1, 4) – Herby Sachs/transparent Köln 68 (1, 2) – Historia Photo, Hamburg 49 – Historisches Archiv Krupp, Essen 154 (1, 2) – Historisches Museum Frankfurt/Main 118 – HV-Archiv 176 – Katholische Nachrichtenagentur, Frankfurt/Main 167, 215 – Klett Stuttgart 224 (1, 2) – Kölnisches Stadtmuseum 110 – Kontrast fotodesign Frankfurt 19 – Kunstmuseum Düsseldorf 108 – Librairie Hachette, Paris 80, 83 – Mairie de Paris 73 (1) – Marcks, Marie, Heidelberg 15 – Mary Evans Library, London 81 – Mauritius, Frankfurt/Main 141 (2) – Museo de America, Madrid 62 – Museum für Völkerkunde Wien 208 (1) – Oechtering, E., Rheine 195 (2) – Photographie Giraudon 73 (2, 3, 4), 76, 78 (1, 2), 88, 89, 90, 94, 95 – Rheinisches Bildarchiv Köln 34 – Ruhrkohle AG Essen 188 (2), 189 – Sammlung Maschmann 208 (2) – Schiffer-Fuchs, Anita, Köln 26 – Siemens Forum, München 183 – Spiegel, Hamburg 216 (2) – Staatsarchiv Bremen 18, 210, 211 – Stedelijk Museum, Amsterdam 147 (1, 2) – Süddeutscher Verlag München 182, 221 (1, 2) – Teßmer, Michael, Hamburg 9, 45 – Thorn, Museum Okrogowe 135 – Leonardo Lasansky, Photo courtesy of The Minneapolis Institute of Arts 51 – Titanic Frankfurt 23 – Ullstein Bilderdienst Berlin 138, 156 (1), 223 (1) – UNHCR Genf 7, 31 – Universitätsbibliothek Heidelberg 38 (1) – Verlagsgesellschaft Köln 54, 64 – Werksarchiv Faber-Castell Stein/Nürnberg 111 – Wittmer, Konrad, Aarau 29.

**Karten, Zeichnungen**

Becker, K., Frankfurt/Main, Skip G. Langkafel, Berlin